고전소설、 몰입과 미감 사이

조혜란(趙惠蘭, Cho, Hae-Ran)

이화여대를 거쳐 동대학 박사과정 졸업, 현재 이화여대 국문과 부교수이다. 고전문학을 전공하고, 19세기 한문 장편소설인 「삼한습유」로 박사논문을 썼다. 고전문학 작품이 지닌 미적 특질과 고전 여성 문학에 관심이 있다. 논문은 「삼대록계 국문 장편소설에 나타난 추모 연구」, 「가문과 개인 사이」, 「여성, 전쟁, 기억 그리고 「박씨전」」 등 다수가 있으며 역서로는 『삼한습유 역주』 외에 『심양장계』(공역), 『소현성록』 1(공역) 등이 있고, 저서로는 『고전서사와 젠더』, 『삼한습유—19세기 서얼 지식인의 대안적 글쓰기』, 『옛 소설에 빠지다』, 『조선의 여성들』(공저) 등이 있다.

고전소설, 몰입과 미감 사이

초판인쇄 2013년 2월 20일 **초판발행** 2013년 2월 28일
지은이 조혜란 **펴낸이** 박성모 **펴낸곳** 소명출판 **출판등록** 제13-522호
주소 서울시 서초구 서초동 1621-18 란빌딩 1층
전화 02-585-7840 **팩스** 02-585-7848 **전자우편** somyong@korea.com **홈페이지** www.somyong.co.kr

값 31,000원

ISBN 978-89-5626-832-3 93810

고전소설, 몰입과 미감 사이

On the aesthetic sense of the Korean Classic Novels

소명출판

:: 책머리에

새로운 단계로 힘 있게 진입하기 위해서는 지나간 일들을 잘 정리할 필요가 있다. 이번에 감사하게도 일련의 글들을 정리할 기회를 얻어 책으로 묶었다. 처음에는 미처 몰랐는데 원고를 가다듬는 작업을 하다가 보니 그간 마음속으로도 이 일을 하고 싶어 했다는 사실을 알게 되었다. 그리고 이제는 또 다른 단계로 진입하는 어름 어딘가쯤에서 있다는 생각이 든다.

고전소설은 조선시대 이후로 지금까지 살아남아 독서의 대상이 되거나 연구의 대상이 되고 있다. 그중에는 진정 고전古典이라는 이름에 걸맞은 작품들도 있고 조선시대에 지어졌다는 것이 중요한 이유가 되는 작품들도 있다. 전자이든 후자이든 오랜 시간을 견뎌 살아남았다는 그 사실 하나만으로도 주목의 대상이 되기에 충분하다는 생각이 드는데, 그 작품이 소위 '재미있게' 혹은 오늘날에도 여전히 독서물로 읽힌다면 그 이유는 뭘까, 궁금했다. 이 책은 그러한 궁금증을 갖고 시도했던 연구들로, 고전소설의 문학 작품으로서의 면모와 특징들에 주목한 결과물이라 할 수 있다. 시간의 두께를 견뎌내며 읽힐 수 있었던 문학 작품으로서의 짜임이나 특징, 혹은 흥미 요소 등에 대한 관심이 이 책에 들어 있는 셈이다. 내재된 흥미 요소는 독서 과정을 재미있게 만들고 재미는 몰입한 후에라야 비로소 맛볼 수 있다. 그리고 이것이 진지하게 이루어질 수 있다면 그 작품은 아마도 고전의 반열에 다가설 확률이 높아지게 될 것이다. 이런 이유로 이 책은 『고전소설, 몰입과 미감 사이』라는 제목을 지니게 되었다.

1부에서는 주로 해당 작품이 지닌 문학적 흥취를 드러내는 데 중점을 둔 글들을 실었다. 어떤 작품은 지식인 작가의 작품으로 조선시대부터 당대 문인들의 서문을 받으며 읽혀온 반면, 또 어떤 작품은 소설의 문법으로는 어눌해 보이기까지 하는데 분명 생명력을 지니고 지금까지 읽히고 있다. 그런가 하면 어떤 작품은 조선시대에는 찾아보기 드문 죽음의 미감을 보여주기도 한다. 즉 1부에 실린 글들은 감각적으로 다가오는 작품의 결들을 문학적으로 분석하고자 했던 시도의 산물들이다.

2부에서는 조선시대가 새로운 시대를 만나고 경험하게 되는 시기에 쓰인 작품들을 다루었다. 고전소설이라는 장르사의 입장에서 본다면 쇠퇴기에 접어든다고 볼 수도 있는데 이는 후대 연구자의 입장이고, 당대적 맥락에서는 일련의 선상에서 시도한 서사적 대응과 모색이 작품이라는 결과물로 생산되는 과정일 뿐이다. 이 시기의 작품들에서는 구시대적 전통 속에서 새로운 물결을 감지하면서 발휘되는 더듬이 같은 촉각들이 엿보이며, 그 모색의 방편으로 다양한 시도들이 행해졌다. 해당 작품들은 조선시대에 유통된 서사의 하위 장르들이 변화되어 가는 양상과 방향성을 잘 보여준다는 점에서 흥미로운 작품들이다.

3부에는 고전소설의 서사가 지닌 보편적 특징들을 추출하고 이를 조선 당대의 맥락에서만이 아니라 현대적 맥락에서도 고민해 보고자 한 글들이 실려 있다. 왜 비슷해 보이는 창작군담소설들이 그렇게 활발하게 유통되었는지, 독자들이 몰입할 만큼 이야기를 흥미롭게 만드는 서사적 요소들은 어떤 것인지 등을 이론적 맥락으로 설명해 보고자 한 것인데 이는 공부를 시작하는 단계에서부터 개인적인 연구 주제였던 것 같다. 2부에서 다뤄진 내용이 고전소설이 시대를 모색해 간 양상에 대한 것이라면, 3부의 후반부 두 편은 변화하는 현재 환경에 대한 고전소설 연구자의 모색이 나타난 글들이다.

마지막 4부는 진정한 '기타'에 해당하는 부분이지만 현재의 내게는 가장 애정이 가는 부분이며, 그래서 개인적인 장이기도 하다. 한 달 전 어머니가 돌아가셨다. 어머니와 나는 참 다른 면이 많았기에 모녀 관계가 아니었다면 아마 친구로 만나는 일은 별반 없었을 것 같다는 생각을 하곤 했다. 그런데 막상 돌아가시니 눈물만 흐른다. 어머니는 내가 너무 늦지 않게 몇 가지 기회들을, 시간들을 허락해 주고 떠나셨다. 어머니를 잃은 지금, 4부의 글들은 내게 연구를 시작했던 자궁의 시간들로 다가온다. 이 시간들과 관심들은 지금까지의, 그리고 앞으로의 연구의 동력이 될 것 같다.

나는 어머니께 마르다 같은 딸이었다. 이 책을 묶게 된 것이 감사한 이유는 이 책이 내가 어머니께 마리아 같은 마음으로 보내는 첫 번 편지와도 같은 것이기 때문이다. 이 책을 내기까지 계기를 만들어 주시고, 또 책을 만드느라 수고해 주신 분들께 깊은 감사를 전한다.

엄마,
늘 감사하고
사랑해요.

2013년 2월,
자궁의 시간을 기억하면서

:: 차례

제3부 고전소설의 서사 로직과 몰입의 상관관계

제4부 기타

제1부

고전소설의 문학적 흥취

제1장 민중적 환상성의 한 유형
-일사본 「전우치전」을 중심으로

1. 서론

오늘날의 연구자로서 조선시대 고전소설의 환상적인 성격에 대해 이야기하려고 할 때 만나게 되는 두 개의 산은 다음과 같은 것이다. 그 첫 번째는 토도로프의 환상문학에 대한 정의이며, 두 번째는 1990년대에 들어서면서 제고된 환상문학, 판타지 장르의 성행이다.[1] 고전소설의 환상성에 대한 논의를 만들어 가는 연구자들에게 늘 부담스럽게 다가오는 이 두 가지 담론에 대한 저자 나름의 의문을 밝히는

1 물론 이보다 앞서 조선 시대에는 '자불어괴력난신子不語怪力亂神'이라는 말에서 비롯한 문학관이, 현대에 들어서 1990년대 이전까지는 사실주의 문학에 대한 경도가 고전소설에서 보여주는 환상성에 대한 이해를 방해했다. 1980년대 중반 정도에 이르러 우리나라 고전소설에서 보여주는 환상적인 요소에 대한 진지한 접근을 시도하는 논문들이 있는데, 이러한 논문은 사실주의 문학관의 문제점에 대해 문제 제기하고 있다. 고전소설에 나타난 환상성에 대한 논문으로는 김성룡, 「한국 고전소설의 환상성에 대한 연구」, 『국문학연구』 제70집, 1985 참고.

것이 이 글의 출발점이다. 이 두 난제에 대한 저자의 오래된 의문을 정리하고 나서야 비로소 우리나라의 고전소설에 나타나는 환상에 대해 다른 선입견 없이 접근할 수 있을 것으로 생각되기 때문이다.

먼저 첫 번째 토도로프가 정의한 환상문학에 대한 질문을 던져보기로 하자. 고전소설 연구사에서도 환상에 대해 언급하는 경우에는 대개 토도로프가 자신의 저서인 『환상문학』에서 체계화해서 보여준 개념들을 인용해 왔다. 그런데 고전소설에 나타난 환상적인 내용을 설명할 때 과연 토도로프의 논의가 그렇게 적절하고 생산적인 이론적 기반을 제공해주었는가에 대해서는 한 번쯤 다시 생각해볼 필요가 있다고 여겨진다. 실제로 토도로프의 『환상문학』에서 분석의 대상으로 삼은 텍스트는 19세기 서양의 고딕소설 장르이며, 따라서 그것이 전반적인 환상문학을 포괄한다고 보기에는 그 개념과 범주가 상당히 협소한 것이 사실이다.[2] 더욱이 여전히 봉건왕조의 위계적인 지배질서를 견고하게 유지하고 있었던 조선시대에 등장한 고전소설의 환상성과, 르네상스를 거쳐 근대로 진입하면서 자연과학의 발달과 실증주의의 등장을 경험하고 있던 서양 고딕소설의 환상성은 근본적으로 그 성격이 다를 수밖에 없을 것이라는 점도 간과할 수 없는 차이점일 것이다.[3]

두 번째로 근간의 환상문학 논의가 고전소설의 환상성 논의에 어떠한 도움을 줄 수 있을 것인가에 대해서도 묻지 않을 수 없다. 우리나라

2 환상에 대해 포괄적인 입장을 견지하는 캐스린 흄은 토도로프의 이론이 서양 문학의 환상성을 설명하는 데 있어서도 너무 협소하다는 지적을 하였다. 캐스린 흄, 한창엽 역, 『환상과 미메시스』, 푸른나무, 2000, 46~47쪽, 56~57쪽.

3 토도로프의 이론을 고전소설에 적용할 경우 발생하는 모순에 대한 논의는 최혜실, 「개화기 소설의 현실성 획득 과정」, 『국어국문학』 111집, 국어국문학회, 1994, 371~376쪽.

에서 환상에 대해 긍정적인 태도를 가지고 집중적으로 관심을 갖기 시작한 것은 1990년대 이후인데, 이는 환상문학 및 판타지에 대한 관심, 『반지의 제왕』이나 『뉴 로맨서』처럼 문학적으로도 충분히 가치를 인정받은 작품들의 출현, 그리고 인터넷의 보급이라는 매체 환경의 변화와 맞물려 있다. 소위 판타지 장르에 속하는 작품들의 설득력을 높이고, 허구적 사실성을 핍진하게 만들기 위해 중요한 요소로 간주되는 것은 가상계인 2차 세계의 설득력 있는 재현이다. 즉 판타지 장르에서는 공간 설정이 중요한 요소인 것이다. 그런데 고전소설의 경우는 환상 세계의 공간이라고 할 만한 2차 세계가 그렇게 정교하게 그려지지 않는다. 그러므로 판타지 장르의 환상성을 가늠하는 잣대 역시 고전소설의 환상성을 설명해 내기에 적합하지 않은 도구이다.

고전소설에는 흔히 '고전소설이 지닌 낭만성'으로 해석되곤 했던 초경험적인 현상들, 환상적인 요소들이 자주 등장한다. 그 예로는 신이한 존재의 도움, 천상 세계, 적강謫降, 도술 같은 요소들을 들 수 있다. 이 중 몽유 구조로 인한 고전소설의 환상성에 대해서는 기존의 논의[4]에서 이미 주목한 바 있으며, 「구운몽」이 환상적 미감을 지닌 작품이라는 점에 대해서도 대부분 동의할 것이다. 그런데 고전소설에서 흔히 나타나는 또 다른 환상적인 이야기로 도술, 도사 등으로 구성되는 도술담을 들 수 있다. 「전우치전」의 환상성에 대한 이 글은 바로 고전소설에 자주 등장하는 도술담의 환상성이 우리나라 고전소설의 환상 미감에 대한 중요한 단서가 될 것이라는 데서 본격적인 논의를 시작한다.

4 고전소설의 환상성을 몽유 구조로 설명하고자 한 기존 논의로는 신재홍, 『한국몽유소설연구』, 계명문화사, 1994를 들 수 있다.

도술담은 군담소설, 도술소설 등에서 자주 혹은 중요하게 등장하는데, 도술담에는 단지 인물을 형상화하는 한 요소로서의 기능만이 아니라 도술 이야기 자체가 주는 미감과 즐거움이 있다. 이러한 도술담에 속하는 작품으로 「전우치전」, 「최고운전」, 「사명당전」 등이 있는데, 그중에서도 도술담이 풍부하게 구사되고 있는 작품이 「전우치전」이다. 본고의 목적은 「전우치전」에 나타나는 환상성의 미감을 분석 고찰하는 데 있다. 「구운몽」 같은 작품과 비교해 볼 때 「전우치전」의 도술담이 보여주는 환상성은 소략하거나 거칠다는 인상 때문에, 혹은 설화적인 성격이 감지된다는 점으로 인해 상대적으로 '저급한' 환상이라고 간주될 수도 있다. 그러나 설화와 관련성이 있으며, 다수의 고전소설 작품에 등장하는 '도술 이야기'의 환상성은 오히려 조선시대에 민중들에게 폭넓게 향유되었던 미감일 수 있다는 점에 주목할 필요가 있다. 민중적 환상성의 세계를 보여주는 「전우치전」의 환상 미감에 대한 논의는 고전소설이 지니는 환상성의 한 축을 설명해 줄 것으로 기대된다.

「전우치전」에 대해서는 주로 작품 형성 배경, 이본 연구 및 정치소설로서의 면모에 대한 논의가 활발하게 진행되었다.[5] 그런데 「전우

5 「전우치전」에 대한 기존 논의로는 다음과 같은 논문들이 있다. 김일렬, 「홍길동전과 전우치전의 비교연구」, 『어문학』 30호, 한국어문학회, 1974; 임철호, 「전운치전 연구(1)」, 『연세어문학』 9 · 10 합집, 1977; 임철호, 「전운치전 연구(2)」, 『연세어문학』 11집, 1978; 윤재근, 「전우치 설화와 전우치전」, 고려대 석사논문, 1982; 유연석, 「전우치전의 사상에 관한 연구」, 조선대 석사논문, 1983; 박일용, 「전우치전과 전우치 설화」, 『국어국문학』 92집, 국어국문학회, 1984; 백승렬, 「전우치전 연구」, 경북대 석사논문, 1985; 이현국, 「전우치전의 형성과정과 이본 간의 변모양상」, 『문학과 언어』 7, 문학과 언어연구회, 1986; 방대수, 「전우치전 이본군의 작품 구조 연구」, 서울대 석사논문, 1988; 송효섭, 「일사본 전운치전의 서사문법과 문학적 성격」, 『한국문학과 기호학』, 문학과비평사, 1988; 최삼룡, 「전우치전의 도선사상 연구」, 『한국고소설의 조명』, 한국고소설연구회, 1990; 이격주, 「전우치전 연구」, 단국대 석사논문, 1991; 엄태순, 「전우치전 연구—구조 분석을 중심으로」, 서울시립대 석사논문, 1992; 변우복, 「전우치전 연구」, 한국교원대 박사논문, 1998.

치전」에서는 민중적인 성향만이 아니라 도술담이 지니는 환상성 역시 중요한 요소인 것이다. 「전우치전」은 도술소설로 분류되는 작품임에도 불구하고 기존 연구에서는 이 작품이 지닌 환상성 자체에 대한 본격적인 논의는 드문 것을 알 수 있다. 「전우치전」은 이본 계열에 따라 작품의 특징적 성격이 조금씩 달라지는 것으로 이해된다. 예를 들어 일사본의 경우에는 전우치라는 개인의 도술적 성격이 강하고, 신문관본의 경우는 사회비판적인 성격이 강하다고 평가되며, 나손본은 여타 이본들과 완전히 다른 구조를 지닌 소설로 설명된다.[6] 본고의 목적은 「전우치전」에 나타난 환상성을 살피는 데 있으므로, 일사본을 주텍스트로 삼고 다른 이본들을 참고하면서 논의를 진행시키고자 한다.[7] 논의의 순서는 도술담의 주된 구성요소인 인물과 사건—즉 도술의 주체인 주인공과 도술 행위인 사건—을 분석하고, 이를 토대로 하여 환상 미감을 고찰하는 순으로 진행될 것이다.

---

6 박일용, 위의 글, 40~41쪽. 그러나 이본 간의 계열이 다르다고 하여도, 전우치가 부리는 도술의 양상면에 있어서는 유사성이 더 강하다고 하겠다.

7 이 장에서의 「전우치전」은 일사본 「전우치전」을 의미한다. 일사본의 제목 표기는 「뎐운치전」으로 되어 있으나, 이후로는 「전우치전」로 통일하여 표기하도록 한다. 논의의 정확함을 기하기 위해 일사본을 주텍스트로 삼았지만, 도술 양상에 있어서는 이본들 사이에 서로 유사성을 보이기 때문에 특정 텍스트의 표기보다는 일반적인 명칭으로 표기하는 것이 더 낫다고 판단되었기 때문이다. 그리고 다른 이본을 언급할 필요가 있을 때에는 신문관본, 나손 등을 밝혀 구별할 것이다.

2. 「전우치전」 도술담의 특징 – 현실 속의 비현실, 그 접근성

1) 빼앗아 얻은 도술

일사본의 전우치는 두 차례의 계기에 의해 도술 능력을 소유하게 된다. 첫째 계기는 서당에 가다가 산에서 울고 있는 여자를 만나 그 사연을 묻는 데서 비롯된다. 그 여자는 5세 때 어머니가 죽고, 계모가 자꾸 참소를 해서 자결하려고 했으나 차마 못 하고 울고 있다고 대답한다. 전우치는 그 여자에게 살기를 도모하라고 하면서 관계를 맺었는데, 스승인 윤공이 그 여자의 입 속 구슬을 가져오라고 한다. 전우치가 우격다짐으로 그 여자에게서 구슬을 빼앗아 삼키고 윤공을 찾아가니, 윤공은 전우치에게 호정狐精을 먹었으니 천문지리를 통하고 온갖 변화를 부릴 것이라고 한다. 여우/여인[8]에게서 호정을 얻은 것으로 전우치는 일정 단계의 도술을 얻었지만, 아직 도술로 사건을 일으키지는 않는다.

전우치의 도술 능력을 완성하게 되는 것은 두 번째 계기를 통해서이다. 호정을 얻은 다음 해 봄, 전우치는 세금사라는 텅 빈 절에 가게 되는데, 전우치는 그 절이 비게 된 원인이 요얼의 장난 때문이라는 것을 알아챈다.[9] 요얼을 물리치기 위한 방편으로 산사에서 글을 읽

8 여인으로 등장하지만 본래는 여우이기에 '여우/여인'으로 표기하기로 한다. 그런데 그 여우/여인들이 지어내는 이야기는 바로 고전소설의 한 토막 같은 내용들이다. 예를 들어, 첫 번째 경우는 바로 「장화홍련전」의 내용이 연상되며, 두 번째 경우는 여성 수난이 강조된 고전소설 작품에서 흔히 나타날 수 있는 내용이라고 하겠다.

9 그 아랫절에 있는 중들에게 사정을 물었을 때, 그 중들이 사태 파악을 못 하고 있는 것과 비교해 본다면, 전우치가 요얼의 장난이 문제라고 사태 파악을 할 수 있었던 것은 그가 호정을 먹

고 있는데 한밤중에 어여쁜 여자가 들어와 쉬어 가게 해 달라고 간청한다. 사연을 물으니, 자기는 본래 사족녀인데 남편을 따라 부임지로 가던 중 도적을 만났으며, 일행은 다 죽고 자기만 살아서 낮엔 숨고 밤엔 길을 가던 중이니 들어가 쉬게 해 달라는 것이다. 전우치는 백년가약 운운하며 동침하고 이번에도 우격다짐으로 술을 권해 취하게 하여 부용승으로 묶고 송곳으로 이마를 쑤시며 방추로 두드려 꼬리 아홉인 여우의 본색을 확인한다. 그리고 천서天書를 얻고는 여우를 윽박질러 하늘의 글로 쓰인 그 내용을 읽어 달라고 한다. 천서를 읽은 후로 전우치는 드디어 '못 하는 술법이 없게' 되었다.

「전우치전」의 도술의 유래는 둘 다 여우 / 여인들과 관련되어 있다. 전우치는 바로 이 여우 / 여인들에게서 호정과 천서를 빼앗음으로써 도술을 얻게 되는 것이다. 여기서 주목할 점은 전우치의 경우, 도술 능력을 획득하기 위한 수련 과정이 전혀 없었다는 사실이다. 고전소설 중 도술 습득에 대한 내용이 많은 것이 군담소설이다. 군담소설에서는 대개 남녀 주인공들이 일정 기간 산에서 도사에게 수련을 받고 도술전을 치를 능력을 얻는다. 그것도 어렸을 때 부모를 잃고 여러 가지 고난 끝에 수련을 쌓은 후 얻는 능력이다. 이에 비해 전우치는 별 노력 없이 불순한 세력에게서 도술을 빼앗아 갖게 되는 것이다.[10] 즉 주인공이 도술을 습득하게 되는 다른 고전소설 작품에 비하

었기 때문이라고 여겨진다. 규장각 소장 일사본, 8쪽.

10 물론 이본에 따라서는 전혀 다른 설정을 하는 경우도 있다. 예를 들어, 신문관본의 경우, 전우치의 도술은 긍정적인 성격을 지닌 것으로 서술하고 있다. '일즉 놉흔 스승을 조차 신선의 도ᄅᆞᆯ 배호ᄃᆡ 본릐 직질이 표일ᄒᆞ고 겸ᄒᆞ야 정성이 지극홈으로 맛참내 오묘ᄒᆞᆫ 리치를 통ᄒᆞ고 신긔ᄒᆞᆫ 지조ᄅᆞᆯ 엇엇스나 소래ᄅᆞᆯ 숨기고 자최ᄅᆞᆯ ᄀᆞᆷ초아 지냄으로'(띄어쓰기는 인용자). 조동일, 『전우치전』 시인사, 1983, 12쪽. 그런데 이렇듯 전우치의 도술 능력이 부정적인 세력에게서 유래한 것이기 때문에, 후에 결국은 서화담에 의해 징치되는 인물이 되는 것으로 서사가 마무리된다는 해석도 있다.

여, 전우치의 도술 능력은 비교적 단시간 내에 손쉽게 습득되었다는 특징을 보인다.

2) 다양한 사건, 단순한 행위, 그리고 그 비계기적 연결

「전우치전」의 핵심은 도술담의 열거에 있다고 해도 과언이 아니다. 「전우치전」에 등장하는 도술은 다양한데, 예를 들어 등운騰雲, 변신, 그림으로 차원 이동하기 등이 있으며, 변신 모티프의 경우도 자신이 스스로 변신하기도 하며, 또 다른 사람들의 형태를 바꾸기도 하면서 전개된다. 「전우치전」은 모두 17개의 도술 사건으로 구성되어 있으며, 각 사건 안에서 다시 여러 가지의 도술이 등장하는 식으로 서사가 전개되고 있다. 또 도술담의 어떤 장면들에서는 고전소설의 한 장면을 연상시키는 화소들이 삽입되기도 하는데, 친숙하고 검증된 화소의 삽입은 고전소설 독자들에게 이야기에 대한 자신들의 지식을 확인할 수 있게 해 주면서 동시에 사건의 정황적 개연성을 높이는 역할도 한다.

이렇게 전개되는 '전우치'의 도술담은 여러 개의 도술 사건들이 계속하여 연결되는 형식으로 제시된다. 도술소설로 분류되기도 하는 「홍길동전」의 경우에도 길동의 도술적인 행위들이 제시되지만, 이는 희곡에서 말하는 중추적인 행위spinal action, 즉 하나의 지향점을 향한 행위로 이해 가능하다. 이에 비해 전우치의 도술 행위들은 '길을 가다가 보니', '구름을 타고 가다 보니' 등으로 그때 그때의 상황에 따라 전개되는 것이다. 그러므로 「전우치전」의 도술 행위들은 부분 부분마

다의 독립성을 가지게 된다. 불연속적인 연결망 속에서 많은 종류의 도술담들이 다양하게 제시되는 것이 바로 「전우치전」인 것이다.

「전우치전」의 이러한 서사 방식은 이 작품이 설화적 연원에서 비롯되었음을 보여주는 것이기도 하다. 물론 전우치 설화가 소설화되는 과정에서 여러 가지 설화 속의 사건들이 한데 모여 「전우치전」이라는 한 편의 소설이 되면서, 그 결과 설화에서처럼 혹은 설화들의 모음처럼 사건이 비계기적으로 열거되고 느슨하게 결구된 것일 수 있다. 그러나 「전우치전」의 형성이 설화적인 연원에서 비롯되었다고 할지라도 이 작품은 이미 한 편의 소설로서 유통되어 많은 독자를 확보한 작품이다. 즉 「전우치전」은 이미 하나의 완성된 소설로 감상, 유통되어 왔던 것이다. 그러므로 「전우치전」의 독자들은 이 작품을 향유할 때 한 편의 소설을 대할 때 기대하는 기대치를 가지고 대했을 것이다. 「전우치전」이 전우치 설화와는 다르게 영웅의 일생 구조에 따른 도입부를 설정하고 있다는 사실이 이를 역설적으로 보여주는 것이라 하겠다.[11] 「전우치전」에 있어 비슷하면서도 다양한 성격을 지닌 도술담들의 연결이 작품의 일관성을 유지하게 하는 요소라면, 여타의 고전소설에 비해 사건과 사건 사이의 인과적 연결이 느슨한 서사 방식은 이 작품이 다른 고전소설과 차별화되는 낯선 요소, 즉 고유함으로 작동하게 한다.[12] 그러므로 이미 한 편의 소설로 유통된 「전우치전」을 읽는 독자들에게는 이 작품의 서사가 보여주는 비계기적인 사건 연결

11 일사본이나 나손본 모두 영웅 일대기 구조에 따른 도입부 전개를 시도하고 있다. 이는 실존 인물 전우치에 대한 구비설화나 문헌설화 이야기들이 소설화되는 과정에서 고전소설의 서사 관습을 의식하여 끼워 맞춘 설정으로 보인다.

12 「전우치전」과는 달리 대부분의 고전소설의 서사 전개는 사건과 사건 사이의 인과적인 연결이 긴밀한 방향으로 결구된다.

방식이 「전우치전」 서사의 독특함으로 받아들여졌을 수 있다.[13]

이렇게 비계기적으로 연결되는 「전우치전」에 나타난 도술 사건을 보면, 그 성격이 다양해서 한 가지로 정리될 만한 일관성을 찾기가 어렵다. 어떤 도술 사건들은 주인공의 봉건비판적이며 의로운 성격에서 비롯되는 것 같은데, 또 어떤 사건들을 보면 주인공의 사사로운 욕망 때문에 벌어지며, 그런가 하면 어떤 경우에는 왜 그렇게 개입하는지는 알 수 없게 그냥 해 보는 경우도 있다.

도술이 발휘되는 과정도 매우 간단한 경로를 통해서이다. 전우치도 진언을 외우고, 변신을 하고, 또 그림 속으로 차원 이동도 하는 등 단수 높은 도술을 행한다. 그러나 그가 도술을 부릴 때의 행동을 보면, '몸을 흔들'거나 '진언을 염하'거나 하는 정도의 서술만이 제시된다. 이는 강림도령의 경우도 마찬가지이다. 구름에 싸인 정씨 여인을 구하기 위해 강림도령이 하는 일은 그저 구름을 향해 '손가락을 가리키기만' 하면 되는 것이다. 이런 「전우치전」의 도술담은 거칠지만 강한 인상을 줄 수 있다. 이는 마치 배경 그림이 섬세하지 않은 그림체의 만화가 오히려 인물들의 행위가 더욱 선명하게 부각되는 효과를 줄 수 있는 것과도 같은 이치라고 하겠다.

불연속적인 서사, 다양한 성격의 도술 사건들, 그리고 간단한 과정을 통해 행해지는 도술 행위들은 그 과감한 생략으로 인해 더 강하게 부각되는 효과를 얻게 된다. 이것이 바로 「전우치전」이 보여주는 도술담의 성격이며, 작품 전체의 미감을 형성하는 한 요인이 되기도 한다.

---

13 이러한 접근은 비단 「전우치전」만이 아니라 설화나 혹은 「전우치전」과 같은 서사 방식을 취하고 있는 작품들의 미감을 이해하는 데에도 적용 가능할 것으로 보인다.

3) 현실 속의 도술 공간

「전우치전」의 서사는 거의 현실계 안에서 진행된다. 설화나 무속의 공간에서 이승 옆으로 저승이 흘러가듯 서당 가는 길에 여우/여인을 만날 수 있는 것이 「전우치전」이다. 현실 바로 옆에 비현실이 존재하기도 하며, 등장인물들 역시 현실 속에 나타난 비현실적 존재의 현현을 믿는다. 비록 작품 속에 천상 세계나 선경仙境이 구체적인 사건의 배경으로 장면화되어 제시되지는 않지만, 「전우치전」에는 이와 관련한 모티프가 여러 번 등장한다.

> ① 셔긔 공즁의 내리여스니 궁즁이 현황ᄒᆞ여 망지소조ᄒᆞ고 조신등이 샹달ᄒᆞᄃᆡ 고금의 드문 괴변이라 상이 ᄃᆡ경ᄒᆞᄉᆞ 졔신을 소회의논ᄒᆞ시더니 운치 운무즁의 셔고 쳥의동지 워여 왈 고려국왕은 옥졔 젼교을 드르라 ᄒᆞ거ᄂᆞᆯ 왕이 명ᄒᆞᄉᆞ 포진과 향안을 비셜ᄒᆞ고 나아가 브니 일위 션관이 금관홍포로 동ᄌᆞ를 좌우의 오운듕의 ᄊᆞ이여 단졍이 셧거ᄂᆞᆯ[14]

> ② 문득 구람 속의 일위 션관이 홍포옥ᄃᆡ의 머리의 금관을 쓰고 손의 옥호을 쥐고 쳥음낭셩으로 블너 왈 주인 졍시ᄂᆞᆫ 나와 옥졔교명을 드르라 ᄒᆞ거ᄂᆞᆯ[15]

①은 전우치가 대궐에 나타나 국왕을 상대로 황금들보 사기 행각을 벌이는 장면이고, ②는 자기 친구를 위해 수절과부를 보쌈하기 직전의 장면이다. 두 장면 다 전우치는 금관홍포로 갈아입고, 청의동자

---

14 일사본, 19~20쪽.
15 일사본, 68쪽.

를 데리고 나타난다. 그러면 왕이나 일반 백성이나 할 것 없이 다 선관으로 믿어 의심치 않으며, 황금을 거둬내기도 하고 원래는 천상선녀였다는 말을 받아들이기도 한다. 작품 안에 선경을 배경으로 한 도입부 같은 설정은 없었다. 전우치는 다만 그럴 것이라고 여겨지는 관습에 따른 선관의 복장을 하고 속이는 것인데, 등장인물들 역시 그런 상황을 선관의 출현이라고 받아들인다. 「전우치전」의 초현실계는 현실계 안에서, 등장인물들의 신념 체계 속에서 존재하는 것이다.

또한 「전우치전」의 도술은 일상생활 속의 한 장면에서 벌어진다. 「전우치전」에서는 '잔치 자리'에 있다가 봄에 한여름 과일을 맛보고, '길을 가다가' 그림 속에서 술 따라주는 여인이 나타나 건네준 술을 받아 마시고 하는 경험이 가능하다. 그렇기 때문에 전우치의 도술 행위는 다른 등장인물들에게는 그야말로 마술magic인 것이며, 환호도 더욱 열렬해지게 되는 것이다. 흔히 환상은 '저 건너편'에서 일어나는 것이라고 한다. 고전소설에서 환상이 가능한 예를 들어 보면, 도술전이 펼쳐지는 전쟁터는 삶과 죽음의 경계인 것이며, 그렇지 않으면 꿈 속에서의 사건 혹은 꿈과 연결되어 있는 사건인 경우가 대부분이다. 『금오신화』의 양생이 귀신 처녀를 만나는 곳도, 홍생이 선녀를 만나는 곳도 다 사람들이 없는 외지고 궁벽한 장소에서였다. 그곳은 무덤이거나 혹은 인적이 닿지 않는, 그래서 아무도 볼 사람이 없는 강가였다. 그런데 「전우치전」의 환상은 '현실 이편'에서 일어난다. 그것도 바로 등장인물들의 코 앞에서 일어나는 것이다. 현실계 안에서, 그리고 즉각적이면서, 일상생활 가운데서 일어날 수 있는 도술 행위. 이것이 바로 「전우치전」의 공간적 특징과 관련하여 추출된 이 작품의 도술 행위의 특징이라고 하겠다.

전우치가 도술을 획득하게 되는 과정은 그렇게 어려워 보이지만은 않으며, 도술을 부리는 과정 역시 간단하게 그려진다. 그리고 도술을 부리게 되는 동기 역시 우연에 의한 경우가 많으며, 그래서 도술 사건의 성격 또한 다양하다. 그리고 그의 도술은 바로 '오늘, 여기'의 일상적 공간 안에서 벌어진다. 「남염부주지」나 「구운몽」, 혹은 「삼한습유」나 「옥루몽」의 환상적 요소와 비해 볼 때, 「전우치전」의 도술 세계, 환상 세계는 접근성이 훨씬 수월한 것처럼 그려진다는 특징을 보인다.

3. 전우치의 인물 성격 – 민중적 환상의 주인공

1) 주관적 의협의 수행 – 엉뚱한 술객術客

도술 도구로 송곳과 방추를 들고 구름을 타고 다니는 전우치의 이미지는 「서유기」의 손오공을 연상시키기도 하는데,[16] 아무래도 영웅의 풍모는 아니다. 그런 그는 자신의 마음이 내키는 대로 도술을 사용한다.

그는 주로 의협심을 발휘하여, 억울한 살인 누명을 벗겨 주고, 훼절을 당해 자살하려는 여인의 목숨을 구해 주고, 교만한 서생이나 관

16 「전우치전」과 「서유기」의 영향 관계에 대해서는 이상익, 『한중소설의 비교문학적 연구』, 삼영사, 1983 참고.

리들은 한껏 골려 준다. 이런 사건에서의 전우치는 선한 가치를 지향하는 긍정적인 주인공의 성격을 지닌다. 그러나 어머니를 봉양하기 위해 황금들보 사건으로 나라의 금을 훔치고, 부모를 봉양할 재물이 없는 이에게는 호조의 창고 돈을 훔쳐 주고, 상사병으로 죽어가는 친구를 위해 수절과부 정씨를 속여 친구 부인으로 삼게 하려는 사건을 보면, 전우치의 행동에 대해 전적으로 동의하기는 어렵다. 물론 황금들보 사건이나 호조 창고 사건을 통해 봉건 왕권에 대한 전우치의 비판적인 태도를 읽을 수도 있다. 그러나 개인의 문제 해결 방법으로 국고를 훔쳐내는 방법을 선택한 것은 전적인 동의를 얻기 내기 어려운 것이며, 더욱이 다른 사람이 수절과부를 해할 때에는 망설임 없이 징치를 하던 인물이 자신의 친구를 위해서는 오히려 도술을 부려 수절과부를 보쌈해 오는 장면에 이르면 독자들은 전우치라는 인물에 대해 유보적인 태도를 취하게 된다.

즉 전우치는 전반적으로는 긍정적인 가치를 지향하고 있지만, 경우에 따라서는 비판받아 마땅한 행동도 서슴지 않는 주인공인 것이다.[17] 일반적으로 소설의 주인공이 이렇게 일관성 없는 행동을 일삼는 인물인 경우는 드물다. 그가 어떤 일을 위하여 자신의 도술을 사용할지는 예측이 불가능하다. 즉 그는 의식화되어 있지 않은 주인공인 것이다. 물론 전우치가 민중적인 영웅의 면모를 가지고 있는 것은 사실이다.[18] 그러나 전우치는 자신이 하는 행동의 궁극적인 의미에 대해서 확고한 태도를 선택한 인물은 아닌 것이다. 봉건제도에 대한 전우치의 비판 의식의 수준은, 봉산탈춤의 말뚝이와 비교해 보면 분

17 그렇기 때문에 기존 연구에서도 전우치는 영웅과 반영웅의 면모를 동시에 지닌 인물로 평가한다.
18 전우치의 이러한 면모가 가장 잘 부각된 이본이 신문관본이다.

명하게 드러난다. 봉산탈춤 양반과장에서 말뚝이가 하는 행위와 대사를 보면, 말뚝이는 사실적이고 현실비판적이며, 자신의 입장에 일관성을 유지하고 있고, 교묘한 어법을 구사하면서 끊임없이 두뇌회전을 하는 인물이다. 전우치와 말뚝이는 둘 다 민중적인 캐릭터라는 점에서는 동일하나, 말뚝이가 분명하게 의식화된 상태에서 일관성을 견지해 나가는 인물이라면 전우치는 그다음 도술 장면에서는 전혀 엉뚱한 선택을 할 수도 있는 인물인 것이다.

의적義賊이라는 측면에서 본다면, 전우치는 홍길동과 비슷한 점도 많다.[19] 둘 다 도술을 사용하고, 조정에서 벼슬을 받는다. 그러나 행동 양상을 보면 전우치는 홍길동과도 다른 인물임을 알 수 있다. 특히 행동을 취하는 욕망의 측면에서 볼 때 더욱 그러하다. 홍길동은 공적인 인정을 획득하고자 하는 욕망이 강한 인물이다. 「홍길동전」의 사건들, 예를 들어, 해인사 탈취, 감영 무기 탈취 등은 다 사회적 의미가 있는 의적 행위로, 홍길동의 행위는 일관성이 있다. 이에 비해 전우치는 경우에 따라서는 단지 골려주기 위해서 도술을 행하기도 한다. 또 행동 양상도 일관성을 결여하고 있으며, 주관적이며 때로는 비윤리적 행동까지도 서슴지 않고 하는 것이다.

전우치는 자신이 속해 있는 사회의 공식적 인정에 대한 욕망 때문이라기보다는 자기의 개인적 만족을 위해 도술을 사용하는 경향이 있다. 즉 그는 주관적인 만족을 위해, 주관적인 기준에 의해 도술을 사용하는 인물인 것이다. 전우치는 정치적으로, 윤리적으로 일관성을 결여한 인물이면서 동시에 의협심도 강한 인물로 그려진다. 그의

19 「전우치전」 이본 중 「홍길동전」과 가장 유사성을 보이는 이본은 나손본이다.

이런 양가적인 태도가 독자들에게는 엉뚱함으로 받아들여지는 것이다. 인물에 대한 이런 형상화 방식은 인물을 선 / 악 기준으로 판단할 수 없게 만든다. 약자들에게 환영받는 민중 영웅 같은 면모와 더불어 결국에는 징치되는 부정적인 인물로 비추어지는 전우치는 선 / 악의 이분법적 구도를 비껴나 있는 인물인 것이다.

2) 현재적 진실에 충실한 인물—정에 이끌리는 범부凡夫

「전우치전」에는 전우치의 감정에 대한 언급은 많지 않으나, 그가 윤리나 도덕 혹은 당위보다는 정에 이끌리는 인물이라는 점은 분명히 알 수 있다. 정에 관한 인물의 태도를 살펴볼 수 있는 사건은 우선 남녀 간의 애정 문제에서일 것이다.

> ③ 운치 ᄎᆞ언을 드라ᄆᆡ 가장 긍측히 여겨 왈 사람의 ᄉᆞ싱이 유명ᄒᆞ니 낭ᄌᆞ는 부모유체을 ᄉᆡᆼ각ᄒᆞ여 살기을 도모ᄒᆞ라 ᄒᆞ고 옥수을 잡으ᄃᆡ 그 여ᄌᆡ 됴금도 ᄂᆡᆼ담ᄒᆞ미 업스ᄆᆡ 흔연이 교합ᄒᆞ여 양졍이 환흡ᄒᆞ다가[20]

> ④ 그 곳의 이르니 그 여ᄌᆞ을 옥수을 잡고 죽님간으로 드러가 정회ᄅᆞᆯ 펼시[21]

③, ④는 전우치가 서당 가는 길에 여우 / 여인을 만나면서 벌어지는 일이다. 특히 첫 만남인 ③의 경우를 보면, 여자와 처음 동침하게

20 일사본, 5쪽.
21 일사본, 6쪽.

될 때 고전소설의 주인공치고 전우치처럼 자연스럽게, 어떤 구실도 마련해 놓지 않은 채[22] 여자와 동침하는 인물은 찾아보기 어렵다. 전우치는 서당에서 유교 윤리를 배웠을 것이며, 이는 부친의 상례를 예도에 맞게 잘 치른 후 온 동네에서 칭찬을 듣는 것[23]으로도 미루어 짐작할 수 있다. 그렇지만 위의 장면에서 전우치는 유교적 당위가 아니라 그 장면에서의 자신의 감정에 충실한 대로 행동을 한 것이다. 이는 주인공이 이념지향형 인물이라기보다는 감정에 충실한 인물이었기 때문이다.

중이 수절과부를 훼절했을 때에는 징치를 했던 전우치가 친구를 위해서는 수절과부를 보쌈해 올 방도를 마련하는 것 역시 그가 그 장면에서의 자신의 감정에 충실하기 때문에 벌어지는 사건이다. 그런데 전우치의 이런 행동은 밉지가 않다. 앞뒤 맥락을 통해 전우치가 자신의 욕망을 채우기 위해서가 아니라 죽어가는 친구를 구하기 위해 그런 선택을 한 것을 알 수 있기 때문이다. 그 장면에서 전우치는 제삼자인 수절과부의 입장보다는 자신이 더 가깝게 느끼는 친구의 입장에 감정적으로 동일시하여 행동한 것이다.

뿐만 아니라 그는 어떤 잘못을 저지른 자라도 개과천선하면 그 자리에서 용서해 준다.

> ⑤무ᄉᆞ을 명ᄒᆞ여 원문 밧긔 참ᄒᆞ라 ᄒᆞ니 염준이 슬피 비러 왈 소장의 죄상은 이삼 죽이(미) 맛당ᄒᆞ오ᄂᆞ 장군은 호싱지덕을 내리오시면 맛당히 허물을

22 예를 들어, 어떤 여자와 인연을 맺기 전에 천정인연이라든가 혹은 백년가약을 맺은 것이라든가 하는 말로, 자신의 연애나 혼전 성관계에 대해 합리화하는 장치를 마련하지 않는다.

23 일사본, 4쪽.

고쳐 장군을 죠츌가 ᄒᆞᄂᆞ이다 운치 왈 네 진실노 ᄀᆡ과쳔선ᄒᆞᆯ진ᄃᆡ 엇지 아름답지 아니ᄒᆞ리오 ᄒᆞ고 무ᄉᆞ을 명ᄒᆞ여 ᄆᆡᆫ 거슬 그르고 셩현현어로 위로ᄒᆞ여 고향으로 도라보ᄂᆡ고[24]

⑤의 예문은 전우치가 엄준을 사로잡은 후 사형에 처하고자 할 때 벌어지는 일이다. 엄준은 도적의 우두머리로, 산채를 형성하여 조직적으로 약탈을 벌이며 임금을 근심케 한 인물이며, 전우치와의 대결 양상도 가장 대단했던 인물이다. 이런 그가 목숨을 구걸하며 빌자, 전우치는 그 한 마디에 '네 진실로 개과천선할진대 어찌 아름답지 않겠느냐'고 하며 그 자리에서 용서해 준다. 어떤 죄인이라도 개과천선하면 즉시 용서해 주며, 살생은 안 하고 싶다고 주장하는 전우치는 우직하면서도 순직한 인물로 그려진다. 그 장면에서의 진실을 중요하게 여기는 전우치의 태도는 악을 끝까지 응징하겠다며 당위를 주장하는 계몽적 태도와는 거리가 멀다.

여자와 자연스레 동침하고, 수절과부를 속이기도 하고, 장난기 많고 골려주기 좋아하고, 약간의 공적 자금을 훔치는 것은 문제 삼지 않는 소설 속의 전우치는, 그러나 문헌설화에서와는 달리 그로테스크하게 묘사되지 않는다.[25] 오히려 그는 줄곧 노모를 모시고 다니며 봉양을 게을리 않고, 사건의 전후수말을 아뢰는 등 효성이 지극한 것으로 그려진다. 이는 우직하고 정에 이끌리는 전우치라는 인물에 대

24 일사본, 49쪽.

25 일례로 이수광의 『지봉유설』에 실린 전우치 설화에서의 사건 기술은 '공중에서 떨어지는 굵은 핏방울', '하늘에서 떨어지는 팔, 다리, 몸통, 머리' 등이 묘사되면서 그로테스크한 분위기를 연출한다. 조동일, 앞의 책, 1983, 174~175쪽.

한 당대 소설 향유층의 호감을 반영하는 것이라 하겠다. 세련되지도 않았으며, 교조적이지도 않고, 또한 허위의식에 사로잡히지도 않은 전우치에게는 다듬어지지 않은 긍정적인 에너지가 있다. 이런 전우치는 바로 민중들에게 친숙하고도 가깝게 느껴지는 민중적인 인물이라 하겠다.

4. 「전우치전」에 나타난 환상의 미감

앞에서는 「전우치전」의 인물과 사건을 중심으로 이 작품의 도술담의 성격을 살펴보았다. 이 장에서는 앞의 분석을 토대로 하여 「전우치전」의 도술담이 주는 쾌감의 측면, 「전우치전」이 지닌 환상성의 미감에 대해 고찰하고자 한다.

1) 역동적 환상성

「전우치전」은 매우 동적인 느낌을 주는 작품이다. 「전우치전」의 동적인 느낌, 역동성은 우선 도술담의 연결 방식, 즉 서사적 연결 방식에서 비롯된 부분이 크다. 앞에서도 설명했듯 「전우치전」의 서사는 삽화 나열식의 방식으로 전개된다. 그런데 「전우치전」의 이런 서사 방식은 결과적으로 다음과 같은 두 가지 특징을 유도하게 되었다.

첫째는 사건들의 빠른 전환을 가능하게 했다는 것이며, 둘째는 도술담들이 '쏟아지듯' 열거되어 있다는 점이다. 한 사건에서 다른 사건으로 넘어갈 때 필요한 서술은 '구름을 타고 가다가'라든가 '돌아가는 길에 보니' 정도이다. 이런 표현들을 사용하면서 다음 사건이 전개되므로 사건 전환이 빠르며, 이에 따라 장면 전환이 많은 것이다. 이런 방식으로, 무려 스무 개에 가까운 도술담들이 연속적으로 숨가쁘게, 실컷 제공되는 것이 바로 「전우치전」이다.

여타의 고전소설에서 보기 드문 빠른 사건 전환은 독자들이 숨 고를 사이 없이 다양한 환상적 사건을 경험하도록 함으로써, 독서 과정에서 독자들이 지속적으로 몰입과 긴장을 유지하게 하는 원동력으로 작용한다. 그리고 현실에서는 체험하기 어려운 도술담들이 다양한 이야기들과 얽히면서 매번 정황을 달리하여 계속 제공됨으로써 독자들은 독서 과정 내내 환상적인 미감을 지속적으로 경험하게 된다. 「전우치전」의 역동성은 바로 이러한 사건 나열식의 서사 연결 방식에서 생성되는 것이다.

작품의 역동성과 관련하여 또 하나 언급할 수 있는 요소로 「전우치전」이 일관된 지향성을 굳이 고집하지 않는 서사 방식을 취하고 있다는 점을 들 수 있다. 어느 방향으로 튈지 예상하기 어려운 주인공은 이야기가 어느 방향으로 전개될지 짐작하기 어렵게 만든다. 그렇기 때문에 「전우치전」에는 마그마와 같은 힘이 있는 것이다. 그러나 이 이야기가 공포스럽지 않은 이유는 바로 주인공에게 선한 의도가 잠재해 있기 때문이다.[26]

26 「전우치전」의 미감과 주인공의 관련 양상에 대해서는 '2) 유희적 환상성'에서 다루기로 한다.

「전우치전」의 역동적 환상성은 이 작품이 세련되게 다듬어지지 않은 데서 생기는 힘이라고 하겠다. 속도감 있는 전개, 과감한 생략에서 비롯한 거친 서사, 예상 불가능함으로 인해 생기는 탄성 등의 요소는 이 작품에 힘, 역동적 요소로 작동한다. 자기 행동의 일관성을 유지하지 못하는 주인공, 세련되게 연결되지 않는 서사 등의 요소가 오히려 긍정적인 미감으로 기여한 작품이 「전우치전」인 것이다. 「전우치전」이 조선시대에는 물론이고, 오늘날에도 지속적으로 읽히는 것은 이 작품 자체가 가지고 있는 미감이 있어서 가능한 것이다. 이렇게 세련되지 않은 「전우치전」의 서사가 주는 미감은, 마치 한 팔 잘린 미로의 비너스 조각상이 오늘날 우리들에게 결함이 아니라 오히려 미적인 충격의 긍정적인 구성 요소로 체험되고 있는 것과 같은 것이라 하겠다.[27] 19세기 미술사가들이 비너스 조각상에 팔을 그려 넣었을 때 그 효과가 오히려 저급하게 되었듯이, 「전우치전」 서사의 환상을 더 매끄럽게 다듬는다면 「전우치전」의 환상이 갖는 그 역동성은 줄어들 것이다.

---

27 슬라보예 지젝, 김종주 역, 『환상의 돌림병』, 인간사랑, 2002, 44쪽. 물론 미로가 처음부터 미적 충격을 주기 위해 비너스상을 이렇게 팔을 절단한 상태로 만든 것은 아니나, 오늘날 그 작품은 온전한 작품으로 충분히 감상 가능한 것이다. 지젝의 이 설명은 환상에 있어 결여를 채워 나가는 예술가의 능력을 설명하기 위한 예이다. 그러나 이 예는 예술 작품을 감상하는 데 있어 결여 내지는 결락缺落이라는 부분에 대해 접근하는 태도에 대한 시사를 던져 주기에 충분한 설명이라 하겠다. 「전우치전」이 설화에서 소설화되어 설화적인 요소가 강한 작품이고, 설화에 있어서 사건의 비계기적 연결은 본래적인 속성이므로 「전우치전」의 서사 방식으로 인한 미감을 결락으로 보기 어렵다고 생각할 수도 있다. 그러나 이는 「전우치전」이 이미 하나의 소설로서 유통된 작품이라는 사실을 간과하는 접근 방법일 수 있다. 고전소설의 문법에 익숙한 독자들이라면 「전우치전」을 접할 때에도 여타의 고전소설 작품들에서 흔히 사용되는 서사 방식들, 서사 구조들을 기대하면서 읽었을 것이다. 이럴 경우, 서사 방식에 대해 독자들이 경험하게 되는 것은 여타의 고전소설과 「전우치전」 서사 방식의 거리, 그 차이일 것이다. 여타의 고전소설 서사 방식이 「전우치전」에 비해 좀 더 잘 짜인 구성을 추구한다는 사실을 염두에 두고 보면, 이때 「전우치전」의 독자들이 경험하는 것은 상대적인 느슨함과 그로 인한 결여에 가까울 것이다.

2) 유희적 환상성

이야기에서 환상은 흔히 타자성, 예를 들어 괴물, 귀신, 유령, 낯선 존재 등 인간의 지배력을 넘어선 존재에서 비롯된 것으로, 공포와 배제의 감정과 연결되거나 혹은 비장의 감정과 연관되어 논의된다.[28] 그런데 「전우치전」의 환상성은 공포스럽거나 비장하지 않다. 오히려 유쾌하다. 그런데 이는 「전우치전」의 인물 형상과 도술의 성격에서 비롯하는 것이다.

전우치는 민중적인 성격을 지닌 주인공이다. 집이 늘 '빈한'하다는 언급[29]이 자주 나오고, 그래서 전우치는 가난한 사람들의 사정에 민감한 것으로 그려진다. 그리고 진사시에 합격했다고는 하지만 유교적 관념의 세례를 거의 받지 않은 상태이다. 자신은 '살생은 하지 않는다'고 늘 주장하며, 효자인 전우치의 모습은 그가 어떤 신통력을 지니고 무슨 일을 벌이든지 간에 독자들이 즐기기에 부담스럽지 않은 인물이 된다. 「최고운전」의 최고운, 「사명당전」의 사명당 등도 전우치와 비슷한 부류에 속하는 인물들이다. 그런데 최고운의 경우는 너무나 유명한 문사이기 때문에 민중들과는 거리가 멀며, 사명당의 경우는 신앙의 대상인 불교의 승려이자, 실제 역사와의 관련성 때문에 무게감이 있다. 이런 인물과 비교해 보면, 전우치는 아마도 이 작품을 즐기는 향유층과 가장 친근하게 다가갈 수 있는 주인공일 것이다. 도술을 부

---

28 환상과 공포 혹은 비장의 관계에 대해서는 최기숙, 『환상』, 연세대 출판부, 2003, 125~133쪽. 고전소설에서 환상을 공포와 연관지어 연구한 논문으로는 김성룡, 「고전 서사문학을 중심으로 본 환상의 미학적 특성 연구」, 『국어교육』, 한국국어교육연구회, 2000, 102쪽 참고.

29 전우치는 빈한하기 때문에 성취가 더딘 과거시험에 기대를 걸 수 없어 노모를 모실 다른 방도를 모색한 것이며, 빈한하기 때문에 결혼하기 어렵다고 말하기도 한다.

리는 인물임에도 불구하고 전우치가 만들어 내는 만만한 느낌, 생뚱맞은 느낌 등의 친근함, 결코 극단적이지 않은 성격 등은 그의 도술조차 두렵지 않은 것으로, 즐길 만한 것으로 만드는 것이다.

전우치가 도술을 사용할 때는 어떤 원칙이 있는 것이 아니다. 그때의 자신의 감정에 따라 도술을 발휘한다. 「옥루몽」의 등장인물처럼 멋있게 도술을 펼쳐 보이거나, 어떤 경지에 다다르기 위한 엄청난 수련 과정을 거쳤거나 혹은 절체절명의 위험을 피하기 위한 수단으로써 도술을 발휘하는 것이 아니다. 또한 그의 도술은 엄숙하거나 심각한 분위기의 도술이 아니다. 예를 들어, 같은 변신담이라고 해도 신들의 변신을 다루는 「동명왕편」은 엄숙하며, 같은 진가眞假 모티프를 다루고 있어도 불교적 세계관 및 삶에 대한 태도와 연관 있는 「옹고집전」은 심각할 수 있다. 이에 비해 「전우치전」의 도술담들은 그 양상도 간단하고 익숙한 도술들일 뿐만 아니라 내용 역시 부담 없다.

분명 「전우치전」의 도술담들은 읽으면서 즐길 수 있는 성격의 것들이다. 그러나 이런 유희적 환상들이 공허하지 않은 이유는 독자들이 이런 이야기를 읽으면서 느끼는 해방감과 쾌감에 있을 것이다. 「전우치전」의 도술담은 억압적인 일상에서는 불가능한 일들을 허구를 통하여 대리 경험할 수 있게 해 주며, 특히 힘없는 계층에게는 현실적 불만을 환상적으로 해소시켜 주는 요소로 작용했을 것이다. 이것이 바로 「전우치전」의 유희적 환상이 독자들에게 지속적으로 소비될 수 있었던 이유라 하겠다.

3) 원초적 환상성

다른 고전소설 작품에 비하여 「전우치전」에는 성性과 관련한 언급이 많은 편이며, 여자의 아름다움에 대한 관심이 많은 편이다.

> ⑥ 양인 왈 몸히 심히 무겁고 마옴이 심히 번난ᄒᆞ니 고이ᄒᆞ도다 운치 왈 형등이 낭ᄌᆞᄒᆞ거와 창기ᄂᆞᆫ 불긴ᄒᆞᆫ가 ᄒᆞ노라 냥인이 노왈 우리 환지 아니여든 엇지 창녜이 불긴타 ᄒᆞᄂᆞ뇨 운치 소왈 냥형은 노치 말고 손으로 바지 속의 너허 만저보라 ᄒᆞ니 셜싱이 니 말 ᄃᆞᆺ고 숀으로 만져 보가다 쇼싱더러 왈 신낭이 간ᄃᆡ 업다고 판판ᄒᆞ니 이 엇진 일니요 쇼싱이 보아지라 ᄒᆞ거놀 셜싱이 ᄂᆡ여뵈니 과연 아모 것도 업스ᄆᆡ 쇼싱이 ᄯᅩ 졔 하물을 만져본즉 역시 그러ᄒᆞᆫ지라[30]

> ⑦ 오싱이 대취ᄒᆞᄆᆡ 족ᄌᆞ을 외당 벅당의 걸고 보니 주션낭이 병을 들고 셧거놀 싱이 그 고은 태도을 흠모ᄒᆞ여 옥슈을 잡아 무릅 우희 안치고 사랑ᄒᆞ믈 이긔지 못ᄒᆞ여 침셕의 나아가고져 할 즈음의 문득 문 열어난 곳의 급히 달여 드러오니 이난 오싱의 쳐 민씨라[31]

> ⑧ 내 이번의 뎡녀ᄂᆞᆫ 못 다래왓거니와 뎡녀의셔 십비나 더 고은 미인을 어더 왓노라 양싱 왈 내 미인 만히 보아시나 뎡녀 갓ᄒᆞᆫ 인믈은 업ᄂᆞ니 형은 그리기 농담을 말지어다[32]

---

30 일사본, 31쪽.
31 일사본, 64쪽.
32 일사본, 72쪽.

⑥의 경우, 전우치가 교만한 서생을 골려주는 방법은 그들의 성기性器를 사라지게 하는 것이었다. 골려주는 방법에는 여러 가지가 있을 수 있으나, 하필 그가 선택한 방법은 매우 원색적인 것이었다. 그리고 서사 전개상 두 서생이 서로 확인하는 과정이 반드시 요긴한 것도 아니었다. 그러나 이 작품은 굳이 그 장면을 묘사해서 보여준다. ⑦은 오생이라는 인물이 전우치가 건네 준 미인도에서 나온 여인과 관계를 맺으려다가 들키는 장면이다. 애초에 오생의 무리들이 감상하고 있었던 미인도의 그림은 '미인이 아이를 안고 희롱하는' 내용이었다. 그런데 전우치가 명화라고 제시한 미인도는 미인이 직접 나와 기막힌 술을 따라 주는 기능이 있는 것이다. 그림 감상은, 본능이나 1차적인 욕구와는 거리가 먼 고상한 취향이다. 그런데 전우치가 명화라고 여기는 것은 부르기만 하면 바로 미인과 술이라는 두 가지 구체적인 사물[33]이 현현하여 1차적인 욕구를 만족시켜 주는 것이다. 그런데 「전우치전」에서는 이 고상한 취향을 공유하고 있었던 무리들도 전우치의 노골적인 취향에 단번에 사로잡히고 만다.

이같이 「전우치전」에서는 성과 관련한 언급을 안 해도 충분한 상황에서 남녀의 성을 연관시키는 경우가 많다. 사대부 여성이 등장하면 '겁탈'이라는 단어가 등장하고, 수절과부가 등장하면 강간 내지는 보쌈으로 연결되며, 여우 / 여인들과의 관계 역시 성적인 분위기를 만들어 낸다. 그런가 하면, 여자를 바라보는 태도에서도 미모에 대한 관심만이 증폭되어 나타난다. ⑧이 그런 예이다. 양생이 상사병에 걸렸던 것은 바로 정씨의 모습 때문이었으며, 그렇기 때문에 정씨 대

33 이 장면에서의 여인은 자신의 주장을 내세우는 하나의 인격적인 주체가 아니라, 부르면 나타나서 술을 따르는 존재로 사물화되어 있다.

신 데려온 여자에 대해서도 전우치와 양생의 대화는 오직 미모에 대한 관심만이 전부이다. 흔히 고전소설의 여주인공들은 아름다운 것으로 설정되어 있지만, 항상 먼저 언급하는 것은 부덕이나 인품 혹은 자질 등이다. 이에 비한다면 「전우치전」의 관심은 미인도 사건에서도 그랬던 것처럼 여자의 색 그 자체가 우선이라고 하겠다.

또 「전우치전」의 환상은 물질적이다. 「전우치전」의 도술담에는 황금들보 사건의 거대한 황금 막대기, 잔치 자리에 등장하는 온갖 탐스러운 여름 과일들, 그리고 미인도에서 나오는 마르지 않는 술과 한 상 차려 나오는 안주들이 등장한다. 뿐만 아니라 전우치와의 싸움에서 패한 엄준의 군사에 대한 서술이 나오는데, 이때도 모든 군사들이 '떡, 고기와 더불어 뒹굴뒹굴'[34] 구르는 것으로 묘사된다. 음식과 더불어 뒹구는 군사들의 이미지도 물질화되어 있으며, 동시에 이들이 '똥도 토한다'고 하여 우아나 비장과는 전혀 거리가 먼 미감을 형성한다. 더군다나 전우치와 서용담의 도술 대결에서는 서용담이 쓴 관이 '뿔이 서 발이나 되는 소머리로 변하여 돌 위에서 눈을 실룩이고 입을 벌리고' 있고, 전우치의 갓은 '돼지머리가 되어 어금니를 드러내고 귀를 떨고'[35] 있는 것으로 묘사하고 있는데, 상상해 보면 가히 엽기적인 장면이다.

성과 관련한 잦은 언급, 황금과 먹을 것들의 등장, 그리고 엽기적인 쾌감을 주는 장면들로 이어지는 「전우치전」의 도술담에 등장하는 환상성은 원색적이며 본능에 충실한 환상성이라 할 수 있다. 이같이 식욕, 성욕 등에 긍정적인 태도를 보이는 「전우치전」은, 그러나

34 일사본, 45쪽.
35 일사본, 76쪽.

동시에 전우치가 정씨를 데려가는 장면에서 '노모가 그들이 사라진 공중을 향해 무수하례' 하는 모습도 묘사한다. 속은 것도 모른 채 초월적인 존재에 대한 무조건적인 신앙을 표하는 그 노모의 모습은 눈물겹도록 순직하다. 「전우치전」이 조선 당대에 독서 목록에서 기피의 대상이 되었다는 기록은 아직껏 발견되지 않았다. 이는 물론 당대에 이 작품이 지녔던 영향력이 보잘 것 없어서일 수도 있지만, 그것보다는 무난하게 향유되었던 것이 아닌가 하는 추정도 가능하다. 인간의 욕망을 노골적으로 긍정하는 「전우치전」의 원초적 환상성이 별문제 없이 수용될 수 있었던 것은 아마도 이 작품이 서민적인 취향을 가진 사람들을 중심으로 유통되었기 때문일 수도 있으나, 또한 이 작품이 보여주는 순직함에 대한 긍정과 함께 하기 때문일 것이다.

5. 결론—「전우치전」이 보여주는 민중적 환상성의 세계

「전우치전」의 환상성은 누군가가 꾸었을 여러 개의 백일몽을 거푸 보여주는 영화와도 같다. 그렇기 때문에 「전우치전」의 환상성은 단편적이라는 인상을 준다. 이 작품의 환상성이 낯설지만은 않은 것은 바로 우리들이 현실에서 경험하는 혹은 즐기는 백일몽이 바로 그 순간순간의 단편적인 것들이기 때문이다. 「전우치전」의 환상성이란 바로 조선 시대에 그저 평범한 삶을 살았을 사람들이 꾸었을 법한 백일몽의 환상성인 것이다. 삶에서 환상이란 현실 생활에서의 결핍, 욕망을 대리 실현해 주는 기제로 작동한다. 「전우치전」의 환상은 그 당시 민중들의 현실적 불만을 허구적으로 해소해 낸 민중적 환상인 것이다.

「전우치전」의 주인공은 고전소설에서 흔히 등장하는 영웅도 아니며, 그렇다고 해서 아주 부도덕한 악인형 인물도 아니다. 영웅도, 악한도 아닌, 그리고 아직 의식화되지도 않은 부정형不定形의 주인공이 보여주는 도술 퍼레이드가 「전우치전」인 것이다. 그리고 전우치는 고전소설의 독자들에게서 너무 멀리 있는, 그래서 이야기 속에 갇혀 있는 주인공이 아니라 접근성을 지닌 인물이다.

이런 「전우치전」에는 건강함이 있다. 「전우치전」은 섣불리 현실 세계의 문제가 해결됐다고 말하지는 않기 때문이다.[36] 다만 주인공으로 하여금 한바탕의 도술 놀이를 벌인 후 사라지게 할 뿐이다. 「전우치전」의 환상은 전혀 공포스럽지 않으며 심각하지도 않다. 단지 문제가 되는 인간을 혼내 주면 되는 유쾌한 환상이며, 독자들도 한 번 즐기기를 원하는 환기로서의 환상이다. 그러나 현실에서의 문제가 해소된 것으로 호도하지 않기에 「전우치전」의 환상은 결코 기만적이지 않다는 미덕이 있다.

고전소설에서 환상성이 나타나는 경우는 많다. 그런데 고전소설에서 환상성이 등장할 때는 대부분 문제 해결로서의 도구적인 성격이 강하다. 「홍길동전」, 「심청전」, 「흥부전」 등등의 문제 해결은 다 환상을 통해서 비로소 가능해졌다. 그런데 「전우치전」의 환상은 문

36 이 작품에서 부정적인 권력의 대표처럼 등장하던 봉건 권력도 작품 끝까지 그 구도를 여전히 유지하며, 전우치 역시 자기 마음대로 도술을 사용한 대가로 결국 서화담에 의해 징치됨으로써 더 이상의 모색이 불가능해졌다. 이 상태에서 소설이 끝나게 되면서, 소설에서 현실 세계의 모순은 그대로 남게 된다. 소설 창작에 있어 이렇게 허구적으로나마 문제를 다 해결하여 행복한 결말을 만들지 않고 문제를 문제로 남겨 두는 것은 오히려 현실을 직시하는 태도라고 할 수 있다.

제해결을 위한 도구로서의 환상이 아니다. 물론 「전우치전」의 경우도 환상 발현의 동기가 욕망 충족 및 문제 해결과 관련되는 부분도 있으나, 궁극적으로 「전우치전」의 환상은 환상적인 이야기 그 자체를 즐기기 위한 것이다. 즉 놀이로서의 환상이며, 위안으로서의 환상이다. 물론 「전우치전」의 향유층이 이 작품을 즐길 수 있었던 이유 중에는 도술담을 통해 현실에서의 어려움을 감정적으로 해소하는 쾌감도 컸을 것이다. 이것이 기존 논의에서 이 작품의 민중성 및 정치소설적인 경향으로 거론되었던 부분이다. 그러나 「전우치전」은 정치적 지향만 가지고 있는 작품이 아니다. 「전우치전」은 이런 문제의식도 지니고 있으면서 동시에 유희적인 측면도 강한 작품인 것이다. 「전우치전」의 민중적 성격에 대해서는 기존 논의에서 이미 다루어졌으므로 본고는 이에 부가하여 이 작품이 주는 쾌감, 환상성의 미감에 대해 초점을 맞추어 논의하고자 하였다.

물론 「전우치전」 외에도 『금오신화』, 「삼한습유」, 「옥루몽」 등의 소설들이 주목할 만한 환상적 요소를 지니고 있음도 사실이지만, 그러나 소설 유통 상황을 고려해 볼 때, 조선 시대 당대 민중들, 고전소설 독자들이 가장 광범위하게 즐겼을 환상은 「전우치전」의 환상과도 같은 것이었을 가능성이 높다. 이와 같은 계열로 「최고운전」, 「사명당전」의 환상성이 있으며, 전우치 설화와 같은 설화들의 미감 역시 이 범주에 속할 것으로 보인다. 「전우치전」의 서사에서 보여주는 환상성이란 바로 민중적 환상으로, 이는 고전소설의 환상성에 있어 고유한 미감 중 하나일 것으로 보인다.

제2장 「옥루몽」의 서사미학과 그 소설사적 의의

1. 서론

소설을 읽는 재미의 극대화는 주제와 기법의 절묘한 교합과 호응을 전제로 할 때에만 가능하다. 만약 정치나 이념, 사상 등에 대한 관심이라면 굳이 소설을 읽지 않아도 된다. 소설을 읽는다는 행위의 일차적 관심은 이야기의 흥미, 오락물로서의 기능에 있기 때문이다. 19세기에 창작된 소설 중에는 한문으로 창작되었더라도 국문본까지 함께 있는 작품들이 있는데, 이는 소설이 다양한 독자들에게 재미와 흥미를 주는 서사물로 수용되었음을 짐작케 한다. 1840년경 남영로(南永魯 : 1810~1858)가 창작한 「옥루몽」[1]은 바로 그러한 소설의 대표

1 「옥루몽」의 작가와 창작 시기 및 한문 원본설에 대해서는 장효현, 「옥루몽의 문헌학적 연구」, 고려대 석사논문, 1981 참고.

적인 작품이다. 「옥루몽」은 판소리계 소설을 제외한 고전소설 작품 중 가장 최근에 이르기까지 독자를 확보하였던 작품으로,[2] 1917년 이광수의 『무정』이 나온 이후에도 현대소설과 더불어 소설로서의 생명력을 유지했던 것으로 보인다.

「옥루몽」에 대한 기존 연구는 작가 및 창작 연대에 대한 관심에서 시작되어,[3] 작품이 갖는 군담소설로서의 성격에 비중을 두고 진행되었다.[4] 「옥루몽」에 대한 연구자의 관심이 다시 환기된 것은 1980년대 이후인 것으로 보인다. 이 시기 이후 「옥루몽」에 대한 연구는 전반적인 이본 상황[5] 및 이본의 특징,[6] 이 작품이 많이 읽힌 이유에 대한 고찰,[7] 「옥루몽」의 작품 세계의 특징에 대한 고찰,[8] 작품의 환적幻的 요소에 대한 관심, 소설사적 위상, 양창곡의 진퇴의식 및 왕패병용王霸竝用의 문제 등을 통한 작가의 정치의식 고찰, 지기知己에 대한

---

2 「옥루몽」은 「옥련몽」의 개작이다. 현재 남아있는 이본 상황을 참고하여 보면, 19세기에서 1960년대에 이르기까지 「옥련몽」 및 「옥루몽」은 꾸준히 유통되었던 것으로 추정된다. 또 「옥루몽」의 현대역본도 1956년부터 1966년에 이르기까지 6번에 걸쳐 출판된 것(위의 글, 40쪽)과, 2006년에 나온 5권 한 질의 완역본(김풍기 역, 『완역 옥루몽』, 그린비, 2006)이 있다. 이는 「옥루몽」이 1960년대 이후 오늘날까지도 독서물로 존재한다는 사실을 의미하는 것이다. 이 외에 국립도서관 소장본으로, 북한에서 출판된 「옥루몽」 이본이 2종 더 있다.

3 구자균, 「옥루몽을 통해서 본 소설사의 문제점」, 『민족문화연구』 1호, 고려대 민족문화연구소, 1964; 정규복, 「옥루몽의 작자 및 저작연대에 대하여—구성면에서 본」, 『어문학』 15, 한국어문학회, 1966; 차용주, 「옥루몽의 작자 및 저작연대고」, 『어문논집』 제10집, 고려대 국어국문학연구회, 1967; 성현경, 「옥련몽 연구」, 『국문학연구』 제9집, 국문학연구회, 1968; 성현경, 「「구운몽」과 「옥루몽」의 대비 고찰」, 『한국언어문학』 제7집, 한국언어문학회, 1970. 초기의 연구사들은 대개 논문의 주된 관심사와 더불어 작품 세계의 다양한 양상에 대해 함께 언급하고 있다.

4 이경선, 「한국의 군담소설 및 구운몽·옥루몽과 삼국지연의의 비교」, 『연파차상원박사 송수논문집』, 서울대 출판부, 1971; 서대석, 「옥루몽의 갈등구조—상하층 관계의 소설적 표현」, 『한국학논집』 제1집, 계명대 한국학연구소, 1973; 서대석, 「옥루몽의 양면성」, 『고전문학연구』 제2집, 한국고전문학연구회, 1974.

5 장효현, 앞의 글, 1981 참고.

6 신재홍, 「「옥련몽」과 「옥루몽」의 비교 검토」, 『고전문학연구』 제6집, 한국고전문학연구회, 1991.

7 김종철, 「「옥루몽」의 대중성과 진지성」, 『한국학보』 제61집, 일지사, 1990; 이병직, 「「옥루몽」의 대중성 연구」, 부산대 석사논문, 1995.

8 심치열, 「옥루몽 연구」, 성신여대 박사논문, 1994.

거론 등[9]을 중심으로 논의가 본격화되는 양상을 보인다.

이 작품에 대한 기존 연구를 검토해 보면, 작품에 대한 사실 고증을 제외하고는 주로 작가 의식과의 연관성을 염두에 두면서 주인공의 정치의식, 인물들의 특징 및 인물 간의 갈등 양상, 불교와 관련된 작품의 주제 등의 문제를 작품의 특징으로 중요하게 거론하고 있다. 그러면서 동시에 이 작품이 갖는 서사의 '장대함', '소설적 재미', '대중성'에 대해 언급한다. 「옥루몽」을 거론하는 대부분의 연구자들이 작품의 내용에서 어떤 엄숙한 주제를 추출해 내든지 간에 이 작품이 지니는 소설적 재미에 대해 언급하게 되는 이유는 무엇인가? 이는 곧 작가 의식이나 작품의 주제에 대해 서술하는 것만으로는 「옥루몽」의 서사가 주는 미적 쾌감을 충분하게 설명해 내지 못했다는 미진함에서 기인하는 것으로 보인다.

「옥루몽」은 19세기에 창작된 작품 중 가장 많이 읽힌 작품이며, 대중적인 요소와 진지함을 두루 갖춘 작품으로 평가되고 있다. 또 「옥루몽」은 작가 스스로가 자신의 작품인 「옥련몽玉蓮夢」을 개작하여 만든 작품이기도 하다. 「옥루몽」이 많이 읽혔다는 것은 이 작품이 그 당대의 소설 독자들의 요구를 충족시켜 주었다는 것이며, 이는 결국 이 작품에 당대 독자들이 소설을 통해 얻기 원하는 많은 요소들이 들어있었다는 것을 증명해 준다. 「옥루몽」은 19세기의 소설 작가와 독

9 정대진, 「옥루몽 연구」, 서울대 석사논문, 1994; 심치열, 「옥루몽의 소설사적 위상」, 『한국서사문학사의 연구』 V, 중앙문화사, 1995; 이승수, 「「옥루몽」 소고」, 『한국언어문화』 20집, 한국언어문화학회, 2001; 구본기, 「고전소설에 나타난 선비의 진퇴의식 – 「옥루몽」과 「만하몽유록」을 중심으로」, 『고전문학연구』 제11집, 집문당, 1996; 조광국, 「「옥루몽」에 나타난 왕도 · 패도 병용의 정치이념 구현 양상」, 『고전문학연구』 제15집, 한국고전문학회, 1999; 이승수, 「「옥루몽」 소고 I」, 『한국고전여성문학연구』 창간호, 한국고전여성문학회, 2000; 이승수, 「「옥루몽」에 나타난 왕패병용론의 역사적 맥락과 사상적 함의」, 『한국학논집』 35집, 한양대 한국학연구소, 2001.

자들이 추구했던 것들을 담지하고 있는 작품인 것이다. 우리나라 소설사에서 19세기는 그 이전 시대들을 거쳐오면서 소설의 장르적 전통이 누적되어 온 시기인 동시에 새로운 이야기에 대한 모색이 시도되던 시기이다. 특히 「삼한습유」, 「옥루몽」, 「육미당기」 등 한문 장편소설이 보여준 다채로운 여성인물 형상화 방식은 당대 소설 독자들의 관심을 끌었던 중요한 요인이었을 것이다. 이처럼 19세기는 자국 소설의 관습을 능란하게 구사하면서, 동시에 중국 소설 세계에 익숙한 기명記名 작가들의 소설 창작 활동이 활발했던 시기이기도 하다. 즉 「옥루몽」은 우리나라 소설사에서 소설적 역량이 무르익었던 시기에 나온 작품인 것이다.

소설을 읽는 이유는 다양하겠지만, 가장 일반적인 기대 수준은 '재미있는', '이야기'에 대한, 즉 '흥미'와 '서사'에 대한 기대일 것이다. 그런데 기존의 연구사는 작품을 통해 드러난 이념 및 철학에 대한 관심이 주축을 이루면서, 작품의 서사기법이나 미학적 측면에 대해서는 상대적으로 소홀했던 것이 사실이다. 연구사의 단계로 볼 때, 고전소설의 문학적 수준과 가치를 논하기 위해서는 이제 작품의 미학적 측면에 대한 연구가 병행되어야 한다. 물론 고전을 이해하기 위해서는 그 작품을 산출해 낸 사회문화적 배경 및 작가 개인에 대한 이해 등 작품 외적인 문제에 대한 연구가 중요하다. 그러나 고전문학 작품을 문학으로 접근하기 위해서는 무엇보다 작품 자체에 대한 분석에 토대한 연구가 수행되어야 하는 것이다. 이러한 점에서 기존 논의와 차별화되는 본고의 접근 방법은 작품 외적인 문제에 대해 고찰한 기존의 연구와 상보적인 관계를 이루면서 「옥루몽」의 문학성을 설명하는데 기여하리라고 본다.

본고는 「옥루몽」의 서사적 재미는 어디에서 비롯하는지에 대한 관심에서 시작되었다. 서사적 재미를 문제 삼으려면 서사 기법에 주목해야 하며, 이를 위해서는 작품 내적 접근, 즉 작품 자체에 대한 분석이 시도되어야만 한다. 작품 분석을 통해 남영로라는 작가가 어떤 방법을 선택함으로써 독자들의 관심을 끌 수 있게 되었는지, 어떤 점들이 이야기의 흥미성을 한껏 부각시켜 주었는지 등의 문제가 설명되면 「옥루몽」이 지닌 미적 쾌감의 실체에 접근 가능하리라고 본다. 본고는 먼저 작품을 서사미학적 관점에서 살펴보고, 이를 토대로 「옥루몽」의 미적 특질을 추출해 본 후, 19세기 소설사의 구도에서 이 작품이 지니는 의의에 대해 고찰하고자 한다.

2. 대조 / 대비의 수사

「옥루몽」은 서사의 편폭이 장대할 뿐만 아니라 풍부한 사건들이 흥미진진하게 전개되는 작품이다. 「옥루몽」은 사건 및 갈등의 전개 양상이 섬세하고 치밀하면서 극적인 방식으로 제시되며, 최대한 화려한 볼거리를 제공한다.[10] 「옥루몽」의 이런 서사적 특징이야말로 독자들을 사로잡는 원천이 되었을 것이다. 그런데 이는 구조나 주제

10 기존 논의에서도 「옥루몽」이 지니는 대중적 요소에 주목한 결과, 「옥루몽」의 대중적 요소로 당대 소설독자에게 익숙한 구조의 차용, 여성 영웅 및 처첩 갈등과 얽혀 있는 탁월한 인물 형상화, 유흥담 삽입 및 구체적이고 사실적인 서술 기법 등을 들고 있다. 「옥루몽」의 대중적 요소에 대한 논의는 김종철, 앞의 글, 1990; 이병직, 앞의 글, 1995 참고.

에 대한 접근으로는 잘 포착되기 어려운 부분으로, 서사 기법의 차원에서 접근해야 될 부분이다.

「옥루몽」의 인물 설정 양상과 사건 전개 양상을 살펴보면, 「옥루몽」 서사의 화려함은 바로 이 작품이 갖는 대조 내지 대비적인 설정에서 비롯되었음을 알 수 있다. 대조나 대비는 둘 이상의 대상을 함께 제시하여 그 결과 나타나는 차이로 인해 각 대상이 갖는 속성을 더 분명하게 드러내어 주는 방법이다. 대조/대비의 수사적 방법은 둘 사이의 차이가 발생시키는 거리만큼 그 대상들이 자신의 고유성을 획득하면서 역동적인 양상으로 드러나게 해준다. 「옥루몽」은 전편을 통해 대조/대비의 수사적인 기법을 적극적으로 사용한 작품으로, 이 장에서는 인물과 사건을 중심으로 「옥루몽」의 대조/대비적인 수사 기법에 대해 고찰하겠다.

1) 인물 형상화 방법–다양화된 대조/대비의 구사

「옥루몽」에는 수많은 인물들이 등장한다. 그런데 그 인물 설정 양상을 보면, 대조적인 양상을 지니는 두 인물을 설정하는 경우가 많다. 가장 대표적인 경우가 강남홍과 벽성선의 예이다.[11] 강남홍과 벽성선은 둘 다 기생 출신이고 작품에서 서사의 맥을 형성하는 비중 있는 인물이라는 점에서는 공통적이다. 이런 두 인물은 서로 상보적이

11 「옥루몽」에서 강남홍과 벽성선 두 인물이 독자들의 관심의 초점이었다는 것은 「옥루몽」의 이본 중 원래의 이야기에서 분파되어 나간 「강남홍전」과 「벽성선」이 남아 있다는 사실에서도 확인 가능하다.

며 우호적인 관계를 유지하는 인물들이면서 동시에 대조를 이루는 인물이기도 하다. 이야기 전개 양상을 보면 두 인물의 이미지가 상반되는 것으로 그려지기 때문이다. 강남홍의 경우는 붉은 이미지가 강하다. 이름에서부터 '紅'자가 들어 있으며, 나탁의 군대에 속했을 때의 이름 역시 '홍혼탈'로 붉은 이미지를 유지하고 있다. 또 검술에 능하고, 조정과 가정, 전쟁과 사랑 등의 양면에서 탁월한 능력을 발휘하는 그녀는 성격 역시 적극적이고 능동적인 인물로 형상화되고 있다. 이에 비해 벽성선은 푸른 이미지가 강하다. 그녀 역시 이름에서부터 '碧'자가 들어 있으며, 집 주변은 푸른 대나무로 둘러싸여 있고, 기생일 때부터도 청루가 아니라 자기 집에서 조용히 지내는 것을 좋아하는 것으로 그려진다. 그녀는 처첩 갈등의 피해자로 설정되면서 늘 참고 기다려야 하고, 양창곡과의 관계에서도 홀로 버려져 있는 것처럼 지내야 할 때가 많다. 즉 소극적이며 순종적이며 수동적인 인물인 것이다.[12] 작품의 중심 서사축을 이루는 두 인물이 이렇게 대조적인 성격과 대조적인 색채 이미지로 형상화되면서 독자들의 머릿속에 뚜렷한 인상으로 각인되는 인물이 된 것이다.

「옥루몽」의 등장인물 중 설중매와 빙빙의 쌍 역시 이렇게 대조적인 양상을 보여준다. 설중매와 빙빙은 양기성[13]이 좋아하는 기생들인데, 이들 역시 명명에서부터 대조적인 양상을 보여준다. 눈 속의 매화라는 설중매는 화려하고 부요한 이미지이며, 적극적인 성격의 인물로 그려진다. 그녀는 잔치자리의 꽃이다. 양기성이 관심을 보이

12 성현경은 강남홍을 남성적인 인물로, 벽성선을 여성적인 인물로 설명하였다. 성현경, 앞의 글, 1970, 90쪽.

13 양기성은 벽성선의 아들이다.

는 다른 한 명의 기생인 빙빙은 치마 하나 변변치 않은 가난하고 영락한 기생이다. 가창 실력이 빼어나지만 자존심과 자의식이 워낙 강해서 노래 부르지를 않으니, 잔치자리에서는 그녀를 찾지 않는다. 얼음처럼 차디차다는 그녀의 이름은 자존심과 처지 면에서 그녀에게 잘 어울리는 명명이다. 대조적인 두 기생의 등장은, 같은 기방 풍류라도 전혀 다른 성격의 사건으로 연결되어 작품의 이야기성을 풍부하게 해 주며, 또 빙빙 같은 기생의 인물 형상은 독자들에게 신선함을 제공해 주는 설정이 되기도 한다.

또 벽성선과 양기성 역시 대조적인 성격의 인물 쌍이다. 작가는 윤리적이며 규범적인 벽성선에게서 어린 나이부터 기방을 출입하며 기생과의 풍정을 적극적으로 즐기는 양기성 같은 아들이 나온 것으로 설정하고 있다. 벽성선같이 규범지향적인 어머니에, 양기성같이 풍류남아형의 아들로 이루어진 모자쌍은 독자들에게 의외라는 생각이 들게 할 수 있다. 이러한 의외성의 부여는 독서의 흥미를 높일 뿐만 아니라 실제 부모 자식 관계, 인간의 삶을 환기시키면서 서사의 개연성을 높이는 방향으로도 작용한다.

마지막으로 한 인물에게 대조적인 요소를 부여하는 경우이다. 옥련봉 대승사의 큰 스님인 보조국사가 여기에 해당하는 인물이다. 벽성선의 아버지이기도 한 그는 많은 이들의 존경을 받는 고승으로 그려져 있다. 강남홍 역시 그 정도의 인물이면 '속루俗累가 없을 것'이라고 기대한다. 그런데 국사의 입을 통해 그가 헤어진 아내를 못 잊어 그 때까지 부인의 초상화를 간직하고 있었고, '속루가 없을 것'으로 기대했던 고승高僧의 기도 내용이 가족 상봉이라는 사실을 알게 되는 순간, 독자들은 또 하나의 의외성을 발견하게 되는 것이다. 고승의 말에서 고승과는 어울리지 않는 범부凡夫의 심성이 드러나기 때문이다. 보조국사에게서 발견되는 뜻밖의 속내는 강한 대조로 인해 그 인물에게 깊은 음영을 드리운다.

고전소설에서 인물을 설정할 때 대조적인 두 인물을 등장시키는 것은 흔한 일이다. 그런데 이때의 대조란 '악인형 인물 대 선인형 인물' 구도로서, 그 설정이 매우 단순한 양상을 보이는 경우가 대부분이다. 이에 비해 「옥루몽」의 인물 설정 양상은 훨씬 섬세하고 세련된 양상을 보여준다. 「옥루몽」의 인물 설정은 선악 구도의 단순한 대조를 벗어나 있다. 같은 선인형 인물 안에서 그들의 인물 성격을 차별화하는 방법으로 혹은 개연성의 제고 및 의외성의 부여를 위한 방법으로 대조 / 대비적인 수사들이 동원되는 것이다. 그리고 이런 수사들은 색채 면에서, 성격 면에서 차별적인 분위기를 형성함으로써 작품을 생생하게 역동적으로 만든다.

2) 사건 전개 방법—장관 연출 방법으로서의 대조 / 대비의 구사

(1) 사건의 성격 구성

작가가 「옥련몽」에서 「옥루몽」으로 개작할 때 많이 고친 부분 중의 하나가 바로 충신 대 간신의 정치적 대결 양상이 전개되는 부분이다.[14] 「옥루몽」의 정치적 갈등 양상의 경우, 충신의 상소와 귀양 및 간신의 득세라는 대립 과정은 청당 대 탁당의 대립으로 규정되면서

---

14 신재홍, 앞의 글, 1991, 108쪽.

극히 정치적인 문제를 다루고 있는 듯하다. 그러나 이 부분을 서술함에 있어 사건 전개 양상을 추적해 보면, 과연 작가의 정치의식이 어느 정도나 진지한 것인지 의문이 생긴다.

충신 대 간신의 대결 구도로 전개되는 정치적 갈등 양상은 고전소설, 특히 군담소설의 경우에도 자주 등장한다. 그런데 「옥루몽」의 경우, 정치적 갈등의 시작부터 해결에 이르기까지 결구되는 사건이란 미소년 동홍의 등장과 천자의 음악에의 탐닉, 이로 인한 음악의 범람, 감정적인 기복으로 인해 천자가 불노장생의 신선술에 경도되는 과정, 장대한 규모로 제공되는 신선술, 점 치는 일을 권장하는 간신의 술수 등이다. 정치적 갈등 양상이 양당의 정책적 견해 대립으로 전개[15]되는 것이 아니라 인간의 호기심을 자극할 만한 사건들의 연속으로 전개되는 것이다. 게다가 미혹된 천자를 깨우치는 것도 정치적 해결 방법이 아니라 벽성선의 음악에 대한 깊은 조예에서 말미암는 것으로 설정되어 있다. 음악 연주 및 신선술을 부리는 장면 묘사는 독자들의 시각 및 청각에 호소하고, 장대하게 펼쳐지는 장면 설정은 극적이기조차 하다. 남영로의 선택은 정치적인 삽화가 아니라 감각과 상상력에의 호소였으며, 독자들의 흥미를 유발하는 사건을 적극적으로 끌어들이는 것이었다. 그 결과 청당 및 탁당의 대립 양상을 읽는 독자들이 빠져드는 세계는 정치적 담론의 세계가 아니라 음악과 신선술의 환상적 세계, 감각의 세계가 되는 것이다.

「옥루몽」에서 가장 많은 지면을 할애하는 것이 군담 부분일 것이다. 「옥루몽」에서 군담은 그 비중이 클[16] 뿐만 아니라 진법을 구사하

15 「옥린몽」의 경우, 청당 대 탁당의 대립이라는 붕당 정치 구도는 신법 대 구법이라는 실제 중국 역사 속의 사건을 배경으로 하면서 정책적 대립 양상을 보여준다.

는 장면이 세밀하고 구체적이며 묘사가 상세하다.[17] 그래서 흥미의 초점이 군담에 집중되어 있다[18]고도 한다. 양창곡 대에만 세 번의 큰 전쟁이 일어나는데, 매번 전쟁 양상은 다양한 진법의 전개, 도술전의 가미, 그리고 강남홍 일개인이 펼치는 묘기에 가까운 검술 등의 요소로 구성되고 있다. 「옥루몽」에서 펼쳐지는 진법 대결은 피비린내 나는 전쟁 현장이라기보다는 일종의 게임처럼 전개된다.[19] 또 강남홍이나 청운도사가 수행하는 도술전 역시 독자들에게 환상적인 장면을 제공해 준다.

그런데 진법이든 도술진이든 개인기가 뛰어난 강남홍이 있는 진영이 유리하다. 매우 구체적인 서술을 하고 있는 「옥루몽」의 전쟁 서사는 강남홍이라는 미모의 초월적 영웅[20]과 얽히면서 전쟁의 치열함 대신 화려한 사건, 화려한 볼거리를 제공하는 것이다. 독자들에게는 삶과 죽음이 혼재하는 급박한 상황에서 은근히 드러나는 남녀의 사랑의 감정을 엿보는 재미도 있었을 것이다. 전쟁이란 개인의 생사와

---

16 이병직에 의하면, 「옥루몽」에서 군담이 차지하는 비중이 50% 남짓이라고 한다. 이병직, 앞의 글, 1995, 24쪽.

17 「옥루몽」에 있어 전쟁 수행 양상의 구체적이면서도 풍부한 묘사에 대해서는 서대석, 『군담소설의 구조와 배경』, 이화여대 출판부, 1985; 심치열, 앞의 글, 1994; 김종철, 앞의 글, 1990; 신재홍, 앞의 글, 1991; 이병직, 앞의 글, 1995 등 대부분의 기존 논의에서 거듭 확인되는 바이다.

18 서대석, 위의 책, 242~249쪽.

19 한문 장편소설인 「남홍량전」의 전쟁 장면에서 등장하는 용천 장군이나 서치우는 전쟁의 처참함에 대해 인지하고 있는 인물로 그려져 있다. 「남홍량전」의 군담이 갖는 성격에 대해서는 김경미, 「남홍량전 연구」, 『고소설연구』 12집, 2001, 282쪽 참고. 이러한 작품과 비교해 볼 때 「옥루몽」의 전쟁 양상은 오락적인 성격이 강하다. 「옥루몽」의 군담이 지닌 성격에 대해서는 심치열, 앞의 글, 1995, 1928~1929쪽. 「옥루몽」의 군담이 지니는 흥미소로서의 기능은 「구운몽」의 남녀 결연 과정에서 흥미소로 사용되었던 '속임수' 화소가 「옥루몽」에서는 군담 장면에 전략으로 차용된다는 점에서도 다시 한 번 확인된다.

20 신재홍에 의하면 「옥련몽」과 비교해 볼 때, 「옥루몽」에서는 강남홍의 영웅성이 더 부각되는 방향으로 개작되었다고 한다. 신재홍, 앞의 글, 1991, 121쪽. 「옥루몽」의 군담은 강남홍이 양창곡보다 뛰어난 능력을 지닌 인물임을 확인하게 하는 방향으로 전개된다.

국가의 운명이 오가는 절박한 사건이며, 절체절명의 급박한 장면의 연속이다. 그런데 「옥루몽」의 전쟁 수행 양상은 그다지 심각해 보이지가 않는다. 강남홍은 대부분의 경우 상대방을 가뿐하게 제압한다. 즉 「옥루몽」의 군담은 치열하지 않으며, 놀이화되어 있는 것이다.

청당 대 탁당의 대립이나 군담의 전개 부분은 「옥루몽」의 서사를 구성하는 사건 중 다루는 문제가 심각하고 할애하는 지면의 비중이 큰 사건들이다. 그런데 이 사건들의 전개 양상을 살펴보면, 정치나 전쟁 공간에서 일어나는 문제와 고민에 서사의 초점을 맞추는 것이 아니라, 벌어지는 사건들을 읽으면서 독자들이 즐길 수 있게 결구되어 있다. 즉 정치적 사건은 감각적으로, 군담적 사건은 유희적으로 접근하고 있는 것이다. 「옥루몽」에서는 정치와 전쟁 같이 무겁고 심각한 주제를 도입하며 작품에 무게를 실어주는 반면, 그 실제 내용을 보면 이와는 대조적으로 그 주제들을 가볍고 사소한 사건들로 전개해 내어 독자들의 흥미를 끌고 있다. 그리고 「옥루몽」의 이 같은 사건 결구 방식은 이 작품의 오락적 성격, 대중적 성격을 단적으로 보여준다고 할 수 있다.

(2) 장면 구성 양상

「옥루몽」은 사건의 성격을 구성할 때에만 대조/대비의 수사를 사용하는 것이 아니라 각 사건의 구체적인 장면을 구성할 때에도 대조/대비의 수사를 적극적으로 활용하고 있다. 「옥루몽」은 사건의 장면을 입체적으로 잘 구성한 작품으로, 여기에서는 「옥루몽」이 대조/대비의 수사를 사용하여 장면을 구성하는 방법을 살펴보고자 한다.

①대ᄒᆡ즁에 큰 산이 있으니 일은 봉ᄅᆡ산이오 이ᄂᆞᆫ 방쟝산이오 삼은 영쥬산이니 이 닐온 삼신산이라 진한 이후로 통한 재 업ᄉᆞ오나 폐해 이제 구경코져 ᄒᆞ실진ᄃᆡ 빈되 맛당히 길을 인도ᄒᆞ리이다 ᄒᆞ고 밤을 기ᄃᆞ려 샹을 뫼시고 ᄒᆡ변에 니르니 ᄎᆞ시ᄂᆞᆫ 그믐날이라 ᄃᆞᆯ이 업고 ᄒᆡ촌이 혼흑ᄒᆞᆫᄃᆡ 즁셩이 ᄅᆡ락ᄒᆞ야 낫낫이 광ᄎᆡ를 드리워 슈즁에 조요ᄒᆞ거ᄂᆞᆯ 진인이 쇼왈 빈되 몬져 ᄃᆞᆯ을 불너 ᄒᆡ샹에 빗최게 ᄒᆞᆫ 후 홍교를 노아 삼신산을 굽어 보시게 ᄒᆞ리이다 소매를 ᄒᆞᆫ 번 ᄯᅥᆯ치며 진언을 념ᄒᆞᆷ애 ᄒᆞᆫ 줄기 무지ᄀᆡ 반공에 일워 오ᄎᆡ 령롱ᄒᆞ거ᄂᆞᆯ 샹ᄭᅴ 고왈 홍교ㅣ 임의 일웟ᄉᆞ오니 ᄃᆞ리를 ᄇᆞᆲ아 공중에 오르쇼셔 상이 송연ᄒᆞ야 ᄌᆞ져ᄒᆞ신대 진인이 웃고 다시 소매를 ᄯᅥᆯ치며 진언을 념ᄒᆞ니 홍운이 니러나 텬ᄌᆞ와 진인을 밧들어 임의 홍교에 올나 반공에 소ᄉᆞᆫ지라[21](띄어쓰기는 인용자)

②나탁으로 방비ᄒᆞ게 ᄒᆞᆷ은 검슐의 신통ᄒᆞᆷ을 뵈야 그 항복ᄒᆞᆷ이 ᄲᆞ르게 ᄒᆞᆷ이니이다 원슈ㅣ 바야흐로 홍의 손을 놋코 친히 화로의 술을 데여 일ᄇᆡ를 권ᄒᆞ며 왈 밤이 셔늘ᄒᆞ니 랑은 일ᄇᆡ를 마시고 ᄒᆡᆼᄒᆞ라 홍랑이 웃고 잔을 바다 상두에 노흐며 왈 쳡이 맛당히 이 잔 술이 식지 아니ᄒᆞ야 도라오리이다 (…중략…) 무수만병이 창검을 들고 둘넛스니 이ᄂᆞᆫ 츅융에게 놀라 더욱 방비ᄒᆞᆷ이라 홍랑이 구즁셩을 지나 ᄂᆡ셩에 니름애 셩문이 닷치고 좌우로 푸른 삽살개 범ᄀᆞᆺ치 업드렷스니 두 눈의 광ᄎᆡ 셩월ᄀᆞᆺ치 굴너 ᄀᆞ장 흉녕ᄒᆞ더라 홍랑이 즉시 변ᄒᆞ야 붉은 긔운이 되야 문틈으로 살ᄀᆞᆺ치 드러가 바로 나탁궁즁에 니르니 (…중략…) 랑

21 「옥루몽」(신문관본), 육당전집편찬위원회 편, 『육당최남선전집』 14, 현암사, 1974, 477쪽(卷之三 제30회, 18~19쪽). 구활자로 인쇄된 「옥루몽」은 한문현토본이나 한글본이나 그렇게 큰 차이를 보이지 않는 이본이 많다. 장효현에 의하면, 신문관본은 활자본으로선 최초의 본이며, 이후 「옥루몽」 국문본의 저본이 되었다고 하므로 본고에서는 신문관본을 인용하기로 한다. 앞으로 '「옥루몽」'이라고 표기된 본문은 모두 『육당최남선전집』 14의 「옥루몽」을 인용한 것이며, 쪽수는 전집의 전체 쪽수가 아니라 「옥루몽」 자체의 쪽수임을 밝힌다. 신문관본 「옥루몽」에 대해서는 장효현, 앞의 글, 1981, 33~35쪽 참고.

이 웃고 회즁으로 나탁의 산호딩즈를 내야노으며 상 우를 ᄀᄅ쳐 왈 쳡이 임의 군령을 두엇스니 엇지 감히 허횡ᄒ리잇고 원슈ㅣ 어히업서 술을 보니 오히려 식지 아니ᄒ얏더라[22]

①은 정치적 갈등 양상 중 청운도사가 신선술에 빠진 천자에게 신선들의 공간인 삼신산을 구경시켜 주겠노라고 하며 도술을 부리는 장면이다. 신선의 도술이란 소재 역시 독자들의 호기심을 불러일으킬 만한 것이다.

이 장면의 시간적 배경은 그믐밤이고, 공간적 배경은 바닷가이다. 시간적으로 가장 어두운 때이기에 바다와 하늘도 잘 구별되지 않는다. 오직 별빛 드리운 물결의 번득임으로만 물과 뭍을 가늠할 수 있기에, 공간은 물과 뭍을 이으면서 하늘에 이르기까지 확대되어 있다. 이 확대된 공간을 메우고 있는 것은 어두움이며, 삼신산을 보고자 하는 인간의 갈망, 결핍이다. 그때 도사가 진언을 외우자 휘영청 밝은 달이 떠오른다. 가장 어두운 순간에 '터럭을 헤아릴' 수 있을 정도의 밝은 빛을 불러옴으로써 명암의 대비가 극대화되어 배경에 선명하게 깔리고, 달빛이 강조되는 효과를 얻는다. 천자를 포함한 인간의 공간은 지상에 있고, 삼신산은 공중에 자리하고 있다. 그러더니 아무것도 없었던 공중에 지상 공간과 신선들의 세계를 잇는 오색 영롱한 무지개 다리가 선다. 그리고 고요 속에 도사의 옷소매만이 펄럭이더니, 불그스레하게 피어오른 구름은 어느덧 천자를 태우고 있었다. 그리고는 유한한 존재인 인간이 불노장생하는 신선들의 공간인 삼신

22 「옥루몽」 卷之二 제18회, 40~42쪽.

산을 구경하게 되는 것이다. 이렇듯 이 장면은 명암, 유무, 공간의 위치, 존재의 성격 등 여러 면에서 대비 내지는 대조의 수사적 방법을 동원하여 구성되어 있다.

②는 군담 부분 중 강남홍이 나탁의 항복을 받아내는 장면이다. 이 장면에서 작가는 강남홍을 빛내기 위해 몇 겹의 장치를 한다. 나탁은 양창곡이 칠종칠금七縱七擒의 방법을 써도, 명나라 군대가 며칠을 공격해도 끄덕도 않는 존재이다. 그리고 축융과 같은 장수가 자객으로 가서 혼만 나고 돌아오는 무서운 상대인 것이다. 이런 몇 겹의 실패는 강남홍의 성공과 대조를 이루어 그녀의 성공이 더 빛나도록 한다. 게다가 축융의 실패로 인해 나탁의 방비는 더 삼엄해졌다. 이 장면에서 강남홍은 오히려 수비를 강화시키기 위해 축융을 먼저 보냈노라고 말한다. 즉 자신이 얼마나 무서운 존재인지를 보여주기 위해 일부러 축융을 먼저 보낸 것으로 설정되어 있는 것이다. 축융의 실패, 호랑이나 코끼리를 먹이로 삼는다는 나탁의 사자방獅子尨, 동銅으로 씌운 담장, 훔치기 어려워 보이는 물건인 산호동곳, 그리고 따뜻한 한 잔의 술이 식기 전이라는 시간 제약 요소 등은 강남홍의 개인기를 더욱 돋보이게 하는 장치이다. 강남홍의 성공은 이러한 제약적 요소와 더불어 축융의 실패와 뚜렷한 대조를 이루면서 제시되어 더욱 화려하게 보이게 된 것이다.

「옥루몽」을 읽고 나면 그 화려한 서사에 매료당한다. 「옥루몽」 서사가 지니는 이러한 요소는 「옥루몽」의 미적 쾌감, 대중적 인기의 요인과 맞물려 있을 것으로 보인다. 「옥루몽」 서사의 특징은 스펙터클한 장면 묘사가 많고 극적인 대비를 많이 사용한다는 점에 있다. 위에서 살펴 본 바와 같이 「옥루몽」이 갖는 극적인 설정, 극적인 효과의 극대화는 바로 인물이나 사건을 구성함에 있어 대조/대비의 수사를 즐겨 사용하는 데에서 비롯하는 것이다. 「옥루몽」에서 사용하는 대조/대비의 수사는 여타의 고전소설에서 자주 등장하는 忠/奸, 善/惡 등 인물형을 중심으로 한 단순한 구도의 수사가 아니다. 「옥루몽」의 대조/대비는 그 층위 및 기준이 다양하다. 인물 유형에 있어서도 충/간, 선/악 구도가 아니라 취향의 서로 다름을 부각시키거나 혹은 서로의 특징을 강조해 줌으로써 각 인물에 개성을 부여하는 방식으로 사용되는 대조/대비이며, 사건 설정에 있어서도 사건 정황 자체를 박진감 넘치게 하거나 혹은 작품의 배경을 좀더 인상깊게 연출하기 위한 대조/대비인 것이다. 「옥루몽」의 이러한 수사는 결국 다양한 인물형의 제시를 가능하게 했으며, 사건을 새롭게 재구성하는 데 기여했다.

3. 미시적 세계의 강화

「옥루몽」의 서사적 특징의 다른 하나로는 여타의 고전소설 작품에 비해 그 서사의 결이 매우 촘촘하다는 점을 들 수 있다. 즉 「옥루몽」은 구조주의적인 접근, 서사 구조에 대한 관심으로는 그 성격을 잘 드러낼 수 없는 작품인 것이다. 「옥루몽」의 서사가 이룩한 서사의 결에 대한 미시적인 관심이 제기될 때 비로소 「옥루몽」의 또 다른 특징이 포착될 수 있을 것으로 보인다.

1) 하층 인물의 인격화

소설 속에서 중심인물들은 이야기의 큰 사건에 연계되어 등장하기 때문에 늘 서사의 전면에 부각되어 있으며, 항상 강하고 굵은 선으로 기억된다. 대부분의 고전소설은 중심 사건들의 연속으로 서사가 전개되고, 사소한 사건들에 대해서는 그다지 섬세하게 기술하지 않는다. 그렇기 때문에 중심인물들은 제법 성격화가 잘 되는 반면, 주변 인물들의 등퇴장은 일회적인 경우도 많으며 인물의 성격 역시 단순하게 처리된다. 그 결과 그들은 한 명의 등장인물로 잘 성격화되지 못한 채 기능적으로 존재하는 경우가 많은 것이다. 주변 인물 중에서 비중 있는 인물이 있다면 방자형 인물이거나 혹은 가문소설에 등장하는 시비와 같은 인물 정도가 있다.[23] 이런 인물을 제외하고는 중심인물이 강하면 강할수록 주변 인물들은 빛도 없이 왜소해지기 마련인데, 「옥루몽」의 서사에는 우뚝우뚝한 중심인물들 사이에서 잔잔하게 서사의 결을 메우며 작품에 아기자기한 재미를 더하는 인물들이 등장한다. 그리고 그 인물들의 대부분은 계급상 하층민에 속한다. 「옥루몽」에서 주변 인물들이 어떻게 형상화되고 있는지 그 방법을 살펴보기로 한다.

첫 번째로, 그들은 작품에 지속적으로 등장한다. 「옥루몽」에는 서사에서 소소한 비중을 차지하는 주변부 인물들이 전편의 서사에 걸쳐 지속적으로 등장함으로써 자신들도 살아있는 한 사람의 인간임을 환기시키는 것이다. 그중 가장 인상적인 인물이 바로 윤소저의 유

23 주인의 요구를 능가할 정도로 적극적인 태도를 지닌 시비 인물형상에 대해서는 한길연, 「대하소설의 능동적 보조인물 연구」, 서울대 석사논문, 1997 참고.

모인 설파[24]이다. 설파가 등장할 때의 사건은 혼사에 매파 보내는 일, 출산, 부녀자의 질투에 대해 이야기할 때, 그리고 상춘원놀이 등이다. 그녀가 등장하는 장면은, 작품의 중요 서사를 진행시키는 데 있어 없어서는 안 될 성격의 장면은 아니다. 그러나 하층 인물들도 같이 살고 있음에 분명한 연왕부의 일상을 형성하는 데 있어서는 빠져서는 곤란한 장면이기도 하다. 설파 외에도 황소저의 시비侍婢 춘월이 벽성선을 죽이고자 고용했던 여성 협객인 노랑과, 양창곡이 과거 시험 보러 갈 때 그의 노자를 도둑질했던 도둑이 있다. 노랑의 경우는 처첩갈등에 연루되면서 비교적 강한 인상을 남기는 인물이지만, 훗날 자객으로 등장하는 도둑의 경우는 「옥루몽」 전체 서사를 생각해 볼 때 사실 미미하기 짝이 없는 인물이다. 그러나 이런 인물들조차 일회적인 등퇴장을 시키고 마는 것이 아니라 비슷한 상황의 서사에서 다시 등장시킴으로써 독자들에게 앞의 사건을 환기시키면서 허구적 세계를 더욱 공고하게 하는 것이다. 남영로는 장편소설을 창작하면서, 복잡한 관계망을 염두에 두고 인물의 등퇴장을 치밀하게 계산하면서 서사를 전개해 나갔을 것이다.

두 번째, 「옥루몽」의 하층 주변 인물들은 캐릭터의 일관성을 잘 유지하고 있는 인물로 그려진다. 설파는 머리가 썩 잘 돌아가지 못하는 유모로 형상화되고 있다. 그러나 그녀는 충직한 유모이다. 작품 초반부부터 작품 후반부에 이르기까지 그녀가 등장하는 장면에서는 늘 웃음이 그치지 않는다. 왜냐하면 그녀의 아둔함이 주위의 웃음을

---

24 「옥련몽」에 등장하는 인물의 형상화에 가장 먼저 관심을 보인 연구자는 성현경이다. 그는 수많은 등장인물 중에서도 특히 설파와 장풍의 인물 형상에 대해 적극적인 평가를 내리고 있다. 성현경, 앞의 글, 1968, 148~172쪽.

유발하기 때문이다. 조금 아둔하면서 낙천적인 그녀의 캐릭터는 시종일관 변하지 않으며, 그녀로 인한 웃음은 공간의 분위기를 환기시키면서 서사에 활기를 준다.[25] 이 밖에 노랑의 경우는 초지일관 의협심 강한 인물로 형상화되고 있다. 그녀가 등장하는 장면에서 환기되는 분위기는 비장함이다. 남들은 그녀를 단지 자객으로 고용하지만, 그녀는 자신의 논리에 따라 철저하게 신념을 지키면서 사는 인물로 형상화되고 있다. 이 비슷한 인물형으로 손삼랑이 있다. 얼굴이 시커멓고 키가 장대한 것으로 그려지는 그녀의 인물 묘사는 우직한 그녀의 캐릭터와 잘 어울린다. 그녀는 작품 내내 힘, 무력과 관계된 역할을 맡으며, 말수가 적고 자신의 일만 묵묵히 행하는 인물로 형상화되고 있다. 또 양기성의 기방 풍류를 돕는 인물인 장풍은 시정에서 흔히 만날 수 있을 법한 인물로 그려지는데, 그는 허풍이 강한 인물로 형상화되고 있다. 고전소설에서 중도적인 입장을 지닌 인물이 허풍선이로 그려지는 경우는 많지 않을 것이다.

「옥루몽」 전체 서사에 비추어 볼 때, 이들은 「춘향전」에 있어 방자나 향단 정도의 서사적 비중도 차지하지 못하는 인물들이다. 대부분

25 다음의 예문은 설파의 성격을 잘 드러내는 대목으로, 윤부에서 윤소저의 혼인을 위해 유모인 설파를 매파로 보내는 장면이다. 윤소저의 어머니는 평소 설파의 성격을 잘 알기에 조심하라는 당부를 하고, 설파도 나름대로는 열심히 수행하나 그만 속사정을 다 드러내서 웃음을 유발하는 장면이다.
차셜 소부인이 양가 일힝이 입셩ᄒᆞᆷ을 듯고 셜파를 보내야 혼ᄉᆞ를 탐지코져 ᄒᆞ야 셜파를 불너 닐너 왈 낭이 양부에 가 능히 즁ᄆᆡ의 슈단을 부려 의향을 탐득ᄒᆞᆯ소냐 셜패 왈 로신이 세상을 칠십년을 격것스니 혈마 놈의 눈치를 모로릿가 련옥이 쇼왈 파패 엇지 눈치를 보랴 ᄒᆞᄂᆞ뇨 셜패 왈 셰인이 반가온 말은 눈으로 듯고 괴로온 말은 코로 ᄃᆡ답ᄒᆞᄂᆞ니 내 어두운 눈을 씻고 놈의 큰 눈을 ᄒᆞᆫ 번 본즉 귀신ᄀᆞᆺ치 짐작ᄒᆞ리라 모다 대쇼ᄒᆞ더라 소부인이 ᄯᅩ ᄀᆞᄅᆞ쳐 왈 시쇽ᄆᆡ패 말이 수다ᄒᆞ야 취졸을 내ᄂᆞ니 낭은 양부에 가 윤부에 잇ᄂᆞᆫ 테 말고 다만 ᄀᆡ쇡만 탐지ᄒᆞ라(…중략…) 양부에 니르니 부인이 문왈 낭은 어ᄃᆡ로 왓ᄂᆞ뇨 패왈 로신은 윤부에 잇지 안코 지나가ᄂᆞᆫ ᄆᆡ파로소이다 옥이 넙헤서 눈치 왈 윤부ᄂᆞᆫ 다시 닐컷지 말라 셜패 뎜두 왈 임의 윤부에 아니 잇노라 ᄒᆞ얏노라, 「옥루몽」 卷之一 제7회, 93~94쪽.

의 고전소설 작품에서 이 정도 비중의 주변 인물들은 독립된 하나의 인물로 고유성을 확보할 수준으로까지 부각되지는 않는다. 「옥루몽」의 서사 전개상 이런 기능을 하는 인물들은 반드시 필요했겠으나, 이들의 성격이 지속적으로 확인되어야 할 필요는 없었다. 그러나 「옥루몽」은 손삼랑의 우직함, 설파의 아둔함, 노랑의 의협심, 그리고 작품 후반부에 집중적으로 등장하는 장풍의 허풍스러움 등 인물들의 성격이 일관성 있게 제시되면서 인물로서의 생동감을 확보하게 되는 것이다. 인간의 성격이란 쉽게 바뀔 수 있는 것이 아니다. 이런 점에서 이 작품의 주변 인물들이 전체 서사를 관통하면서 성격의 일관성을 유지한다는 것은 의미 있는 일이다. 「옥루몽」은 독자들로 하여금 이렇듯 주변 인물들에게서조차 인간을 발견할 수 있도록 해 준다. 우리들의 현실에서 주변 인물들 역시 한 명의 인간으로 존재할 것이라는 사실은 너무나도 당연한 것이기 때문이다. 이런 당연함이 소설적으로 결구되면서 「옥루몽」은 소위 '실감'을 확보하게 되는 것이다. 인물 배치의 이런 섬세함 역시 「옥루몽」의 서사를 실감나게 만드는 요소로 기여한다.

세 번째, 「옥루몽」은 하층 인물들에게도 그들의 욕망을 발화하도록 기회를 준다. 「옥루몽」이 주변 인물들에게 인격을 부여한다는 것은 작품 속에서 그들의 목소리가 들리도록 한다는 사실로 확인 가능하다. 대부분의 고전소설에서 하층민들은 서사 전개에서 기능으로 존재하지 인격으로 존재하지 않는다. 그 결과 그들의 입장이나 처지에 대한 관심 역시 잘 부각되지 않는다. 군담소설에서 군사들의 언행이 그러하며,[26] 「구운몽」 같은 작품에서도 8선녀를 제외한 다른 부수적인 인물들의 대화가 제시된 경우는 거의 없었다. 「옥루몽」은 이런 주변인물들에게도 일정한 몫을 할애하고 있다. 일례로 작품 후반부에서 강남홍과 벽성선의 시비인 연옥과 소청이 나누는 대화 장면을 들 수 있다.

> 홀연 수풀 뒤에 웃ᄂᆞᆫ 소릐 나거ᄂᆞᆯ 란셩이 발을 멈츄고 ᄀᆞ만히 드르니 쇼쳥아 ᄒᆞᆫ ᄭᅩᆺ가지에 빗초이ᄂᆞᆫ ᄃᆞᆯ빗을 보라 츈광을 허송ᄒᆞ야 광치 더욱 아름답다 내 젼일은 ᄃᆞᆯ을 ᄃᆡᄒᆞᆫ즉 졍신이 쾌활ᄒᆞ더니 근일은 명월을 본즉 무단이 쵸창ᄒᆞ야 졍인을 리별ᄒᆞᆷ ᄀᆞᆺ흐니 엇지ᄒᆞᆫ 곡졀이뇨 쇼쳥이 침음왈 나ᄂᆞᆫ ᄃᆞᆯ 밝은 밤이면 공연이 잠이 업서 료료ᄒᆞᆫ 근심ᄉᆞ를 형용키 어려오니 그 무슴 병이뇨 옥이 미쇼왈 ᄉᆞ롬이 죽어 후ᄉᆡᆼ에 무엇이 소원이뇨 쥬문갑뎨의 왕후부인이 소원이냐 청루명기 되야 풍류랑을 제 눈으로 골나 평ᄉᆡᆼ의 은춍을 일치 말고 춍첩이 됨이 소원이냐 네 ᄯᅳᆺ대로 말ᄒᆞ라 쇼쳥이 쇼왈 네 몬져 말ᄒᆞ라 나ᄂᆞᆫ 련슉인의 팔ᄌᆞ를 부러ᄒᆞ노라 욕이 쇼왈 네 오ᄂᆞᆯ 련랑ᄌᆞ의 쵸례ᄒᆞᆷ을 구경ᄒᆞ고 심즁에 흠션ᄒᆞᆷ이라[27]

이 장면은 양창곡과 일지련의 결혼식 다음에 나오는 것으로, 앞 사건과 아주 자연스럽게 연결된다. 그런데 둘의 대화를 엿듣게 된 강남홍은 이들이 정식 혼례를 올릴 수 있도록 주선해 준다. 시비의 결혼식이 아주 성대하게 치루어진 후, 양창곡이 이렇게까지 할 필요가 있었느냐고 묻자, 이에 대해 강남홍은 자신이 못 해 본 한을 푼 것이라고 대답한다. 이 장면에서 강남홍은 연옥, 소청과 같은 하층민에게 동질감을 느끼면서 그들을 통해 대리만족을 얻는 것으로 설정되어 있다.

남영로는 「옥루몽」의 주변 인물들을 개성과 욕망을 지닌 한 명의

---

26 〈적벽가〉는 예외이다. 이 작품에서는 영웅이 희화화되고 군사들의 목소리가 대거 부각된다. 이러한 현상은 이 작품이 민중들의 연희였던 판소리계 소설이라는 점으로 설명할 수 있을 것이다.

27 「옥루몽」 卷之四 제46회, 7~8쪽.

인간으로 인격화하는 방식으로 형상화하였다. 각각의 인물들을 서사의 배경이 아니라 각기 독립된 등장인물로 그려낸 것이다. 하층 인물들에게도 인격을 부여할 때 「옥루몽」 서사의 디테일이 완성되면서 새로운 인간형들이 다양하게 창조되는 것이다.[28] 그리고 이 인물들의 캐릭터로 인해 환기되는 서사의 분위기는 작품의 공간을 보다 입체적으로 그리고 사실적으로 만드는 데 기여하며, 이들이 주로 등장하는 일상의 잔잔함과 연관 있는 작은 사건들에 대한 서술은 「옥루몽」 서사의 결을 촘촘하게 만들어 준다고 하겠다.

2) 여가와 놀이에 대한 관심

「옥루몽」이 미시적인 세계에 대해 관심을 보이는 것은 이 작품에서 비중 있게 다루어지는 사건의 성격에서도 확인 가능하다. 작품에서 차지하는 비중으로 볼 때, 「옥루몽」에는 정치적 갈등과 전쟁 수행 외에도 중요한 사건이 하나 더 있다. 그것은 바로 작품에서 드러나는 놀이의 양상, 주인공들이 여가를 보내는 방법에 대한 구체적인 서술인 것이다. 이 작품에서 놀이는 곧 사건이 된다. 「옥루몽」 후반부에는 상층 귀족들의 여가 및 놀이가 주로 등장하는데, 그 놀이 문화는 기방을 중심으로 한 유흥적인 분위기,[29] 가정 공간에서의 여가, 그리고 자연을 유람하는 여행과 같은 사건 등으로 다채롭게 짜여 있다.

---

28 「옥루몽」의 하층 인물 형상화는 「홍루몽」에 등장하는 하층 인물들을 연상시키는 바가 있다.
29 「옥루몽」의 유흥적 분위기 묘사에 대해서는 이를 기방 문화와 연결시켜 논의한 기존 연구가 있다. 김종철, 앞의 글, 1990, 26~28쪽.

유흥 공간과 관련된 「옥루몽」의 사건으로는 강남홍, 양창곡을 중심으로 한 서사 앞부분에서의 압강정 연회 장면과 더불어 양기성, 설중매, 빙빙이 엮어내는 작품 후반부의 사건들이 압권이다. 강남홍의 압강정 연회를 중심으로 한 장면 묘사는 작품의 초반부를 화려하게 시작하게 해 주는 역할을 한다. 작품 초반부터 독자들의 눈을 사로잡는 것이다. 그런데 기방 풍류라는 유흥 공간의 특징이 더 잘 드러나는 부분은 작품 후반부이다.

① 초장을 알욈에 완만ᄒᆞᆫ 소매와 한아ᄒᆞᆫ 텨되 북소ᄅᆡ를 응ᄒᆞ야 운간 쌍학이 ᄂᆞ래를 버리ᄂᆞᆫ 듯 슈즁 쌍방이 구ᄉᆞᆯ을 토ᄒᆞᄂᆞᆫ 듯 졔삼장에 니름애 취슈ᄂᆞᆫ 션션ᄒᆞ야 연화보로 드러가고 홍군이 편편ᄒᆞ야 릉파보로 물너서니 (…중략…) 북소ᄅᆡ에 동셔분립ᄒᆞ며 ᄆᆡᆨᄆᆡᆨ츄파에 웃ᄂᆞᆫ 빗을 먹음으니 좌우방관이 졍신이 살아지며 ᄆᆞ옴이 무르녹아 비로소 빙랑의 가무안식을 칭찬불이ᄒᆞ며 교방쳥루에 셩명이 쟈쟈ᄒᆞ니 (…중략…) 빙랑이 나와 모든 쇼년과 양싱에게 고왈 쳡이 셰젼ᄒᆞ든 쳥루를 금일 즁슈ᄒᆞ니 이ᄂᆞᆫ 다 졔상공의 쥬신 바라 ᄇᆞ라건대 다시 수항샹량문을 빌니샤 금일 셩ᄉᆞ를 후셰에 민멸케 말으쇼셔 (…중략…) 빙랑은 봉연ᄒᆞ고 ᄆᆡ랑은 마묵ᄒᆞ며 연잉 양랑은 치젼을 펴고 션운 양랑은 촉을 잡아 양형의 만복쇼홍을 돕게 ᄒᆞ라 (…중략…) 싱이 쓰기를 ᄆᆞᆺ고 졔랑을 보며 왈 쳥루 인물이 오히려 초초치 아니토다 졔랑의 문쟝이 이ᄀᆞᆺ치 아름다오니 희귀ᄒᆞᆫ 일이라 졔랑은 일졔히 닑을지어다 ᄆᆡ랑이 쇼왈 쳡은 드르니 샹량문은 샹량홀제 함력ᄒᆞ야 졔인을 동독ᄒᆞᄂᆞᆫ 소ᄅᆡ라 일인이 몬져 불은즉 즁인이 화답ᄒᆞᄂᆞ니 쳡등이 몬져 일곡을 불으거든 졔위 쇼년이 일졔이 화답ᄒᆞ야 흥치를 도으쇼셔 일좌응락ᄒᆞ고 일시에 졔랑과 슈챵ᄒᆞ니 쳥아ᄒᆞᆫ 곡됴와 호탕ᄒᆞᆫ 소ᄅᆡ 쳥루를 흔드ᄂᆞᆫ 듯 금채 부르지며 옥회 ᄭᆡ여짐을 ᄭᆡᄃᆞᆺ지 못ᄒᆞ더라[30]

①은 빙빙이 양기성의 도움으로 자신의 청루를 다시 화려하게 중수重修하고 상량식을 하는 장면의 묘사이다. 이 장면은 우선 빙빙과 설중매의 예상우의무가 자세하게 묘사된 후, 양기성이 낙성식의 상량문을 짓는 장면으로 연결되는데, 단지 양기성만이 시를 짓는 것이 아니라 그 자리에 모인 기생들이 여섯 방위에 걸친 육첩시를 짓고 화답하는 것으로 그려진다. 시각적인 춤 장면 이후 여러 명의 목소리가 어우러지는 한시 풍류 장면의 연결은 기방 놀이 장면의 화려하고 흥성거리는 분위기를 효과적으로 잘 전달한다. 압강정 연회 및 빙빙의 상량식 장면에서는 상층 귀족의 풍류가 넘쳐나고, 한시 창화에 능한 기생들의 인물 형상화는 조선 후기에 한시로 이름이 높았던 운초(雲楚 : 1800?~1850?)와 같은 기생들을 연상시키기도 한다. 「옥루몽」에서 묘사되는 기방에서의 유흥 장면은 화소의 참신성을 보장하는 동시에 화려한 장면 묘사를 가능하게 하여 독자들의 상상력에 재미있는 볼거리를 제공하는 것이다.

② 연왕이 미쇼ᄒᆞ며 량랑을 보아 왈 내 드름애 강남풍쇽이 음식을 슈샹ᄒᆞ야 텬하에 유명ᄒᆞᆫ 곳이라 량등은 만일 민쳡홈이 잇슬진대 엇지 소담ᄒᆞᆫ 음식으로 강항풍미를 빗내여 셕양쥬셕에 미진ᄒᆞᆫ 흥치를 다시 돕ᄂᆞᆫ 슈단이 업스리오 ᄒᆞ더니 언미필에 션슉인이 미쇼ᄒᆞ며 쇼쳥이 일ᄀᆡ 빅옥반에 로어회를 밧드러 셕상에 놋커늘 모다 봄애 눈빗 ᄀᆞᆺ흔 싱션을 실ᄀᆞᆺ치 서러 낫낫히 참치홈이 업스니 (…중략…) 이 엇지 강남 은셜회 아니냐 내 일즉 드름애 은셜회ᄂᆞᆫ 텬하에 업ᄂᆞᆫ 음식이라 숑강 로어와 병쥬 련엽되 아닌즉 문드지 못ᄒᆞᆫ다 하더니 션슉인의 긔

30 「옥루몽」 卷之四 제62회, 237~243쪽.

경민쳡홈이 엇지 이에 밋칠 줄 아랏스리오 (…중략…) 란셩이 더욱 불쾌왈 쳡은 본ᄃᆡ 불민ᄒᆞᆫ 재라 엇지 샹공의 의향을 미리 짐작ᄒᆞ리오 다만 일긔 추ᄒᆞᆫ ᄯᅥᆨ이 남앗스니 랑은 그 역아의 무지홈을 웃지 말지어다 련옥을 명ᄒᆞ야 가져오라 ᄒᆞᆫ대 옥이 미쇼ᄒᆞ며 푸른 반에 무슴 음식을 밧드러 좌상에 놋커늘 모다 봄애 청강셕 련엽대뎝에 빅여 송이 련ᄭᅩᆺ을 담앗스니 낫낫히 푸여오ᄂᆞᆫ 듯ᄒᆞ야 긔이ᄒᆞᆫ 지ᄉᆞ와 령롱ᄒᆞᆫ 슈단을 형용치 못ᄒᆞᆯ너라 윤부인이 미쇼ᄒᆞ며 태메씌 고왈 이ᄂᆞᆫ 이에 강남 련ᄌᆞ병이로소이다 젼일 부친을 ᄯᆞ라 항쥬에 갓슬제 이 음식을 맛보앗ᄉᆞ오나 졔되 ᄭᆡ다라 강남 사ᄅᆞᆷ도 뎌마다 못 ᄒᆞᆫ다 ᄒᆞ더이다 (…중략…) 란셩이 왈 이ᄂᆞᆫ 이에 련실로 ᄆᆞᆫ든 ᄯᅥᆨ이라 련실을 셰말ᄒᆞ야 사당슈에 슈비ᄒᆞ고 셕류슈에 반죽ᄒᆞᆫ 후 무수이 ᄶᅵ여 련ᄭᅩᆺ처럼 비져 빅옥시루에 빅단향을 퓌여 ᄶᅵ되 잘못ᄒᆞᆫ즉 열 송이에 ᄒᆞᆫ 송이를 건지지 못ᄒᆞᄂᆞ니 셩ᄒᆞᆫ 송이를 골나 다시 셕류슈에 ᄶᅵ고 사당슈에 담가 뎌갓치 ᄆᆞᆫ드ᄂᆞ이다[31]

②는 상춘원에서의 가족 놀이 장면이다. 선우와의 전쟁에서 승리한 후, 연왕은 한가한 삶을 즐기는데, 이때부터 소설의 사건은 '잘 즐기는' 데 초점이 맞추어진다. 온 식구들이 상춘원에 모여 좋아하는 꽃에 대해 이야기를 하다가 곧 맛있는 음식으로 화제가 옮아간다. 양창곡이 강남은 요리로 유명하다고 하자, 곧이어 벽성선이 노어회를 내고, 강남홍도 이에 질세라 연자병을 낸다. 「옥루몽」에는 음식에 대한 언급이 자주 나온다. 벽성선이 황소저에 의해 모해를 당할 때에도, 양창곡이 귀양을 갔을 때에도 음식에 대한 이야기가 나오며, 위의 예문에서는 만드는 법[32]까지도 구체적으로 묘사되고 있다. 판소

31 「옥루몽」 卷之三 제45회, 195~196쪽.

32 「옥련몽」에서는 벽성선과 강남홍이 노어회와 연자병을 만드는 과정이 훨씬 더 자세하게 전

리계 소설에서 잘 차린 상을 서술할 때, 여러 가지 종류의 음식 이름만이 열거되는 것과 비교해 보면, 「옥루몽」의 이 부분은 독자들의 시각과 미각을 자극하기에 충분할 정도로 자세하다.

이 밖에도 연왕과 진왕 사이에 벌어지는 놀이 대결 장면은 장대하게, 화려하게 그리고 자세하게 묘사된다. 또 공직에서 물러난 진왕과 그의 세 부인이 연왕을 찾아와 취성동을 두루 구경한 후, 연왕부 사람들과 같이 자개봉으로 산수 유람을 떠나기도 한다. 이 장면에서도 그냥 여행을 즐기는 것이 아니라 강남홍과 벽성선이 그 가는 길목마다 일종의 역할극을 준비해 놓고 연왕과 진왕을 잠시 속여 즐기면서 그들의 여흥을 한층 돋우는 역할을 한다. 이들이 벌이는 연극적 성격의 놀이는 조선 후기 가단歌壇에서의 놀이를 연상시키기도 한다.[33]

「옥루몽」의 후반부에서의 사건이란 바로 이렇게 다양하게 제시되는 놀이 장면들이다. 주인공들이 노는 장면은 서사에 있어 매우 비중 있는 사건으로 다루어지며, 적극적으로 묘사된다. 고전소설의 주인공들은 대개 임무완수형 인물로 그려진다. 남녀 주인공들은 중세의 유교적 이념에 맞추어 혼신의 힘을 다해 살아내는 모습이 강조될 뿐, 그들이 일상의 휴식이나 여가를 어떻게 보내는지에 대해서는 구체적인 언급이 거의 없다고 해도 과언이 아니다. 그들은 대개 충신으로 간신에 맞서 국가의 안위를 걱정하거나 혹은 전쟁을 수행하거나 아니면 처첩갈등이라는 중대사건에 휘말리는 와중에 가문을 보호해야

개된다. 이에 대해서는 신재홍, 앞의 글, 1991, 122쪽. 그런데 「옥루몽」에 이르러 비록 축소되었다고 해도 그러나 다른 고전소설 작품과 비교해 볼 때, 이 작품에서는 여전히 음식 만드는 일과 관련된 사건이 많다고 하겠다.

33 이 부분에 대해서는 조혜란, 「조선 후기 소설에 나타난 유흥 서술 연구」, 『한국고전연구학회』 3집, 1997, 111~116쪽.

한다는 도덕적 당위를 수행하는 인물들이다. 그들이 하는 일들은 대부분 충분히 의미 부여할 수 있을 만큼 중요하고, 또 정치나 이념 등 공적이면서도 거대담론에 속하는 것들이었다. 주인공의 풍류가 한껏 드러난다는 「구운몽」에서도 조정에서 물러나 한가할 법한 양소유가 노는 장면은 낙유원에서의 월왕과의 놀이 장면과 40세 생일 장면에 잠시 나오는 정도인데,[34] 전자의 경우는 홍취 있는 장면화가 이루어지지 않았고, 후자의 경우는 다음 장면에서 그 흥이 곧 부정된다. 조선 후기의 유흥적인 세태가 반영되어 있다는 「이춘풍전」, 「무숙이타령」, 「변강쇠전」 등에서의 유흥은 부정적인 것으로 그려져 있다. 즉 긍정적인 주인공들은 놀지 않고, 부정적인 주인공들은 노는 일에 적극적인 관심을 보이는 것으로 그려지는 것이다. 주인공들이 노는 장면의 홍취가 사는 작품으로는 「춘향전」이 그나마 예외적이고,[35] 연회 장면이 중요한 화소인 「용궁부연록」이나 「옥선몽」에서의 놀이 장면은 입체적인 장면 묘사가 아니라 열거적인 선형線形의 장면 묘사로 인해 노는 이들의 흥이 잘 전달되지 않는다.

「옥루몽」에 이르면, 상층 귀족의 일상 및 다양한 놀이 문화가 서사 안에서 홍취 있게 펼쳐지면서 비로소 놀이하는 인간형이 긍정되며, 소설 가운데 내밀한 사적인 공간이 대거 등장하게 되는 것이다. 놀이하는 인간형에 대한 긍정과 사적 공간의 등장은 우리 소설사에 있어 새로운 인물 유형 및 사건의 출현이라는 점에서 중요한 의미를 지닌다.

---

34 물론 양소유도 여덟 명의 여자를 만나는 과정에서 기생과의 만남, 속고 속이기, 음악에 대한 해박함 등의 화소가 등장한다. 그런데 양소유의 경우는 이런 내용들이 단지 풍류를 위한 풍류가 아니라 인연을 만나기 위한 과정이라는 점에서 양창곡의 풍류와 그 성격이 유사하며, '한때의 소년 풍정'의 분위기가 강한 양기성의 풍류와는 차이가 있다.

35 그런데 「춘향전」의 경우는 이들의 놀이가 곧 사랑의 감정을 확인하는 행위라는 점에서 여가 문화에 가까운 「옥루몽」의 놀이 문화와는 차이를 보인다.

4. 「옥루몽」 서사의 미적 특질

「옥루몽」은 그 규모가 장대하고, 서술이 구체적이며 최대한 화려한 볼거리, 장관을 제공해 주는데, 이런 「옥루몽」 서사의 미적 특질은 「옥루몽」 독서의 미적 쾌감을 형성하는 기반이 된다. 이 장에서는 앞의 논의를 토대로 「옥루몽」의 서사가 갖는 미적 특질이 무엇인가에 대해 살피고자 한다.

「옥루몽」 서사의 미적 특질로는 화려미와 섬세미를 들 수 있다. 「옥루몽」의 화려함은 인물, 사건, 수사 등 작품의 여러 요소가 어우러져서 만들어내는 미감이다. 빼어난 기생, 전쟁 영웅, 능력 있는 안주인 등 다면적인 얼굴을 가지고 있는 여주인공 강남홍의 인물 형상, 정치적이고 군사적인 사건도 감각적이고 놀이적으로 전개시키는 사건 전개 양상, 다양하게 장면화되는 유흥 및 놀이의 사건들, 오감을 동원하는 감각적인 단어의 사용 등은 그 자체만으로도 풍성한 이야기성을 지니게 한다. 남영로는 이야기하고자 하는 자신의 욕구를 절제하지 않았다. 장면을 만들어 내는 그의 서술은 그 장면과 관련하여 가능한 모든 경우의 수를 등장시키는 듯하다. 이런 내용들이 기존의 고전소설과는 차별화된 대조/대비의 수사적 기법으로 서술되면서 그 차이에서 발생되는 역동성이 작품의 서사를 인상적인 것으로 만드는 것이다. 또 대조/대비의 수사는 「옥루몽」에 극적인 효과를 더해 준다. 여타의 고전소설 작품과 비교해 볼 때, 볼거리가 많게, 그리고 극적인 방식으로 이야기를 전달하고자 했기에 상대적으로 「옥루몽」의 서사는 독자들에게 화려하다는 미감으로 남게 되는 것이다.

「옥루몽」 서사의 또 하나의 미적 특질로는 섬세미를 들 수 있겠다. 여기서의 섬세미라는 것은 서사의 짜임과 관계되는 미감이다. 즉 사건과 인물, 사건과 사건을 직조해서 만들어 내는 서사의 결이 조밀할 때 발생하는 미감이 섬세미일 수 있겠다. 「옥루몽」 서사가 갖는 이런 미감은 우선 「옥루몽」의 서술이 구체적이고 묘사적이며 사실적이라는 데에서 기인할 것이다. 구체적이고 묘사적인 필치로, 작품의 구조와 관련된 중심 사건만이 아니라 그보다 하위 구조에 속하는 사건들까지 사실적으로 잘 그려낼 때, 그 소설의 서사의 결은 비로소 치밀한 것으로 느껴진다. 이는 중심인물만이 아니라 소소한 역을 담당하는 인물들조차 전형성을 띠면서 세심하게 형상화될 때, 그리고 정치나 역사 등 거대담론에 관한 일들만이 아니라 일상의 소소한 면을 드러내는 사건들도 사실적으로 실감나게 그려질 때 맛볼 수 있는 미감이기도 하다. 고전소설 작품의 경우, 중심 사건만이 아니라 그 중심 사건 사이사이의 이야기의 여백을 섬세하게 메우는 작업을 하는 작품을 만나기는 쉽지 않다. 중심 사건의 연결로만 존재하는 소설이 그려내는 허구적 세계의 시공은 거친 느낌, 불연속적인 느낌을 줄 수 있다. 그런데 「옥루몽」은 소소한 사건들, 미미한 인물들까지 구체적으로 그려내며, 상층 귀족의 일상, 여가 등에 대해 비중 있게 서술하고 있는 것이다. 그 결과 「옥루몽」의 서사의 결은 조밀하게 잘 짜여지게 되었다. 이는 남영로가 미시적인 것들에 대해 의미를 부여했기 때문에 가능해진 것이라 하겠다. 「옥루몽」의 섬세미는 독자들에게 공들여 만든 작품을 읽는 쾌감을 제공하게 되는 것이다.

사실 화려미나 섬세미라는 것은 고전적인 미감의 범주에서는 찾아보기 어려운 설정이다. 그러나 고전소설의 경우 서사가 화려한 미감으로 남는다면, 그리고 서사의 결이 조밀하게 잘 짜여 그 결이 섬세하다는 미감으로 남게 된다면, 그것은 의미가 있다고 본다. 왜냐하면 다른 고전소설 작품 중 「옥루몽」만큼 서사가 풍부하고 감각적으로 전개되는 작품을 찾아보기 어려우며, 이 작품만큼 서사를 치밀하게 전개시키는 작품이 드물기 때문이다. 「옥루몽」의 독서가 주는 미적 쾌감은 바로 이 작품의 화려하고도 섬세한 서사미학적 특질에서 비롯하는 것이라 하겠다.

5. 결론—소설사적 의의

우리나라 소설사서 19세기는 고전소설의 쇠퇴기가 아니라 오히려 소설을 쓰는 역량의 난숙기로서, 본격적인 소설 시대의 도래를 예고하는 시대라고 하겠다. 19세기에는 자신이 소설 작가라는 자의식을 지닌 기명 소설 작가가 다수 출현했으며, 남영로를 비롯한 서울 및 근기 지방의 작가들은 권력으로부터는 일정한 거리가 있지만 문화적으로는 중심부에 있었던 지식인[36]이었던 것으로 추정된다. 19세기 소설사서 「옥루몽」이 갖는 의의는 바로 「옥루몽」의 서사가 이룩한 미적 성취에서 찾아야 할 것이다. 물론 「옥루몽」에는 작가인 남영로의 현실 비판 정신이 반영되어 있음에 틀림없다. 그러나 이 작품의

36 김경미, 「19세기 한문소설의 새로운 모색과 그 의미」, 『한국문학연구』 창간호, 고려대 민족문화연구원 한국문학연구소, 2000, 216쪽.

미덕은 이념적인 제시에 있다기보다는 그 장르적 완결성에 있다.

「옥루몽」의 미덕이 미적 쾌감 혹은 장르적 완결성에 있다고 해서 이 작품이 통속적이라는 것은 아니다. 「옥루몽」의 주제는 역시 이 작품이 보여주는 현실 세계에 대한 적극적인 긍정에 있으며, 소설에 있어 공적인 영역이 아닌 사적인 영역, 즉 일상의 강화에 있다. 작품 속에는 정치적 갈등, 군담, 놀이 문화, 불교적 깨달음 등 여러 성격의 사건들이 등장하지만 그 사건들 중 사실적인 성격을 지니는 것은 놀이에 관한 부분뿐이다. 이는 「옥루몽」이 지니는 탈이념적 성격을 보여주는 한 예라 하겠다. 당대적 의미에서 볼 때, 남영로는 안일한 — 다시 말해, 통속적인 — 태도를 지닌 작가가 아니라 오히려 그 시대의 요청에 부응하는 진지한 태도를 지닌 작가였다. 더 이상 구조structure로 파악되는 작품이 아니라 결texture이 중요해진 소설이 창작되었다는 것 또한 한 편의 고급화된 문예물로서의 소설을 창작하고자 했던 남영로의 작가적 소산물인 것이다.

「옥루몽」은 작가가 자신의 작가적 역량을 기울여 만든 고급한 독서물로서, 작품이 지닌 서사적 재미, 미적 쾌감을 기반으로 독자들을 확보한 소설이다. 소설이란 본래 불특정 다수에게 읽히기 위한 장르이다. 그런데 「옥루몽」의 독자는 여타의 고전소설 독자와 차이점을 보인다. 그것은 독자의 계층성 문제이다. 조선 후기의 소설이 다수의 독자를 확보하고 있었다고 해도 작품마다 즐겨 읽는 계층의 범주가 어느 정도 한정되어 있었던 것이 사실이다. 가문소설은 규방의 부녀자나 어린 양반 남성들이, 군담소설은 평민 남성이 독자의 대부분을 차지하였다. 그리고 한문소설의 경우는 지식인들의 독서물로 한정되었다. 그런데 「옥루몽」은 부녀자로부터 지식인 남성에 이르기까지 독자의 범주가 광범위하다. 「옥루몽」의 독자는 일정한 계층에 귀속되어 있는 것이 아니라 다양한 성향을 보이는 독자들인 것이다. 계층적 범주에서 벗어난 소설 독자의 확대는 소설 독서가 대중적인 성격을 띠게 되는 지점인 것이다. 19세기 소설사에 있어 남영로의 「옥루몽」은 서사적 재미와 독서물로서의 품격을 지닌 소설을 쓸 수 있는 작가의 출현, 소설적 장르의 완결성을 지닌 작품의 출현 및 독자층의 확대라는 측면에서 그 의의가 있다고 하겠다.

제3장 조선 후기 소설에 나타난 유흥 서술 연구

1. 서론

소설을 읽는 재미는 마치 가상 세계를 경험하면서 느끼는 재미와 마찬가지일 것이다. 차이가 있다면 첨단 기술을 사용하는 가상 세계는 오감五感조차도 제공할 수 있는 데 비해 독서 과정은 첨단의 장비 대신 적극적인 상상력을 동원해서 그 가상의 세계와 느낌을 머리 속으로 그려가야 한다는 점일 것이다. 독서 과정이 심화됨에 따라 독자는 서사가 구성해 내는 낯선 공간, 낯선 시간, 낯선 사건과 인물들을 만나게 된다. 그리고 그 모든 것들이 3차원적으로 다가올 때, 다시 말해 그 서사 세계가 생생하게 전달될 때, 독자는 작품 속으로 빠져들게 되고 그 작품은 잘 된 작품이 될 확률이 높아지는 것이다. 이야기가 이렇게 현실감 있는 것이 되려면 시간 배경과 공간 배경, 그리고 사건의 연결이 구체성과 필연성을 확보해야만 한다. 즉 구체적인 시공의 설정과 그 시공에 걸맞는 서술이 이뤄질 때 비로소 그 작품은 독자를, 향유층을 확보할 수 있는 것이다. 그리고 이는 바로 사실주의 정신과 관련되는 부분이기도 하다.

문학 작품은 그 작품이 배태된 시대에서 자유로울 수 없다. 그것이 소설과 같은 서사장르인 경우는 더욱 그러하다. 고전이든 현대물이든 간에 소설에는 그 작품이 창작된 당대의 분위기나 문물이 반영되어 있게 마련이다. 우리나라 소설사에서 장르의 변화를 가늠할 때 이러한 기준이 중요하게 거론되는 것이 신소설의 경우이다.[1] 신소설의 경우, 신소설과 구소설을 나누는 중요한 요인으로 신소설에 나타나는 어휘를 들고 있다. 조선시대에는 결코 존재하지 않았을 사물이나 제도 등에 관련된 어휘는 곧 그 작품이 신소설임을 증명해 주는 중요한 단서로 간주되는 것이다. 물론 신소설의 경우에는 조선조에서는 접할 수 없었던 다양한 어휘들이 나온다.

그런데 고전소설을 대상으로 논할 때에는 이러한 시각을 사용하지 않는 경향이 있다. 고전소설은 조선왕조 500여 년에 걸쳐 지속적으로 창작된 만큼 작품 속에서 시대의 변화에 따라 달라지는 분위기가 반영될 만도 한데 그것이 잘 느껴지지 않는 것이다. 물론 이는 단지 고전소설 연구의 편향성에서만 기인하는 문제는 아니다. 아류작에 속하는 군담소설들처럼 고전소설 중에는 시공간 배경 및 사건의 연결이 형식적인 작품들도 많이 있다. 그리고 실제로 많은 수의 고전소설 작품들은 주로 조선 후기에 집중적으로 생산된다. 이러한 이유

---

1 이재선, 『한국 개화기소설연구』, 일조각, 1972, 290쪽.

로 인해 고전소설을 읽으면서 작품마다 그 소설이 배태된 당대의 분위기를 차별화하며 감상하기 어려운 것이다. 그러나 기존 연구에도 전혀 문제가 없었던 것은 아니다.

조선 후기는 소설의 시대라고 할 수 있을 만큼 다양한 종류의 소설들이 창작, 유통되었다. 그러므로 기존의 고전소설 연구도 18, 19세기에 출현한 작품들을 대상으로 한 연구 업적이 상당히 많다. 그런데 기존의 연구에서 연구자들의 주된 관심은 궁극적으로 고전소설이 어떻게 근대적인 성격을 띠어 가는가 하는 문제였다. 즉 연구 대상으로 삼은 고전소설의 작품 세계가 사실주의에 얼마나 근접해 있는가 혹은 고전소설이 조선 후기의 사회적 분위기를 어떤 방식으로 얼마나 여실히 드러내는가 하는 문제를 주로 작품의 주제 의식 측면에서 접근하고자 하였다. 그 결과 기존의 연구들은 주로 주제 구현이나 작가 의식과 관련된 것이 대부분이어서 작품의 서술이나 표현 방법 자체에 대한 고찰은 찾아보기 어렵다.

고전소설은 조선 초기의 전기소설로부터 조선 후기의 소설에 이르기까지 조선조 500여 년에 걸쳐 창작되었다. 작품이 창작 당대의 분위기나 문물을 어떤 방식으로든 반영한다고 할 때, 고전소설의 경우도 여기에서 예외일 리는 없다. 단지 그 변화가 완만하게 진행된 까닭에 피부에 잘 와 닿지 않을 뿐이다. 그러나 그중에도 다른 작품들과의 차별성을 보일 정도로 두드러지게 나타나는 양상이 하나 있는데 이는 바로 유흥적 분위기 혹은 유흥에 관한 내용이다. 조선 후기 작품으로 추정되는 「이춘풍전」, 「변강쇠가」, 「옥루몽」, 「옥선몽」 등에는 유독 놀이, 유흥에 대한 언급이 나타난다. 조선 후기 한양의 경아전을 중심으로 한 중인층의 성장과 그들의 축적된 부를 바탕으로 한 유흥적 양상에 관해서는 이미 이를 중인 계급과 연결시켜 논의한 강명관, 김종철 등의 논의가 있다.[2] 그런데 강명관의 논의는 한문학에 관련된 것이고 김종철의 논의는 판소리계 소설에 관련된 것으로서 둘 다 고전소설의 유흥 서술 양상 자체에 대한 관심은 아니다. 그러나 소설에서 '무엇'에 대한 관심이 현상적으로 나타날 때에는 그 양상 및 의미에 주목해 볼 필요가 있다고 생각한다.

놀이, 여가는 실제 인간의 삶에 있어서 중요한 부분을 차지한다. 그럼에도 불구하고 고전소설 작품들은 대개 이 부분에 대해서는 잠잠하다. 물론 「만복사저포기」에는 탑돌이 하는 풍속이 나오고, 「춘향전」에서는 단오날 그네 뛰고 노는 장면이 나오기도 한다. 그러나 이 작품들의 여가 서술 방식을 보면서 어떤 구체적 시대의 분위기를 간파하기란 어렵다. 이는 작품의 배경 혹은 사건의 실마리로서의 의미일 뿐, 어떤 구체적인 특정 시기를 감지하게 해 주는 장치는 아닌 것이다. 이에 비해 「이춘풍전」과 같은 작품들이 보여주는 여유, 여가에 대한 서술에는 조선 후기의 분위기가 물씬 묻어난다. 그런데 「이춘풍전」에 대한 기존 논의에서는 주로 그 풍자성이나 여성의 시위에 초점을 맞추면서 이를 작품이 갖는 근대적 성격으로 해석하면서, 주인공이 노는 양상에 대해서는 별달리 주목하지 않는다.[3] 그러나 「이춘풍전」과 같은 작품에 나타나는 놀이의 양상은 앞에서 언급했던 바, 작품의 시공을 구체적인 시공으로 만들면서 작품 자체의 현실감을 높이는 데 기여하고 있다고 판단된다.

---

2 강명관, 『조선 후기 여항문학 연구』, 창작과비평사, 1997; 김종철, 「19C, 20C 초 판소리 변모양상 연구」, 서울대 박사논문, 1993 참고.

3 장덕순, 「이춘풍전 연구」, 『국어국문학』 5호, 국어국문학회, 1953; 심치열, 「이춘풍전 연구」, 성신여대 석사논문, 1988.

본고는 조선 후기에 창작되었으리라고 추정되는 작품 중에서도 유흥 서술 양상이 두드러지는 「이춘풍전」, 「변강쇠가」, 「옥루몽」을 주대상으로 삼기로 한다. 한 작품이 주제를 구현하는 데에는 다양한 요소가 기여한다. 본고는 그중 유흥 서술의 양상을 살펴 이것이 작품 세계에 어떤 방식으로 관여하는지를 보고자 한다. 그리고 이를 통해 작품의 주제나 구조에 초점을 두고 논의를 진행시켰을 때에는 잘 드러나지 않던 작품의 면모가 드러날 것으로 기대한다.

2. 유흥의 종류와 서술 양상

이 세 작품은 주인공의 신분이 각기 다 다르다. 그 결과, 「옥루몽」의 경우는 상층 양반의 세계를, 「이춘풍전」의 경우는 중인의 세계를 그리고 「변강쇠가」의 경우는 하층 유랑민들의 삶의 양상을 보여준다. 그러므로 이 세 작품을 고찰하면 조선 후기의 놀이 혹은 여가 문화를 두루 살필 수 있으리라고 기대된다.

1) 「이춘풍전」

(1) 「이춘풍전」에 나타난 유흥의 종류

조선 후기의 사회상에 밀접하게 접근해 있으면서 그 유흥적 분위기가 가장 잘 나타나는 작품으로는 「이춘풍전」을 들 수 있다. 「이춘풍전」은 그동안 작품이 지니는 해학과 풍자, 혹은 새로운 여성상의 제시, 경제에 대한 관심 등을 중심으로 논의되어 온 작품이다. 그리고 김종철은 「이춘풍전」의 문학사적, 사회사적 의미는 이춘풍으로 대표되는 당대의 허황한 풍습을 춘풍 처 김씨와 같은 변동하는 현실에 적극적으로 대처하는 긍정적 인물을 내세움으로써 비판하는 데에 있다고 했다.[4] 「이춘풍전」에 대한 기존 연구를 보면 이 작품이 조선 후기의 사회적 분위기를 잘 그려내고 있다는 데에는 동의하고 있다. 그런데 연구의 관심이 주로 주인공의 신분과 그와 관련한 주제로 집중되면서 작품이 갖는 분위기는 별로 주목받지 못한 경향이 있다. 이 작품의 분위기는 작품 중간중간에 설정되는 내용들이 관습적인 언술이 아니라 주인공의 신분에 걸맞는, 구체적인 내용들로 설정되었기 때문에 생동감을 지니게 되는 것이다.

> 잇ᄯᆡ 셔울 타락골 ᄒᆞᆫ 사람이 잇스되 홍은 니요 명은 츈풍이라 셩세가 "장 부요ᄒᆞ여 장아의 그 부로셔 쇼연의 방탕ᄒᆞᄂᆞᆫ 거시 모도 다 바람이라 츈풍이 본ᄃᆡ 친척이 읍셔 뉘라셔 경계할리 용젼여슈ᄒᆞ여 부모이 됴업 수만금을 마암ᄃᆡ로 남용할제 (…중략…) 남북촌 왈ᄌᆞ 벗님늬와 ᄒᆞᆫ가지로 협실여셔 ᄆᆡ일쟝취 노릴 젹의 쳥누미식 작쳡ᄒᆞ여 죠흔 노릐 말근 슐로 권권ᄒᆞ며 너비할미 갈비찜을 ᄆᆡ일쟝취 노일다가 원앙금침 놀고ᄂᆞ니 일이ᄇᆡᆨ양 돈을 푼젼갓치 남용ᄒᆞ여 잡기방의 다"른면 삼사ᄇᆡᆨ을 일코ᄂᆞ니 집안의 그 무어시 ᄂᆞ물손가[5]

4 김종철, 「중세 해체기의 두 웃음」, 『판소리의 정서와 미학』, 역사비평사, 1996, 150쪽.
5 김기동 편, 「이춘풍전」, 『필사본고전소설전집』 6, 아세아문화사, 1980, 495~496쪽.

위의 예문에서 알 수 있듯이 이춘풍은 양반의 후예가 아니다. 「이춘풍전」에는 고전소설 첫머리에 흔히 등장하는 가문 내력이나 태몽 등이 전혀 나타나지 않으며, 춘풍은 다만 그 집이 부요하여 부모가 물려준 재산을 물 쓰듯 쓰는 인물로 그려지고 있다. 그는 자신이 방탕한 생활을 즐기는 데에만 돈을 쓴 것이 아니라 그저 돈을 물 쓰듯 하는 인물이었다. 윗글에는 그런 언급이 없으나 「이춘풍전」의 다른 이본에는 그가 돈에 대한 관념이 없다는 것을 보여주는 또 다른 대목이 있다. 장덕순본을 보면 춘풍은 그저 '아이 보면 돈 주고 어른 보면 술대접하'는 사람으로 그려져 있다. 또한 그가 즐기던 놀이는 '모화관 활쏘기, 장악원 풍류하기, 산영에 바둑 두기, 장기, 골패, 쌍육, 수투전, 육자배기, 사시랑이, 동동이, 엿방망이 하기'이며, 그가 즐기던 음식은 '맛좋은 일년주, 벙거짓골 열구자탕, 너비할미, 갈비찜' 등등인데 이것을 기생집에서 먹고 논 것으로 되어 있다.[6]

「이춘풍전」에 나타난 유흥의 종류를 보면, 돈 없이는 즐기지 못할 것들이다. 시설이 갖추어진 곳에서 도박성 짙은 놀이를 하거나 아니면 기생집에서 값비싼 음식을 즐기는 것이 주종을 이루고 있을 뿐, 선비들이 추구했던 '서권기書卷氣'와 같이 정신적인 여유를 즐기거나 혹은 정신적인 문화를 즐기는 양상은 보이지 않는다. 춘풍의 놀이는 풍류라는 단어보다는 유흥이 적격이다. 춘풍의 태도에서는 절제를 통한 긴장 같은 것은 찾아볼 수 없고, 단지 실컷 갈 데까지 다 가면서 누리겠다는 의지만이 보일 뿐이다. 이를 통해 조선 후기 돈 많은 한량의 삶의 방식이, 그 유흥적 분위기가 전달되는 것이다.

---

6 김기동 외편, 「이춘풍전」, 『한국고전소설선』, 새글사, 1965, 441쪽.

(2) 「이춘풍전」에 나타난 유흥 서술의 양상

「이춘풍전」에는 열거법이 자주 눈에 띄는데, 이는 주로 춘풍의 유흥을 나열하는 과정에서 나타난다. 열거는 판소리에서는 자주 등장하는 수사법으로, 장면이나 인물을 묘사할 때 주로 쓰인다. 판소리에 나타나는 열거의 한 특징은 그 종류로 열거할 수 있는 모든 것을 열거하는 것이다. 예를 들어 「춘향가」에서 춘향의 방을 묘사할 때에도 온갖 좋은 것은 다 열거하다 보니 신분에 걸맞지 않을 듯한 물건들도 함께 등장하고, 봄의 과일과 가을의 과일이 함께 놓이기도 하는 것이다. 그런데 「이춘풍전」에서 보여주는 열거법은 이와는 다르다. 물론 「이춘풍전」에서도 춘풍의 장사 밑천을 다 후려내는 평양기생 추월秋月의 방에 '동중서의 책문이며 제갈량의 출사표'가 걸려 있는 것이라든지, 주안상을 낼 때 유자와 수박이 함께 나온다든지 혹은 감자도 등장한다든지 하는, 상식적으로 납득이 잘 되지 않거나 혹은 과학적으로 있을 수 없는 현상이 열거되기도 한다. 그러나 「이춘풍전」의 경우는 이런 열거는 오히려 드문 편이고 대개는 그 상황에 잘 들어맞는 대상들이 나열된다. 예를 하나 들어 보기로 하자.

> 주찬을 차려 올 제 국화 새긴 통영반에 주전자 들여 놓고 조로록 엮은 홍합, 생선찜, 오화당 사탕, 귤병, 당대추며 반달 같은 개피떡과 먹기 좋은 꿀합떡과 보기 좋은 화전에 산승 웃기로 고여 놓고 꺽꺽 우는 생치 들여 정월만배 영계찜을 곁들이고 대모 양각 큰 접시에 현초초 전복을 갖추어 곁들이고 어회, 겨자, 초장, 생청을 틈에 끼워 놓고 청실레 홍실레 벗긴 생율, 접은 준시, 은행, 대추 , 청포도, 흑포도

이 열거는 평양에서 유명한 기생집 주안상을 연상하기에 안성맞춤이다. 안주를 열거할 때에는 온갖 음식이 다 나열되는 것이 아니라 술안주로 적당해 보이는 것들이 열거된다. 술안주의 열거가 이렇듯 「이춘풍전」은 춘풍이 즐기는 유흥의 종류를 열거할 때에도 조선 후기에 존재했던 유흥, 놀이 문화의 종류를 총망라하여 열거하는 것이 아니라, 춘풍과 같은 조선 후기 한량이 놀 법한 것들로 한정하여 나열한다. 이렇듯 놀이 문화를 열거하는 장면은 「옥선몽」에도 등장한다. 그러나 「이춘풍전」과 「옥선몽」을 비교해 보면 그 차이점을 알 수 있다.

「옥선몽」 제6장을 보면, 남자주인공 몽옥夢玉이 양주지부洋洲知府가 중수重修한 망운루望雲樓의 낙성식에 참석하는데, 온갖 음식이 다 있고 갖가지 놀이가 벌어져 잔치가 성대하게 펼쳐지는 장면이 나온다. 온갖 시종의 종류와, 사시사철의 산해 모든 진미와, 여러 가지 악기 연주 장면을 열거한 후, 놀이 종류에 대한 열거가 시작된다. 그 자리에서 벌어지는 놀이를 종류를 본문의 표기법대로 옮겨 적어 보면, '북춤, 비ᄯᅡ라기(배따라기), 고무막춤, 등ᄯᅡ라기(등따라기), 씨름, 효ᄯᅥᆨ장이(솟대놀이), 골ᄯᅩ, 사당, 져기(척구 : 공 차는 놀이), 줄달히기(줄다리기), 꿀검질, 먹국질, 숨빅국질(숨바꼭질), 수시격기(수수께끼?), 기금즛길, 손등치기, 장긔(장기), 골패'[7] 등이다. 이 중 일제히 북채가 움직이는 북춤이나 배의 노를 저으면서 부르는 배따라기, 쌍룡이 여의주를 희롱하면서 그림이 그려진 부채를 두르는 모양의 고무막춤, 학이 꽃등을 안고 날갯짓을 하는 모양을 흉내낸 듯한 등따라기 등은 제법 우아하고 화려한 춤공연을 연상시킨다. 그런데 그다음부터는 씨름이나

7 김기동 편, 「옥선몽」, 『필사본고전소설전집』 3, 아세아문화사, 1980, 84~86쪽.

솟대놀이, 사당패 놀이, 축구 비슷한 공놀이, 줄다리기 등이 열거되는데, 이는 완전히 운동회 분위기이다. 그리고는 숨바꼭질, 수수께끼, 한 발로 딛고 돌아다니는 놀이(기금짓길), 손등치기 등 아동들이 즐겨 할 듯한 놀이와 장기, 골패 등 어른들의 놀이가 열거된다. 온갖 놀이가 다 망라되다시피 한다고 해도 과언이 아닐 것이다.

망운루라는 건물의 낙성식이라고 하기에는 그 규모가 너무 크고, 놀이의 종류도 제법 격식과 연희성을 갖춘 놀이에서부터 씨름이나 사당패 놀이와 같은 민간의 놀이 분위기까지 다 등장하고 있다. 작가가 놀이에 대한 관심을 가지고 이 장면을 성대하게 묘사하고자 한 의도는 전달된다. 그리고 이두吏頭로 당대에 있었던 놀이의 종류에 대한 기록도 남기고 있어, 조선시대에 어떤 종류의 즐길 거리들이 있었나에 대한 관심은 충족시켜 준다. 이 장면 외에도 「옥선몽」에는 잔치 장면의 음악 연주나 무대를 갖추고 논 채붕놀이 장면도 그려져 있다. 그런데 이 장면들은 작가가 과연 그런 잔치 자리에 직접 참여해 보고 묘사한 것일까 의문이 들 정도로 실감이 나질 않는다. 많은 종류를 열심히 열거하되, 사실성은 떨어지는 것이다.

「이춘풍전」이나 「옥선몽」 모두 유흥을 즐기는 분위기를 잘 묘사하고자 한 작품이며, 두 작품 모두 열거의 방법을 사용하고 있다. 그러나 같은 열거를 사용하고 있어도 「옥선몽」의 경우와 「이춘풍전」의 경우는 현저히 비교되는 바가 있다. 즉 「옥선몽」의 놀이 장면이 사실성 여부보다는 그 종류를 대거 열거하는 데에 관심이 있었다면, 「이춘풍전」의 경우는 열거법을 사용하되 단순히 많은 것을 열거하는 것만이 아니라 사실성을 획득할 수 있도록 배려하고 있다는 점이다. 「옥선몽」이 작가가 아는 모든 종류의 음식과 악기와 춤과 놀이를 열거하다가 사실성을 떨어뜨린 반면, 「이춘풍전」에서는 조선 중기 한량들이 즐길 법한 유흥의 분위기만을 묘사하는 경향을 보인다. 그 결과 이야기는 구체성을 획득하게 되고, 더 나아가 사실성이 확보되는 효과를 얻었다.

이야기의 사실성을 확보하고자 하는 작가의 태도는 「이춘풍전」의 끝까지 지속된다. 이는 「이춘풍전」의 작가가 소설에 대해 지니고 있는 태도와도 연관된다고 하겠다. 놀이의 종류를 열거할 때에 한량들이 즐길 법한 종류를 골라 열거한 작가는 춘풍의 주변인물을 설정할 때에도 '남북촌 왈자 벗님네'를 등장시킨다. 춘풍의 친구라고 할 수 있는 '남북촌 왈자 벗님네'는 조선 후기 서울에 거주하면서 직접 생산하지는 않고 유흥을 일삼던 한량에 다름 아니다.[8] 「이춘풍전」은 「삼선기」의 경우[9]처럼 어정쩡하게 양반의 문화를 동경하거나 흉내내지 않는다. 구체적인 사실에 충실하고자 하는 작가의 태도는 또 다른 장면에서도 확인된다. 춘풍이 장사 밑천으로 빌려간 나랏돈 기천냥을 평양기생집에서 유흥으로 다 탕진하자 그의 아내 김씨는 이 문제 상황을 해결하기 위해 한 계책을 낸다. 즉 그녀가 남복을 하고 회계비장會計裨將이 되어 평양으로 떠나 사태를 수습하는 것이었다. 물론 춘풍의 처 김씨는 적극적이고 능력 있는 새로운 여성상임에는 틀림없다. 그러나 그녀를 그런 인물로 형상화하는 데에는 그 구체적인 방법이 기여한 바 크다. 즉 그녀를 여장군형으로 만든다거나 여학사형으로 만들지 않고 비장으로 만든 것이 그것이다. 비장이란 조선 직급 중의 하나로, 주로 중인들이 맡던 직책이다. 그러므로 김씨는 다른

8 김종철, 「「무숙이타령」과 19세기 서울 시정」, 『판소리의 정서와 미학』, 역사비평사, 1996, 178쪽.
9 위의 글, 150~151쪽.

방법이 아니라 중인의 아내였던 자신이 잘 알고 있을 비장 일을 통해 문제를 해결하고자 했던 것이다. 이는 곧 「이춘풍전」의 작가가 이미 접해 봤을 고전소설의 구투를 극복하고, 구체적이고 특정적인 이야기를 만들고자 한 선택이라 하겠다.

2) 「변강쇠가」

(1) 「변강쇠가」에 나타난 유흥의 종류

유흥이라는 단어는 곧장 비용 즉 소비성을 연상시킨다. 유흥을 즐기기 위해서는 유흥비가 필요한 것이다. 조선 후기의 유흥적 분위기 역시 서울을 중심으로 한 상업화와 도시화의 흐름 속에서 형성되었다. 이렇게 볼 때 하층유랑민의 삶을 반영한 것[10]이라는 「변강쇠가」의 주인공들이 과연 그럴 여유가 있었겠느냐는 질문이 대두된다. 「변강쇠가」의 남녀 주인공인 변강쇠와 옹녀는 「이춘풍전」의 춘풍처럼 다양한 놀이와 음식을 즐길 경제적 여유는 전혀 없다. 이들의 삶을 보면 유흥적이라기보다는 오히려 기층민으로서의 생활고가 느껴질 정도이다. 주인공뿐만 아니라 강쇠의 주검을 처리해 주겠다고 나서는 주변인물들까지도 하나같이 하층민들로서 가난에 찌든 모습을 하고 있다. 이렇게 보면 「변강쇠가」는 조선 후기 유흥과는 거리가 먼 것처럼 보인다. 그러나 이 작품은 다른 방법으로 조선 후기의 유흥적 분위기를 시사해 주고 있다. 「변강쇠가」의 등장인물 중에는 유흥의 분위기를 돋우는 일을 업으로

---

10 서종문, 「변강쇠가 연구」, 『판소리사설연구』, 형설출판사, 1994 참고.

삼고 있는 사람들이 있다. 그리고 그들의 존재는 즉 그들의 유흥을 돈 주고 사서 즐기는 사람들이 있었다는 것을 반증하는 것이다.

우선 주인공인 변강쇠와 옹녀부터 살펴보자. 작품의 표현을 빌면 변강쇠는 '천하 잡놈'으로 규정되고 있다. 이들은 '도방 각처 다니'면서 옹녀는 '들병장사, 막장사, 낮부림, 넉장질' 등을 통해 돈을 모으는데, 강쇠는 옹녀가 모아 놓은 돈을 '댓 냥 내기, 방 때리기, 두 냥 패에 가보하기, 갑자꼬리 여수하기, 미골회패 퇴기질, 호홍호백 쌍륙치기, 장군 멍군 장기두기, 맞쳐 먹기 돈치기, 불러먹기 주먹질, 걸개두기 윷놀이, 한 집 두 집 고누두기, 의복 전당 술 먹기, 남의 싸움 가로막기, 계집치기, 밤낮 싸움질' 등에 다 탕진한다.[11] 옹녀는 병에 술을 가지고 다니면서 팔거나 날품을 파는 등 되는 대로 일을 하여 돈을 모은다. 옹녀는 거의 창녀의 일을 했다고 볼 수 있겠다. 그녀는 수단 방법이야 어찌 되었든 돈을 모아, 도방 각처 다니는 것이 아닌 정착된 삶을 살기를 원하는 것이다. 옹녀는 온갖 허드렛일을 해서 돈을 모으는 데 비해 강쇠는 생산적인 일은 전혀 않고 다만 옹녀가 벌어오는 돈을 가지고 노름, 도박, 싸움질, 계집질 등으로 소일할 뿐이다. 옹녀가 술을 팔면서 지방 하층민들에게 유흥거리를 제공하는 사람이라면 강쇠는 그런 유흥을 사는 사람이다. 유흥에 빠져 산다는 점에서 강쇠는 춘풍과 비슷하나, 유흥비를 얻는 경제적 토대와 거주 지역의 차이로 인해 춘풍과 강쇠의 유흥은 동일한 성격의 것일 수가 없다. 그러므로 작품에서부터 춘풍은 '한량(왈자)'으로, 강쇠는 '잡놈'으로 지칭되고 있는 것이다. 옹녀나 강쇠를 통해 나타나는 유흥의 종류는

11 강한영 편, 「변강쇠가」, 『판소리여섯바탕집』, 앞선책, 1993, 248쪽.

술과 성性과 노름판을 사고 파는 것이 주종을 이룬다. 이들의 유흥에서 고상한 분위기를 엿보기란 어려운 일이다.

「변강쇠가」에 나타나는 유흥의 종류에서 빼놓을 수 없는 부분으로, 조선 후기 기층민들의 문화적 분위기가 묻어나는 것이 있다. 이는 강쇠가 죽은 후 등장하는 인물들을 통해 드러난다. 옹녀에게 접근하기 위한 방편으로 죽은 강쇠의 시신을 치워 주겠다고 등장하는 인물들은 땡중, 초라니, 다섯 명의 풍각장이 패거리, 뎁득이 김서방 등이다. 뎁득이 김서방을 제외하고 나머지 등장인물은 강쇠의 시체 앞에서 그냥 죽고 마는데, 이들 중 초라니와 다섯 명의 풍각장이 패거리들이 바로 유랑연예인에 해당한다. 작품에서 그들의 모습을 인용해 보자.

> ① 여인이 살펴보니 구슬상모, 담벙거지, 바특이 멘 통장구에 적 없는 누비저고리, 때 묻은 붉은 전대 제 멋으로 어깨 띠고, 조개장단 주머니에 주황사 벌매듭, 초록 낭릉 쌈지 차고, 청 삼승 허리띠에 버선코를 길게 빼어 오산장 깊신에 푸른 헝겊 들메고 오십 살 늘어진 부채, 송화색 수건 달아 덜미에 엇게 꽂고, 앞뒤꼭지 뚝 내민 놈 앞살 없는 헌 망건에 자개관자 굵게 달아 당줄에 짓눌러 쓰고, 굵은 무명 벌통 한삼 무릎 아래 축 처지고, 몸집은 짚동 같고, 베통은 물항 같고, 도리도리 두 눈구멍, 흰 고리테 두르고 납작한 콧마루에 주석 대갈 총총 박고, 꼿꼿한 센 수염이 양편으로 펄렁펄렁, 반백이 넘은 놈이 목소리는 새된 것이 비지땀을 베씻으며, 예, 오노라 가노라 하노라니 우리집 마누라가 아주머님 전에 문안 아홉 꼬장이, 편안 아홉 꼬장이, 이구십팔 열 여덟 꼬장이 낱낱이 전하라 하옵디다. 당 동 당 페[12]

12 위의 글, 267~268쪽.

② 풍각장이 한 패가 오는데, 그중에 앞선 가객 다 떨어진 통량갓에 벌이줄 매어쓰고, 소매 없는 베중치막 권생원께 얻어 입고, 세목 동옷 때묻은 놈 모동지께 얻어 입고, 안만 남은 누비저고리 신선달께 얻어 입고, 다 떨어진 전등거리 송선달께 얻어 입고, 부채를 부치되, 뒤엣 놈만 시원하게 부치면서 들어와서 말버슴새 쓰는 경조 원터도 못다 가고, 금강이쪽 경조였다 (…중략…) 그 뒤에 퉁소장이 빡빡 얽은 전벽소경 퉁숫대 손에 쥐고, 강경장 넝마 큰 옷 뻣뻣하게 풀을 먹여 초록 실띠 눌러 띠고, 지팡 막대 잡은 아이 열댓 살 거의 된 놈 굵은 무명 홑고의, 길목 신고, 모시행전, 홍일광단 도리줌치, 갈매창옷, 송화색 동정, 쇠털 같은 노랑머리 밀기름칠 이마 재여 공단 댕기 벗게 땋고 검무 출 칼 가졌으며, 가얏고 타는 사람 빳빳 마른 중늙은이 피골이 상련한데, 토질 먹은 기침소리 광쇠 치는 소리 같고, 긴 손톱 검은 때와 빈대코 코거웃이 입술을 모두 덮고, 떡메모자 대갓끈에 가얏고를 맸으되, 경상도 경주도읍 그 시절에 난 것이라 복판이 좀이 먹고 도막난 열 두 줄을 망건당줄 이어 메고 쥐똥나무 괘를 괴어 주석 고리 끈을 달아 왼어깨에 둘러메고 북 치는 놈 맵시 보소. 엄지러기 총각놈이 여드름과 개기름이 용천뱅이 초 잡은 듯 짧은 머리 길게 땋고, 외손질로 늙은 놈이 체바퀴 열 두 도막 도막도막 주워 이어, 노구녹비 북을 매어 쐐기 제겨 끈을 달아, 양어깨에 둘러메고, 거들거려 들어오며 장담들을 서로 한다[13]

①은 초라니의 모습이다. 초라니는 원래 산대山臺 혹은 나례儺禮와 관련되면서 축사적逐邪的 기능을 지닌 나례의식의 일역을 담당하였으나, 나중에는 유랑하면서 음악이나 고사告祀소리 등으로 구걸을 일삼게 되었다고 한다. 즉 초란이란 익살스러운 행동이나 재담, 그리고

---

13 위의 글, 270~272쪽.

고사소리를 중심으로 구걸 행각을 벌이는 인물이다.[14] ②는 풍각장이에 대한 묘사인데, 풍각장이 역시 유랑예인의 하나이다. 이들은 무리를 이루어 전국을 돌아다니면서, 악기를 연주해 주는 대가로 구걸을 했던 집단이다. 이들이 무리를 이루는 이유는 흥행성에 관련된 것으로서, 각기 다른 직능으로 모일 때 음악적으로나 재주로나 다양성을 띠게 되어 좋은 구경거리를 제공할 수 있기 때문이다. 「변강쇠가」의 풍각장이 패거리도 가객, 퉁소장이, 가얏고 타는 이, 북 치는 이와 검무 추는 소년으로 이루어져 있다. 신재효 판소리사설 가운데 「심청가」, 「박타령」, 「변강쇠가」 세 편에 풍각장이가 등장하는 것으로 미루어, 풍각장이는 조선 후기에 많은 활동을 한 것으로 보인다.[15]

「변강쇠가」에 등장하는 초라니나 풍각장이패들은 모두 조선 후기의 천민 집단에 속하는 사람들로, 유랑예인의 한 부류를 형성했던 사람들이다. 이들은 비록 구걸의 수단으로 공연을 했지만, 공연이라는 수단은 강쇠나 옹녀의 유흥적 분위기와는 달리 적어도 어느 정도의 문화적인 요소를 지닌 것이다. 조선 후기에 오면 송실솔宋蟋蟀이나 유우춘柳遇春 등 이름난 금객琴客이나 가객歌客이 등장하며, 이들을 중심으로 한 가단歌壇이 결성되면서 노래와 악기 연주가 상품이 되는 단계에 이른다. 판소리 창자의 경우는 더욱 그렇다. 그런데 초라니나 풍각장이패들의 연예 행위는 연주나 공연 형태로 받아들여진 것이 아니라 '구걸'의 한 방법으로 인식되었음을 볼 때, 이들이 처한 사회적 위치를 가늠해 볼 수 있다. 위의 예문에 나타난 그들의 복색과 모습은

14 황인완, 「「변강쇠가」의 줄거리 체계와 작중인물들의 성격과 작중기능」, 고려대 석사논문, 1989, 70쪽.

15 박전열, 「풍각장이의 기원과 성격」, 『한국민속학』 11권, 민속학회, 1979 참고.

떠돌아 다니면서 구걸을 하던 그들의 사회적인 신분에 걸맞게 남루하기 짝이 없다. 「변강쇠가」에는 생활 속에서 함께 했었을 기층민들의 유흥, 유랑예인들의 연희 모습이 드러나 있다.

「변강쇠가」에는 이들이 부르는 사설과 행위가 서술되어 있다. 초라니의 경우는 장구를 메고 방정맞게 채를 치면서 사설을 하고, 풍각장이패는 노래와 퉁소, 가야금, 북 반주 및 연주와 검무 등의 공연을 하는 것이다. 그런데 그 복색 묘사가 자세했던 것에 비하면 사설이나 행위에 대한 묘사는 매우 간략하다. 물론 이는 초라니나 풍각장이패들이 자신들의 레퍼토리를 다 펼쳐 보이기도 전에 강쇠의 저주를 입어 죽게 되기 때문이다. 그러나 이를 통해서 우리는 재화의 교환 가치는 획득하지 못했으나 기층민의 삶 주변에 머물면서 구걸의 대가로 공연 행위를 했던 천민 유랑예인 집단의 모습을 확인할 수 있었다.

(2) 「변강쇠가」에 나타난 유흥 서술의 양상

「변강쇠가」의 경우는 주인공들이 경제적인 여유를 누리면서 유흥을 즐기는 양상이 나타나지는 않는다. 강쇠의 경우 노동은 전혀 않고 노름과 주색잡기에 빠지지만 이는 옹녀가 벌어 놓은 돈을 탕진하는 것으로, 부정적인 인상이 지배적이다. 그러므로 강쇠의 경우는 유흥의 현장에 있는 경우라도 부인 등쳐 먹고 사는 '천하 잡놈'의 인상이 강할 뿐 유흥을 즐기는 한량의 모습은 아닌 것이다. 그러나 강쇠와 옹녀는 지방의 유흥적 장소 주변에 머물렀던 인물들이며, 이들을 통해 지방 도시 변방의 유흥적 분위기를 엿볼 수 있었다.

「변강쇠가」의 유흥 서술은 등장인물들이 유흥을 즐기는 주체로서가 아니라 유흥을 제공하는 입장에서 파악된다. 「변강쇠가」에서의 유흥 서술은 강쇠의 시체를 운반하는 과정에서 등장하는 유랑연예인들의 종류를 열거하는 방법을 통해 이루어진다. 유랑연예인들의 복색과 행위를 묘사하는 대목은 매우 구체적이며 사실적이다. 이들을 차례로 등장시키면서 여섯 명 모두를 차례로 묘사하는 것은 마치 조선 후기에 존재했던 모든 하층 유랑 연예의 종류를 망라하고자 하는 것처럼 보일 지경이다. 그리고 막판에는 원혼을 달래 주는 굿까지 등장시킨다. 이렇게 어떤 대상에 대해 자신이 아는 바를 모두 서술하는 듯한 양상은 조선 후기 소설에서 자주 나타나는 백과전서적 지식 나열의 방법을 연상시킨다.[16] 실제로 「변강쇠가」의 경우 이 외에도 강쇠의 병 장면을 통해 여러 가지 병명이나 약초에 대한 의학적 지식을 나열하는 장면이 상당 분량 나오기도 한다는 점을 고려할 때, 하층 유랑 연예의 종류에 대한 삽입 역시 신재효 자신이 알고 있던 유랑연예의 모든 종류를 열거한 것으로 볼 수 있다.

흔히 조선 후기 소설에 나타나는 백과전서적 기술 방식은 주로 하늘의 이치나 우주관, 사상 및 역사에 대한 토론 등으로 이루어지는 경우가 많다. 이는 조선 후기 소설의 작가층과도 밀접한 관련이 있는 부분이다. 백과전서적 지식을 삽입하는 소설은 주로 조선 후기의 한문소설들이며, 그러므로 작가 역시 한문 식자층이다. 그리고 소설의 주인공들의 신분도 상층으로 설정되어 있다. 그러므로 이들의 소설에서 앞에 열거한 것과 같은 형이상학적인 문제들이 거론되는 것은 자연스러울 수 있다.

지식의 삽입 현상은 조선 후기 소설에서 집중적으로 나타나는 현상이므로, 이는 당대 서사적 글쓰기의 한 유행 혹은 유형이라고 간주

16 조혜란, 「삼한습유 연구」, 이화여대 박사논문, 1994, 146~151쪽.

할 수 있겠다. 신재효는 당대에 유행하던 서사 방식을 도입하되, 관습적으로 수용한 것이 아니라 자신의 지식과 작품 분위기에 맞춰 응용했다고 볼 수 있다. 그 결과 그는 형이상학적이고 관념적인 대상이 아니라 자신이 잘 알고 있는 지식들 중에서 대상을 선택하여 조선 후기 하층민의 생활상을 짐작하게 한다.

백과전서적 지식 나열 장면은 서사의 입체적 형상화를 시도하는 것은 아니다. 이 부분에서 서사는 그 전개를 잠시 멈추고 다음 이야기를 기다린다. 그럼에도 불구하고 「변강쇠가」는 이를 통해 조선 후기 하층민들의 생활상과 유랑연예인들의 모습을 잘 전달하고 있다. 그 결과 작품의 시공이 구체적으로 도드라져 보이는 효과를 얻게 되었다. 고전소설의 경우 작품에 따라서는 시공간 배경은 별 의미가 없는 경우도 꽤 된다. 그러나 「변강쇠가」의 경우는 그렇지 않아, 초라니나 풍각장이 패거리들의 공연은 작품의 배경을 조선 후기라는 구체적인 시공으로 확정짓는다.

3) 「옥루몽」

(1) 「옥루몽」에 나타난 유흥의 종류

「옥루몽」은 조선 후기 남영로(1810~1857)의 작품이다. 비록 벼슬을 하지는 않았으나 작가 남영로는 남구만의 후손으로서, 양반의 문화에 익숙했을 것이다. 이 작품은 몽자류소설夢字類小說이면서, 서사의 화려함과 정치함 그리고 장대함이 돋보이는 작품이다. 또한 「옥루몽」은 총 64회나 되는 장회체소설이어서 다양한 서사 전개가 이루어지므로 앞의 두 작품과는 달리 조선 후기의 유흥적 분위기가 주조를 이루는 작품은 아니다. 그러나 남녀 주인공들의 화려한 삶을 그리는 가운데에 성공한 자들의 여유 및 그 여유를 즐기는 다양한 방법이 소개된다. 그렇다고 해도 남녀 주인공 모두 천자의 총애를 받는 인물들로 설정되고, 남자 주인공이 왕의 신분에까지 오르는 소설에서 나타나는 여가 문화가 소비적이고 향락적인 한량의 것이어서는 곤란하기에 작가는 상층신분의 등장인물들에게 걸맞는 내용을 선택했을 것이다.

「옥루몽」에 나타나는 놀이 문화는 그 규모가 큰 것이 많으며, 양창곡이 왕의 지위에 오른 후에 집중적으로 나타난다. 태후의 생신연에서 연왕부와 진왕부가 서로 연희를 펼쳐 보이고 이로써 내기를 하는 장면이 대표적인 예가 될 것이다. 홍난성은 적극적인 성격의 소유자로서 연왕부에 속해 있는 기녀들을 친히 가르치고 연습시키고 수십필 채색비단으로 사치, 번화하게 단장시켜 잔치에 나아간다. 그리고 연왕부와 진왕부의 기예 내기 장면이 연출된다. 그래서 음악 연주, 칠보시 짓기, 격구 시합 등이 차례로 벌어지는데, 진왕 측에서 반귀비와 괵귀비가 비파와 보실을 연주하면 연왕부에서는 홍난성과 선숙인이 옥피리 이중주를 하고, 차례로 칠보시를 짓고, 호탕하게 격구를 하는 장면이 구체적으로 묘사되는 것이다. 그리고 진 쪽은 벌주를 마신다.[17] 장면의 화려함은 구체적이고 사실적인 묘사로 실감나게 되어 있다. 또 다른 예로는 연왕이 중추 망월을 맞아 뱃놀이를 계획하고 진왕이 이에 합류하여 즐기면서 주령을 읊는 장면이 나오기도 한다.[18] 소박하게 놀 때는 벌주내기를 하면서 쌍륙을 놀거나 아니면 후원에서 노어회나 연자병 등의 음식을 준비해 즐기는 경우도 있다.

---

17 임명덕 편, 「옥루몽」, 『한국한문소설전집』 券二, 대북 : 중국문화대 출판부, 1980, 48 · 49회 참고.
18 위의 글, 53회 참고.

이런 장면들은 사실 조선 후기가 아니어도 있을 법한 것들이다. 배경이 중국이기에 더욱 그렇겠지만 「옥루몽」을 읽다 보면 때론 이 작품이야말로 「홍루몽」의 화려정치함에 견줄 수 있는 작품이 아닌가 하는 생각이 들기도 한다. 그런데 다음과 같은 「옥루몽」의 놀이 장면은 조선 후기 가단의 놀이 기획을 연상시키는 바가 있어 주목된다.

> 此時紅鸞城仙淑人潘貴妃等 欲助兩王之興 裝束別般行具 紅鸞城星冠霞衣手執玉麈 仙淑人及潘貴妃 仙冠道服 擧白羽扇 依然一班仙官之樣 (…중략…) 蜻玉兩娘着青衣 佩葫蘆瓶 裝束童子之樣 眞是兩個絶妙仙童 (…중략…) 忽然笙簧聲 嘹喨半空 難知其所自出 皆停步而立 蓮淑人擧手加額 流秋波而望見一處 急呼曰 兩貴妃仰見彼峰頭 兩妃一齊擡頭看 秀峰帶夕陽而翠微 岩頭松下 兩個仙官 以星冠紅袍 惑擧尾扇 飄然而立 或吹笙簧 悄然而坐 (…중략…) 一陣淸風 自山上而來 風邊笙簧聲 如在咫尺(이 때 홍란성 선숙인 반귀비 등이 두 왕의 홍을 돕고자 여러 도구들을 챙겼다. 홍란성은 성관을 쓰고 하의를 입고 손에는 옥진을 들고, 선숙인과 반귀비는 선관에 도복을 입고 백우선을 드니 의젓한 선관이었다 (…중략…) 소청과 연옥 두 낭자는 아랫사람 복색을 하고 호로병을 들고 동자처럼 꾸미니 진짜 감쪽같은 두 명의 선동이어다 (…중략…) 갑자기 생황 소리가 하늘에서 맑게 울리는데 어디에서 나는 소리인지 알기 어려웠다. 모두 걸음을 멈추고 섰는데 연숙인이 손을 들어 이마에 얹고서 눈길을 그윽히 하여 멀리 한 곳을 보더니 급하게 부르면서 말하기를 "두 귀비님, 저 산봉우리 좀 올려다 보세요" 하였다. 두 비가 일제히 머리를 들어 보니 빼어난 자태의 봉우리에 저녁해가 걸려 있고 푸른 빛이 희미한데 바위머리 근처 소나무 아래에 두 명의 선관이 성관을 쓰고 홍포를 입었다. 어떤 이는 미선을 들고 표연히 앉아 있고, 또 한 이는 생황을 불며 무심한 듯 앉아 있었다 (…중략…) 한

> 줄기 바람이 산 위에서 불어오는데 바람결에 생황소리가 마치 아주 가까운 데서 연주하는 것처럼 들려 왔다)[19]

이 장면은 연왕부에서 자개봉이라는 산으로 놀러 가는 대목이다. 이 놀이를 계획할 때 홍난성과 선숙인 등은 이 유산遊山을 좀더 재미있게 만들기 위해 아프다고 핑계를 대고 따로 떨어져서 신선의 복장을 하고는 그 산 속의 지리를 이용해 장소를 옮기면서 연왕의 일행에 자신들의 모습을 갑자기 드러냈다가 감추었다가 하면서 자개봉 오선암 신선을 연출해 내는 것이다. 그냥 산으로 놀러 가면 너무 뻔하니까 색다른 재미를 추구하는 것이라 하겠다. 그런데 이 장면은 조선 후기에 가단에서 양반들의 흥을 돕는 장면을 연상시킨다. 18세기 중엽의 가객歌客들은 어느 정도 경제적인 여유를 누리면서 가단 활동을 하였다. 이세춘李世春, 송실솔宋蟋蟀, 지봉서池鳳瑞 등 18세기 중엽의 가객들은 금객琴客, 기생妓生 등과 더불어 일종의 연희 집단을 구성하여 시조의 오락적 기능에 봉사하였으며,[20] 잔치 자리에는 가객과 금객이 빠지지 않았다고 한다. 그런데 18세기 중엽의 가단 중에서 엔터테이너로서의 성격이 가장 짙은 이세춘 가단의 가유 행각歌遊行脚에서 주목되는 것은 이들이 가창 능력에만 의존하지 않고 다소간 연희적인 요소를 가미하고 있었다는 사실이다.

> 그때 소나무숲 사이로 한 필의 말이 달려 나왔다. 마상의 한 사람이 누빈 자주빛 갖옷을 입고, 머리에 검정 蜀猫皮로 만든 남바위를 쓰고, 손에 채찍을 쥐고

19 「옥루몽」(신문관본), 육당전집편찬위원회 편, 『육당최남선전집』 14, 현암사, 1974, 437~443쪽.
20 권두환, 「조선 후기 가단 연구」, 서울대 박사논문, 1984, 32쪽.

안장에 버티고 앉아 좌우를 돌아보는 풍채는 보는 사람을 감탄케 하였다. 美姬 3, 4명이 머리에 戰笠을 얹고, 짧은 소매의 戰服을 걸치고, 허리에 水綠藍纓帶를 띠고, 꽃무늬 수놓은 雲鞋를 신고 뒤를 따르고 있었다. 그 뒤로 또 5, 6명의 동자가 青衫紫帶를 하고 제각기 악기를 들고서 마상 연주를 하는 것이었으며, 사냥꾼이 보라매를 팔목에 받치고 사냥개를 부르며 숲 사이에서 뛰어 나왔다.[21]

이는 이세춘가단이 평양감사가 되어 길을 떠나는 어느 재상의 전별연에 뛰어 든 모습을 증언하는 기록으로, 이세춘가단이 평양감사의 회갑연에 몰래 나아간 가유 행각歌遊 行脚과 결부되는 것이다. 또 이들은 평양에 갔을 때에도 '학창의를 입고 화양건을 쓰고 백우선을 손에 든 노인'과 그 일행으로 분장하여 잔칫배에 접근해 간 적도 있어 이들의 가창 활동에 자주 연희적인 요소가 가미되었다는 사실을 확인할 수 있다.[22]

조선 후기 사대부의 유흥적 분위기는 시조 가단의 성장을 통해 확인할 수 있다. 이 경우 가객, 금객, 기생들은 놀이문화에 참여하여 양반들의 흥을 돋우고 그 대가를 받는 입장에 섰던 것이다. 「옥루몽」에서 자개봉의 신선 놀이와 옥피리의 풍류를 성공적으로 연출해 내는 홍난성과 선숙인은 원래 기생 출신이었다. 기생일 때에 양창곡을 만나게 되고 그 후 기생을 그만 두고 양창곡을 따라 홍난성과 선숙인이 된 것이다. 만약 이들이 문 밖 출입조차 자유롭지 못했던 사대부가에서 잘 자란 규수 출신이었다면 이런 식의 연희를 능숙하게 연출해 내

21 『青邱野談』 第一, 「遊浿營風流盛事」, 위의 글 89쪽에서 재인용.
22 권두환, 앞의 글, 1984, 89쪽.

는 것은 아마 어려웠을 것이다. 「옥린몽」에 등장하는 규수인 유혜란은 규방을 나와 산천 구경을 하게 된 것만으로도 감격해 한다.[23] 그러니 어느 겨를에 연희적인 요소를 곁들인 기획을 성공적으로 연출해 낼 수 있겠는가? 그렇다고 할 때, 홍난성과 선숙인이 같이 연출해 낸 이 장면은 그들이 기생 출신이기에 자연스러울 수 있었던 장면인 것이며, 이 점에서 「옥루몽」의 연희적 요소는 조선 후기의 가단 활동을 연상시키면서 조선 후기의 연희적 상황과 밀접해지는 것이다.

(2) 「옥루몽」에 나타난 유흥 서술의 양상

「이춘풍전」이나 「변강쇠가」의 유흥 서술 양상과 「옥루몽」의 유흥 서술 양상을 비교해 보면, 가장 큰 차이는 앞의 두 장면이 열거의 방법을 즐겨 썼던 것에 비해 「옥루몽」은 구체적이고도 사실적인 묘사를 동반하는 장면화를 시도하고 있다는 점이다. 그리고 열거보다는 장면화가 소설이라는 장르에 더 어울리는 선택일 것이다. 입체적인 시공간, 사건의 전개는 「옥루몽」이 지닌 미덕이기도 하다. 고전소설 작품 중에 이렇게 서사 세계가 풍부한 작품도 드물 것이다. 이는 작품에 등장하는 사건이 많다거나 복잡하다거나 하는 것이 아니라 장면 장면이 입체적으로 시각적으로 읽힌다는 뜻이다. 어떤 사건을 전개시킬 때에도 「옥루몽」의 작가는 그 사건을 구성하는 요소로 시간과 공간에 대한 섬세한 묘사, 주인공만이 아닌 다양한 인물들의 등장, 그 장면에 등장하는 대상에 대한 자세한 묘사 등을 함께 고려하여 서술한다. 그래서 서사에 양감量感이 생기게 된 것이다.[24]

23 김경미, 「「옥린몽」의 주제와 의미」, 『한국고전연구』 2, 한국고전연구학회, 1996, 171~172쪽.

24 「옥루몽」은 놀이를 하는 장면을 그려낼 때만이 아니라 작품 전체가 이와 같은 형상화를 지향

「이춘풍전」이나 「변강쇠가」는 유흥에 관련된 내용들을 서술하는 데에 있어 열거법을 많이 사용하였다. 반면 「옥루몽」은 다양한 종류의 유흥을 즐기는 장면을 그대로 묘사한다. 「옥루몽」의 유흥 장면에는 그 장면에서 묘사하는 과정대로 따라 하면 바로 그 놀이가 연출될 것만 같은 자세함이 있는 것이다. 그 결과 「옥루몽」의 유흥 장면에는 놀이의 분위기, 여유있게 즐기는 분위기가 넘쳐나게 되었다.

「옥루몽」의 유흥 서술 양상의 이러한 특징은 이 작품이 문어적文語的 성격이 짙기 때문일 것이다. 「변강쇠가」는 판소리로 불리우던 것이며, 「이춘풍전」도 판소리인 「무숙이타령」과 친연성이 있으며 문체에도 판소리 사설투가 섞여 있다. 그러므로 이 두 소설은 문어적인 전통보다는 구어적口語的인 전통에 가까우며, 판소리에 있어 전형적인 수사법인 열거를 즐겨 사용하게 된 것이라고 보인다. 이에 비해 「옥루몽」의 유흥 서술 양상에는 문어적, 묘사적 성격이 두드러진다.

3. 유흥 서술의 의미

조선 후기 소설에 나타나는 유흥 서술은 단지 소설이 현실 세계를 반영한다는 사실을 확인시켜 주었다는 데에만 그 의미가 있는 것이 아니다. 조선 후기 소설에 현상적으로 나타나는 유흥에 대한 서술은

한다. 그리고 중요한 서사 단락의 전개만이 아니라 그 후경이 될 만한 세세한 부분들도 놓치지 않고 함께 형상화해 낸다.

조선 후기 소설이 그 시대 소설로서의 몫을 다하게 하는 데에 기여를 한 바가 있다고 하겠다. 조선 후기 소설의 유흥 서술이 지니는 의미에 대해 살피기로 한다.

우선 유흥적인 분위기나 유흥에 대해 포착할 수 있었던 작품들은 이야기가 인간들의 생활과 밀착해 들어간다는 특징을 보여준다. 유흥에 대한 서술, 잔치에 대한 묘사 등이 조선 후기 소설에만 있는 것은 아니어서 초기소설인 『금오신화』의 「용궁부연록」에도 잔치 장면이 있다. 그런가 하면 후기 소설 중 「삼한습유」와 같은 작품도 결혼 잔치 이야기가 한참 나온다. 그러나 「용궁부연록」이나 「삼한습유」의 잔치 장면은 구체적인 시공을 배경으로 한 것이라고 보기는 어렵다. 이런 작품들은 아예 설정부터 현실계를 다루고 있지 않다. 반드시 현실계를 배경으로 한 작품만 사실성을 확보한다고 주장하는 것은 아니다. 비록 시공은 비현실적이어도 당대의 현실을 얼마든지 그 비현실공간으로 옮겨 놓을 수 있는 문제이기 때문이다. 그러나 「용궁부연록」에서는 게나 거북이 등장해 춤을 추고, 「삼한습유」에서는 이미 죽은 역사적 인물들이 다시 인간 세상에 강림해서 초월적인 존재들과 함께 향랑의 결혼식에 참석한다. 잔치 이야기를 하기는 하는데, 현실감은 전혀 없는 것이다. 잔치는 실생활 속에서 경험하곤 하는 일이다. 그러나 「용궁부연록」이나 「삼한습유」의 잔치는 실생활에서의 잔치와 거리가 멀다. 이 작품들은 관념적으로 이계의 잔치, 신들의 잔치를 서술하고 있기 때문이다.

같은 잔치 장면에 대한 서술이어도 조선 후기의 소설에서 나타나는 유흥 양상들은 조금 다르다. 즉 「이춘풍전」, 「변강쇠가」, 「옥루몽」 등의 작품은 더 이상 초월적인 존재들의 이야기가 아니라 인간들의 이야기인 것이다. 그리고 음식의 종류도, 놀이의 양상도 당시 실제로 놀았을 법한 것들이 주종을 이룬다. 고전소설의 서사가 인간들의 실생활과 밀접해 들어가는 한 양상을 우리는 이 소설들의 유흥 서술을 통해 볼 수 있다. 그런데 「이춘풍전」이나 「변강쇠가」와는 달리 「옥루몽」의 경우, 주인공들은 모두 천상의 인연을 지니고 태어난 사람들이며, 강남홍 같은 인물이 지닌 능력은 가히 신의 경지에 다다르고 있다. 그러나 동시에 「옥루몽」에 등장하는 인물들처럼 인간 냄새가 물씬 풍기는 등장인물들도 드물 것이다. 비록 「옥루몽」의 설정은 적강소설의 구조를 바탕으로 하고 있고, 몽자류소설이나 군담소설의 하나로 이해되는 서사 전개 양상도 보이지만, 「옥루몽」의 이야기는 사람들이 살아가는 이야기를 실감나게 잘 그리고 있다. 그리고 여기에는 유흥 서술이 한 몫 하는 것이다. 앞에서 보았듯 「옥루몽」의 놀이는 더이상 천상적 놀이가 아니라 지상의 놀이이며, 신들의 잔치가 아니라 인간들의 잔치인 것이다.

두 번째로 유흥 서술이 나타나는 조선 후기 소설은 '인정물태人情物態'라는 비평 용어의 내용을 추정해 보는 데에 도움이 된다는 것이다. 인정물태란 조선조 소설비평에 자주 등장하는 용어로서, 작품에 대한 긍정적인 평가에 속하는 말이다. 정조의 문체반정과 더불어 조선 후기는 공식적으로는 소설을 억압하는 분위기였지만 기실은 많은 작품이 창작되고, 또 많은 사람들이 소설을 즐겼던 때이다. 그리고 소설에 대한 다양한 견해들이 나타나는데, 홍희복洪羲福의 경우는 소설을 교훈이나 훈계의 의도로서가 아니라 단지 재미로 읽어도 좋다고 인정하는 글을 남기기도 하였다.

조선 후기에 소설에 대한 언급을 보면, 인정물태라는 단어가 자주 나오는데, 예를 들어 소설을 배척하는 데 앞장섰던 이덕무 같은 이도 「수호전」을 평가하면서 인정물태를 잘 그린 것이 소설의 으뜸이 될 만하다고 했으며, 「육미당기」의 작가인 서유영 역시 자신이 쓴 「육미당기」 소서小序에서 인정물태 같은 데에 이르러서는 모사를 잘 하여 느끼게 하는 바가 있었다고 했다.[25] 소설 배척론자이든 소설 옹호론자이든 간에 인정물태란 그것이 잘 그려지면 읽는 사람으로 하여금 그 이야기가 사실 같다고 느끼게 만드는 요소라는 점에서 공감하고 있는 것이다. 김홍규는 인정물태를 사람과 사물들이 구체적 상황 속에서 이러저러하게 놓여서 얽히고, 움직이며, 살아가는 모습이라고 보았다.[26] 김경미는 인정물태의 문제를 소설의 현실반영의 문제와 연결시키면서, 조선 전기 소설에 비해 조선 후기 소설에서는 구체적인 인물이나 환경의 묘사를 중시하고 있다고 했다. 그리고 인정물태의 강조는 전대의 관념적이고 추상적인 이치를 추구하던 세계로부터 각각의 인간이 구체적인 환경 속에서 살아가는 모습을 담게 되었다는 점에서 보다 큰 의미를 지닌다고 보았다.[27]

인정물태란 결국 서사에 있어 구체성의 문제이며, 일상성의 문제인 것이다. 읽는 사람으로 하여금 이야기를 실감나게 만드는 요소인 인정물태를 작품에서 찾으면 어떤 것일까? 그것은 아마도 여항에서 인간들이 살아가는 모습이 잘 그려진 부분일 것이다. 조선 후기 유흥의 분위기야말로 여항에서 사람들이 살아가는 모습, 삶의 일상성과 구체성을 보여주는 부분이다. 물론 인정물태의 구성 요소가 유흥에

---

25 이덕무, 『청장관전서』 「영처잡고 1」; 서유영, 「육미당기-소서」 참고.
26 김홍규, 「조선 후기와 애국계몽기의 인정물태론」, 『한국문학연구』 제13집, 동국대, 1990 참고.
27 김경미, 「조선 후기 소설론 연구」, 이화여대 박사논문, 1993, 137~149쪽.

대한 서술 하나만은 결코 아닐 것이다. 세상살이의 갈피갈피가 잘 살펴졌을 때 인정물태가 잘 그려졌다고 할 것이다. 그러나 조선 후기 소설에서 삶의 일상 속에 한자리 차지하고 있는 유흥에 눈길을 주고, 등장인물들의 여가 보내기인 유흥에 대해 서술하고 있는 것은 읽는 이의 인정물태에 대한 요구를 충족시키기에 족한 부분이었을 것으로 보인다.

조선 후기 소설에 나타난 유흥 서술이 지니는 또 하나의 의미로는 이러한 관심을 보인 작품들이 하나같이 개성 있는 작품이라는 사실을 들 수 있다. 고전소설 중에는 유형성이 강한 작품군이 있다. 그것은 바로 군담소설들이다. 이 유형에 속한 작품들은 모두 영웅 일대기 구조에 따라 전개되고 구체적 화소도 어슷비슷한 것들이 많아 어떻게 이렇게 비슷한 작품들이 계속 읽힐 수 있었을까가, 그것도 요리조리 다른 여러 이야기로, 또 여러 판에 걸쳐 방각될 수 있었나가 궁금하기도 했다.[28] 군담소설은 가장 대중적인 인기를 누린 작품군이다. 그러나 소설도 문학, 즉 언어예술에 속하는 한 장르라고 했을 때, 유형성만이 두드러진다면 그것은 결코 훌륭한 일은 못 된다. 그러므로 아예 어떤 유형의 효시가 되든지 아니면 틀에 박힌 구성을 벗어나야만 작품으로서 인정받을 수 있는 것이다.

「이춘풍전」, 「변강쇠가」, 「옥루몽」은 모두 틀에 박힌 이야기들이 아니다. 「옥루몽」의 경우 「구운몽」의 아류작이라는 언급도 있으나, 이는 작품의 줄거리만 보고 실상 작품은 간과해 버린 경우가 아닌가 한다. 구조만 본다면 개체는 녹아 없어지고 만다. 이것이 구조주의의

28 조혜란, 「소설의 유형성과 독서과정」, 『이화어문논집』 제11집, 이화여대 한국어문학연구소, 1990 참고.

맹점이라면 맹점일 수 있을 것이다. '영웅 일대기 구조'로만 본다면 「홍길동전」과 「유충렬전」도 별 차이가 없는 작품들이 될 것이며, 「숙향전」까지도 영웅 일대기 구조로 설명된다. 「옥루몽」은 기타 몽자류 소설과 그 구조는 같다. 그러나 그 구조를 채워가는 구체적인 내용과 방식은 전혀 새로운 것이다. 그리고 「옥루몽」을 읽는 재미는 여기에서 발생한다고 해도 과언이 아니다. 입체감 나는 묘사, 세부에 대한 관심과 사실성을 획득한 서술 방식이야말로 「옥루몽」의 개성이다.

「이춘풍전」과 「변강쇠가」가 개성적이라는 데에는 더이상 설명이 필요 없으리라고 본다. 고전소설이 천편일률적이 아닌가 하는 의심을 받을 때, 이 세 작품은 모두 그 혐의에서 당당히 벗어날 수 있다. 모두 새로운 방식의 이야기인 것이다. 조선 후기 사회상을 반영했음 직한 유흥 서술 양상이 드러나는 세 작품은 유통에 성공한 다른 작품들을 눈여겨 보고 따라가는 소설이 아니라 자신들이 표현하고 싶은 내용을 담은 소설인 것이다. 유흥 서술은 사실 그리 중요한 것이 아닐 수도 있다. 등장인물이 시간 날 때 즐기는 유흥 서술보다는 삶의 조건을 결정짓는 중요한 요소들에 대한 관심이야발로 중요한 부분인 것이다. 그러나 작품 속에 조선 후기의 유흥 양상을 반영해 들어오는 작가라면 적어도 유형성을 탈피한 작품을 쓸 수 있는 작가일 것이다. 세 작품에 나타나는 유흥 서술의 양상은 작품에서 구체적인 시간 배경, 공간 배경을 느끼게 한다. 이렇듯 유흥 서술은 작품으로 하여금 구체적인 시공간을 획득하게 하고, 주인공을 생동감 넘치게 만들면서, 유형성이라는 틀을 벗어나게 하는 한 방식이 될 수 있다.

4. 결론

그 작품의 내용이 한량의 일생이든 아니든 아니면 그 작품이 오락을 위한 것이든 교훈을 위한 것이든 조선 후기 소설에는 유흥에 대한 서술이 부쩍 많이 나타난다. 이는 물론 조선 후기 한양을 중심으로 나타나는 유흥적 분위기와 유관한 현상일 것이다.

잔치, 유흥에 대한 관심은 조선 초기부터 있었다. 「용궁부연록」이나 몽유록 작품들에도 함께 모여 잔치나 시회를 벌이는 장면이 나오기도 한다. 그런데 조선 초기의 관심이 추상적이고 관념적인 것이었다면 조선 후기의 관심은 구체적이고 사실적인 것에 있었다. 작품의 구조상 분위기가 비슷할 법한 두 작품인 「구운몽」과 「옥루몽」의 경우는 사실 차이점이 많이 보인다. 우선 분위기가 다르다. 「구운몽」의 경우는 양소유의 생일날 양소유와 팔낭자가 생일 축하를 위해 등고登高하는 장면이 나오는데, 그러나 주인공들이 출가를 결심해서인지 분위기가 쓸쓸하다. 이에 비해 「옥루몽」의 유산 행각은 언제나 여유가 넘쳐 보이는 자리인 것이다. 또한 주제의식이 다르다. 「구운몽」의 경우 당대에 이상적이라고 여겨지던 이념을 제시하는 데에 치중했다면 「옥루몽」의 경우는 일상성과 구체성을 획득한 현실을 담아내는 데에 치중하고 있다. 유흥 양상을 살핀 결과 두 작품의 차이가 확연해지는 것이다.

유흥 서술은 사실 그동안 고전소설 연구에서 주목받지 못한 부분이다. 그동안 고전소설 연구는 주로 주제 의식면에서 많이 조명되었고, 이는 사실주의와 근대 지향이라는 두 단어로 설명되곤 했다. 그러나 막상 작품의 어떤 실상이 그런 논의를 뒷받침해 주는가에 대해서는 별반 논의가 없었던 것이다. 그러나 본고에서 살펴 본 바에 의하면 작품에서 유흥 서술과 같이 미시적인 부분에 대해 관심 갖는 것이 의미가 있으리라고 본다. 이 양상을 주목한 결과 그동안 주로 주제의식 차원에서만 논의되던 조선 후기 소설의 사실주의나 근대 지향이, 유흥 서술 양상에서 나타난 서사의 일상성과 구체성, 사실성의 확보 등으로 설명될 수 있었다. 미진한 부분이 많지만 본고에서 전혀 다루지 못한 부분이 있다면 개화기에 나타난 소설 중 일상성에 바탕을 둔 작품과의 비교 혹은 연관 짓기이다. 조선 후기 소설이 어떻게 개화기 소설로 그 서사 방식이 옮아가는가에 대한 고찰은 다음 연구의 과제로 남겨 두기로 한다.

제4장 「협창기문俠娼奇聞」에 나타난 죽음의 미학

1. 서론

조선시대 문집에 수록된 글을 보면 제문, 행장, 묘비명, 묘갈, 비지 등 죽음과 관련한 글들이 다수 수록되어 있다. 이런 글을 보면, 가까운 가족의 죽음에 대해서는 매우 애통해 하는 경우가 많으나 경우에 따라서는 '애이불비哀而不悲'를 실천하기 위해 지나친 슬픔에 이르지는 않도록 스스로의 감정을 억제하는 경우도 보인다. 때로는 자살을 기린 경우도 눈에 띈다. 이 경우 자살은 유교적 이념을 몸소 실천하기 위해 죽음에 나아간 이들에 대한 기록으로 대개 열녀 혹은 충신들의 죽음을 입전한 형태이거나, 아니면 의협과 같이 18세기 이후에 나타나는 협俠에 대한 관심과 함께 언급되는 죽음이 이에 해당한다. 이 같은 글에 나타나는 죽음은 그 죽음에 대해 누군가가 슬퍼하거나 혹은 의연한 태도를 취한다 하더라도 유가적 규범에 비추어 볼 때 균형 잡힌 시각을 보여주는 죽음이 대부분이다.

고전소설에서도 다양한 죽음의 양상이 다루어진다. 고전소설에 나타난 죽음의 양상을 분류한 기존 논의에 따르면, 그 죽음은 개인의 힘으로는 거부할 수 없는 세계에 대한 저항적 수단으로서의 죽음, 재생이나 환생을 통해 현세에서의 숙원을 해원하는 윤리적 규범의 실현을 위한 죽음, 선과 악의 대결에서 선의 최종적 승리를 보여주기 위한 죽음, 도교나 불교 등 특정 사상에 의거하여 신선계나 불교계에 귀의하려는 죽음[29] 등으로 대별될 수 있다. 적강을 했기에 죽은 후 천상계로 돌아가야 한다거나 혹은 원한 때문에 원귀가 되었다거나 아니면 죽음을 두려워하지 않고 기꺼이 죽어 충효열로 기려지든가 간에 고전소설에서 나타나는 죽음 역시 유가적 규범의 범주를 크게 넘어서지 않는다. 적강소설은 도가적 세계관에 입각한 죽음을 보여주는 것 같지만 작품의 비중은 현세적 가치에 놓여 있으며 불교적 귀의를 보여주는 「구운몽」 역시 서사의 상당 분량은 현실계에서의 욕망 성취를 다루고 있다. 일정한 조건이 만속되면 사라지는 귀신의 형상은, 귀신을 일정한 기간이 지나면 흩어지는 기의 울결로 설명하는 유교적 귀신관과도 상통한다.

조선의 죽음 관련 서사는 사실 기록과 허구적 서사를 막론하고 신중하고도 온건한 서술 태도를 보이며, 충효열과 관련되지 않은 자살을 미화한 경우도 찾아보기 힘들다. 그런데 이옥의 「협창기문俠娼奇聞」에서 죽음을 서술하는 방식은 이와는 달리 차별화된 지점을 보여

29 이종은 외, 「한국문학에 나타난 한국인의 우주관과 생사관 연구」, 『한국학논집』 30, 한양대 한국학연구소, 1997, 144쪽.

주목을 요한다. 이옥(李鈺 : 1760~1815)은 「협창기문」에서 기꺼이 죽음으로 나아가는 기생의 형상을 그려내고 있는데 그녀의 죽음은 유교적 이념을 내면화해서 선택하는 다른 죽음 서술과는 차이가 있다. 이 작품의 기생은 독주毒酒와 잠자리에 탐닉해 죽는 자살 방식을 선택하였으며 자신의 기방을 출입했던 손님과 함께 죽는 방식을 선택하였다. 이 작품에서는 유교적 이념 수호에 대한 의지가 나타나는 대신 삶의 출구가 막혔을 때 선뜻 화려하게 죽음으로 나아가는 낭만적이면서도 퇴폐적인 분위기가 감지된다. 이옥 역시 유가적 지식인임에는 틀림없으나 그의 문학적 취향이나 기질이 이 작품의 분위기를 그렇게 이끈 것으로 보인다. 그런데 이와 유사한 이야기를 다룬 작품들이 더 있다. 본고는 이 작품들과의 비교를 토대로 조선시대 죽음 서술 방식에서 독특한 개성을 보이는 이옥의 「협창기문」에 나타난 죽음의 양상에 대해 고찰하고자 한다.[30] 비교 대상인 두 작품들에서는 실명을 거론하고 있다. 그러므로 우선 2절에서는 세 작품의 비교 대조를 통하여 「협창기문」이 실화를 바탕으로 한 것인지 혹은 이옥의 전적인 창작인지를 살필 예정이다. 그 결과, 차이점이 드러난다면 이를 토대로 「협창기문」에 나타난 고유한 서술 방식에 대한 고찰이 가능할 것이며 여기에는 작가의 의도가 개입되어 있을 것으로 보이기 때문이다. 3절에서는 이 작품이 내장하고 있는 죽음의 양상에 대해 살필 예정인데, 이를 위해 작품의 서사 단락과 등장인물에 대한 분석을 시도한다. 등장인물의 경우에는 작품 문면에 행위와 발화가 언표되어 있는 여성 인물인 창기의 재현 양상을 중심으로 한 분석을 전개

30 연구 대상으로는 실시학사 고전문학연구회에서 펴낸 『이옥전집』을 선택하였다. 실시학사 고전문학연구회 역, 『이옥전집』 2, 소명출판, 2001, 224~225쪽(번역문), 201~202쪽(원문).

할 것이다. 4절은 결론을 겸하는 절로, 이 장에서는 「협창기문」에서 보여주는 죽음의 의미에 대해 고찰하고자 한다.

이 같은 논의를 통해 유교적 범주에서 벗어난 자살을 서술한 이 작품이 이옥 고유의 서사인지 혹은 당대의 실화를 바탕으로 한 것인지 그 정도를 가늠해 보고, 이를 기준으로 하여 조선시대 산문에서는 보기 드문 자살의 예를 다룬 「협창기문」에 나타난 죽음의 성격을 살펴보기로 한다.

2. 작품의 소재 원천에 대한 고찰

이옥이 남긴 25편의 전傳 중 하나인 「협창기문」이 매우 독특한 작품이기는 하나, 허구적인 이야기만은 아닌 것으로 보인다. 이옥의 글 외에 다른 두 편의 글에서도 매우 유사한 사건이 보고되고 있기 때문이다. 성대중(成大中 : 1732~1812)의 『청성잡기靑城雜記』 「성언醒言」에 수록된 기생 취섬翠蟾의 이야기[31]와, 작가 미상의 한문단편집 『양은천미楊隱闡微』[32]에 수록된 제15화 「추향애사심밀양秋香愛死沈密陽」이

31 「취섬」은 김종태 외역, 『국역 청성잡기』, 민족문화추진회, 2006, 159~161쪽, 원문은 한국학중앙연구원 장서각 소장본 『청성잡기』 「성언」, 52b, 53a쪽을 참고하였다. 『국역 청성잡기』에서는 이 일화의 제목을 「의리를 지킨 기생」이라고 하였는데 원래는 소제목 없이 「췌언揣言」, 「질언質言」, 「성언醒言」 세 부분으로 나뉘어 편찬된 책이다. 본고는 원문 중 시작 두 글자를 따서 「취섬」이라고 하였다. 원문 확인은 한국학중앙연구원 장서각 소장본을 참고했는데 『청성잡기』의 저자는 성대중이나, 장서각 소장본이 성대중의 수택본이라는 정보는 없으므로 이 이본의 필사자는 미상이다.

32 『양은천미』를 번역한 정명기에 의하면, 이 자료는 작가 미상이고, 편찬 시기는 1907년에서

바로 그 작품들이다.[33]

이 세 작품은 모두 한때 한양에서 유명했던 기녀와, 형제의 역모죄에 연루되어 급전직하 하루아침에 인생이 바뀐 양반 남성에 관한 이야기를 다루고 있다. 세 작품 모두 그 기녀들은 몰락한 양반 남성을 따라 나섰고 극진하게 섬겼다는 내용으로 되어 있으며 저자들은 모두 기녀의 의로움을 기리는 것으로 끝을 맺고 있다. 세 작품이 과연 한 가지 사건을 근원으로 하여 만들어진 이야기일 가능성이 있는지를 살펴보기 위해 본고는 남녀 주인공의 신분 및 이름, 남녀 주인공의 관계 및 상황 대처 방식 그리고 평결 및 실화實話 여부 등의 몇 가지 기준에 따라 그 내용을 비교해 보고자 한다.

1) 남녀 주인공의 신분 및 이름

「협창」의 여자 주인공은 이름은 제시되지 않은 채 서울京師의 창기一娼라고만 되어 있으며 미모와 기예姿色技藝가 당대의 최고였다고 한다. 남자 주인공은 그 기생의 기방에 드나들던 손님 중 한 명이며, 역시 이름은 제시되지 않는다. 다만 을해옥사 때 형의 죄에 연루되어 제주 관노로 떠나게 된 처지에 놓인 인물이라는 점만 언급하고 있다. 「취섬」의 여자 주인공은 이름이 취섬이며, 함양의 기녀咸陽妓였는데 선상기로 뽑혀 자태와 재주態藝가 당대의 으뜸으로 한때 서울에서

1919년 사이로 추정되며 36화의 한문야담집이라고 설명하고 있다. 이신성 · 정명기 역, 「양은천미 해제」, 『양은천미』, 보고사, 2000.

33 이후로는 「협창기문」은 「협창」으로, 『청성잡기』의 수록 작품은 「취섬」으로, 「추향애사심밀양」은 「추향」으로 줄여서 표기하기로 한다.

유명했던 인물로 소개되고 있다. 남자 주인공의 이름은 심약沈鑰으로, 함양 근처 고을 원으로 왔다가 함양에 돌아와 있는 취섬을 만난 것으로 되어 있다. 또 심약은 형 심악沈鍷의 죄에 연루되어 황량한 북쪽과 남해로 유배를 가게 되는 인물로 그려져 있다. 「추향」의 여자 주인공은 이름이 추향이며, 밀양 기생妓이라는 정보만 제시되고 있다. 이에 비해 남자 주인공은 심육沈錥이며 밀양부사로, 영조 때 동생 심악沈鍷이 사사되는 사건에 연루되자 스스로 상경하여 죄를 받고 유배 가는 인물로 그려져 있다.

2) 남녀 주인공의 관계 및 상황 대처 방식

「협창」의 기생은 도도한 자세를 취했던 것으로 그려지고 있다.[34] 그녀는 비록 기생이었지만 돈을 지불한다고 다 손님으로 받지 않았다. 그녀는 자신의 품격을 높이 하여 그녀의 기방에 드나들 수 있었던 사람들은 일정 정도 이상의 높은 벼슬에 있거나 아니면 매우 부잣집 자제들이었으며, 잘 생기고 풍류를 아는 이들이었다. 남자 주인공 역시 이 같은 기준에 부합한 손님이었다. 이옥은 그녀와 그의 관계를 '기생이 기뻐하며 사귀던 한 사람娼之歡一人'으로 서술하고 있다. 그녀는 그가 제주도 관노로 떠나게 되었다는 소식을 듣고, 그를 '하룻

34 그녀는 "그 몸가짐이 매우 고급스러워 손님의 신분이 귀하고도 요부하지 않으면 예우하지 않았으며, 그중에서도 용모와 신색이 아름답고 명성이 드러나고 풍류에 익숙한 사람이라야 골라 사귀었다. 이 때문에 가깝게 지내는 사람이 기필코 많지 않았다. 일시 가까이 한 사람 중에 문반으로는 홍문관 · 승정원 사람이요, 무반으로는 절도사였고, 이 밖에도 오히려 여염의 요부한 자제로 화려한 옷, 날랜 말로 행세하는 자들이었다." 실시학사 고전문학연구회 역, 『이옥전집』 2, 소명출판, 2001, 224쪽.

밤 친구에 불과不過爲尋常一夕友'하다고 표현하면서 평소 그녀와 가까이 지내는 손님들에게 자신을 위해 행장을 꾸려 달라는 부탁을 한다. 그녀가 기방을 차린 지 십 년 남짓한 동안 친하게 지냈던 이들이 백 명 정도라고 했으니, 남자 주인공은 그 백 명 중 한 사람 정도의 비중으로 그려질 뿐 그 이상의 언급은 없다.

그런데 그런 그를 위해 그녀는 다른 손님들에게 갹출을 해서 제주도로 떠난다. 자신의 손님들은 모두 고기반찬에 비단옷을 입고 살면서 궁핍을 모르던 이들인데 그가 지금 제주도에서 굶어 죽게 생겼으니, '자신과 교분을 나누던 이가 굶어 죽는 것은 바로 자신의 수치'[35] 이기 때문이라는 논리로 그녀는 자신의 기방에 출입하던 남자들을 설득하는데 성공한다. 재물을 넉넉히 가지고 제주도로 간 그녀는 그를 지극히 화려하게 받들면서 미련을 버리라고 충고한다. 그녀는 힘들게 사는 것이 즐기는 가운데 죽는 것만 같지 못하니 즐기다가 죽는 게 어떻겠냐고 제의했고, 그는 그 말에 따른다. 결국 얼마 안 되어 그가 죽은 후 그녀는 그의 장례를 극진하게 치러주고 자기도 폭음으로 죽는다. 결국 둘은 동의 하에 자살의 방식을 선택한 것인데, 그 과정에서 그 둘이 서로 사랑의 감정을 느꼈다든지 혹은 한 쪽이라도 상대방을 마음에 품었다든지 아니면 첩이 되었거나 전적인 사랑을 얻거나 했다는 언급은 전혀 보이지 않는다. 또 죽기 전 그녀는 이웃에게 편지를 주면서 서울에 전해 달라는 부탁을 해 놓는다. 결국 서울의 옛 친구들은 기녀의 뜻밖의 선택에 놀라 장례를 치러주며 그녀는 높은 의를 지니고 있었고 자신들이 알고 있었던 것처럼 시세를 좇는 이

35 "奴之歡而以餓死, 是奴之恥也"

가 아니었음을 깨닫게 된다. 「협창」의 기녀는 자신이 함께 하고 싶은 남자와 함께 할 수 있도록 대처한 것만이 아니라 그동안 자신을 오해했던 남자들에게 자신의 실체를 제대로 알릴 수 있는 방법까지 마련한 것이다.

'취섬'은 선상기에서 풀려 함양으로 돌아온 기녀이다. 그녀가 서울에 머물렀을 때, 지체 높은 재상이 많은 돈과 의복 등으로 그녀의 마음을 얻으려 하였지만 그녀는 모두 사절하고 거들떠보지도 않았다고 한다. 당시에 좀 논다는 이들遊俠은 취섬이 사는 골목을 모른다는 것을 부끄럽게 여길 정도로 그녀는 장안에서 유명한 기생이었다. 그런 그녀가 함양으로 돌아와서는 이웃 고을의 원인 심약의 수청을 들게 되었다. 심약은 그녀를 총애하여 그녀로 하여금 그를 전적으로 모시게 하였다. 즉 취섬은 당시 부임 온 수령의 사랑을 독차지한 기생이었음을 알 수 있다. 그 후 심약이 형 심악의 역모 죄에 연루되어 북쪽으로 유배가게 되자 취섬은 재산을 처분하고 따라가 정성으로 봉양하였으며, 심약이 남해로 이배移配되자 취섬도 남루한 차림으로 따라가 맨발로 진흙을 밟으며 물을 긷는 등 노동을 하였다. 평소 따르던 사람이 위태로운 지경에 처했는데 차마 쉽사리 저버릴 수 없었기 때문이었다.

취섬의 이런 태도는 서울 상인의 등장으로 드러난 것인데 취섬을 알아본 상인이 '이 고생 말고 자기를 따라가면 좋은 옷과 음식이 끊이지 않을 것'이라고 권하자 취섬은 자신이 떠나려고 마음먹었다면 그 이전에도 얼마든지 떠날 수 있었다고 하는 대답 가운데 나온 말이다. 심약과 취섬 두 사람은 고을 원과 기생이라는 상호 관계를 전제로 부임지에서만큼은 배타적 관계를 맺었던 것으로 보인다. 수령에 대한 기생의 전방專房은 흔히 권력관계 및 물질적 이해관계에 근거한 것이 보편적인 것이었으므로 취섬이 심약에게 보여준 태도는 당대의 통념을 뛰어넘는 것이었다. 상대 남자의 상황이 악화되어도 그 관계가 유지된 것을 보면 심약에 대한 취섬의 태도가 단지 물질적 거래만으로 유지되는 것이 아니었음을 알 수 있다.

「추향」은 영조 때 이조참판 심악이 죄를 짓고 사사되었다는 기술에서부터 시작한다. 심육은 심악의 형인데, 밀양부사였던 심육은 늙었지만 기생 추향에게 건즐을 받들게 하며 매우 사랑하여 잠시도 곁을 떠나지 못하게 하였다. 어느 날 동생의 죄를 알게 된 심육이 자발적으로 상경하는데 이때 추향은 조금도 슬퍼하지 않고 전송도 않은 채 단지 수백 냥의 돈을 요구할 뿐이었다. 이렇듯 시침 떼고 있었던 추향은 그 돈을 가지고 이자를 불려 관북으로 유배가 있던 심육을 찾아가서는 '천명을 순순히 받아들여 참혹한 재앙을 피하는 게 옳지 않겠느냐'며 '일찍 죽는 약, 즉 좋은 술을 가져왔다', '음주침색飮酒沈色'의 방식으로 죽는 게 낫다고 권한다. 심육은 쓸쓸히 응낙하고 따라 한 달이 못 되어 죽었고 추향은 손수 염하고 관곽을 준비하였다. 관이 서울로 떠나려 할 때 손수 제전을 차려 관 앞에서 곡을 한 후 그 날 밤 추향은 스스로 목을 찔러 죽었다.

앞의 두 작품과는 달리 「추향」에서는 '종애심독, 미상잠리좌우鍾愛甚篤, 未嘗暫離左右', 즉 '鍾愛'와 같은 직접적 표현이 사용된다. 두 사람의 관계가 서술자에 의해 '사랑愛'으로 규정된 것이다. 그러나 심육이 떠날 때 추향은 짐짓 예사 기생이 취할 만한 태도를 취하여 반전을 보인다. 재물 욕심만 보이는 추향의 모습에 심육은 '사랑했던 정愛情'을 생각하면서 마음이 언짢아졌다. 그런데 이 반전은 금방 뒤집힌다.

그가 관북으로 유배 간 후 한 소년이 찾아와 인사를 하는데 추항이었던 것이다. 추항은 그때 앞일이 힘들게 될 것을 예상하고 의리를 지켜 혼자 살면서 돈을 모아 온 것이다. 조정의 소식까지 다 탐지한 그녀는 상자 몇 개에 미주美酒와 어포, 수의 한 벌, 금은 몇 덩이 등을 싸가지고 와서 사약을 받느니 차라리 자신과 즐기다 죽는 게 낫다고 권한 것이다. 쓸쓸히 응낙한 심육은 술과 추항과의 동침으로 한 달 만에 죽고 그 후 그녀도 심육의 관 앞에서 목을 찔러 죽었다. 건즐을 받들던 남자의 죽음을 따라 자결한 추항의 자살은 마치 열녀의 자살을 연상시킨다.

3) 평결 및 실화實話 여부

(1) 평결

「협창」의 평결 부분은 다음과 같다.

> 아, 아무개는 진실로 스스로를 사랑하는 사람이라 할 만하며 또 치마 입고 비녀 꽂은 이 중 관부灌夫이다. 이 어찌 세속의 화장한 무리 중 오로지 돈만 좇는 자들과 비교하랴? 아! 어떻게 그 남은 화장기와 향을 얻어 세상의 그렇고 그런 사귐을 좇는 자들을 감복시키겠는가? 아![36]

이 작품에서 이옥은 무명無名의 기생을 아예 협창俠娼이라고 부르

36 "噫! 若而人者, 眞可謂自好, 而亦裙叉中灌夫也. 是豈世俗粉頭之惟錢貨是逐者比也? 嗟乎! 安得其殘粉剩香, 爲世之市交者服哉? 噫!"

고 있다. 협기 있는 창기의 기이한 이야기俠娼奇聞라는 제목은 벌써 그녀가 의기가 있고 개인 윤리를 지닌 인물형일 수 있다는 점을 시사한다.[37] 평결 부분에서는 이옥은 그녀를 '자호自好' 즉 스스로를 좋아하는 사람, 자기 자신을 사랑하는 사람이며, 여자 중 '관부灌夫'[38]라고 하여 모두 다 몸을 사리는 상황에서 윗사람을 위하여 목숨을 거는 발언도 할 수 있는 인물로 분류한다. 그녀는 기생이지만 돈만 바라고 남자를 대하는 이들과는 차별화된다는 평가가 이어지는데, 이는 본문에서 그녀에게 '고의高義'가 있고 염량세태를 좇는 이가 아님[39]을 알게 되었다고 한 언급과도 상통한다. 그런데 다음 문장을 보면 이옥의 관심의 향방이 어디를 향하는지 알 수 있다. 결국 그는 '세상의 그렇고 그런 사귐(市交)'이라는 속된 관계를 문제 삼는다. 이옥이 그녀를 입전한 까닭은 그녀에게서 돈만 아는 기생들의 시교가 아니라 자기 자신만의 가치를 선택할 수 있었던 당당한 기상이 짚여 나왔기 때문이다. 도입부를 보면 그녀에게 문전박대를 당했던 사람들이 그녀에게도 지키는 바가 있음을 알지 못했다[40]는 간단한 언급이 있는데 이옥은 본문과 평결을 통해 그 '지키는 바'의 내용을 구체화시켜 놓은 셈이다.

「취섬」은 평결 부분이 독립되어 서술되지 않았다. 한국한중앙연

37 협俠에 대한 정의 중 가장 널리 알려진 것은 사마천이 『사기』「유협열전」에서 서술한 것이다. 그는 유협游俠에 대해 정의하기를, '비록 그 행위가 정의에 합치되지는 않지만 그 말은 반드시 신의가 있고 또 행동은 과감하여 이미 허락한 일에는 꼭 성誠을 다한다. 자신의 몸을 아끼지 않고 남의 액곤에 달려가 생사존망의 사이를 넘나들면서도 그 재능을 뽐내지 않으며 그 덕을 자랑하는 것을 부끄러이 여기니, 족히 칭찬할 만한 것이 있다'고 하였다. 박희병, 「조선후기 민간의 유협 숭상과 유협전의 성립」, 『한국고전인물전연구』, 한길사, 1992, 277쪽.

38 관부灌夫는 의협심이 있고 약속을 중히 여기는 사람이었으며, 두영이 세력을 잃자 모두 떠나갔는데 끝까지 그 곁에 남아 의리를 지킨 인물이다. 그는 황제의 외숙인 무안후의 혼례식에서 시비를 가리다가 무안후의 눈 밖에 나 죽음을 당하였다. 『사기史記』「열전」(魏其武安侯列傳).

39 "知娼之有高義, 而非趨炎者也"

40 "當是時, 客之得閉門羹於娼者, 皆眥之爲熱心腸, 不知其有守也"

구원에 소장된 『청성잡기』는 원래 소제목이 없이 각각의 이야기들을 줄을 바꿔 기록하는 것으로만 구별해 놓았다. 그러므로 이 이야기 역시 제목 없이 '취섬翠蟾'으로 시작하고 있으며, 바로 이어서 경성鏡城 출신 기생 복덕福德의 의리에 대해 기술한 일화가 연결되어 있다. 이 두 이야기를 연결해 보면, 「취섬」은 평결이 따로 마련되어 있지는 않으나 서술자가 무엇을 높이 평가해서 기록하게 되었는지는 알 수 있다. 취섬의 이야기에서도 강조되는 것은 '의義'이다. 취섬은 유명한 기생이었지만 물질로 관계를 맺지 않았다. 또 모시던 고을 원이 몰락하게 되자 오히려 자신의 재산을 들여 북쪽 변방의 유배지에서 그를 봉양하였고, 남해로 옮겼을 때에는 기꺼이 힘든 노동도 마지않았다. 이는 흔히 기대되던 당시 기생들의 사귐, 기생들의 세태와는 사뭇 다른 모습이다. 이런 그녀의 속내는 마침 등장하는 서울 상인에 의해 다시 한 번 확인되는데 여기에서 서울 상인은 마치 그녀의 색깔을 알려주는 리트머스 시험지와 같은 기능을 하는 인물이다. 자기를 따르면 호의호식할 것이라는 상인의 말에 그녀는 탄식을 하면서 차마 배반할 수 없다고 한다. 그러자 그 상인은 몇 필의 베를 주고는 떠났는데, 이 부분에서 서술자는 '그 역시 의협'[41]이었다고 규정한다. 그 '역시' 의협이었다는 말은 그녀 역시 의협으로 간주되었을 가능성을 내포하는 표현이다. 「취섬」은 기생 취섬을 의협義俠이거나 협俠까지는 아니더라도 적어도 의기義氣 있는 기생으로 평가하여 기록한 것이다.[42]

41 "賈亦義俠也"

42 취섬이 서울 상인에게 대답하는 내용 중 '고종인어애顧從人於阨'라는 표현이 나온다. 박지원도 '고顧'에 대해 언급한 일이 있는데, 그는 '힘으로 남을 구하는 것을 협俠이라 하고, 재물로 남에게 은혜를 베푸는 것을 고顧라고 한다. 고일 경우 명사名士가 되고 협일 경우 전傳으로 남는다'고 하면서 '의義'는 협과 고를 겸하는 것이라고 하였다. 김영호, 『조선의 협객 백동수』, 푸른역사, 2002, 64쪽.

「추향」의 평결부분은 다음과 같다.

> 아, 슬프다. 추향은 심육으로 하여금 형륙을 면하게 하여 자손을 보전하게 하였으며 또 능히 그를 좇아 순절하였으니 어찌 우뚝하지 않겠는가? 관북 사람들은 그 지감과 열행을 매우 칭찬하지 않는 이가 없으며 지금까지도 기린다. 시를 지어 증명한 것이 있다.
>
> 머리 허연 조정의 신하가 밀양 고을의 원이 되어 / 물고기가 물을 만난 듯 여러 해 동안 추향을 사랑하였네 / 차마 늙은이가 참혹한 화를 당하는 것을 볼 수 없어 / 원하는 바는 공의 넋을 따라 관 앞에서 죽는 것[43]

「추향」의 평결 내용을 보면 음주침색飮酒沈色하여 죽음에 이르게 한 추향의 방법이 칭송을 받는데 그 이유는 다름 아니라 심육이 사형을 당하기 전에 죽게 하여 결국 자손을 보전케 하였다는 점이다. 또 남자의 죽음에 자신의 죽음으로 응했으니 우뚝하다고 기려준다. 이 작품에는 심육을 만나기 전 추향이 남자들과 관계를 맺을 때 물질이 차지했던 비중을 가늠케 하는 단서가 서술되어 있지 않다. 대신 그가 유배 간 후 의리를 지켜 혼자 살았다守義獨居는 표현이 있어 그녀가 심육과의 관계에서는 의義를 중시했다는 점을 알 수 있다. 그런데 평결에서 강조되는 가치는 자손보전, 지감, 열행 등으로 모두 조선시대에 공고했던 유교적 이념에 더 가까운 것임을 알 수 있다. 세 작품 중 『양은천미』의 편찬 시기가 가장 후대의 것이지만 『양은천미』에 수

43 "嗚呼, 悲夫! 盖秋香使鎖免得刑戮, 保全子孫, 又能從以殉節, 豈不卓哉? 關北人士, 莫不盛稱其知鑑烈行, 至今嘖嘖焉. 有詩爲証. 皓首朝紳守密陽, 經年魚水愛秋香, 忍見老翁遭慘禍, 願隨公魄柩前亡."

록된 「추향」에서 가장 보수적 가치가 기려진다.

(2) 실화實話 여부

「협창」에서는 기생도, 양반 남성도 이름이 밝혀져 있지 않다. 그러나 을해옥사[44]라는 사건명만은 정확하게 기록해 주고 있다. 높은 벼슬을 하고 서울에서 호화롭게 살았던 남자 주인공은 형의 죄에 연루, 제주도의 관비가 되어 유배를 가게 된 인물이다. 「취섬」에는 기생과 양반 남성의 이름이 등장한다. 함양 근처 원으로 와 있던 심약이라는 인물이 그의 형 심악의 죄에 걸려 북쪽 변방으로, 남해로 이배되면서 처지가 불우해졌다는 내용이다. 「추향」 역시 기생과 양반 남성의 이름이 등장하며, 밀양부사 심육이 동생 심악의 역모죄에 연루되어 관북으로 유배되었고 사사될 처지에 처해 있었다.

「협창」은 실명 정보는 없으나 사건명은 제시하였고 다른 두 작품은 남녀 등장인물의 이름은 있으나 사건명은 언급되지 않았다. 남녀 등장인물의 이름의 경우, 「취섬」에는 심약沈鑰, 심악沈鑵이 등장하는데 심악은 정확한 이름이지만, 심약은 부정확한 이름이다. 을해옥사 때 심씨 가운데 걸린 이로는 심악沈鑵이 있다. 심악은 심수현沈壽賢의 아들이다. 심수현은 영조 때 영의정까지 지낸 인물이며 장자 심육沈錥[45]을 비롯하여 5명의 아들을 두었다. 이 집안에서는 숙부 심유현沈

44 을해옥사乙亥獄事는 을해년인 1755년에 일어난 사건이다. 윤지는 숙종 때 과거에 급제했으나 1722년이 김일경의 옥사에 연루되어 나주에 귀양을 가게 된다. 그런데 오랜 귀양 생활 끝에 그는 아들 광철과 동지를 규합하여 1755년에 나라를 비방하는 글을 나주 객사에 붙였다. 그런데 이것이 윤지의 소행임이 밝혀져 거사를 일으키기 전에 잡혀 서울로 압송되었고 이 사건으로 말미암아 수백 명의 소론측 인사들이 죽임을 당하였다.

45 심수현의 가계에 대한 정보는 한국고전번역원 사이트(http://www.itkc.or.kr/itkc/Index.jsp)에서 제공한 『한국문집총간』 207 · 208권 「저촌선생유고」 해제 중 가계도 부분을 참고한 것이다. 「저촌선생유고」는 심육의 문집명이다.

維賢이 이인좌의 난(1728)에 연루되어 죽었으며, 심악은 심유현에게 양자 갔다가 파양한 동생 심필沈鉍의 과거 합격 취소는 억울하다며 상소한 일이 있다. 심악은 1743년 딸이 세자빈 재간택에 들기도 하였으며 정언, 사간, 승지, 공조참판, 동래부사, 강화유수 등을 지냈고 1751년에는 형조참판을 제수 받았는데, 1755년에 친국을 당하고 대역죄가 적용되었다.[46] 심악의 남동생으로는 심륜沈錀, 심필沈鉍, 심발沈鈸이 있으므로 「취섬」의 심약沈錀은 사실과 부합하는 이름이 아니다. 다만 현재 남아 있는 한국학중앙연구원 소장본 『청성잡기』 필사본을 보면 필사 상태가 매우 정교한 이본은 아니어서 「취섬」의 심약沈錀은 심륜沈錀의 오기일 가능성이 있다고 여겨진다.

「추향」은 심육(沈錥 : 1685~1753), 심악沈鑵이라고 명명하면서 을해옥사와 관련한 이름들이 정확하게 등장한다. 심육이 심악의 형인 것은 맞다. 심수현은 첫째부인 전의 이씨에게서 심육을 얻고 그 후 둘째부인 광주 안씨에게서 세 명의 아들을 얻었다. 그러나 심육은 을해옥사가 나기 전인 1755년 이전에 죽으며 여러 번 벼슬을 제수 받기는 하나 실제로는 사양하고 벼슬에 나가지 않은 채로 지낸 인물이다. 그런데 작품의 사건이 심씨 집안과 연루된 사건임은 분명해 보이므로 사건의 정황상 남자 주인공이 심육이 되기는 어렵다. 그러므로 심육은 잘못된 정보에 입각한 명명일 확률이 높다.

이상의 내용을 종합해 본 결과, 「협창」은 남녀 주인공의 이름을 제시하지 않고 있으나 결과적으로 가장 정확한 기술을 하고 있는 셈이다. 「취섬」과 「추향」이 심악을 거론하고 있고, 「협창」이 을해옥사를

---

46 심악의 벼슬 제수 및 논핵에 대해서는 『조선왕조실록』 「영조실록」의 심악 관련 기사 참고.

거론한 것을 보면 이는 결국 을해옥사 때 심악의 사사가 배경이 된 사건임에는 분명하다. 「협창」과 「취섬」은 '형의 죄'에 연루되었다고 했고 「추향」은 '동생의 죄'에 연루되었다고 했으나, 결정적으로 심육의 생몰연대가 1685년에 태어나서 1753년에 죽었기에 심악의 죄에 연루되는 이 작품의 남자 주인공이 형 심육이 될 수는 없다. 을해옥사 후 심악 형제의 일이라면 남자 주인공은 심악의 동생이 되어야 가능하다. 물론 이 작품의 남자 주인공이 바로 심악의 동생이 겪은 실화이거나 혹은 세 명의 동생 중 심륜의 실화를 옮겨온 것이라고 단정하기는 어렵다. 그러나 사실 관계를 살펴보면, 이 작품은 심악의 사사를 배경으로 하고 있으며, 최소한 심악의 동생 중 한 명이 남자 주인공으로 설정된 셈이다. 다른 두 작품이 실명을 거론하고 있는 것으로 보아 이 이야기의 저간에는 을해옥사를 배경으로 한 실제 사연이 있었을 가능성이 있다.

세 작품의 비교 대조를 통해 이 작품의 소재 원천이 실화일 가능성을 살피면서 주목할 만한 지점은 이옥의 경우 굳이 남녀 인물의 이름을 밝히지 않았다는 것이다. 다른 두 작품은 실명을 거론하고 있으나 이는 실제와 부합하지 않는다. 그런데도 그대로 필사했다는 사실은 필사자들은 이를 그대로 수용하였음을 의미한다. 즉 「협창」과 비교해 볼 때, 「취섬」과 「추향」은 상대적으로 전해들은 이야기를 그대로 옮겨 적었을 가능성이 높다. 이를 뒤집어 말하면, 세 작품 중 「협창」이 구전과는 가장 거리가 멀다는 것을 의미하며, 다른 두 작품에 비해 작가의 고유한 창작의 지점, 서술의 전략 등이 내포되어 있는 작품이 「협창기문」임을 의미한다.

3. 「협창기문」에 내포된 죽음의 양상

1) 서사 단락 및 표현 방식

(1) 서사 단락

「협창기문」의 서사 단락은 네 부분으로 나눠 볼 수 있다. 우선 도입부에서는 여성 주인공인 창기가 서울에서 얼마나 유명하고 도도한 기생이었는가에 대한 정보와 그 기생에 대한 평판을 서술하고 있다. 도입부에서 강조되는 것은 당대 최고였다는 그 기생의 미모와 기예 그리고 남성의 돈과 권력, 외모, 풍류 등의 조건을 보고 손님을 가려 받는 그녀의 태도이다. 이 부분을 보면 그녀는 자신의 성적 매력과 교양을 자본으로 남성들과 거래하면서 돈을 버는 기생의 직역에 철저한 인물로 그려지고 있다. 한 번이라도 출입한 남성들을 보면 그녀가 내세운 기준 즉 그 기방의 문턱이 얼마나 높았는지를 알 수 있다. 그 결과, 도입부에서는 기예를 포함한 자신의 성적 매력을 권력화하여 남성들에게 차별적으로 행사하는 그녀의 야박함과 가시적이고 물질적인 가치만을 추구하는 그녀의 비인간적 면모가 두드러진다.

두 번째 단락은 그런 그녀가 자신의 손님 중 제주도 노비가 된 사람을 위해 다른 손님들에게 여비를 부탁하는 부탁과 설득의 내용으로 되어 있다. 철저하게 이익을 좇는 것처럼 보였던 그 기생이 완벽하게 몰락한 남성을 위해 길 떠난 채비를 차리는 것도 뜻밖이지만 그 비용을 자기 기방의 다른 손님들에게 부탁하는 것도 의외이다. 그녀의 논리는 '십 년 동안 친밀하게 지냈던 자신의 손님은 백 명 정도이며 모두 잘 살던 사람들인데, 자신이 기뻐했던 사람이 굶주려 죽는다면 이는 자신의 수치'[47]이기 때문에 따라가려 한다는 것이었다. 그녀는 이 부탁을 하며 '속히 행장을 꾸려 달라'고 하는데, 이 부탁을 들은 다른 남성들은 자신도 그 기방의 손님들이었기에 같은 대접을 받을 것이라는 기대를 은연 중 가졌던 것인지 그녀의 부탁을 속히 들어준 것으로 보인다. 그녀는 기생의 직역에 걸맞은 설득의 방식을 선택하였다.

세 번째 단락은 그녀가 넉넉한 재물을 가지고 제주도로 떠나 그 남자와 함께 죽기까지의 내용이다. 그녀는 지극히 화려한 것들로 그 남자를 받들며 그를 설득하였다. 문면에는 언급되어 있지 않지만 그 남자는 다시 복귀할 기대를 가지고 있었던 것으로 보인다. 그녀의 설득의 내용은 '그대는 다시 북쪽으로 갈 수 없는 게 분명하다', '힘들게 사는 것이 즐기는 가운데 죽는 것만 같지 못하다'면서 즐기다가 죽자는 것이었다. 여기에서의 북쪽은 서울을 가리킨다. 그리고는 날마다 독주를 갖춰 술을 따라 권하여 취하게 만들고 취하면 잠자리에 들었다. 밤낮을 가리지 않는 독주와 섹스의 반복으로 그는 과연 병이 들어 죽었고, 그녀는 관곽과 옷, 이불 등을 매우 아름다운 물건으로 장만하여 그를 묻었다. 그리고는 자신의 장례 준비도 해 놓고 십여 폭의 편지와 재물을 이웃에게 부탁하여 그 편지가 서울의 옛 친구들에게 전달되게 해 놓은 후 폭음을 하고 통곡한 후 그녀 역시 죽는다. 그녀의 편지는 과거의 자신을 아는, 자신에 대한 평판을 아는 이들로 하여금 그녀의 죽음을 애도하게 하고, 그녀의 의를 깨닫게 하는 매개체가 된다. 그들이 돈을 걷어 그녀의 주검을 맞아온 후 장례를 지내주었다는 내용으로

47 "我之設此會, 十年, 所親密, 亦近百人. 竊計之, 皆肉食衣衾, 而度世, 未嘗有窮乏. 今某, 且餓死於濟. 奴之歡而以餓死, 是奴之恥也, 吾將從之."

일단락되는 세 번째 부분은 짧은 내용 안에 격정적인 감정의 기복들을 담아내고 있다. 제주도에서의 기녀와 그 남자의 동거는 곡진하고도 화려하다. 넉넉한 재물로 행해지는 극진한 봉양, 화주火酒와 동침의 나날, 술과 섹스를 이용한 자살, 정성을 다한 화려한 장례 치레 등은 화려하고도 호사스러운 이미지를 연상시키기에 충분하다. 돈도, 육체도 실컷 탕진하는 과정, 욕망과 쾌락의 끝에 기녀가 선택한 죽음의 방식 역시 폭음사였다. 매우 격정적이고 충동적인 선택이다.

마지막 평결 부분은 앞에서도 살핀 바와 같이 돈만 좇는 시정세태, 염량세태를 따르는 시교市交에 대한 경계로 되어 있다. 이옥에게 중요했던 것은 기생의 사랑도, 허무감도, 죽음도 아니었다. 오로지 협의 가치, 사귐의 문제, 돈을 좇는 세태의 문제였다. 이제 기녀는 첫째 단락에서의 부정적인 평판과는 정반대의 인물임이 드러나 있다. 평결에서는 시정세태에 대한 이옥의 냉정한 시선과 그가 동경하는 가치를 엿볼 수 있다. 이옥은 그녀를 의협심 있는 기녀로 명명하였다. 협에 대한 이옥의 관심은 18세기에 새롭게 부상하는 가치의 일면을 보여주는 것이기도 하며, 그 기녀에게서 협의 면모를 평가한 것도 타당한 시선이라 하겠다. 그러나 그녀의 죽음은 단지 자신이 섬기는 윗사람을 위해 죽은 '관부'와는 차별화되는 지점이 있다. 이옥의 평결은 그 부분까지는 언급하지 않았기에 그녀의 죽음은 여전히 사마천이 『사기』에서 포상한 협俠으로 범주화되었고, 포褒의 방향이든 폄貶의 방향이든 간에 그녀가 선택한 죽음에서 감지되는 탈중세적인 분위기는 언급되지 않았다.

(2) 표현 방식

이옥은 이 작품에서 남녀 주인공의 이름을 모두 익명으로 처리하는 대신 배경이 되는 사건은 정확하게 제시하였다. 이옥이 실제로 그들의 이름을 몰랐거나 혹은 알고도 일부러 안 적었을 가능성도 있다. 그런데 이들의 선택은 당대의 정서에 비추어 매우 파격적인 이야기이기에 오히려 무명씨로 제시한 것이 정황상 더 개연성이 높아 보이는 효과를 얻기도 한다. 작품에서 그 남자는 '창지환일인娼之歡一人'이나 '노지환奴之歡'과 같이 그녀와의 관계에서만 불려진다. 제주도까지 따라가서 마지막을 함께 할 정도쯤 되면 창기에게 그 남자는 분명 손님 이상의 의미였을 것이며, 기방에서는 내색을 못 했을지라도 마음에 품고 있었을 가능성이 높다. 그러므로 이 정도면 정인情人이나 회인懷人과 같은 단어를 쓸 수도 있을 텐데, 이옥은 창기의 입을 빌어 '불과위심상일석우不過爲尋常一夕友'라고 말하게 하면서 '애愛' 대신 '환歡'이라는 표현을 선택하였다. 그런데 '환歡'은 기뻐하고 즐거워한다는 뜻과 더불어 교정交情, 친분 혹은 사랑한다는 뜻까지도 포함하는 경우가 있다. '환'은 이렇듯 창기와 그 남자와의 일성한 서리를 만들어 보이기도 하고 동시에 감정적으로 매우 가까운 사이일 수도 있음을 다 포괄하여, 자신들의 욕망의 대상이었던 기생이 그녀의 정인을 돕는데 다른 남성들도 선뜻 동참하는 정황을 연출해 낸다.

이 작품은 정황 설명을 길게 하지 않는다. 글자는 몇 개 안 되는데 벌써 많은 행동들이 서술되는 것이다. 그나마 길게 서술되는 부분은 기생의 발화 내용이다. 하루아침에 삶이 바뀌는 극적인 상황이니 심리나 정황에 대한 설명이나 묘사가 있을 법한데 그런 서술은 다 배제되었다. 대신 기생이 선택하는 행위들만 따라가는 서술을 선택한 것이다. 이 작품에서 가장 극적인 부분은 셋째 단락에서 기생이 선택한 죽음의 방법이다. 그 부분 인용은 다음과 같은데, 그녀가 남자의 희망이 헛되다는 말을 한 후에 이어지는 내용이다.

> 그리고 날마다 독주를 갖추어 따라 취하게 하였고 취하면 이끌어 함께 잠자리에 들었다. 밤낮을 가리지 않았으니 얼마 안 있어 과연 병들어 죽었다.[48]

비교를 위해 「추향」에서도 여기에 해당하는 부분을 인용해 본다.

> 추향이 행장을 푸니 좋은 술 몇 말이 든 상자와 어포와 육포가 가득한 상자, 수의 한 벌이 든 상자, 금과 은 몇 덩이가 봉해져 있던 상자를 앞에 늘어놓았다. 심육이 말하였다. "이것이 어찌하여 약이란 말이냐?" 추향이 말하였다. "공께서는 지금 늙고 쇠약하셨으나 아직 술과 계집을 좋아하십니다. 이 맛난 술을 드시면서 첩과 같이 지내시면 쇠약한 기질이 주색에 빠져 몇 달이 안 되어 반드시 절로 운명하시게 될 것입니다. 이것이 이른 바 명을 재촉하는 좋은 약입니다. 공께서는 애석하게 여기지 마십시오." 심육은 쓸쓸히 응낙하고 이후로 매일 술과 색에 빠지니 한 달이 못 되어 과연 적소에서 죽었다.[49]

두 작품을 비교해 보면 이옥의 표현이 얼마나 간결한가를 알 수 있다. 막상 죽음에 나아가는 과정에서는 정황을 설명하는 대화나 열거

---

48 "乃日具火酒, 灌, 醉之. 醉輒引與寢, 不以晝宵間. 居無幾, 果病而死"

49 "秋香解裝, 一箱儲美酒數斗, 一箱盛魚肉胙脯, 一箱藏壽衣一襲, 一箱封金銀數塊, 開列於前. 錆曰, "此何藥也?" 秋香曰, "公今老衰, 而尙能愛酒好色. 飮此旨酒, 與妾同處, 以衰朽之質, 入酒色之鄕, 不出數月, 必將自殞, 此所謂催命之良藥也. 公可勿惜." 錆愀然應諾, 自是以後, 每日飮酒沈色, 不一月, 果卒於謫所", 「추향」, 139쪽.

혹은 묘사적 서술은 생략된 채 한 행위에 한 글자 정도만 사용하면서 행동으로만 연결된다. 위 인용문 '乃日具火酒, 灌, 醉之. 醉輒引與寢, 不以晝宵間. 居無幾, 果病而死'는 기생이 제시한 '사어락死於樂'에 대한 내용이었다. 한 행위에 한 글자 정도만 배치한 「협창」의 인용문은 속도감이 있고 간결하며 다른 서술이 전혀 없기에 오히려 상상력을 자극한다. 이옥은 서술은 간결하게 하면서 평범하지 않은 어휘를 선택하였다. 전술한 '奴之歡'도 그렇거니와 술의 경우도 「추향」에서는 '미주美酒'인데 비해 「협창」에서는 '화주火酒'이다. 화주는 의미상으로는 독주를 가리키나 '火'라는 글자를 선택함으로써 붉고 강렬한 이미지를 아우르는 효과가 있다. 또한 불의 이미지를 지닌 글자 선택에서 오는 화려하고 격렬한 미감은 술과 섹스를 탐닉하다 죽어가겠다는 퇴폐적이며 쾌락적인 자살 방법을 선택한 이들의 극적인 최후와도 어울린다.

2) '창기'의 재현 양상

고전소설 「이춘풍전」의 추월처럼 철저하게 이재에 밝은 기생이거나 홍직필(洪直筆 : 1776~1852)의 문집에 수록된 「기경춘전妓瓊春傳」의 경춘처럼 자신이 사랑하던 남자의 붓을 품에 넣고 열여섯 나이에 강물에 투신한 열녀 기생 등은 조선시대에 기생을 재현해 내던 전형적 형상들이다. 당대 기생에 대한 이 같은 재현 방식과 비교해 보았을 때 이옥이 그려낸 기생 형상은 특별하다.

(1) 서사의 주도자

「협창」의 기생은 서사를 주도해 가는 인물이다. 그녀는 발화 및 행위의 주도자이며, 그녀의 대화에서는 기생의 의지와 설득의 전략이 드러난다. 그녀는 말하고 행동한다. 이에 비해 남성 인물은 발화하지 않는다. 말없이 잠잠하며 의지나 주장이 드러나 있는 곳이 없다. 다만 그가 서울로 돌아갈 수 있을까를 기대했었을 가능성만은 엿보인다. 그러나 이것도 '서울로 돌아갈 수 없는 것이 분명하므로 제주도에서 노비 신세로 사느니 즐기는 가운데 죽는 게 낫다'는 기생의 발화로 말미암아 행간을 읽어서 짐작할 뿐이다. 그가 한 말이나 그가 주도한 행동에 관해서는 서술을 통한 간접 제시조차 없다. 사건의 정황이 「협창」과 좀 더 가까운 「추향」의 경우는 남성 인물도 함께 발화하고 행동한다. 그러나 「협창」의 경우는 모두 기생의 예상과 기생의 발화이며, 남성 인물은 기생의 말을 듣고 그녀가 하라는 대로 따라하다가 결국 죽음에 이를 뿐이다. 그 역시 죽음에 이른다는 것을 알고도 따랐을 것이니 그녀의 자살 계획에 동의한 것은 짐작 가능하다.

기생이 등장하는 다른 작품에서도 영리한 기생의 주도면밀한 계획이나 실천이 강조되는 경우는 있다. 그러나 이 작품처럼 기생만 두드러지고, 함께 죽을 결심을 할 정도로 기생에게 중요한 사람이었던 남성 인물이 이렇게 철저하게 침묵한 경우는 찾아보기 힘들다. 그를 받들던供之 기생이 '즐기다 죽자'고 한 권유에 그가 어떻게 응했는지 여부도 생략된 채 곧바로 이어지는 것이 '(기생이) 날마다 화주를 갖춰日具火酒 (그에게) 술을 따라灌 취하게 하고醉之, 취하면 문득醉輒 끌어 함께 잠자리에 드는 것引與寢'이었다. 행위의 주체가 기생임을 알 수 있다. 작품에 나타난 그의 행동은 귀양 간 것, 그녀가 따라 주는 독주를 마시고 잠자리에 응한 것 그리고 죽은 것이 전부이다. 기생은 발화와 행동을 주도함으로써 이 작품의 사건을 추동해 가는 역할을 한다.

(2) 동반 자살을 선택하는 기생

이 작품에 나타난 두 인물의 죽음은 약간의 시차는 있지만 동반 자살에 해당한다. 그것도 밤낮없이 독주와 섹스에 탐닉하는 나날을 보내다가 쇠진하여 죽는 방법이었다. 18세기 조선이라 해도 여전히 유교적인 규범이 주도하는 사회였는데 기생은 왜 하필 이런 방식의 자살을 선택했을까? 그리고 왜 자기 혼자만 죽거나 그 남자만 죽도록 하는 것도 아니고, 함께 죽음으로 몰고 가야 했을까? 게다가 서울에서 그렇게 '잘 나가던' 기생이 왜 죽음을 준비하려 했을까? 그것도 쾌락적 탕진사를 말이다. 그들의 죽음이 충격적인 방식을 취하였기에 여러 가지 질문들이 이어진다. 여러 가지 질문이 있을 수 있겠으나 그중 관심이 가는 질문은 그 둘의 죽음이 정사情死일 수 있을까 하는 것이다. 왜냐하면 그들의 죽음이 정사를 연상시키는 면이 있는데 정사는 근대에 이르러야 나타나는 죽음의 양상인 것으로 인식되어 있기 때문이다. 정사란 사랑하는 남녀가 그 사랑을 이루지 못하게 되자 함께 자살하는 경우에 해당하는 표현이다.

비교의 대상이었던 다른 두 작품에서는 죽음의 양상이 조금 다르게 그려진다. 일단 「취섬」에서는 유배 상황만 제시될 뿐 심약도, 취섬도 함께 죽음을 거론하지는 않는다. 「추향」의 경우는 유배지에서 음주침색하여 함께 죽음에 이르는 것은 동일한데 남자만 그렇게 죽고 추향은 목을 찔러 죽는 방식을 선택한다. 그 둘은 서로 다른 방식으로 죽음으로써 죽음으로 인한 공유, 합일의 느낌은 없다. 그러므로

'취섬'과 '추향'의 죽음은 정사를 연상시키는 것과는 거리가 멀다. 그 밖의 다른 작품에 나타난 기생들도 사랑에 좌절했기 때문에 상대 남성과 함께 동반 자살하는 경우는 찾아보기 힘들다.[50] 그렇다면 「협창」은 사랑에 좌절한 두 남녀의 동반 자살에 해당할까?

조선시대 전기소설을 보면 사랑을 이루지 못한 남녀가 시름시름 앓다 결국 둘 다 죽음에 이르게 되는 내용들이 나오기도 한다. 그런데 이 경우 궁극적으로 남녀가 다 죽기는 하지만 이 역시 정사와는 거리가 있다. 왜냐하면 정사는 적극적인 자살의 형식인데 그리움에 시름시름 앓다 죽는 것은 상사병으로 인한 죽음으로, 자살의 형태는 아니기 때문이다. 전기소설은 아니지만 자신을 사랑하던 남자가 죽자 따라 죽은 여성에 관한 글들도 있다. 조수삼(趙秀三 : 1762~1849)의 『추재기이秋齋紀異』에 수록된 금성월錦城月의 이야기나 유재건(劉在建 : 1793~1880)의 『이향견문록里鄉見聞錄』에 수록된 「범곡기문凡谷記聞」의 면성월綿城月 이야기가 그것이다. 금성월은 기생이라는 언급은 없으나 '재주와 미모가 매우 뛰어나 당대에 소문이 났다'는 표현으로 미루어 기생일 가능성이 높아 보인다. 면성월은 무안 기생으로 나온다. 그녀들은 어떤 남자의 첩이 되어 살았던 것으로 보이는데, 남자가 중죄를 지어 사형을 당하자 금성월은 가슴에 칼을 꽂아 죽었고 면성월은 스스로 목을 베어 죽었다. 두 작품 모두 열녀전의 형식은 아니나 죽은 남편을 따라 죽었다는 내용을 보면 둘 다 열녀에 가까운 형상임을 알 수 있다. 물론 그녀들의 경우, 더 이상 사랑할 대상이 없는 현실에 좌절하여 죽었을 수는 있다. 그러나 그렇다고 하여 엄밀한

50 앞에서 예로 든 경춘의 경우처럼 따로 혼자 자살하는 경우들은 더러 보인다.

의미에서의 정사라고 보기는 어려운데, 왜냐하면 상대 남성은 이미 죽었기 때문에 좌절한 사랑으로 인한 동반자살에 그가 동의한 형태는 아니기 때문이다.

이에 비해 기생의 말에 따라 남자가 동의하여 죽었고 기생도 곧이어 폭음사한 「협창」의 죽음은 분명 다른 바가 있다. 두 남녀가 세상과 단절한 채 함께 성과 술을 즐기다 죽음에 이른 「협창」의 경우는 정사처럼 보일 여지가 다분하다. 그런데 여기에서 한 가지 문제는 바로 남자의 태도이다. 진정한 정사가 되려면 두 사람이 자신들의 사랑이 이루어질 수 없는 것을 알고 합의 하에 함께 자살해야 하기 때문이다. 비록 그녀 스스로 그를 가리켜 하룻밤 심상한 벗에 불과하다고도 했지만 「협창」의 기생은 그 남자를 특별히 마음에 품고 연모했을 확률이 높다. 그렇지 않고서야 제주 관노로 몰락한 그를 제주도까지 따라가서 호사스럽고 극진하게 모신 후에 함께 죽을 계획을 세울 까닭이 없어 보인다. 그런데 과연 그 양반 남성도 그 기생을 '사랑'했을까? 상대 남성이 만약 심악의 동생이거나 혹은 그 수준에 버금가는 인물이라면 그는 어느 정도의 벼슬을 한 인물일 것이며 당연히 혼인하여 가정을 이루고 있을 것이다. 양반 남성이 기생과 지속적인 관계를 유지하며 애정을 쏟는 경우는 주로 지방관이 되어 타지에 부임하고 있을 동안의 일이다. 부임지에서는 날마다 수청을 든 기생이라 할지라도 첩으로 들이는 경우는 흔치 않았다.[51] 「협창」처럼 서울의 유명한 기방을 드나드는 벼슬아치가 그 기생을 진정 사랑해서 몇 년 동

51 『소수록』에는 기생들의 쓸쓸하고도 절박한 마음의 풍경이 드러나는 기생 관련 자료들이 들어 있는데, 몇몇 작품에서는 부임지에서 양반 남성을 모시던 기생이 첩이 되기를 간절히 바라지만 막상 첩이 되기는 매우 어려웠던 정황이 잘 드러난다. 정병설, 『나는 기생이다』, 문학동네, 2007, 82~103쪽, 234~265쪽.

안 사랑하거나 혹은 첩으로 들일 작정을 할 확률은 더 낮을 것임에 분명하다. 제주도에서 그 남자의 태도는 어떠했을까도 궁금하지만 작품에는 이와 관련한 언급이 없다. 제주도에서 그는 자신에게 더 이상 어떤 희망도 없다는 현실을 받아들이고 자포자기의 상태로 들어갔을 가능성도 있다. 그런 상태에서 그녀와 함께 지냈다면 그가 그녀를 사랑했는지 여부는 여전히 불투명하며 둘의 동반 자살 역시 이루어질 수 없는 사랑 때문에 죽은 것은 아니리라는 생각이 든다. 그렇다면 이 둘의 동반 자살은 사전적 의미에서의 정사라고 단정 짓기에는 모호한 지점이 있다. 그러나 이옥은 그 남성을 침묵시켰기에 또한 여전히 다른 가능성들은 잠재태의 상태로 남겨져 있다. 「협창」의 동반자살이 정사처럼 보인다면 그것은 남성 인물에게서 주체성과 의지를 찾아볼 수 없도록 식물화한 이옥의 표현 방식에서 기인한다.

또 한 가지 가능성은 중국 명청 소품문의 영향이다. 이옥은 중국의 소품문들을 많이 접하였으며 그중에는 여회(余懷 : 1616~1696)의 『판교잡기板橋雜記』[52]나 풍몽룡(馮夢龍 : 1574~1646)이 편찬한 『정사유략情史類略』과 같은 중국 기생들의 이야기가 다수 들어 있었다.[53] 또 당시 조선에서는 장조(張潮 : 1650~1707?)의 『우초신지虞初新志』도 많이 읽었다고 하며, 조선에 들어온 『우초신지』 판본 중에는 『판교잡기』가 함께 수록되어 있는 이본들도 있는데,[54] 『우초신지』 역시 중국 강남

52 안대회는 이옥의 「유리원청락기游梨院聽樂記」를 인용하면서, 염정적인 문학에 취미가 남다른 이옥이 『판교잡기』에 특별한 관심을 둔 것은 당연하다고 서술하고 있다. 안대회, 「평양기생의 인생을 묘사한 소품서 녹파잡기 연구」, 『한문학보』 14집, 우리한문학회, 2006, 304쪽.

53 이옥의 명청 소품 독서에 대하여는 김영진, 「이옥 연구(1) – 가계와 교유, 명 · 청 소품 열독을 중심으로」, 『한문교육연구』 18, 한국한문교육학회, 2002, 357~359쪽.

54 김영진, 「『우초신지』의 판본과 조선 후기 문인들의 명청소품 열독」, 안대회 편, 『조선 후기 소품문의 실체』, 태학사, 2003, 218쪽.

기녀들의 이야기이다. 중국의 소품문에는 조선의 이야기보다 소재나 묘사가 자세하고 자극적이거나 감정의 진폭이 더 큰 작품들이 있으며 이옥이 그 영향을 받았을 가능성이 있다. 앞에서 살펴본 바와 같이 비슷한 소재를 형상화한 여타의 조선 작품들이 기녀들의 형상을 열녀로 범주화하고 있을 때, 「협창」은 결코 열烈이나 절節 같은 낡은 단어로 그 인물을 포착해 내지 않았으며, 비록 협의의 정사情死는 아니지만 그 비슷한 분위기를 자아내는 동반 자살의 과정 역시 인상적으로 그려내고 있다.

(3) 협창挾娼? 관부灌夫?

이옥은 그 기생을 높은 의가 있는, 의협심이 있는 인물이라고 평했으며, '여자 관부'라고 불러준다. 물론 그 기생은 세상의 평판과는 달리 본래부터 자기만의 가치, '지키는 것守'이 있던 인물이었다. 이것을 개인 윤리로 해석한다면 이 역시 협俠의 조건을 충족시킨다. 그런데 '협창' 혹은 윗사람에 대한 전폭적 추종을 실천한 '관부'와 같은 단어만으로 이 기생의 선택이 다 설명되는 것일까?

그녀는 '노지환', '불과위심상일석우'에게 굳이 자신의 모든 것을 기꺼이 투자했다. 그것도 자기 기방에 출입하던 손님들에게 각출까지 해 가면서 말이다. 그녀가 제주도로 떠난 것은 결국 그와 함께 죽기 위해서였다. 하지만 대부분의 기녀들이 이런 상황에서 그 같은 자살을 선택하지는 않았을 것이다. 절의를 지키느니 오히려 「포의교집」 마지막에 등장하는 기생 화옥[55]처럼 기생의 직역에 충실하면서

55 김경미 · 조혜란 역, 『19세기 서울의 사랑』, 여이연, 2003, 201~202쪽.

한평생 호화롭게 즐기면서 사는 방식을 선택할 것이다. 혹은 김진형에게 버림 받은 〈군산월애원가〉의 군산월[56]과 같은 경우라도 첩으로 데려가겠노라는 약속을 저버린 데 대한 슬픔과 원한에 찬 글을 남길지언정 그렇다고 하여 자살하지는 않았다. 그녀들은 기생의 방식으로 수절하거나 혹은 기생의 방식으로 훗날을 도모한다. 비록 소수이기는 하나 그녀들이 죽었다고 기록될 때에는 대개 같이 살던 남자가 죽었을 때이다. 그런데 이 작품의 창기는 이도 저도 해당사항이 없으며 문전성시를 이루는 기방 기녀일 때 죽는다. 그것도 기꺼이 죽음을 기획하고 실행에 옮긴 것이다.

「협창」의 몰락한 양반 남성은 이 기생의 정인이었을 확률이 높다. 조선시대에 청루 출입은 표면상으로는 점잖은 양반이 할 일로 간주되지 않았다. 조선시대 기생들이 남긴 기록을 참고해 보면 「협창」의 남성 인물이 그 창기와 전폭적이고 배타적 관계에 들어갈 확률이란 매우 희박한 것이었다. 한양 최고의 기생은 이 같은 자신의 현실과 좌표를 잘 인지하고 있었을 것이다. 어차피 인격적인 관계 맺기가 아니라 놀이의 주체이자 대상으로서 맺는 유희적 관계라면 그녀는 자신이 어떻게 처신해야 하는지를 잘 알고 행동했던 것 같다. 즉 그녀는 자신을 '꺾이지 않는' 꽃으로, 욕망의 대상으로 기표화할 때만 양반 남성 손님들과의 관계에서 자신이 권력을 가질 수 있다는 것을 간파하고 있었을 것이며, 그러기 위해서는 자기 기방을 찾는 손님 그 누구에게라도 자신의 속마음을 내보일 수 없었을 것이다. 그 양반 남성이 그녀의 정인이었다고 해도 그를 향한 연모의 정 역시 혼자만의

56 정병설, 앞의 책, 2007, 82~103쪽.

감정으로 내장하고 있었을 가능성이 높다.

이 작품에서 정인이라는 단어는 등장하지 않으나 몰락한 그 사람의 처지를 불쌍히 여기고, 따라가서 극진하게 최고의 물건으로 보살핀다는 것은 단지 그동안 기방에서 손님으로 모시던 사람에 대한 의리로 내린 결정이라고 보기는 어렵다. 그 밑에는 말 못 한 채 간직했던 연모의 정이 작동하고 있었을 것이며, 이옥이 선택한 생략과 침묵의 서술 방식은 이 '말 못 할' 사정을 후경으로 하여 작품의 개연성을 높여주는 효과를 발생시킨다. 정황을 서술하지 않고 간략하게 서술해 버리고, 일부러 심상한 것처럼 노출시키는 어휘 선택 등은 그녀가 그간 가려왔던 감정과 관련하여 읽힌다. 남자가 몰락하여 바다 저편으로 떠나자 그녀는 드디어 그 감정을 드러낼 수 있는 공간을 찾은 셈이다. 그녀는 물론 협창이고 관부였다. 그러나 그 양반 남성이 몰락하여 제주도로 떠남과 동시에 그녀는 단지 의로움이나 협기만이 아니라 그간 묵음으로 처리되었던 사랑을 드러낸다. 오랫동안 그녀가 홀로 지녀왔던 사랑의 힘이 그들을 죽음으로 몰아간 것이다. 그녀는 협창이고 관부이자 적어도 혼자만의 사랑을 간직했던 기녀였다.

4. 결론—욕망으로서의 죽음

「협창」이 비슷한 소재를 다룬 다른 작품들과 차별화되는 이유는 무엇보다 죽음에 대한 서술에서 보이는 차이 때문이다. 「협창」에서 선택한 죽음은 쾌락사이자 탕진사인 셈이며 남성 인물의 입장에서 보면 자포자기의 죽음처럼 보이기도 한다. 평결에서조차 「추향」처럼 '자손 보전' 운운하지도 않는다. 그들은 어떤 이념적 가치를 위해 죽기로 결심했던 것이 아니다. 죽음의 양상이 이렇기 때문에 그녀의 죽음 역시 열烈이나 절節로 포상되기에는 거리감이 느껴진다.

조선시대에 죽음을 다루는 작품들은 그것이 사실 기록이든 혹은 허구적 서술이든 간에, 그리고 자살이든 아니든 간에 유교적 범주의 미감에서 그리 벗어나지 않는다. 그런데 「협창」은 이와는 차별화된 파격적인 죽음을 보여준다. 자신의 삶을 이런 식으로 소진해 버리는 것은 조선 시대의 윤리와는 부합하지 않는 선택이었다. 조선 시대의 유교적 가르침을 생각하면, '수신, 신독, 인내, 충효' 등의 단어가 떠오른다. 그리고 인내, 인고 등은 특히 여성과 관련하여 더 강조되었던 미덕이기도 하다. 그러므로 문학 작품 중에도 이 작품에서 서술하는 것처럼 그 순간 자체만을 위한 선택, 강렬하고 과감한 이미지 혹은 생을 방기해 버리는 듯한 태도 등은 잘 묘사되지 않는다. 어느 한 순간 죽음을 결정해도 그것은 대개 대의명분을 위한 것으로 그려지기 때문이다. 이렇게 한바탕 독주와 호사로 생의 마지막을 탕진하고 단지 숨을 거두는 것으로 그 생의 마지막을 장식하는 서사는 찾아보기 어렵다. 그들의 죽음은 오히려 쾌快의 극에 도달하고자 하는 죽음이며, 그들에게 혹은 그녀에게 죽음이란 마지못해 선택하는 것이 아니라 적극적이고 소망스러운 상태인 것처럼 보이기도 한다. 누구나 진정 죽고 싶은 인간은 드물기에 인간에게 죽음은 그 자체가 불쾌不快이나 이 작품에서는 죽음 그 자체가 욕망의 대상인 것처럼 그려졌다. 「협창」의 죽음은 어떻게 해서 이렇게 그려질 수 있었을까?

이 작품의 죽음이 적극적인 선택으로, 기꺼이 욕망하는 대상으로 간주될 수 있다면 그것은 그 기녀에게서 비롯하는 것이라 하겠다. 한양에서라면 그녀는 그 양반 남성과 기생과 손님 이상의 관계를 맺기 어려웠을 것이다. 자신의 감정조차 드러낼 수 없었을 터인데 그 남성이 사회적으로 정치적으로 완전히 매장 당한 후 그에게 그녀가 들어갈 공간이 생겼다. 제주도에서의 그녀는 그와 함께 지내면서 독주와 섹스의 반복으로 죽음에 이르는 과정을 통해 비로소 합일의 경험을 가질 수 있었다. 한양에서라면, 그 남자가 그 지위를 유지한다면, 이는 불가능한 일이다. 결코 그를 소유할 수 없었던 그녀가 제주도에서 그와 동반 자살함으로써 그의 죽음을 소유한 셈이다. 성적 결합을 통해 죽음을 소유한다는 것은 불연속적인 두 개체가 영원한 융합에 이르는 것 같은 기대를 갖게 한다.[57] 이 같은 저간의 사정으로 말미암아 그녀에게 이 죽음은 적극적인 선택의 결과였으며, 결핍되었던 욕망의 추구이자 삶의 연장이었고 동시에 대안이 없는 유일한 출구이기도 하였다. 그가 그녀의 계획에 순순히 따른 것도 대안이 없다는 판단에서 말미암았을 것이다.

〈제망매가〉의 화자는 사후에 다시 만날 것을 기대하지만 「협창」의 죽음은 세상 밖으로 빠져나가면 그뿐인 죽음이다. 내세관이 보이지도 않지만 그렇다고 해서 이생에서 살아남는 것만이 훌륭한 가치라는 태도도 보이지 않는다. 「협창」에서의 죽음은 현재의 난제를 해결하는 방법이자 수단이다. 살아서는 도저히 빠져나갈 구멍이 보이지 않을 때 선택하는 결단인 것이며, 단지 포기하고 마는 것이 아니

57 바타이유, 조한경 역, 『에로티즘』, 민음사, 2008, 20～21쪽.

라 사랑에 대한 열망이 자신의 남은 목숨보다 오히려 더 중요했기에 선뜻 선택한 죽음이었다. 「협창」의 서술에는 삶에 대한 여한이 남아 있지 않기에 그렇게 죽었어도 비극적인 여운을 남기지 않는다. 죽음을 비극적으로 인식하는 것은 삶에 대한 여한이 남아 있을 때이거나 또는 원치 않는, 예기치 못한 죽음일 경우[58]이기 때문이다. 자신들에게 허여된 조건 속에서 남은 삶을 찰나적이며 쾌락적으로 소진해 버리는 것, 그녀에게는 자신의 전 재산을 기울여 자신의 삶을 화려하게 불살라 버릴 수 있는 과감함이 있었다. 기방 공간에서라면 거래의 대상이었을 퇴폐적이며 향락적인 성애가 제주도 공간에서는 존재의 방식이 되었으며, 그렇게 도달한 죽음은 한양 공간에서는 얻을 수 없는 삶의 완성이었다. 이옥은 「협창」에서 의義와 협俠을 기렸고, 협俠에 대해서는 다른 문인들도 더러 입전하였다. 그런데 이옥의 「협창」에서 보여준 죽음에 대한 서술은 다른 작품에서는 찾아보기 힘든 고유함이 있다. 죽음과 관련한 조선시대의 서술은 대개 유교의 자장 안에서 이루어졌다. 자살의 경우는 충효열을 기리는 서술로 포획되며, 삶과 죽음을 대하는 태도 역시 진인사대천명盡人事待天命과 같은 엄숙함이나 의연함을 전제로 한 서술이 대부분이다. 개인의 욕망이나 좌절을 경유한 동반 자살을 다룬 이옥의 「협창기문」은 그런 점에서 개성적이며 정채를 발한다. 이옥의 「협창기문」은 중세적인 유교적 자장에서 벗어난 죽음의 양상, 적극적인 욕망으로서의 자살을 보여주고 있다는 점에서 의의가 있다.

58 이종은 외, 앞의 글, 1997, 141쪽.

제2부

새로운 시대, 새로운 모색

제1장 19세기 애정소설의 새로운 양상 고찰
—「절화기담」과 「포의교집」을 중심으로

1. 서론

우리나라 소설에 나타난 남녀의 사랑에서 자유연애라는 개념이 성립하는 것은 근대 이후의 일이다. 자유연애를 수상했넌 대표적 인물인 이광수는 유교 논리에 입각한 중매혼 제도를 비판하고, 결혼 당사자의 의사를 강조하면서 자유연애를 통한 결혼 방식을 긍정하였다. 이 시기에 이르면 남녀의 만남과 사랑의 관습은 전통적인 형태의 관습과는 갑자기 결별하는 것처럼 보이기도 한다. 남녀의 연애 과정은 근대소설 이후에야 비로소 등장하는 것일까? 고전소설에서 형상화하는 남녀의 애정 양상은 애정을 실현해 가는 당사자의 의사와는 전혀 무관하게만 그려졌던 것일까? 연애는 고전소설에서는 전혀 없다가 근대소설에서야 불현듯 등장하는 것일까?

오늘날 남녀의 사랑이란 정서적 교감 상태인 연애 과정을 거친 후 육체적 결합에 이르거나 혹은 결혼에 도달하는 것을 당연하게 여긴다. 그러므로 춘향과 이도령이 만난 그 날 저녁에 동침하는 이야기는 익숙한 가운데도 의문이 생기는 것이며, 한문단편에서 여성이 처음 본 남성에게 '평생토록 건즐巾櫛을 받들겠다'라고 하면서 동침하는 데에 이르면 의아하기조차 하다. 그러하기에 조선시대의 서사 문학에 나타난 이런 애정 표현 양상에 대해, '애정의 유무를 서로 물어보거나 확인하는 따위는 적어도 근대 사회가 성립된 이후의 일에 속할 것'이라고 하며, '전근대 사회에서 애정의 확인이란 일반적으로 묵식默識의 형태로 이루어진 듯 하고 그 시대에 있어서는 사랑을 느끼면 곧바로 육체적 결합으로 들어간 것으로 보인다'[1]는 설명을 하기도 했다.

물론 '연애'는 근대 교육 제도의 시행과 맞물리면서 근대 이후에 확보된 것이다.[2] 그렇다면 그 이전의 소설에서는 남녀가 육체적 결합을 이루기 전에 일정 기간을 유보하면서 서로 호오를 판단하는 탐색이 진진하게 펼쳐지는 경우가 없었는가? 고전소설에서 남녀 간의

---

1 박희병, 「춘향전의 역사적 성격 분석」, 『전환기의 동아시아 문학』, 창작과비평사, 1985, 94~95쪽.

2 권보드래에 의하면, 우리 문학에서 '연애'라는 단어가 처음 나타난 것은 1912년 조중환의 번안작 「쌍옥루」에서였다고 하며, '연애'의 쓰임이 일반화된 것은 1910년대라고 한다. 이 단어는 자생적인 창안은 아니고 영어 'love'의 번역어로 선택된 것인데, 동아시아에서 이 단어가 본격적으로 쓰이게 된 것은 19세기 말 일본에서이다. 그런데 1920년경 한국에서 연애라는 말이 유행하기 시작할 때는 다른 무엇보다도 연애라는 단어가 다양한 함의를 지닌 사랑 중에서도 '남녀 사이의 사랑'만을 도드라지게 한다는 점이 중요한 요인이었던 것이다. 권보드래, 『연애의 시대』, 현실문화연구, 2003, 12~15쪽. 이광수 식의 자유연애가 주로 여학생, 신여성을 표방했던 여성 주인공과 남성 주인공 사이의 정서적인 교감을 의미하는 단어였고, 이 단어 자체가 외래적인 요소를 지니고 있다 할지라도 이 단어가 지시하는 남녀 사이의 만남, 이성 간의 사랑은 당연히 조선시대에도 있었던 현상이었다. 다만 이 현상을 언어화하기를 꺼려하는 당대의 사회문화적인 관습으로 인해 유표화하지 않았을 뿐이다. 지칭하는 단어가 따로 존재하지 않았을 뿐 남녀 사이의 정서적인 친밀감을 형성하는 연애의 과정, 그 현상은 이미 존재했던 것이며, 「절화기담」이나 「포의교집」 같은 소설이 그 현상을 포착해 낸 것이다.

애정을 주로 다루는 애정소설의 경우, 남녀 주인공들은 어떤 사랑의 의사소통 방식을 취하고 있는가? 고전소설에서 애정을 다루는 대표적인 장르는 소위 애정전기라고 불리는 것으로, 「이생규장전」, 「주생전」, 「위경천전」 등이 이에 속한다. 그런데 『금오신화』의 남녀 주인공들은 서로 호감을 가지면서 곧 사랑에 빠지며 육체적 결합으로 연결되고, 후자의 두 작품의 경우는 남성 주인공이 여성 인물을 겁탈하면서 관계가 시작된다. 그러므로 이들 작품의 남녀 관계에서 연애 과정이라고 할 수 있는 일정 기간 유예된 시간들을 찾아볼 수는 없다. 또 「오유란전」이나 「지봉전」 등에서도 혼인을 올리기 전 남녀의 만남 과정이 그려지지만 이는 사랑을 가장한 내기의 과정이므로 제외하기로 한다. 군담소설에도 남녀 결연이 중요한 화소로 등장하는데, 그러나 이는 거의가 천정인연天定因緣으로 부모가 맺어주는 식이어서 이 역시 연애와는 거리가 멀다.

그런데 19세기 소설 중 남녀 주인공의 애정 방식이 전혀 새롭게 그려진 작품들이 있어서 우리의 시선을 끈다. 「절화기담」과 「포의교집」은 근래에 들어 연구가 이루어지기 시작한 「절화기담」[3]과 「포의교집」이 그것이다.[4] 두 작품에 대한 기존 연구는 주로 장르적 성격,

---

3 「절화기담」의 시간적 배경은 1792년부터 1794년까지이나, 서문에 의하면 남화산인南華山人이 이 작품을 편집하여 소설의 형태로 정리한 것이 1809년이므로 이 작품은 19세기에 창작된 소설로 분류된다.

4 「절화기담」에 대한 기존 연구로는 이수진, 「「절화기담」 소고」, 『한민족어문학』 15, 한민족어문학회, 1988; 정양완, 『일본동양문고본고전소설해제』, 국학자료원, 1994; 김경미, 「절화기담 연구」, 『한국고전연구』 창간호, 한국고전연구학회, 1995; 최현정, 「「절화기담」 연구」, 연세대 석사논문, 1996; 정길수, 「절화기담 연구」, 서울대 석사논문, 1999; 윤채근, 「「절화기담」에 나타나는 환유적 사랑」, 『한국고전연구』 8집, 한국고전연구학회, 2002가 있다. 이 중 정양완은 작품 해제가 주된 내용이며, 이수진은 작품 소개와 더불어 작가를 역관층으로 추정하고 있다. 김경미는 작품의 평비 형식에 주목하여 논의를 전개했으며, 최현정은 사랑의 수평적 성격에 대해 논의하였고, 정길수의 연구는 전기소설의 장르 관습 안에서 작품을 분석하였으며, 윤채근의 경우는 작품에 나타나는 사랑의 환유적 성격에 주목하였다. 「포의교집」에 대한 기존 연

남녀 주인공의 인물 형상, 만남 혹은 사랑의 성격 등에 대해 집중적으로 논의하여 일정한 성과를 거두었다. 그런데 만남에서 헤어짐까지 각기 2년 여에 걸치는 과정을 보여주는 이 작품들은 남녀 주인공들의 애정 실현 양상에 있어 기존의 고전소설과는 차별되는 공통적 지점들이 있어, 두 작품을 함께 살펴보아야 할 필요가 있다. 본고의 목적은 이 작품들의 애정 서사를 분석하여 남녀 주인공들의 사귐의 과정을 살피고, 고전소설의 애정 실현 방식과 근대소설의 연애 과정과의 연결 가능성을 살피는 것이다.

또 기존 논의[5]에서는 이 작품들을 주로 전기소설의 범주에서 다루었다. 그러나 두 작품의 애정 양상은 전기소설의 애정 양상과는 차별화되며, 두 작품 공히 전기소설에서는 찾아보기 힘든 당대 세태에 대한 세밀한 묘사가 나타난다. 전기소설의 관습과 거리가 먼 이런 특징들은 두 작품의 장르 귀속 문제에 대해서도 재고할 필요를 제기해 준다. 이러한 논의는 19세기 소설에 들어 나타나기 시작하는 새로운 애정 서사를 살핌으로써 우리나라 애정 소설의 맥을 가늠할 수 있게 한다는 점에서도 유의미한 작업이 될 것으로 기대된다.

「절화기담」과 「포의교집」은 둘 다 유일본으로, 본고는 일본 동양

구로는 이승복, 「한문소설 「포의교집」의 인물 형상과 소설사적 의미」, 『규장각』 21, 1998; 신상필, 「한문소설 「포의교집」 연구」, 『한문학보』 3집, 우리한문학회, 2000; 조혜란, 「「포의교집」 여주인공 초옥에 대한 연구」, 『한국고전여성문학회』 3집, 한국고전여성문학회, 2001; 김정숙, 「「포의교집」의 소설적 특징 연구」, 『한문교육연구』 6, 한국한문교육학회, 2001; 권도경, 「「포의교집」의 애정갈등과 비극적 결말의 현실적 의미」, 『국어국문학』 132, 국어국문학회, 2002가 있다. 이승복은 「포의교집」 연구사의 첫 단계로 작품 해제와 더불어 인물 형상에 주목하였으며, 신상필은 이 작품이 지니는 세태적 특징에 대해 논의하였다. 조혜란은 여주인공의 인물 형상에 대해 분석하였고, 김정숙은 여주인공에 주목하면서 이 작품을 전기소설의 패로디적인 성격을 지닌 것으로 파악했으며, 권도경은 비극적 결말에 대해 논의하였다.

5 「절화기담」의 경우는 정길수, 위의 글, 1999의 논의가, 「포의교집」의 경우는 이승복, 위의 글, 1998, 김정숙, 위의 글, 2001, 권도경, 위의 글, 2002의 논의가 이에 해당한다.

문고 소장 「절화기담」과 서울대 규장각 소장 「포의교집」을 번역 주석한 『19세기 서울의 사랑―「절화기담」, 「포의교집」』[6]을 대상으로 작품 분석하였다.

2. 「절화기담」에 나타난 애정의 양상

1) 만남의 동기

「절화기담」은 임자년(1792)부터 갑인년(1794)까지 모동(帽洞 : 모곡동. 지금의 종로3가 일대)에 사는 이생이 경험했던 연애 사건을 다룬 소설이다. 남주인공인 이생은 '준수하고 고상했으며 풍채가 빼어나고 시문을 제법 잘 하는 당대의 재주 있는 남자'[7]이다. 그는 벌열 가문인 이웃 이씨 집에 얹혀살았는데, 우물가에서 한 미인을 보게 된다. 그 여성의 이름은 순매舜梅로, 나이는 17세이고, 아주 아름다웠으며, 방씨의 여종이었는데, 시집간 지 몇 년이나 된 여성이었다.

그런데 이생은 '재자才子'로 설정되어 있기는 하나 전기소설의 주인공들처럼 뜻을 품은 문사文士로 그려지지 않는다. 이 작품의 이생은 문사 혹은 선비라기보다는 조선 후기 유흥 문화를 주도했던 한양의 한량 같은 인물에 훨씬 가깝다. '예쁜 여인'에게 한 번 관심을 두자

6 김경미 · 조혜란 역, 『19세기 서울의 사랑―「절화기담」, 「포의교집」』, 여이연, 2003.
7 '生得俊雅, 風彩卓异, 頗解詩文, 亦一代之才子也', 위의 책, 98쪽.

그는 오로지 그 여성을 향한 구애가 그의 삶의 전부인 것처럼 2년 남짓한 세월을 보낸다. 후술할 「포의교집」의 이생이 과거 준비를 한다든가 혹은 하급 관리가 된다든가 하는 서술이 있는 것과 비교해 볼 때, 「절화기담」에서 서술되는 이생의 생활은 순매를 향한 구애와 친구들과의 약간의 놀이가 전부일 뿐이다. 그렇다고 이생의 사랑이 순매에 대한 인간적 관심에서 비롯된 진지한 사랑인 것은 애시당초 아니었다. 그는 단지 순매를 '여자'로 보고 있는 것이다.[8] 이렇듯 이생이 한량이기에 순매와의 사랑을 갈구한 것이라면, 유부녀인 순매가 이생과의 만남을 지속하는 이유는 바로 폭력적인 남편 때문이었다.

> 제 팔자가 기구하고 험해서 남편이란 자가 착하지 않습니다. 명색이 부부지, 사실 원수지요. 말만 하면 어긋나고, 움직일라 치면 헐뜯기만 합니다. 부부라면 신의를 중히 여기고 사랑하는 마음이 도타워야 된다는 걸 모르는 바 아니에요. 그런데 마침 이런 때 낭군께서 또 틈을 타서 이런 만남을 도모하시니, 한 가닥 살아 보려는 마음조차 깨끗이 사라져 버리는군요. 비록 훌쩍 달아나 버리고 싶지만 그렇게 할 수도 없습니다. 제가 그동안 이랬다 저랬다 해서, 낭군께서도 무척이나 욕하셨을 거예요. 하지만 이미 지나간 일은 좇아가기 어렵고, 엎어진 물은 다시 담기 어렵지요. 이 모든 게 낭군 때문인데, 낭군께서는 또한 어찌 굽어보며 불쌍히 여기는 마음이 없으세요? 지금이라도 부부로서의 의리를 끊고 정을 베어내어 옛사람을 버리고 새사람을 따르고 싶답니다. 그러나 염탐하고 막는 자들이 있고 담장에는 엿듣는 귀가 있으니, 진정 마음을 어쩔 수가 없는 형국이에요.[9]

---

8 이생과 순매의 사랑은 흔히 전기소설의 남녀 주인공의 사랑처럼 고상하지 않다. 이생이 순매에게 원하는 것은 정신적인 교감을 전제로 한 사랑이라기보다는 육체적인 사랑 그것이다. 「절화기담」의 사랑의 성격에 대해서는 윤채근, 「「절화기담」에 나타나는 환유적 사랑」, 『한국고전연구』 8집, 한국고전연구학회, 2002 참고.

예문에서 볼 수 있듯 '명색만 부부일 뿐 실은 원수'라고 말하는 순매에게 남편은 하나의 벽처럼 느껴졌을 것이다. 물론 조선이라는 신분 사회에서 하층 여성인 순매가 상층 남성인 이생의 명을 거절하기는 어려웠을 것이다. 그러나 이생과 순매의 만남은 그런 일방적인 명령 관계에 의한 것이 아니다. 오히려 이 관계에서 만나주기를 간구하는 약자는 이생이었다. 유부녀인 순매와 이생과의 만남이 가능했던 것은 바로 지긋지긋한 남편이 있는 자신의 현실로부터 순간의 일탈과 해방을 맛보고자 하는 순매의 욕망이 있었기 때문이다.

2) 통속적 사랑의 만연

「절화기담」은 작품 시작부터 끝까지 이생이 과연 언제 순매를 만나 잠자리에 들 수 있을 것이냐에 대한 관심으로 서사의 긴장을 유지한다. 이 작품은 별다른 사건은 없이 오로지 이생과 순매와의 만남이 주선되고, 그 약속이 미뤄지고 또 약속하고 또 미뤄지고 하는 일들이 연속적으로 이어져,[10] 일상 자체가 서사적 사건이 되고 있는 것이다. 작품을 통틀어 이생은 순매와 아홉 번에 걸쳐 만나게 된다. 그런데 이생이 순매를 만난 것은 단지 다음 약속을 정하는 정도의 아주 짧은

9 "妾賦命奇險, 所天無良. 名雖夫婦, 情寀吳越. 言必矛盾, 動輒眥鷩. 非不知恩義之爲重, 情愛之必篤. 而適於此時, 郎君又送以圖之, 使一端在世之心, 全然消磨. 雖欲奪飛, 而不可得也. 妾之二三其行, 郎君亦必唾罵之不暇. 然旣往難追, 覆水難再. 寔是郎君之故, 郎君亦豈無俯憐之情乎? 今欲斷恩割情, 棄舊從新, 而廉防有守, 垣墻有耳, 眞所謂寸心之難馭者也." 김경미 · 조혜란 역, 앞의 책, 2003, 82쪽(번역문), 119쪽(원문).

10 「절화기담」의 이러한 서사 전개에 대해 정길수, 앞의 글, 1999는 '약속과 어긋남의 서사 문법'으로, 윤채근, 앞의 글, 2002은 '사랑의 환유적인 속성'으로 설명하였다.

시간뿐이었으며, 아홉 번의 만남 중 하룻밤을 같이 보낼 수 있었던 것은 단지 마지막 만남 한 번뿐이다. 그리고 이생이 지칠 때쯤이면 순매가 이생에게 자신의 마음을 토로하거나 노파가 새로운 만남을 주선하거나 아니면 결국 이생이 포기하지 못하거나 하여 관계가 다시 이어진다. 말라 죽을 것만 같다고 느낄 정도로 이생은 순매를 간절히 원하는데, 그러나 순매는 딱히 거절하는 것도 아닌 채 잡힐 듯이 잡힐 듯이 잡히지 않는다.

여기서 이생이 순매에게 원하는 것이 정신적인 교감이 아니라는 점은 명백하다. 작품 초반에 순매를 만나려 노심초사하던 꾼 꿈의 내용을 보아도 그가 원했던 것은 그녀와의 정신적 교감이 아니라 육체적인 사랑이었다. 이 지점에서 우리는 19세기 상사가류 가사에 주목할 필요가 있다. 「절화기담」에서 이생이 순매에게 보이는 사랑의 행태는 19세기 상사가류相思歌類 가사에 나타나는 사랑의 행태에 가깝기 때문이다.

19세기 상사가류에 나타나는 사랑의 양상에는 남자가 사랑의 열병에 들뜬 듯 '당신이 아니면 못 살 것 같다'고 하며 열렬히 사랑을 고백하는 내용을 볼 수 있다.[11] 그런데 이 노래들은 남자들이 유흥 공간에서 놀면서 부른 '유희'와 '유혹'의 노래이다. 이런 상사가류 가사는 자신의 사랑을 고상하게 미화하지 않으며, 따라서 그 속에 어떠한 환상도 끼여들 수가 없다. 이 노래들에서 중요한 것은 사랑을 하는 자와 받는 자, 헤어지거나 버림받는 자가 어떤 '포즈'를 취하는가 하

11 길진숙, 「상사가류 가사에 나타난 사랑의 수사」, 한국고전여성문학회 제11차 학술대회 발표요지, 2003. 이 논문에서 상사가류 가사와 관련한 논의는 이 발표요지의 내용에 힘입고 있음을 밝힌다.

는 문제이다. 이러한 상사가류 가사는 19세기적 애정 표현의 당대적 문법을 짐작해 볼 수 있게 해 준다. '포즈'의 문제는 진정성의 문제와는 다른 것이다. 사랑에 대한 적확한 포즈를 보여주기 위해 존재하는 상사가류 가사에 속하는 노래들은 19세기의 가장 대중적인 사랑의 통념을 대변하는 것으로 평가되고 있다.[12]

작품 속에서 이생은 순매를 기다리는 자신의 심정을 설명할 때 자주 '말라버린, 타버린' 등의 단어를 사용하고 있다. 예를 들어, 작품 초반에 이생이 노파에게 순매와의 만남을 주선해 달라고 부탁한 뒤 '며칠만 더 지나서 왔다면 나를 건어물 상점에서나 찾았을 것若過數日, 則其將訪我于枯魚之肆'이라고 하는 장면이 있으며, 또 일곱 번째 만남이었던 새벽에 순매를 기다리면서 '바라보는 눈은 뚫어질 것 같고 근심 어린 마음은 말라버릴 것만 같았다望眼欲穿, 愁腸欲枯'라는 표현으로 스스로의 상태를 설명하고 있다. 「절화기담」의 이생은 마치 상사가류 가사에 등장하는 화자가 열병 들린 사람처럼 상대방에 대해 구애하듯 그렇게 순매를 욕망한다. 이러한 이생의 구애 행위는, 19세기의 유행가라 할 수 있을 상사가류 가사처럼 '통속적'인 사랑의 양상을 강하게 띠고 있는 것이다.

12 그런데 「절화기담」에 나타나는 사랑의 양상이 상사가류 가사에 나타나는 사랑의 양상과 전적으로 일치하는 것은 아니다. 특히 여성 인물 형상화에 있어서 서로의 차이가 확실해진다. 상사가류 가사에 나타나는 사랑의 담론에서는 남성과 여성의 역할이 구분되어 있다고 한다. 즉 사랑의 열병에 걸려 구애하는 노래는 주로 남성의 노래이며, 여성들은 주로 이별 후에 남겨진 자의 내면의 불안 심리와 정서적 반응에 주력하며 이별의 지속성에 대해 노래한다. 남성만이 구애의 노래를 부르고 여성은 사랑의 객체가 되는 것이다. 이에 비해 「절화기담」의 여성 주인공은 단지 구애의 객체로, 즉 그 열병과 같은 사랑에 수동적으로 포획되는 존재로 그려지지 않는다. 순매는 이생의 구애에 단지 수동적으로 반응하고 마는 것이 아니라 약속과 어그러짐의 반복을 통해 그 관계를 지속시키고 발전시켜 나간다. 이 점에서 「절화기담」은 19세기 상사가류 가사와 차별화가 가능하다. 이생과의 관계에서 늘 우위를 점한 채 그 둘 사이의 사랑 혹은 애정 행각을 밀고 당긴 주체는 실은 이생이 아니라 순매였던 셈이다.

3) 이성 간의 만남의 관습에 대한 묘사

이 작품에서 흥미로운 인물은 이생과 순매가 만나는 과정에서 중요한 역할을 하는 주점 노파이다. 그녀는 이생이 순매에 대한 관심을 표한 후 유부녀인 순매와 이생을 연결시키기 위해 노력하는 것으로 그려진다. 이 노파는 '무슨 일에든 참견하길 좋아하고 말을 잘 해서 사람을 소개하여 맺어주는 일에 본래부터 노련한 솜씨가 있好事而利口 賣人場中 自來老熟手段'는 인물로, 이생에게 '약간의 돈을 제게 맡기시면 상공을 위해 일을 주선해今使若干青銅 以付老身 則請爲相公試之 보겠'다고 한다. 약간의 돈을 받고 남녀 간의 만남을 익숙한 솜씨로 주선하는 이 노파 같은 인물형은 당시 이런 식의 만남이 특별한 것이 아니었음을 짐작하게 해 준다. 즉 당시 남녀들이 이 노파를 통해 다리를 놓아 소개를 받는 일이 공공연한 암묵이었던 것이다. 자신이 원하는 이성을 만나고 싶은 남녀들은 이 노파 주변에서 서성인다. 이생이 그랬으며, 순매 역시 그랬고, 또 이들 사이에 삼각관계를 형성하며 끼어드는 간난이가 그러하다. 그리고 노파는 그런 일로 이미 이름이 나 있던 상태였다.

또한 흥미로운 것은 이생의 이런 구애에 대응하는 순매의 태도이다. 그녀는 결코 이생의 그런 구애에 완전히 넘어가지는 않고 적당히 즐기면서 관계를 유지하는 것처럼 보인다. 관계를 지속시키는 동안 그녀는 만나자는 약속이나 선물 등과 같은 이생의 제의에 대해서는 관대했다. 그러나 아홉 번째 만남에서의 하룻밤의 잠자리 후 초가집을 제공할 테니 같이 살자는 식의 이생의 제의에 대해서는 그 자리에서 거절한다. 그리고는 연이어 남편을 저버릴 수 없으니 다시 만나기는 어려울 것이라고 말한다. 순매는 남편을 두고 연애를 즐겼지만 일탈과 현실을 냉정히 구별하여 대처한 것이다. 순매에게 있어 이생과의 만남은 숨통을 터주는 것이었지만, 그렇다고 해서 남편과 헤어질 결심을 한 것은 아니었다.[13]

이생과 순매 사이에 다리 역할을 하는 주점 노파, 남자와 술로 유혹이 가능한 간난·복련 같은 여성들, 한량을 연상케 하는 이생, 그리고 처음 두 번은 우물가에서 그냥도 볼 수 있었다가 이생이 적극적인 관심을 표하자 도대체 얼굴조차 보기 힘든 순매라는 여성. 열병에 들뜬 것과 같은 이생의 사랑에는 성애적인 분위기가 농후하며, 이생의 구애를 둘러싸고 있는 정황들 역시 남녀 관계가 '사랑'이라는 관습에 기대어 거래되고 소비되는 유흥 공간의 분위기를 떠올리게 한다. 그러나 순매에 대한 이생의 구애 행위는 매매춘과는 거리가 멀며, 순매 역시 소소한 선물은 받지만 그렇다고 해서 적극적으로 물질적인 대가를 요구한 적은 없다. 이생도 다분히 한량기가 있고 순매 역시 순전한 의미에서의 사랑은 아니었지만, 이 둘의 애정이 물질을 두고 거래된 것은 아니다.

이러한 만남은 당시의 남녀 사이의 사귐의 방식, 다시 말해 연애 방식의 하나였을 것으로 보인다. 이생은 물론이고, 잠깐의 만남으로 관계를 유지했던 2년 동안 순매 역시 자신의 행동이 이성과의 만남을 전제로 한 것이라는 점을 분명히 인지하고 있었을 것이다. 「절화기담」에서 형상화한 남녀의 사귐은 육체적 결합에 이르기까지 2년

13 순매는 이생에게 '부부의 정은 저버리기 어렵다고 하면서 저승에서나마 남은 원을 이루는 것이 소망'이라고 대답한다. 순매의 일탈은 일시적이며 제한적인 것으로, 남편 대신 다른 남성을 선택하는 정도의 것은 아니었다. 그녀는 결국 집으로 돌아갔다.

여의 시간 동안 서로 호감을 지닌 남녀 간의 밀고 당기기라는 관계 형성 과정이었다. 그리고 그러한 줄다리기가 가능했던 것은 바로 순매가 지닌 성 모럴 때문이다. 그녀 역시 2년 여에 걸친 만남의 기간이 육체적 관계를 전제로 한 시간들이었다는 것을 모르지 않았을 것이다. 그럼에도 불구하고 유부녀 순매는 그 관계를 지속했다. 조선시대 현실에서는 순매와 같은 여성들도 물론 있었을 것이다. 그러나 문학 작품 속에서 순매 같은 여성 인물을 찾기란 쉽지 않다. 문학 속에서의 여성 인물들은 그것이 허구이든 실기류實記類이든 간에 남편을 두고 바람을 피우다 무사히 다시 남편에게 돌아가는 식으로 그려지지는 않는다. 응징을 당하거나 아니면 하층 여성의 경우라도 오히려 열을 열렬히 수행하여 열녀 호칭을 받는 여성 인물들로 입전되어 전해진다.[14] 19세기에 이르면 정절 이데올로기가 민풍화 되었다고도 하나, 순매는 정절 이데올로기에 포획되지 않은 하층 여성의 인물 형상을 보여준다. 「절화기담」은 이런 하층 여성을 형상화하였으며, 정절 이데올로기로부터 자유로운 순매의 성 모럴로 인해 2년 여에 걸친 남녀의 사귐, 그리고 남편과 일상으로의 복귀라는 시도가 가능해진 것이다.

14 하층민 출신의 열녀에 대해서는 홍인숙, 「열녀 담론의 새로운 독해」, 『한국고전여성문학연구』 5집, 한국고전여성문학회, 2002, 105~115쪽 참고.

3. 「포의교집」[15]에 나타난 애정의 양상

1) 만남의 동기

「포의교집」은 1864년부터 1866년까지의 서울을 배경으로 한 소설이다. 남자 주인공 이생은 원래 충청도 사람으로 양반인데, 재주가 성글었고 나이 마흔이 넘도록 제대로 집안을 돌보지 않는 위인이다. 같은 고을에 살던 장진사가 장승지 댁에 양자로 오게 되면서, 그 역시 장진사를 따라 서울로 올라와 더부살이를 하고 있었다. 시골집에는 어린 아내가 있는데도, 그가 관심 있는 일이라고는 산수 유람하는 것과 기녀들을 불러 노는 일이다. 시문詩文에 대한 이해도 여주인공인 초옥에 비해 떨어지는 것으로 그려진다. 이생은 나이 많고, 못 생기고, 기개도 없고, 기녀들과 노는 일에는 적극적인데 문재文才조차 변변찮은 가난한 양반의 모습을 보여준다.

이 작품의 여주인공 이름은 초옥楚玉으로, 17세의 유부녀이다. 그녀는 매우 아름다웠으며 시문에도 능하여서, 재물과 풍류로 환심을 사려는 남성들이 주변에 많이 있었으나 그녀는 거들떠보지도 않는 것으로 그려진다. 이런 그녀가 강하게 소원해 왔던 한 가지는 자신을 알아주는 지기知己 같은 남성과의 사귐이었다. 그녀가 원한 것은 포의布衣와의 사귐이었으며, 소진蘇秦의 아내처럼 어질게 남편의 과거 뒷바

15 「포의교집」에 나타난 애정 양상은 무엇보다도 여주인공의 자의식에서 비롯된 결과라 할 수 있다. 「포의교집」에 나타난 남녀 주인공의 사랑의 과정에 대해서는 조혜란, 「「포의교집」 여성 주인공 초옥에 대한 연구」, 『한국고전여성문학회』 3집, 한국고전여성문학회, 191~205쪽 참고.

라지를 해 보는 것이었다. 하지만 초옥이 보기에 자신의 남편은 시교詩交나 대화가 전혀 불가능한 무식한 하층민일 뿐이었다. 초옥은 자신의 이상과 동떨어진 남편 대신 자신과 대화가 가능한 남성을 찾아 사랑의 주체가 되어 보고 싶은 바람을 지닌 채 살아갔던 것이다.[16]

초옥은 비록 하층 신분의 여성이었으나 남영위궁에 시녀로 있을 때 문재를 인정받아 특별히 문학 교육을 받을 수 있었던 여성이었다. 그리고 그녀가 접했을 동양 고전에서 선비들의 이상적 사귐으로 종종 등장하는 포의지교를 갈망하여, 자신도 포의지교의 주체가 되기를 원하였다. 하층 신분의 여성이 상층 신분이 누리던 지식의 세례를 받고, 상층 남성이라야 기대 가능한 덕목을 갖춘 남성과 동등한 사귐을 욕망했다는 것 자체가 비극을 내장하고 있었던 셈이다.

2) 진정한 사랑에의 열망

이생에 대한 초옥의 사랑은 절대적이며 배타적이다. 이생과의 사랑이 아니면 차라리 죽음을 선택하려 했을 정도이다. 그렇기 때문에 초옥은 자신의 사랑을 숨기려 하지 않았다. 「절화기담」의 순매가 남편, 이모 간난, 동생 순덕 등 늘 주변의 감시하는 시선으로부터 자유롭지 못하거나 혹은 전전긍긍하는 모습을 보이는 데 비해, 「포의교집」의 초옥은 주변의 시선에 대해 당당한 모습을 보인다. 아무리 하

16 그런데 이런 초옥의 갈망은 주변 사람들에게는 전혀 뜻밖의 것이었다. 실제로 어떤 남성에게도 눈길조차 주지 않던 초옥이 이생과는 만나고 심지어 목숨을 걸면서 그를 사랑하자, 주변의 모든 사람들은 그런 초옥의 선택을 이해하지 못하고 의아해한다. 그 당시 초옥 같은 여성이 포의지교를 꿈꾸고 선택한다는 것은 그만큼 낯선 일이었던 것이다.

층 신분의 여성이라고는 하나 유부녀가 외간 남자를 만난 것이므로 순매와 초옥이 둘 다 불륜을 저질렀음은 분명하다. 그런데 한쪽은 그것을 불륜이라고 인정하는 반면, 다른 한쪽은 그것이 곧 '바른 선택'이라고 주장하는 것이다. 두 여성에게서 보이는 이런 차이는 자신의 선택에 대한 태도의 차이에서도 비롯되지만, 무엇보다도 자의식의 차이와 관련한 문제이기도 하다.

초옥은 고전소설의 여주인공 중에서는 드물게 뚜렷한 자의식을 드러내 보이는 인물이다. 하층 여성의 신분에는 걸맞지 않게 그녀는 수준 높은 교육을 받았고 사유할 수 있는 능력을 지니게 되었다. 그 결과, 조선시대의 하층 여성인 초옥은 하층 여성답지 않은 자의식을 가지고 남자와의 관계에서 독립된 인격체로 인정받기를 원하였다. 초옥의 선택은 사회적 규범에 어긋나는 것이었으나, 그녀는 타인들의 시선에서 자유로웠으며 자신의 욕망을 긍정하였다. 그녀가 스스로에게 '정행貞行'이라는 단어를 사용한 것을 보면, 그녀는 자신의 행동에 대해 떳떳했던 것으로 그려지고 있다. 초옥은 '자신의 선택은 세상의 기준으로 보기에는 비현실적인 것처럼 보여도 본래의 뜻, 이치, 하늘의 뜻에는 어긋나지 않는다'[17]고 설명한다. 「포의교집」에 나타난 애정 양상은 초옥의 이런 자의식이 있었기에 가능했던 것이다. 자신이 속한 사회의 공적인 인정은커녕 비난을 받는 상황에서도 스스로 납득할 수 있다면 떳떳할 수 있는 자기중심성을 지닌 인물이 초옥이다. 초옥은 자신의 신념 체계를 구축하여 타인의 시선으로부터 자유로울 수 있는 개인 여성의 등장을 보여준다.

---

17 김경미 · 조혜란 역, 앞의 책, 2003, 201~203쪽.

그러나 이 지점에 초옥의 비극이 존재한다. 초옥은 비록 진정성을 선택했고 사랑에 있어 주체의 입장에 설 수 있었지만, 그러나 그녀의 선택은 시대착오적인 것이었다. 양반 남성과 포의지교를 꿈꾸었던 초옥의 바람은 전기소설의 애정을 모방하고 있다는 점에서 복고적이기 때문이다. 물론 전기소설의 경우에도 신분이 다른 계층 간의 사랑에는 장애가 많았다. 그러나 세계에 대해 믿음을 저버리지 않았던, 진정성이 통하던 시대에는 비록 신분이 달랐어도, 그래서 비극적인 결말에 이르렀어도 최소한 당사자들은 서로 목숨을 걸고 사랑하는 것으로 그려졌다. 하지만 초옥과 이생의 사랑은 다르게 묘사된다. 그들의 사랑은 한 쪽으로 무게의 비중이 치우친 불완전한 것이었으며, 하나의 사건에 불과한 것이었다. 그것은 남들에게도, 동시에 초옥 자신에게도 마찬가지였다. 목숨을 건 사랑이었지만 그 사랑이 허상이었음을 확인한 순간 초옥은 뼈저린 깨달음에 도달하면서 성장하고, 작품의 마지막은 그녀가 다시 일상으로 돌아갔음을 시사해 준다.

3) 19세기 애정 세태의 묘사

「포의교집」에서의 남녀의 만남은 남녀 두 주인공이 서로의 시선에 포착되면서 시작된다. 이생도 초옥을 보지만, 초옥 역시 평소 이생을 눈여겨보고 있었다. 그러다가 몇 번의 마주침과 서신 교환 및 대화로 인해 점차적으로 친밀해진다. 「포의교집」에서는 이렇게 정서적으로 친밀해지는 시간들이 경과하면서 초옥은 이생과 육체적 관계를 맺기로 결심하게 되고, 그 후에는 열렬하게 사랑하게 되는 시간의 경과를 묘사한다. 「포의교집」에서 묘사되는 남녀의 사귐은 당사자의 견해를 존중하며,[18] 그런 기반 위에서 서로 성애를 동반한 관계로 발전한다는 점에서 연애의 감정이 싹트는 국면들을 잘 그려내고 있는 것이다.

그런데 이 작품을 읽다 보면 의아한 지점들이 있다. 초옥의 시아버지는 자신의 며느리가 다른 남자를 사랑한다고 하는 데도 그리 노여워하지 않는다. 화를 내는 인물은 남편뿐이다. 또한 초옥을 제외한 다른 인물들은 초옥과 이생의 관계에 대해 진지한 사귐으로 보아주지 않을 뿐 아니라, 이생 역시 초옥이 자신과의 관계를 지켜내지 못할 것이라 생각한다는 사실이다. 이생이 과거에 떨어져 낙향하는 길에 장진사의 조카인 장중약을 만나게 된다. 장중약이 초옥의 안부를 묻더니 '이번에는 기필코 자신이 초옥을 차지하겠노라今番之行 小生必得楊婆'[19]고 말하는데, 이생은 '행랑에 있는 물건이니 뭐가 어려울 게 있겠냐入廊之物 何可難也'고 반문한다. 물론 장중약과 자신을 비교한 이생이 스스로 자신 없어 하며 대꾸한 내용이지만, 이 대화에서 초옥과 같은 여성에 대한 이생의 판단을 엿볼 수 있다. 즉 행랑채에 깃들여 사는 하층 여성의 경우, 부자이고 젊고 재주 많고 잘 생긴 남성이 유혹하면 대개는 그 남자와 애정 관계를 맺었을 것이라고 간주한다는 사실이다. 이는 19세기 중반의 서울에서는 남녀가 만나고 사귀는 일이 결코 유별난 사건이 아니었으리라는 추측을 가능하게 한다.

---

18 비록 그것이 이생의 소심함에 대한 초옥의 착각에 의한 것이라 할지라도 초옥이 이생을 전폭적으로 받아들이게 되는 이유는 이생이 자신을 함부로 대하지 않았기 때문인 것이다. 고전소설의 애정 성립 단계에 있어 여성 주인공의 망설임과 몇 차례에 걸친 판단의 기회, 그리고 이에 기반한 전폭적인 수용의 결심 등의 과정이 이 작품처럼 순차적으로 묘사된 작품도 드물다.

19 김경미·조혜란 역, 앞의 책, 2003, 234쪽. 초옥은 양씨 집안으로 시집갔으므로 '楊婆'라는 호칭으로 불렸다.

장중약만이 아니라 이 작품에는 유독 남녀의 사귐에 대해 능숙한 인물들이 많이 등장한다. 모화관 근처에 사는 장사선이라는 인물은 '날마다 한량배들이 오입하는 것을 본 터라 무릇 남녀의 수작에 능란한 자'이었으며, 열네 살짜리 계집종 달금은 '남녀의 기미에 이미 익숙'하다고 서술되어 있다. 팥죽을 파는 당파라는 여인은 「절화기담」의 노파 비슷하게 초옥과 이생의 관계에 개입하고 있다. 이생은 초옥과 헤어진 후에도 여전히 기녀들과 노는 일이라면 빠지지 않는다. 그리고 민비가례의 여령女伶으로 뽑혀온 여자들이 대기하고 있는 장소에는 이생의 무리와 더불어 수많은 오입쟁이들이 그 곳의 기녀나 여령들에게 수작을 걸기 위해 호시탐탐 탐색의 눈길을 늦추지 않는 것으로 묘사되어 있다. 물론 초옥도 그 곳에 여령으로 징집되어 와 있었다. 이런 남녀 관계에서 인격적인 만남이나 사랑의 진정성을 기대하기란 어려워 보인다. 여성들이 성적으로 대상화되어 있는 이런 분위기는 조선 후기 서울의 유흥 문화를 연상하게 한다.[20] 초옥이 자의식 강한 여성으로 인격적 만남을 갈구했다 해도 그 한량들의 눈에 비친 초옥은 손쉽게 데리고 놀 수 있는 여령 대기 인물 중의 하나에 불과했던 것이다.[21]

초옥과 이생의 연애 사건에 대한 당대의 시선을 극명하게 보여주는 것은 초옥과 당대의 유명한 기생인 화옥과 순홍의 대화 장면에서

20 19세기 후반 서울을 중심으로 한 유흥 문화에 대해서는 강명관, 『조선의 뒷골목 풍경』, 푸른역사, 2003, 327~355쪽 참고.

21 김경미 · 조혜란 역, 앞의 책, 2003, 195~198쪽을 참고하면, 이생의 무리는 물론 오입쟁이 한량들이 여령에 뽑혀온 여성들을 어떻게 인식하는지가 분명해진다. 그들은 데리고 놀 대상으로 오로지 얼굴 예쁜 여자만을 찾으며, 다른 기예에 대한 관심, 풍류 등은 찾아보기 어렵다. 또 이 장면에서의 오입쟁이 한량들은 가마 주렴을 걷으면서 여성의 외모에 대한 평가를 하는데 거리낌이 없었으며 수틀리면 삽시간에 몰려와 주먹다짐이라도 벌릴 정도로 기세등등하게 묘사되고 있다.

이다. 이 장면에서 화옥은 초옥에게 세상의 비난을 받으며 그렇게 사느니 차라리 기생이 되어 당당하게 남성과 물질을 누리며 살라고 충고한다. 그러나 초옥은 기생이 되어 일회적인 관계 맺기에 만족하는 것보다는 남의 아내인 채로 이생을 사랑하는 쪽이 더 진정한 태도라고 주장한다. 그래서 자신이 취한 행동은 원칙적으로 옳은 것이며, 자기가 옳다고 생각하는 대로 실행했기에 그녀는 이생을 사랑한 자신의 선택을 '곧은 행실'이라고 평가할 수 있었다. 하지만 화옥은 초옥에게 결국은 '오십보 백보'에 지나지 않는 것이라 대꾸하는데, 화옥의 이러한 시각은 상층 남성이 하층 여성과 즐기는 것에 대한 당대의 보편적인 인식을 보여주는 것이라 하겠다. 초옥에 대한 이생의 태도 역시 여기에서 멀지 않아 보인다.

이같이 상층 남성과 하층 여성의 사귐은 대체로 물질을 기반으로 한 만남이다. 그렇게 만날 수도 있고, 깨질 수도 있는 관계라는 것이 당대의 보편적인 인식이었을 것이며, 이생과 초옥의 만남에 대한 당대의 시선 역시 이러했을 것이다. 초옥 혼자 돌출적인 인물이었다. 자의식 강한 초옥은 주변의 시선을 극복하거나 부정하며 진정한 연애를 견인해 가고자 했지만, 이생이 자신 같지 않았음을 깨닫게 된 초옥은 결과적으로 그 시선이 옳았다는 것을 인정하며 헤어지게 된다. 그러면서 이 작품에는 초옥을 중심으로 하여 연애의 시작과 몰입, 목숨을 건 선택, 현실에의 자각, 헤어짐 등 연애의 전과정이 생생하게 묘사되고 있다. 19세기 후반 서울 시정의 분위기를 배경으로 하는 「포의교집」은 당대 애정 세태에 대한 문학적인 보고報告의 성격을 띤다고 하겠다.

4. 「절화기담」과 「포의교집」에 나타난 애정의 성격 고찰

1) 일상적 사건으로서의 사랑

기존의 논의에서 「절화기담」과 「포의교집」은 주로 전기소설의 장르 범주 안에서 논의되어 왔다.[22] 그러나 막상 작품에 나타난 남녀의 애정 양상은 전기소설의 애정 양상과는 다르다. 이는 기존의 논의에서도 여러 번 확인된 바 있다. 우선 두 작품에 나타난 남녀 관계가 전기소설에서 흔히 볼 수 있는 지기知己 관계가 아니며, 또 그들은 재자가인才子佳人이 아니었으며, 고독한 주인공은 더더욱 아닌 것이다.[23] 전기소설에서의 남녀의 사랑은 사건이 아니라 삶 자체이다. 전기소설의 주인공들은 사랑에 실패하면 삶의 의미 자체가 사라지는 듯하다. 그러나 「절화기담」이나 「포의교집」에서의 남녀의 만남은 하나의 큰 사건일 뿐이다. 그들은, 특히 그녀들은 애정 관계가 끝난 후 일상으로 복귀한다. 두 작품에서의 남녀의 만남, 사랑은 이제 더 이상 삶 전체를 지배하는 영향력을 발휘하지 못한다. 「절화기담」의 이생이 보여주는 사랑 방식은 19세기 상사가류의 사랑과도 닮았으며, 「포의교집」의 이생은 그 주변의 인물들과 함께 계속 유흥 공간을 기웃거린다. 즉 이들의 남녀 관계는 당시의 시정세태를 반영하고 있다는 특징을 지닌다.

---

22 이 장의 주 5 참조.

23 전기소설 주인공의 인물 형상에 대해서는 박희병, 「전기적 인간의 미적 특질」, 『한국전기소설의 미학』, 돌베개, 1997, 33~55쪽 참고.

이 두 작품에 나타나는 남녀의 사랑 방식은 전기소설은 물론 애정을 다룬 여타의 고전소설에 비해 전혀 새로운 이야기이다. 남녀의 사랑에 관한 서사 전개와 관련하여 이 두 작품이 보이는 또 하나의 공통점은 결말 부분에서 대단원의 막이 내렸다는 느낌이 잘 안 든다는 것이다. 「절화기담」의 경우도 만나려다 못 만나면서 자연스레 관계가 끊어진 것으로 되어 있으며, 「포의교집」의 경우도 초옥의 행방에 대한 의문으로 끝난다. 이생과 초옥의 사랑은 그렇게 흐지부지하게 끝난다. 전기소설에서의 남녀의 만남은 서로에 대한 절대적 사랑의 확인으로 연결되는 반면, 이 두 작품에서의 사랑은 이렇듯 열린 결말과 맞물리며 의미가 축소되는 양상을 보인다. 이런 사랑들은 일상의 연장선상에 놓여 있는 사건이라는 점에서 일종의 '연애 사건'이라 불리기에 적합하다.

그런데 두 작품의 작가는 새로운 사랑 이야기에 대해 수용적인 입장에 서 있었을 것으로 추정된다. 「절화기담」은 서문을 통해 그 같은 사랑에 대해 경계하지만, 마지막 부분의 추서에 이르면, 작품 자체의 문학성은 긍정하고 있다. 「포의교집」은 이보다 더 나아가 초옥을 시지하는 분위기를 지닌 작품이다.[24] 「포의교집」은 마지막에 정보鄭輔라는 인물의 말을 빌어 포의지교를 꿈꾼 초옥을 '의로운 기운을 지닌 협기 있는 인물'로 평하면서, 그녀는 '세상의 관례대로 대할 수 없는 사람'이었다고 술회하도록 한다. 초옥에 대한 긍정은 초옥이 사랑에

---

24 이생은 자신의 심정에 대해 스스로의 입으로 발화하고 초옥의 경우는 주변 인물들의 대화에 의해 서술되지만, 독자들에게 인물의 심정과 행동 동기가 더 잘 설명되는 쪽은 초옥이다. 이 작품에서 서술자의 서술이나 등장인물들의 발화에 의해 긍정되는 인물인 초옥인 것이다. 이 부분에 대해서는 김정숙, 「「포의교집」의 소설적 특징 연구」, 『한문교육연구』 16, 한국한문교육학회, 2001, 406~410쪽 참고.

대해 보여준 태도에 대한 긍정으로, 이는 곧 초옥의 사랑 방식을 긍정하고 수용하는 것이라 할 수 있다.

2) 새로운 사랑의 의사소통 방식, 연애에의 모색

근대 이후의 사랑은 남녀가 정서적으로 친밀감을 형성하는 연애 기간을 거치고, 결혼과 동시에 사회적으로 공인되고 보호되는 육체적 관계를 맺는 과정으로 전개되었다. 그리고 사랑 이야기에서 독자의 흥미를 끄는 부분은 두 남녀가 결혼에 이르기까지의 연애 과정 묘사이다. 그런데 앞에서도 언급했듯이 중세의 사랑 전개 방식은 전혀 그렇지가 않다. 전기소설의 남녀 주인공은 만나면서부터 절대적이고 배타적인 관계를 맺게 된다. 한 번의 마주침이 곧 운명을 결정하므로 서로를 탐색하고 정서적으로 동화하는 연애의 시간이 없는 것이다. 전기소설만이 아니라 판소리계 소설인 「춘향전」도 사정은 비슷하다. 「춘향전」에는 남녀의 탐색 과정에 해당하는 만남이 있다. 이를 연애적 감정이라고 부를 수 있다면 「춘향전」은 아주 짧은 연애 과정을 거치고, 이 연애의 감정은 곧 불망기不忘記라는 불완전한 형식의 혼인으로 연결된다.

그런데 한문소설인 「빙허자방화록」의 경우처럼 고전소설에도 혼인 전의 남녀가 사귀는 과정을 묘사한 작품이 존재한다. 「빙허자방화록」은 전기소설을 변형한 18세기 작품으로, 이 작품이 보여주는 통속화 양상은 애정전기소설의 장르 관습이 해체되는 양상으로 이미 논의된 바 있다.[25] 이 작품은 병자호란을 배경으로 하고 있으며,

양반 남성인 빙허자憑虛子와 중인 여성인 매영梅英의 애정을 그리고 있다. 그런데 전기소설에서의 남녀의 만남과는 달리 이 작품에는 만남을 위해서 여러 가지 사전 장치들이 동원된다. 빙허자가 먼 발치에서 매영을 보고 상사병에 걸린 뒤, 그녀를 만나게 되기까지 일정 기간이 소요되는 것으로 그려진다.[26] 우선 매영의 오라비 이춘무李春茂와 사촌오라비인 박시대朴時確가 빙허자의 병이 자신의 동생 때문임을 알게 되고, 빙허자와 자신의 누이를 만나게 하는 것이 예에 합당한지 한참동안 의견을 나눈 후에야 두 오라비는 누이에게 빙허자가 쓴 시를 전하려고 한다. 이때 매영이 혼잣말로 번천樊川을 흠모하는 마음을 읊조리는 것을 듣고, 두 오라비들이 빙허자의 시를 번천에 비유하면서 전한다. 매영은 빙허자의 시를 보고, 이 시인은 번천 같은 문인은 못 되고 조선의 문인은 될 만하다고 평가하며 낮추어 본다. 이 과정에서 빙허자와 매영이 직접 만난 것은 아니나 두 오라비를 매개로 하여 만난 것과 다름없는 효과를 만들어내게 된다.[27] 결과적으로 두 남녀는 다른 사람들을 매개로 하여 서로를 탐색하는 과정을 거치게 되는 셈인데, 이 과정에서 빙허자의 만나려는 의지와 매영의 만나지 않겠다는 저항이 지속되면서, 일정한 시간이 경과된다. 그러다

---

25 이정원, 「「빙허자방화록」의 구조와 전기소설사적 의미」, 한국고전연구학회 제42차 학술발표회 발표요지, 2003.

26 「빙허자방화록」에서는 빙허자가 매영을 보게 된 후 억지로 만남을 이루게 되기까지의 과정이 6장에 걸쳐 서술된다. 전기소설에서 남녀가 서로의 존재를 알고 만나게 되기까지 이처럼 많은 분량이 할애되는 작품은 찾아보기 어렵다. 빙허자가 매영을 목도하고 만나게 되기까지의 서술은 김기동 · 이종은 편, 『고전한문소설선』, 교학연구사, 1984, 335~341쪽.

27 전기소설에서 남녀의 만남을 연결시켜 주는 역할은 주로 시비侍婢가 맡고 있는데 비해 「빙허자방화록」의 경우는 두 오라비가 그 역할을 한다. 그런데 시비의 역할이 주인의 의사를 전달하는 수동적인 전달자의 위치에 불과한 반면, 이 작품의 두 오라비는 그 만남을 도모하기 위해 일을 꾸미고 매영을 속이기조차 한다. 이 적극적인 전달자의 역할로 인해 「빙허자방화록」에 나타난 남녀의 만남 양상은 여타의 전기소설의 양상과 차별화되게 되었다.

가 결국 빙허자는 폭력적인 방법으로 매영과 육체적 관계를 맺는다. 「위경천전」의 위경천도 폭력적인 방법으로 소숙방과 육체적 관계를 맺고 사랑이 시작된다. 그러나 두 작품에는 분명한 차이점이 있다. 「위경천전」의 위경천과 소숙방의 관계가 돌연한 것이었던 데 비해, 「빙허자방화록」에서는 두 남녀 사이의 만남이 싹트는 과정을 서술해 보고자 시도했다는 점이다. 즉 「빙허자방화록」은 간접적인 방식으로 두 남녀가 일정 기간 동안 관계를 만들어 나가는 과정을 표현하고 있는 것이다. 또한 빙허자에게서는 한량의 풍모가 엿보이고, 빙허자와 매영의 사랑에서는 성애적인 분위기가 감지된다. 이런 점에서 보면, 「빙허자방화록」은 전기소설과 19세기의 「절화기담」, 「포의교집」의 중간선상에 있는 작품이라 하겠다.

작품의 분위기는 다르지만 혼인 전 남녀의 관계 만들기 양상을 보여주는 작품으로 「심생전」을 들 수 있다. 이 작품 역시 남녀가 육체적인 관계를 맺기 이전에 충분한 시간을 두고 서로를 탐색하여 관계를 만들어 나가는 과정을 묘사한다. 「심생전」의 두 남녀는 거의 한 달 동안 만나지 않은 채 서로의 존재를 인식하면서 보낸다. 심생은 밤새 그녀의 방 앞에서 숨죽이며 새벽을 맞았고, 그녀는 내내 그런 심생의 존재를 충분히 인식하고 있었다. 비록 서로 대면하지는 않았지만 이 기간은 서로의 존재를 인식하고 탐색하고 고민하는 시간이 되기에는 충분했다. 「심생전」의 이런 과정은 음각화된 연애의 시간에 해당한다. 조선시대 소설에서 남녀 주인공의 신분이 양반이거나 혹은 심생전의 여주인공처럼 부자집 딸로 설정된 경우, 혼인 전의 남녀가 만나 일정 기간 서로를 정서적으로 받아들이는 연애 과정을 묘사한 것을 찾아보기는 어렵다. 이런 상황에서 「빙허자방화록」의 경우처럼 매개자를 사이에 둔 관계 맺기나 「심생전」의 경우처럼 말없이 방문 앞만 지키는 행위를 통한 관계 맺기는 조선시대의 애정소설에서 남녀의 연애 감정을 전달하는 표현 방식에 해당한다고 하겠다.

「빙허자방화록」은 전기소설을 통속화하면서 결국은 연애에 해당하는 시간에 대한 서술 방법을 모색했던 것으로 보이며, 「심생전」의 긴장된 시간에 대한 서술 역시 남녀가 만나 육체적 결합에 이르기까지의 로맨스를 구축하려는 방식이었던 것이다. 그런데 「절화기담」, 「포의교집」에 이르면 남녀가 직접 만나 애정 표현을 통해 서로 정서적인 친밀감을 형성하는 기간이 확보되거나, 본격적인 연애 과정, 즉 육체적 관계를 둘러싼 '밀고 당기기'가 구체적으로 드러난다. 이 두 작품은 양반 여성을 주인공으로 삼지 않고 상층 남성과 하층 여성의 관계를 다룬 데다가, 두 여성 주인공들이 남성들의 욕망에 따라 움직이거나 혹은 남성들의 욕망에 선행해서 남성들의 지향대로 충실히 욕망하는 여성 주인공이 아니었기 때문에 이런 서사 전개가 가능했던 것이다. 여성 인물이 상대 남성을 탐색해 보고 심화된 관계 양상으로 진입할 것인지 여부를 결정하는 과정에서 여타의 고전소설과는 달리 일정 기간 동안의 연애 과정이 묘사될 수 있었던 것이다. 이러한 사랑은 근대 이후의 연애와도 같은 성격의 것이었다.

최혜실은 개화기의 자유연애 결혼에 대해 언급하면서 「혈의 루」와 「추월색」을 대표적인 작품으로 거론하고, 「추월색」에 나타난 사랑의 성격은 근대적 연애 소설이라기보다는 고전소설의 가치관에 의거한 것으로 평가하였다.[28] 이에 비해 고전소설인 「절화기담」이나 「포의

28 이는 생면부지의 정임과 영창이 서로 정혼자였음을 확인하는 순간 갑자기 결혼을 전제로 한 사랑에 빠져버리고, 감정에 충실한 사랑을 하는 인물인 강 소년이 부정적으로 그려지기 때

교집」에서 보여주는 사랑의 방식은 자연스럽고, 당사자들이 주체적인 선택을 하는 과정을 보여준다. 앞서 논의한 바에서 보듯이 19세기에 생산된 「절화기담」과 「포의교집」에서 이미 신소설보다 근대적인 성격의 사랑이 등장하고 있는 것이다. 18, 19세기에 이르면 고전소설에서는 이미 전기소설과 애정소설의 전통을 수용하면서 당대의 시정세태를 적극 반영하고 있는 새로운 형태의 사랑 이야기가 등장한다. 「절화기담」과 「포의교집」은 당시의 애정 세태를 묘사하면서, 조선 후기에 남녀 간의 만남의 관습이 자생적으로 변화하는 양상을 보여주고 있다. 이 두 작품은 사랑의 사건 자체를 다룬 작품으로, 사랑이 일상 가운데 일어나는 사건으로 다루어진다. 사건은 과정이 중요하므로, 두 작품에서도 구체적으로 사랑이 전개되는 과정이 묘사되었다. 이는 결국 남녀 당사자가 친밀감을 형성하는 새로운 사랑의 의사소통 방식을 형상화해 내려는 모색, 즉 연애에의 모색이었다.

5. 결론—「절화기담」, 「포의교집」의 장르 귀속 문제에 관하여

19세기에 이르면 「절화기담」과 「포의교집」처럼 새로운 양상을 보여주는 애정소설이 등장한다. 이들 작품에서 새로운 사랑 이야기는 연애와 유관하게 전개된다. 이는 고전소설에서 그 동안 타자화된 존재로

문이다. 최혜실, 『신여성들은 무엇을 꿈꾸었는가』, 생각의나무, 2000, 59쪽, 64쪽.

그려졌던 여성이 욕망의 주체로 등장했기에 가능한 일이었다.

그런데 기존의 논의를 보면, 작품의 특징을 분석할 때는 이 작품들의 애정 양상이 전기소설의 애정 양상과 얼마나 거리가 먼가를 설명함에도 불구하고 장르 귀속을 결정할 때는 여전히 전기소설[29]로 회귀한다. 연구자의 관심이 전기소설의 변모 양상을 통시적으로 고찰하는 데 있다면 이 두 작품을 예로 들어 전기소설의 마지막 향방이 어떻게 되었는가에 대해 설명하는 것은 유의미하다. 그러나 궁극적 관심이 전기소설사의 전개 양상에 대한 것이 아니라면 이 두 작품을 전기소설로 귀속시키는 것은 생산성 있는 논의를 기대하기 어렵게 만드는 것은 아닌가 하는 회의가 든다. 왜냐하면 전기소설의 맥락에서 이 작품을 설명하는 기존 논의들에서 이미 두 작품에 전개되는 사랑의 성격이 전기소설의 남녀 애정과 어떻게 다른지에 대한 서술을 병행하고 있으며, 앞으로도 전기소설로 이 작품들을 설명하려 할 때에는 여전히 그러한 서술을 하게 될 것으로 보이기 때문이다.

이 두 작품의 장르 귀속이 전기소설과 관련하여 언급되는 데에는 「절화기담」의 영향이 더 직접적인 영향을 미치는 것으로 보인다. 왜냐하면 남화산인이 「절화기담」 서문[30]에서 이 작품과 당대唐代 전기소설인 「앵앵전」 및 이를 희곡화한 「서상기」와의 관련성에 대해 언급하고 있기 때문이다. 그런데 남화산인은 이 외에도 「절화기담」과 「금병매」와도 관련지어 서술하고 있으며, 작품의 분위기는 오히려 「금병매」와의 친연성이 더 높아 보인다. 무엇보다 「절화기담」의 남녀 결연에서 중요한 역할을 하는 노파는 「금병매」의 왕파王婆를 연

29 여기에는 애정전기소설이라는 범주도 포함한다.

30 김경미 · 조혜란 역, 앞의 책, 2003, 31~37쪽.

상시킨다. 또 「서상기」가 비극적인 반면, 「금병매」에는 비극성이 강조되어 있지 않으며, 오로지 성애를 위한 음모가 주를 이루고 있다. 따라서 「절화기담」에 나타난 애정의 성격은 「서상기」류의 전기소설보다는 「금병매」에 더 가까운 것으로 볼 수 있다.

앞에서도 언급했듯 이 두 작품에 나타난 애정의 성격은 전기소설의 애정의 성격과는 현저한 차이를 보인다. 뿐만 아니라 이 두 작품에는 18세기 후반, 19세기 중반의 조선의 세태가 여실하게 적극적으로 묘사되어 있다. 지명이 구체적으로 제시되는 것은 물론 거처하는 공간에 대한 묘사 또한 구체적이다. 작품의 배경이 되는 사건들 역시 당대의 중요한 역사적 사건들로 구성된다. 그리고 더불어 일상의 모습, 생활의 느낌이 전달되도록 서술되어 있다. 이 같은 서술들은 전기소설에서는 찾아보기 힘든 요소들인 것이다. 두 작품에 나타난 애정 세태에 주목해 보면, 당대의 애정 세태에 더 가까운 것은 「절화기담」에 나타난 만남의 양상이었을 것으로 보인다. 「포의교집」의 사건이 더 생생하긴 하지만, 이는 초옥이라는 문제적 인물의 등장으로 인해 가능해진 것이다. 「포의교집」에서 초옥을 제외한 다른 등장인물들은 「절화기담」에 등장하는 인물들과 유사하다. 이 소설들은 조선 후기 세태 보고의 차원에서도 흥미로운 작품들인 것이다.

물론 두 작품이 전기소설과 겹치는 부분도 있지만, 이미 전기소설의 시대가 지나간 19세기의 소설에서 전기의 흔적을 찾기보다는 새로운 요소들을 찾을 필요가 있다. 무엇보다 일상에 대한 보고, 새로운 인물형의 등장, 사랑에 대한 태도의 변화, 이를 그리는 작가의 태도 변화 등에 주목할 필요가 있다. 물론 전대와 비교해서 차이를 드러내는 것도 중요하지만, 그러나 후대와의 비교를 통해 이 시기의 성취를 아울러 가늠하는 것도 긴요한 작업인 것이다. 자유연애를 연상시키는 「절화기담」과 「포의교집」은 조선시대를 거슬러 올라가면서 친연성을 찾는 것보다 오히려 구한말이나 개화기와 친연성을 보이는 작품들이다. 「절화기담」과 「포의교집」의 남녀 관계는 신소설이나 근대소설에 등장하는 자유연애담을 연상시키며, 초옥의 인물 형상은 이광수의 『무정』에 등장하는 기생 월화와 매우 흡사[31]하기 때문이다. 이 두 작품은 우리나라 애정소설의 맥을 고찰하는 데 있어 중요한 작품들이다. 이 소설들은 중세의 사랑 방식과 근대의 사랑 방식의 변화를 연결시켜 주는 작품들이기 때문이다. 또한 이 소설들은 조선 후기 세태에 대한 문학적 보고라는 점에서도 의미가 있다. 전기소설이라는 범주로는 「절화기담」이나 「포의교집」에 나타나는 서사적 특징을 제대로 포착해 내기 어렵다. 이 두 작품은 세태소설이나 애정소설의 맥락에서 접근할 때 더 풍부한 논의를 생산해 낼 것으로 보인다.

31 조혜란, 앞의 글, 2001, 217~220쪽.

제2장 「한당유사漢唐遺事」 연구

1. 서론

우리나라 소설사에서 19세기는 「삼한습유三韓拾遺」, 「수산 광한루기水山 廣寒樓記」, 「육미당기六美堂記」, 「옥수기玉樹記」, 「옥루몽玉樓夢」 등 사대부나 또는 한문 식자층을 작가로 하는 소설들이 많이 등장하였다. 이 시기에 이르면 정통 한문학 장르만이 아니라 소설도 문학의 한 장르로서 당당히 진입하게 되며, 방각본으로 유통되던 소설과는 변별성을 지니는 작품들이 등장하게 된다. 본고가 논의의 대상으로 삼은 「한당유사」도 19세기 중엽에 나온 것으로 보이는 한문 장편소설의 하나이다.

「한당유사」는 그동안 연구에서 별로 주목받지 못했던 작품으로, 작품에 대한 간단한 언급[1]이나 줄거리에 대한 소개[2] 혹은 소설론의

1 김태준 · 박희병, 『증보조선소설사』, 한길사, 1990, 161~162쪽.

관점에서 비롯된 논의[3] 등이 있을 뿐이다. 「한당유사」가 88회에 이르는 장편임에도 불구하고 이렇듯 연구사에서 소외된 원인은 무엇보다도 작품 자체에 있을 것이다. 이본이 많지 않으며, 작품에서 치열한 작가 의식을 찾아보기 어렵다는 점이 그것이다.

그러나 「한당유사」는 다른 고전소설 작품에 비해 그 형식이 매우 독특하다. 이는 評點本 형식의 중국 연의소설을 연상하게 하는 것으로, 이러한 형식의 시도는 작품의 내용과의 관계에 있어서도 전혀 무관하지는 않을 것으로 보인다. 「한당유사」에 대한 본고의 관심은 조선 후기 소설사의 거의 마지막 시기에서 출현한 작품이 중국소설의 형식을 충실히 답습하고 있다는 사실에서 비롯된 것이다.

「한당유사」에는 두 개의 이본이 있다. 하나는 1915년 '조선연구회'라는 곳에서 간행한 것[4]이며, 다른 하나는 임명덕이 편찬한 「한국한문소설전집」에 수록된 것[5]이다. 이 두 이본은 작품 내용에 있어서는 완전히 동일하다. 그런데 임명덕본은 「서序」, 「자서自序」 및 작품 자체만 있는 것에 비해, 조선연구회본은 이 외에 「범례凡例」 및 「독방讀方」 그리고 이에 대한 일본어 번역까지도 갖추고 있다. 그런데 「한당유사」에 대한 필사본은 발견되지 않은 상황에서, 두 이본의 내용이 같다면 임명덕본은 조선연구회본을 저본으로 삼았을 가능성이 있다. 그러므로 본고는 전자를 논의의 대상으로 삼기로 한다.

「한당유사」[6]에 나타난 서문들을 참고하면 이 작품은 1852년에 박태

2 차용주, 『한국한문소설사』, 아세아문화사, 1989, 433~436쪽.
3 김경미, 「조선 후기 소설론 연구」, 이화여대 박사논문, 1994, 83~86쪽.
4 박태석, 청류강태랑青柳綱太郎 편, 『원문화역대조原文和譯對照 한당유사漢唐遺事』 全, 경성 : 조선연구회, 1915 참고.
5 임명덕 편, 『한국한문소설전집』 5권, 대북 : 중국문화대 출판부, 1980 참고.
6 이 이후 '「한당유사」'는 조선연구회본 「한당유사」를 지칭하는 용어로 사용한다.

석朴泰錫이라는 작가에 의해 쓰였음을 알 수 있다. 이일구李一九라는 사람이 쓴 '한당유사 서문'에 의하면 작가의 나이가 18세라고 하였으므로 박 태석의 출생 연도는 대략 1834년 정도가 될 것으로 추정된다. 그러나 현재로서는 이외에 작가에 대한 다른 정보는 알 수가 없다.

또한 저본을 간행한 '조선연구회朝鮮硏究會'라는 단체의 성격에 대해서도 추정할 만한 단서가 없다. 다만 책 첫째 쪽에 찍혀 있는 '朝鮮硏究會 古書珍書刊行 第二期 第十六輯'이라는 스탬프의 내용을 참고한다면, 여기에서는 주로 조선의 고서적들을 지속적으로 찍어 내었을 가능성을 고려해 볼 수 있다. 그리고 '會員外 定價 金參圓'이라는 인쇄가 있는 것으로 미루어 보아, 이 단체는 회원제로 운영되고 있었음을 알 수 있다. 조선연구회는 1915년 당시 황금정 3정목, 현재의 을지로 3가에 위치하고 있었으며, 그 발행인은 청류강태랑青柳綱太郎으로 되어 있다. 당시 을지로 일대는 일본인들이 상권을 형성하며 밀집해서 살았으므로[7] 그 역시 일본인일 가능성이 있다. 이 저본은 일본어 번역을 앞에 싣고 있어, 일본인 독자를 위해 출판한 것임을 알 수 있다.

7 서울특별시사 편찬위원회 편, 『동명연혁고』 II, 신성인쇄사, 1992, 580쪽.

2. 「한당유사」의 소설화 방식

1) 작품의 서사 전개

남한南漢이라는 나라가 어지러워지자 성명聖明이라는 자에게 인재가 모인다. 성명이 군대를 일으키고 천자로 추대된다. 그 후 대를 거듭하면서 환관, 간신, 무리한 토목공사 등의 이유로 나라의 기강이 흔들리자 목종 때에 이르러 함양태수 김영이 반란을 일으키는데, 목종은 양비亮泌와 같은 신하를 얻어 전쟁에 승리, 환도한다.

그 후 장종 대에 이르러 천자가 소인배, 환관, 무녀 등을 좋아하자 청주靑州에서 도적이 일어나고 적장 전업田業은 나라를 세워 청靑이라 이름하고, 황제의 동생도 회계에서 칭제하고 국호를 동한東漢이라 하여 삼국이 정립하게 된다.

청이 남한을 친 후 동한을 회유하여 천하통일할 것을 꿈꾸었으나 남한의 명종이 청과 동한을 치고 천하는 다시 남한에 의해 평정된다.

명종 이후 4代가 지나 정종靖宗 때에 동한의 자손과 청의 자손이 스스로 왕이라 하니, 천하는 다시 삼국으로 나뉘고, 동한과 청은 번갈아 남한을 공격하여 몇 대 후 드디어 청이 천하를 통일하고 국호를 대당大唐이라 하였다. 당황제가 화월이라는 기생을 첩여로 삼고 연회를 즐기니 연주燕州, 계주薊州, 서주徐州에서 도적이 일어나는데 그 우두머리는 도술전에 능한 기특奇特이라는 자였다. 강우자姜牛子를 비롯, 그와 결의형제를 맺은 열 명의 강호인이 기특에게로 가는 길에 요괴를 많이 만나고, 이들 무리를 얻은 기특은 당을 치고자 하는 마음이 생긴다.

유인劉仁이라는 자가 시주승을 후히 대하자 그 스님이 홍수가 날 것이라고 알려 주어서 그 가족은 화를 면하고 유인은 홍수 속에서 흰 원숭이, 푸른 까치 그리고 아이를 건져 주고 아이 이름을 수득水得이라 하였다. 유인과 그 부인은 꿈을 통해 황제가 잃어버린 옥쇄가 있는 장소를 알게 되고, 이로 인해 수득이 경성으로 가서 부마가 된 후 유인의 친아들인 효석孝錫을 죽이려 하였다. 그러나 흰 원숭이, 푸른 까치가 도와 효석은 목숨을 구하고 배은망덕한 수득은 죽음을 당했다.

기특이 서주를 침공하고, 강우자는 여덟 가지 어려움을 겪고, 하소문은 결혼하여 행복하게 살다가 노비의 하극상에 의해 죽임을 당하고, 하소문의 첩으로 그의 삼년상을 지내다 억울하게 죽은 부용은 군수의 꿈에 나타나 진범을 지목하여 살인 사건은 해결된다.

조정에서 죽이려 들자 기특은 자살하고, 기특의 부하인 성괴언은 기이한 체험을 하고, 강우자는 소가죽을 쓰고 소가 될 뻔하였으며, 이쾌목은 꿈을 인해 물고기를 놓아 주고 병이 나았고, 이선은 양주와 형주에서 중들의 부패상을 척결하였다.

당 정황제靖皇帝 오년에 흑박이 당을 침공하니 나라에서 조서를 내려 강호의 무리를 다 죽이고 이쾌목만이 도망하여 중이 되어 목숨은 건졌고, 그 후 남한의 후손인 온성은 당을 쳐서 승리하여 대한大漢을 세우니 남한 때와 다를 바가 없었다.

2) 「한당유사」의 체제와 서사 원천

(1) 「한당유사」의 체제

조선연구회본 「한당유사」는 앞부분은 일본어로, 뒷부분은 한문으로 되어 있으며, 두 경우 모두 그 체제 및 내용에 있어 완전히 일치한다. 우선 작품의 제목은 『原文和譯對照 漢唐遺事』 全으로 되어 있어, 한문소설을 일본어로 번역한 것임을 알 수 있다. 이 이본은 「漢唐遺事序」(錦溪序), 「序」(梅鶴山人), 「自序」(竹灘書室 自序), 6항목으로 되어 있는 「凡例」, 13항목으로 되어 있는 「讀方」 및 「漢唐遺事 目錄」 그리고 13권 88회의 작품 본문, 「漢唐遺事序文」(李一九)의 순서로 실려 있다.[8] 서문 중 두 개는 작가 자신이 쓴 것으로 「한당유사서」(금계)와 「자서」가 그것이다.

「한당유사」에는 협비夾批[9]가 있는데, 현재로서는 이 협비를 쓴 사람이 누구인지 정확히 알 수 없다. 다만 목록을 보면 '석제외서石齊外書'라는 단어와 함께 '이씨서李氏序, 죽포평竹圃評, 한씨이씨동교韓氏李氏同校'라는 언급이 보이고, 권지일卷之一 부분을 보면 '금성錦城 박태석 저朴泰錫 著, 완산 이씨 교完山李氏 校, 운수산인 평주雲水道人 評註'라는 기록이 있어 이를 참고할 수 있을 뿐이다. 중국 평점본 소설의 경우를 보면, 대개 작가와 평비자는 서로 다른 것이 일반적이다. 예를 들어 「삼국지연의」의 경우, 저자는 나관중이나 그 평자는 모종강, 김성탄 등으로, 평자는 저자의 작품에 대한 자신의 견해를 협비夾批나 미비眉批를 통해 독자에게 전달하는 것이다. 또한 평자의 이름은 저

---

8 조선연구회본 「한당유사」는 「漢唐遺事序」부터 「目錄」까지 17쪽으로 쪽수가 매겨졌고, 소설 원문은 다시 1쪽부터 시작하여 151쪽까지 진행된다.

9 평점본 형식의 소설에 대해서는 '2. 2) (2)' 부분에서 다루어질 것이다.

자의 이름과 함께 작품 표지에 제시되어 있다.

「한당유사」의 경우, 평자의 이름은 나타나 있지 않다. 단지 '죽포평', '운수도인 평주'라는 기록을 볼 때, '죽포' 혹은 '운수도인'이라는 호를 지닌 인물이 이 소설에 협비를 가한 평자일 것이라는 추측이 가능할 뿐이다. 그런데 「한당유사」의 경우는 저자와 평자가 혹시 동일인물은 아닐까라는 의구심을 갖게 한다. 그 한 이유로는 '자서'에 보면 '죽탄서옥竹灘書屋'이라는 이름이 보여, '죽포竹圃'와 '죽탄서옥竹灘書屋'과의 관련성을 의심하게 하며, 또 다른 이유는 저자의 자서 중 하나인 「한당유사서」에 보면 자신의 저작 동기를 밝히는 중에 '述此而校之評之耳(이것을 짓고 교정하고 평하였을 뿐이다)'[10]라는 언급이 보이기 때문이다.[11] 평점본 소설에서는 대개 저자와 평자가 서로 다른 것이 상례이나, 위에서 본 바와 같이 「한당유사」의 경우는 저자와 평자가 동일인물일 가능성을 완전히 배제할 수는 없다.

그러므로 본고에서는 저자와 평자의 동일인물 여부에 대해서는 새로운 자료가 나올 때까지 결론을 유보하기로 한다.

(2) 작품의 서사 원천 고찰

「한당유사」의 문학적 원천에는 다양한 요소들이 있으나 대체로 「한당유사」는 중국소설의 독서와 우리나라의 설화에 힘입어 창작된 소설이라 할 수 있다. 중국소설의 경우는 평점본 형식으로 널리 읽혔으리라 추정되는 「삼국지연의」와 「수호전」을 지목할 수 있다. 설화

10 박태석, 「한당유사서」, 앞의 책, 1915, 1쪽.

11 「한당유사서」에서는 저자가 이것을 짓고 교정하고 평한 것처럼 보이나, 본문 앞부분에서는 이 소설을 교정한 사람이 완산 이씨完山 李氏로 되어 있으므로 이를 전적으로 신뢰하기는 어렵다.

수용의 경우는 우리나라에 널리 분포되었던 설화의 내용을 기저로 하여 새롭게 각색하는 형식을 취하고 있다. 또한 이 작품이 평점본의 형식을 적극적으로 수용하고 있다는 사실은 고전소설이 서사의 내용만이 아니라 서사의 형식에 대한 관심을 표했다는 측면에서 주목할 만한 점이다. 작품의 이러한 특징으로 말미암아 본고는 우선 작품의 내용에 해당하는 소재 원천을 살피고, 작품의 서사 형식인 평점본 양식에 대해 살피고자 한다.

① 작품의 소재 원천

이 작품은 전반적으로 연의소설의 서사 전개 양식을 좇으나, 이야기의 성격에 따라서 크게 두 부분으로 나눌 수 있다. 그 전반부는 남한南漢에서 성명聖明이 혁명을 일으키고 천자가 되는 부분부터 청靑이 삼국을 통일하여 대당大唐을 세우는 부분까지로, 「삼국지연의」나 「초한전」을 연상시키는 내용들로 되어 있다. 이에 비해 후반부는 한 명의 중과 10인의 강호인이 결의형제하고 기특奇特을 찾아 나서게 되는 부분부터 청이 멸망하고 남한의 후손인 온성溫聖이 대한大漢을 세우는 마지막까지이며, 설화나 고전소설의 몇몇 화소들 그리고 「수호전」을 연상시키는 내용들이 주를 이룬다.

「한당유사」는 나라가 어지러운 상황에서 성명聖明에게 뜻있는 사람들이 모여들어 결의를 하고 성명을 천자로 추대하는 내용으로 시작하는데, 이 내용부터 「삼국지연의」 처음 시작과 유사한 분위기를 지니고 있다. 뿐만 아니라 세 나라 간의 주도권 다툼을 그리고 있다는 점에서도 그러하다. 그 과정에서 등장하는 인물들이나 사건, 전쟁의 양상 또한 「삼국지연의」 혹은 「초한전」의 내용들에서 착안한 듯한 것들이 다수 있다.[12] 이렇듯 작품의 전반부는 이 두 중국소설에 힘입은 바가 크다고 하겠다.

청靑이 대당大唐을 세우고 그 28년 후에 임금이 화월花月이라는 기생에 미혹되면서 서주徐州에서 기특奇特이라는 자가 반란을 일으키게 되는 내용까지는 지속적으로 나라와 나라 간의 관계 양상, 혹은 한 나라의 정부와 반란군 사이의 관계 등이 서술의 초점을 이룬다. 그런데 56회 이후부터는 나라와 나라 간의 관계에 대한 서술은 사라지며, 기특이라는 인물을 중심으로 뭉치게 된 강호인 열 명의 행적에 대한 서술이 주를 이루게 되면서 이야기의 흐름이 달라진다.

후반부는 양가집 여자였으나 술집을 차려 자신의 미모를 바탕으로 신풍新豊 땅에서 많은 돈을 번 삼낭자三娘子라는 여자가 손님으로 찾아 온 김흑박金黑縛이라는 남자와 사통하면서, 삼낭자三娘子의 남편인 강우자姜牛子와 김흑박 사이의 갈등에 대한 서술로 시작된다. 그 후 강우자와 김흑박 등 열 명이 결의형제하고 기특에게 가는 과정에서 요괴, 돈 빼앗는 술집 미인, 여우 여자 등을 만나는 내용이 펼쳐진다.[13] 전반부가 삼국간의 관계를 다루면서 조정의 신하나 명장名將을 중심으로 이야기가 전개되었던 것에 비해 후반부는 미천한 신분의 인물들이 기특이라는 도적의 괴수를 찾아가는 내용으로 전개되며 그 결과 이야기의 분위기가 달라진다. 이 후반부의 내용은 「삼국

---

12 이 부분은 2. 3)과 2. 4)에서 다시 거론될 것이다.

13 「한당유사」의 후반부에는 도술이나 요괴에 관한 이야기들이 많이 등장한다. 이는 작가가 독자들의 재미를 위한 배려에서 삽입한 것일 수 있다. 왜냐하면 작가는 「독방」에서 소설에 이러한 요소들이 없으면 독자들이 별 재미를 느끼지 못한다고 지적하고 있기 때문이다. 박태석, 「독방」, 앞의 책, 1915, 4쪽. "稗說之家 怪誕之事 眩惑人心 亦太甚焉 若不如此 人必曰 味淡而不可嘗矣 噫 此弊也久(소설의 괴이하고 황탄한 일들이 사람의 마음을 현혹시키는 것이 또한 매우 심하다. 그러나 이렇지 않다면 사람들은 반드시 담담해서 맛볼 만하지 않다고 말할 것이니, 아, 이 폐단은 오래된 것이다)"

지연의」보다는 「수호전」의 내용에 가깝다고 하겠다. 양산박 108호한은 실제 강도, 악한의 범주에 속하는 인물인데,[14] 「한당유사」의 10명 강호인 또한 이 범주에서 벗어나지 않는다.

또한 후반부는 이 외에도 설화나 고전소설의 화소들이 많이 삽입되어 있다. 유인劉仁이라는 인물이 시주승을 후히 대해 준 대가로 시주승이 홍수를 예언해 주는데, 이 부분은 '홍수설화'[15]를 변개하면서 옥쇄 찾는 이야기를 덧붙여 전개시킨 것이며, 강우자가 소가죽을 쓰고 소가 되었던 이야기는 '소가 된 욕심장이'[16] 설화를 변개한 것이다.

또한 고전소설에도 자주 등장하는 꿈해몽 화소는 유인의 양자인 수득水得이 자신의 꿈을 해몽하는 장면과, 강호인 중 한 명인 하소문夏小文이 자신의 꿈을 해몽하는 장면에서 등장하는데, 둘 다 흉몽을 길몽으로 잘못 해석하고 있다. 송사에 얽힌 이야기로는 하소문의 첩인 부용芙蓉이 죽은 후 군수의 꿈에 나타나 직접 신원하는 경우와, 김백박金白縛이 살인범으로 몰리게 되었는데 군수가 기지로 진범을 잡는 경우의 예가 있다. 그런가 하면 성괴언星怪言은 음계를 다녀오고 용을 타고 창공을 나는 등 이계 체험을 하는 내용도 있으며, 윤회담이나 무당을 축출하고 중들의 부패상을 척결하는 내용도 있다. 후반부는 이러한 화소들이 열 명 강호인들의 유랑을 중심으로 하여 전개되는 것이다.

위에서 본 바와 같이 「한당유사」는 그 내용상 「삼국지연의」, 「초한전」, 「수호전」 및 다양한 설화와 고전소설의 화소들에 힘입고 있다.

14 이혜순, 『수호전 연구』, 정음사, 1985, 160쪽.
15 손진태, 『한국민족설화의 연구』, 을유문화사, 1987, 166~171쪽.
16 최운식 편, 『충청남도 민담』, 집문당, 1984, 276~279쪽.

일견 후반부는 다양한 화소들이 삽입되면서 작품의 유기성이 저해되어 전반부에 비해 재미가 없을 것도 같으나 실은 그렇지 않다. 이는 작품의 전반부가 몇 백 년에 걸친 삼국의 역사를 다루는 까닭으로 설명적인 진행을 할 수 밖에 없는 것에 비해, 후반부는 기특이 반란을 일으키고 그 무리가 망하여 흩어지게 되는 내용을 30회 정도의 분량에 다루면서 훨씬 상세한 서술을 하기 때문인 것으로 생각된다.

② 작품의 서사 형식

「한당유사」는 작품의 내용만이 아니라 작품의 형식 또한 새로운 소설이다. 여타의 고전소설에 비해 「한당유사」가 지니는 형식상의 특징은 협비夾批에서 가장 두드러진다고 하겠다. 협비란 명, 청대 중국소설 형식의 하나인 평점본評點本에서 나타나는 일종의 소설 비평 방법으로, 소설 본문에 대한 평자 자신의 견해를 소설 본문의 문구 아래에 옮겨 써 놓은 것을 이르는 말이다. 평점評點 혹은 평비評批는 원래 경전에 대한 평비에서 비롯된 것으로, 중국 고대소설의 평점식 비평의 형식으로는 우선 회전평回前評, 회말평回末評, 회중평回中評이 있으며, 회중평回中評에는 또 미비尾批, 방비旁批,[17] 협비夾批 등이 있다. 또 평자가 소설 전체와 관련된 총괄적인 견해를 제시하고자 했을 경우는 총평總評이나 독법讀法을 추가하기도 했다. 읽으면서 비평하는 방식인 평점식 비평은 자유롭게 운용될 수 있는 것으로, 평비의 문장은 긴 것은 일이백 자 혹은 그 이상일 수도 있으며, 짧은 것은 두세 마디 혹은 몇 글자에 지나지 않을 수도 있다. 평자 역시 독자의 하

17 측비側批라고도 한다.

나로서 평비는 어떤 소설에 대한 평자 자신의 체험과 감상을 적은 것이며, 그 결과 소설 본문에 평자 자신의 감정과 견해가 섞여들게 된다. 그러므로 평점본 혹은 평비본을 읽는 독자는 소설을 읽으면서 평자의 독자 반응을 같이 읽게 되는 이중의 독서를 하게 된다.[18] 이러한 형식의 중국 평점본 소설들은 조선시대에 많이 유입되어 식자층 독자들에게 널리 읽혔다.[19]

앞에서 살펴 본 바와 같이 「한당유사」는 序, 凡例, 讀方(讀法), 目錄의 체제로 되어 있고, 매 회는 대개 개장시開場詩로 시작되며, 본문에는 협비를 가하고 있다. 「한당유사」의 협비도 일종의 독자 반응으로서, 작품에 대한 평자의 감정 및 견해를 적고 있으며, 때로는 작품 맥락의 이해를 돕기 위한 언급을 하기도 한다. 그러나 이것은 작품의 서사 전개와는 완전히 별개의 것으로서, 작품 속에 나타나는 작가 혹은 서술자의 개입과는 전혀 다른 것이며, 평자의 시점과 작품의 시점 역시 작품 끝까지 서로 섞이지 않고 병행한다.

「한당유사」에 나타난 협비의 내용을 정리하면 다음 몇 경우로 나뉠 수 있다. 우선 작품의 한 부분에 대한 평자의 즉각적인 반응을 나타내는 경우로, 이는 주로 '好好'라든지 아니면 '奇妙, 奇奇妙妙' 등의 간단한 형태에서부터 '使人暢快, 使人心疑' 등 다양한 표현으로 나타난다. 13회의 경우에는 본문에 반란군의 우두머리인 발돌리魃突利가 크게 화를 내며 자신들의 부장部將을 돌아보며 누가 나아가 싸우겠는지를 묻는 장면이 나오는데, '突利大怒 顧部將曰(발돌리가 크게 노하며 부장을 돌아보며 말하기를)'이라는 본문 바로 뒤에 '顧何爲(돌아보면 뭐하

18 방정요, 홍상훈 역, 『중국소설비평사략』, 을유문화사, 1994, 12~15쪽.

19 김경미, 앞의 글, 1994, 76~82쪽.

나?)'[20]라는 협비를 가해 반란군의 위용을 떨어뜨리는 내용으로 독자들의 웃음을 자아낸다.

또 '如此如此'와 같은 말로써 작품 본문에 전개될 상황에 대한 자세한 정보를 가리면서 전개되는 경우,[21] '計何?' 등의 협비를 가하는데, 이는 작품의 다음 부분에 대한 독자들의 흥미를 유발하는 기능을 하기도 한다. 10회에 나타나는 협비의 한 경우는 '讀者必拍手歎息'으로 독자들의 마음을 대변해 주기도 하며, 경우에 따라서는 '許多威儀必在其中'[22] 등의 말로 본문에서는 생략된 묘사를 대신하는 내용을 담기도 하고, '下回紫霞洞伏線'[23] 등으로 복선의 기능도 한다.

「한당유사」의 협비 중 가장 많은 비중을 차지하는 내용은 협비에서 「삼국지연의」나 「초한전」 등의 내용을 인용하거나 혹은 그 내용을 연상시키면서 「한당유사」의 등장인물들의 성격 형상화나 혹은 어떤 장면의 정황 묘사를 시도하는 경우인데, 이는 다음에서 자세히 다루어질 것이므로 여기에서는 생략하기로 한다.

3) 연의소설演義小說의 서사 전개 양식 도입

「한당유사」는 남한을 중심으로 하여, 남한, 동한, 청 세 나라의 전쟁을 중심으로 이야기를 전개해 나간다. 몇십 대에 거쳐 임금이 바뀌

20 박태석, 앞의 책, 1915, 18~19쪽.
21 이런 경우는 대개 모사謀師가 전쟁에 대한 전략을 장수들에게 설명하는 대목으로, 「한당유사」의 경우는 량비亮秘 등이 대표적인 모사로 등장한다.
22 박태석, 앞의 책, 1915, 24쪽.
23 위의 책, 116쪽.

는 동안 정치에 틈만 보이면 서로 침공해 들어오고, 그것을 누가 어떤 전략을 가지고 어떻게 막아 내는가가 주된 이야기를 이룬다. 그러는 과정에서 수많은 인물들이 명멸해 가고, 자연 서사 전개는 인물이 아닌 나라의 흥망을 중심으로 전개된다.

「한당유사」는 군담이 중심이기는 하나, 조선식 군담소설은 아니다. 왜냐하면 「한당유사」는 영웅 일대기英雄 一代記 방식이 아닌 조대기朝代記 방식을 채택하고 있기 때문이다. 이러한 서사 전개는 주로 중국의 연의소설에서 채택하고 있는 것으로서, 고전소설에 있어서는 매우 드문 예이다. 우리나라 고전소설의 경우는 그 하위분류가 군담소설이든 역사소설이든 간에 대부분 일대기 방식에 의해 서술된다.

연의소설은 중국에서 유입된 소설로서, 대표적인 작품으로는 「삼국지연의」를 들 수 있다. 「삼국지연의」는 조선 선조 대에 이미 유입되어 한문 원본과 번역본의 형태로 유통되면서 많은 독자를 확보했던 작품이다. 연의소설이란 사실의 기록을 바탕으로 해서 정식 역사에 어그러지지 않게 하는 데에 중심적인 의의가 있는 소설이다.[24] 그러나 연의소설은 역사가가 역사를 서술하는 것과는 달라서, 그 핵심적인 내용은 감히 역사적 사실에 완전히 어긋나지는 않게 하면서도 서술을 하면서 내용을 약간 보태지 않을 수 없으며, 묘사를 하면서 약간 윤색하지 않을 수 없다고[25] 하여, 약간의 허구성은 인정되었다.

우리나라에 유입된 중국소설 목록을 보면, 연의소설이 압도적으로 많은 것을 알 수 있다. 특히 많이 읽혔던 「삼국지연의」는 고전소설 창작에 영향을 주었다고 논의되어 왔다. 「삼국지연의」에 등장하는 인물들

24 방정요, 홍상훈 역, 앞의 책, 1994, 314쪽.
25 위의 책, 266쪽.

이 고전소설에서 많이 인용되는 것은 사실이다. 그러나 그 영향이 작품의 흐름에 관여하는 것은 아니며, 구체적인 작품 세계는 연의소설과는 거의 무관한 것이 대부분이다. 이렇게 볼 때 「한당유사」가 갖는 새로움은 그 서사 전개가 우리나라 고전소설에서는 보기 드문 연의소설의 서사 전개와 흡사하다는 사실에서 기인한다고 할 수 있다.

「한당유사」의 전체적인 틀이 연의소설에서 유래한 것은 사실이나 작품의 후반부로 갈수록 작가는 조대朝代의 서술보다는 개인이나 혹은 그 개인에 얽힌 사건을 나열하는 데에 치중한다. 56회 이후, 삼낭자와 강우자, 김흑박과 그 무리, 기특 등이 등장하는 부분은 「수호전」을 연상시키며, 등장인물들을 기존의 설화와 연관 지으면서 작품을 진행시키는데, 흥미로운 사실은 전반부에 비해 이 후반부가 훨씬 재미있게 읽힌다는 사실이다. 이 부분에서는 강우자와 김흑박을 비롯한 강호인들의 만남과 그 관계를 중심으로 하면서 그들의 일화를 전개시킨다. 이 부분은 역사를 중심으로 서술하는 연의소설의 성격과는 다른 류의 서사 전개를 보여, 조정의 인물을 중심으로 세 나라 간의 관계를 서술하는 부분과는 변별된다. 그러나 작품의 끝은 다시 대한大漢의 성립으로 연결되면서 연의소설의 서사 양식으로 돌아온다. 다만 「한당유사」와 중국 연의소설과는 근본적인 차이가 있는데, 그것은 중국의 연의소설이 실제 역사에 충실한 것임에 비해, 「한당유사」의 역사는 실사와는 전혀 무관하게 순전히 작가의 상상력의 소산인 허구라는 점이다.

4) 연상聯想 및 협비夾批를 통한 인물 형상화

연의소설은 그 특성상 무미건조해지기가 쉽다. 거의 대부분의 소설에서 빠지지 않는 요소가 남녀의 결연담인데, 「삼국지연의」와 같은 연의소설에서는 남녀의 결연담이 등장하지 않는다.[26] 또한 연의소설은 오랜 시간에 걸쳐 여러 나라 간의 전쟁을 그리면서 다양한 인물과 사건을 서술해야 하는데, 이것들이 상호 긴밀하게 연결되지 않는다면 번다하게만 느껴지기 쉬울 것이다.

「삼국지연의」의 성공은 주인공들의 인물 형상화에 힘입은 바가 크다고 하겠다. 「삼국지연의」는 도원결의에서부터 유선의 멸망에 이르기까지 서사를 이끌어 가는 주인공들이 같으면서, 그 안에서 다양한 인간의 유형과 행동 양상이 실감 있게 묘사된다. 즉 사건과 인물이 긴밀한 관련 하에서 서술되고, 그 인물이 작품 후반부에 이르기까지 일관성 있게 등장하기 때문에 하나의 작품으로서 유기적인 구성을 갖게 된 것이다.

「한당유사」의 인물 형상화도 다른 고전소설들의 경우처럼 인물들의 성격이 사건 속에서 묘사되는 방식을 취하고 있다. 특히 홍수설화나 보은담류의 설화, 혹은 소가 되는 이야기 등의 설화와 연관되면서 그려지는 작품 후반부의 인물들은 그 성격이 비교적 잘 형상화되었다고 할 수 있다. 그런데 「한당유사」는 서사 시간에 비례하여 등장인물들의 수도 많은데, 이로 인해 인물을 부각시키는 방식에 있어 여타의 소설과는 다른 방법에 의거하게 된 부분들이 있다. 본고에서는 이

26 서대석, 『군담소설의 구조와 배경』, 이화여대 출판부, 1985, 269~274쪽 참고.

다른 부분에 대해 중점적으로 논의하고자 한다.

「한당유사」의 등장인물들은 한 사건이 끝나면 사라지는 것이 대부분이며, 길어야 몇 회 이상을 넘기지 못한다. 「한당유사」의 작가는 이 작품에서 몇 백 년에 이르는 시간대를 다루고 있다. 그러므로 한 사건에 배당되는 지면이 적을 수밖에 없으며 등장인물들도 작품 전체를 관통하면서 서사의 흐름을 연결시켜 주는 인물이 나타날 수가 없게 되었다. 또한 인물에 대해서도 묘사보다는 설명의 방법을 사용하지 않을 수가 없었다. 이러한 제약에도 불구하고 인물의 성격이 제대로 전달될 수 있었던 것은 「한당유사」의 등장인물들이 「초한전」이나 「삼국지연의」에 나오는 인물과 매우 유사하게 서술되어 있거나 혹은 협비에 나타난 첨언 덕분이라고 할 것이다.

「한당유사」의 작가는 「초한전」이나 「삼국지연의」를 이용해서 어떤 정황에 대한 시사나 인물의 성격에 대한 정보를 주는 방법을 사용한다. 즉 「한당유사」의 독자들은 「초한전」이나 「삼국지연의」에 대한 연상 작용을 통해 등장인물들의 성격을 파악하는 경우가 있다. 예를 들어, 작품 처음에 등장하는 성명聖明이라는 인물과 온화溫和라는 인물의 관계에 대해서는 '蓋明之有和如漢高之有張良也(대개 성명과 온화는 한 고조와 장량과도 같은 사이이다)'[27]라고 하여 두 사람에 대한 자세한 묘사 없이도 독자들은 이 두 인물의 성격 및 그 관계에 대해 알 수 있다. 호진虎振이라는 인물에 대해서는 '虎振之鬧小城如張飛之鬧長板(호진이 작은 성을 시끌벅적하게 한 것은 장비가 장판에서 들렌 것과 같다)'[28]이라는 말로, 양비亮秘에 대해서도 '亮秘則諸葛亮之類也(양비는 제갈량과 같

27 박태석, 앞의 책, 1915, 1쪽.
28 위의 책, 3쪽.

은 부류이다)'[29]라는 한 마디로 인물의 성격을 짐작하게 하는 것이다. 「한당유사」의 등장인물 중 비교적 생동감이 있는 인물들은 양비나 황공달黃公達 등이다. 이들은 주로 장자방이나 제갈공명을 연상시키는 인물들로 이러한 인물들에 대한 서술 역시 실제 장자방이나 제갈공명에 대한 서술과 매우 비슷한 분위기로 전개된다. 허구적인 등장인물을 기존의 역사적 인물들에 비겨 설명하고자 하는 시도는 고전소설의 인물 형상화 방법에 있어서 상용되던 방법이라고 할 수 있다. 예를 들어, 이도령을 두목지 혹은 왕희지에 비기면서 서술하는 경우도 이에 해당한다고 볼 수 있기 때문이다. 그러므로 앞에서 본 「한당유사」의 예는 작품의 등장인물의 성격을 잘 드러내 줄 수 있는 「초한전」이나 「삼국지연의」를 중심으로 해서 기존 고전소설의 인물 형상화 방식의 일부분을 더욱 적극적으로 수용한 것이라 할 수 있다.

협비에 의지해서 인물의 특징을 드러내고 있는 경우도 있다. 평점본의 특징인 협비는 주로 그 작품 혹은 그 문장에 대한 평자評者의 견해가 드러나는 부분으로, 작품에 대한 소박한 형식의 비평이라고 하겠다. 그러므로 이 부분은 소설의 흐름과는 별개의 것으로 이해되어야 한다. 협비가 있는 소설을 읽을 때, 독자는 작품의 문면 및 그 작품에 대한 평자의 견해까지도 함께 볼 수 있으며, 거기에 자신도 반응하고 있기 때문에 소설을 읽는 즐거움이 배가된다. 「한당유사」의 경우 종종 협비에서의 '이는 누구누구와 같다'라는 식의 언급을 통해, 그 인물의 형상화를 돕는 경우가 있다. 이명진의 경우 '與張飛之喝法相似好好',[30] 양비에게 세 권의 책을 주는 노인의 경우는 '與圯橋上老

29 위의 책, 25쪽.
30 위의 책, 5쪽.

人之語相似',[31] 목종의 경우의 '穆宗能弔死問孤招賢納士之故 ……'[32] 와 같은 예들이 여기에 속한다. 협비에 의지해서 인물 묘사를 도움 받는 경우 역시 「초한전」이나 「삼국지연의」의 인물들을 빌어온 것을 알 수 있다. 다만 이 경우들은 협비라는 양식의 특징상 묘사보다는 설명에 가깝다. 그러나 작품 속에서 인물에 대한 서술이 단지 협비에 의존하는 것만은 아니며 인물의 특징을 부각시키고자 하는 의도로 함께 사용된 것이다.

이 외에 「한당유사」는 명명법命名法의 알레고리를 통해서 그 인물을 짐작하게 하기도 한다. 성명聖明이나 온화溫和 등은 진정 성군聖君이며 충신이고, 기특奇特이라는 이름의 인물은 도술을 부릴 줄 아는 까닭으로 기이하고 특별한 사람인 것이다. 강우자姜牛子와 같은 경우는 소가죽을 쓰고 소가 될 뻔하였다든가 성괴언星怪言이라는 인물의 경우는 기이한 체험을 하고 그 말을 하니 다들 괴이한 이야기라고 한다든가 하는 예들이 그것이다.

이와 같은 방법들이 넓은 시간대를 다루는 「한당유사」의 인물 형상화에 기여한 것이 사실이다. 그러나 작품이 다루고 있는 시간대가 넓다 하더라도 「한당유사」의 인물 형상화가 위와 같은 방법에 의존하고 있다는 것은 인물들이 풍부하게 그려지지 않았다는 것을 의미한다.

31 위의 책, 27쪽.
32 위의 책, 28쪽.

3. 작가의 소설 인식 태도 및 작가 의식

1) 작가의 소설 인식 태도

이 작품에는 다른 사람에 써 준 서문 외에도 작가 본인이 쓴 두 개의 서문과 독방, 범례가 포함되어 있다. 서문은 물론이고 독법 및 범례에서도 작품 또는 소설에 대한 작가의 생각이 드러나 있으므로 본고는 이를 중심으로 작가가 소설을 어떻게 인식하고 있었는가를 고찰하기로 한다.

우선 작가는 망설임 없이 소설이 재미있다고 말하고 있다. 박태석은 '피라미가 조용히 헤엄치는 것, 이것이 물고기의 즐거움이다'[33]라는 장자의 말을 인용하면서 책을 읽는 즐거움을 언급하고 있다. 그런데 여기에서의 책이란 다름 아닌 소설이다. 즉 작가는 소설을 읽는 즐거움을 천명한 것이다. 물론 박태석 외에도 소설이 즐거움의 대상이라는 인식을 지닌 사람들은 있었다. 「한당유사」의 서문을 써 준 매학산인梅鶴山人[34]이나 「경화연」의 번역자인 홍희복의 경우가 그렇다. 그러나 아직까지도 소설이 재미있다고 말하는 것은 소설이라는 장르를 대수롭게 여기지 않는 듯한 태도를 보일 경우나 혹은 부정적

---

33 위의 책, 4쪽. '莊子曰 鯈魚出遊從容 是魚樂也 以此推之 書如水 人如魚 天眞活潑 隨興上下 其樂可勝喩哉.'

34 「序(梅鶴山人 謹識)」, 위의 책, 1쪽. 이 글에서 매학산인은 소설을 읽는 즐거움은 그 어떤 것으로도 비유하기 어렵다고 말하고 있다. "보는 이로 하여금 좋아서 밥 먹는 것도 잊게 하고 듣는 이로 하여금 헤하고 입이 벌어지게 하니 이때에는 세상의 어떤 예를 들어도 아마도 그 즐거움에 비유하기에는 부족할 것이다(使覽之者 欣然忘食 聞之者 怡然解頤 於斯時也 擧天下之物 似不足以喩其樂也)."

인 의미에서의 재미人災[35]를 암시하는 경우가 대부분이었다. 그런데 박태석은 이러한 가치 평가를 전제하지 않고 소설은 즐거움의 대상이라는 자신의 견해를 표명한 것이다. 다음은 작가 자신이 「한당유사」의 창작 이유를 밝힌 「한당유사서」에서 인용한 부분이다.

> 어떤 사람이 내게 묻기를 「한당유사」는 무엇 때문에 짓고 교정하고 했습니까 하니 (…중략…) 무릇 이 세상의 인생이 빠르기는 번갯불 같고 부질 없기는 물거품 같은데 울적한 마음을 달랠 방법이 없으니 정말 가련하다. 그래서 마음을 달랠 방법이 없는 중에서도 심심소일할 수 있는 방법을 만들어 내어 이것을 짓고 교정하고 평하고 한 따름이다 (…중략…) (이로써) 스스로 심심풀이를 삼으니 아울러 다른 사람과 후손들에게도 남기는 것이 무슨 안 될 일이 있겠는가 (或問於余曰 漢唐遺事 何爲而述之校之也 (…중략…) 夫人生此世 疾如石火 幻如泡花 而消遣無法 極可憐憫 故於無消遣之中 强生消遣法 述此而校之評之耳 (…중략…) 自以消遣而 兼遺爲他人與未來之人 亦何不可之有)[36]

작가는 서문에서 자신이 「한당유사」를 저작하게 된 동기를 밝히는데, 그것은 다름 아닌 '소견거리를 위해서'였다는 것이다. 그는 '허망하고 빠르게 지나가 버리는 세상에서 사람들이 한 군데 마음을 붙여 근심을 잊고 지낼 만한 것이 없음을 불쌍히 여겨 자신과 남을 위한 소견거리'로 이 작품을 지었다고 밝혔다. 윗글에서 작가는 동시대의 다른 사람만이 아니라 '미래지인未來之人'까지 염두에 두고 있음을 알 수 있다. 소설을 소견거리로 지었다는 것은 심심파적으로 지었다

35 김경미, 앞의 글, 80~81쪽.
36 박태석, 「한당유사서」, 앞의 책, 1쪽.

는 다른 고전소설 작가들의 말과도 상통하는 내용이라고 볼 수 있다. 그런데 박태석은 허망한 세상에서 사람들이 마음을 붙여 근심을 잊고 지낼 만한 것으로 소설을 창작한다고 하면서 자신의 소설 창작을 긍정적으로 인식하고 있다. 박태석은 작가에게 있어 소설 창작이 심심파적에서 비롯되었고 독자에게 있어서도 소설은 심심파적의 읽을거리라는 사실을 아무런 가치 평가 없이 이렇게 부담 없이 밝히고 있는 것이다. 비록 그가 이 소설이 단지 '소견거리로서만이 아니라 권징勸懲하는 자료로 쓰이기를 바라'[37]는 언급들이 보이고, 또 '패관 및 야사에서 누락된 부분을 보충하기 위해'[38] 이 작품을 썼노라고 하지만 이는 소설 창작의 관습적인 언사인 것으로 해석된다. '파적破寂의 계획으로 어찌 사람의 눈을 즐겁게 하랴?'[39]고 겸손해 하지만 그는 소설이 사람들의 울적한 시간을 심심치 않게 보낼 수 있도록 해 준다고 생각했으며, 그래서 「한당유사」를 지은 것이다.

이 점에서 당대의 다른 작가들과 박태석과의 차이점을 찾아볼 수 있다. 김소행이나 서유영 같은 작가들도 자신의 소설 창작을 비가 와서 할 일 없이 있을 때 쓴 것이거나 혹은 아플 때 심심파적으로 쓴 것이라고 대수롭지 않게 여긴다. 그러나 이들의 언사는 자신들이 소설

37 위의 글, 1쪽. "이 유사 한 권을 지으니 비록 말은 사람을 놀라게 하기에 부족하고 글은 사람의 마음을 즐겁게 하기에 부족하나, 보는 사람으로 하여금 단지 심심풀이의 대상으로만 삼는 것만이 아니라 징계의 단서가 되게 하고 싶다(述此遺事一帙 雖語不足警人 文不足以悅心 而使覽之者 不但資消遣之具 而亦欲爲懲創之端也)."

38 위의 글, 1쪽. "유사라고 한 것은 패관과 야사에서는 빠져 있으나 그 빠진 것을 보충하여 말을 만든 것이다(遺事者 軼於稗官野史 而拾遺寓言也)."

39 박태석, 「讀方」, 앞의 책, 3쪽. "이 책은 우연히 일 없는 틈에다가 작은 우주를 따로 만들어, 임금과 신하, 선과 악, 흥하고 망하는 일, 다스려지고 어지러운 일등이 가지런하지 않은 것 등을 스스로 옛 소설가가 한 것처럼 하여 울적한 마음을 달래는 방편으로 삼았을 뿐이니 어찌 사람의 마음과 눈을 즐겁게 하기에 족하겠는가?(此書 偶於閑隙 別設小乾坤 君臣善惡興喪治亂之不齊 以自附於古之小說家 而以爲破寂消之計而已 豈足以悅人心目)"

을 쓴다는 사실에 대한 변명의 성격이 강한 것으로 보인다. 이는 실제로 이들은 진지한 의식을 지니고 소설을 창작했으며, 김소행의 경우 자신의 창작 동기를 지작기를 통해 적극 표명했던 것을 상기해 보면 알 수 있다.[40] 이에 비해 박태석은 자신이 사람들의 소견거리로서의 소설 창작을 한다는 것을 자연스럽게 이야기하며, 자신의 소설 창작 행위를 가려야 할 그 무엇으로 생각하지 않았다. 가능하다면 권징의 수단도 되었으면 좋겠다는 바람은 덧붙이는 것이다.

이상의 내용을 종합해 볼 때 박태석에게 소설은 창작과 독서 두 경우 모두 오락의 대상이었으며, 작가가 이러한 태도를 적극적으로 표명하였음을 알 수 있다. 소설 장르에 대한 작가의 이러한 유연성은 소설을 교육의 수단으로 여기거나 금기시하던 것에 비하면 훨씬 진보한 것이라 하겠다.

2) 작가 의식

「한당유사」는 연의소설의 서사 양식을 따른 소설이므로 무엇보다도 작가의 역사의식에 대해 살펴보아야 할 것이다. 연의소설은 실사를 바탕으로 약간의 허구를 가미하는 소설이다. 그런데 「한당유사」는 완전히 허구화된 역사를 기술하고 있다. 작가는 이 이야기가 오대五代 때의 후한後漢과 후당後唐의 일[41]이라고 밝히고 있으나, 이는 실제 중국 오대五代의 역사와는 전혀 다른 이야기인 것이다. 허구화된

40 조혜란, 「삼한습유 연구」, 이화여대 박사논문, 1994, 32~41쪽.
41 박태석, 「한당유사서」, 앞의 책, 1쪽. "噫 夫漢唐者 非夫盛漢盛唐 而後漢後唐也"

역사를 기술해도 그 안에 작가의 의도가 숨어 있을 수 있다. 그러나 「한당유사」는 역사의 보편적인 진리가 드러나는 정도에 머무른다. 작품 속의 허구화된 역사를 통해 당대 사회나 역사를 비추어 보려는 진지한 노력 등은 찾아보기 어렵다.

남한, 청, 동한 삼국의 주도권 싸움이 주를 이루는 56회까지의 내용을 보면, 도적의 반란이나 전쟁이 일어나는 이유로 몇 가지 소재가 반복, 제시된다. 즉 임금이 충신을 멀리하여 환관, 후궁, 간신, 무녀 등이 발호하거나, 혹은 술과 기생에게 빠지거나 아니면 무리한 토목공사를 강행함으로써 민심이 이탈하는 경우 등이 그것이다. 그런데 1회부터 56회까지는 이야기의 진행 속도가 빠름으로 인해 대개 그 정황에 이르기까지의 상세한 서술 없이 이런 내용들이 번갈아 빈번히 등장하고, 그 결과 독자들은 실제 역사에서 부정적으로 기능했던 요인들을 작품을 읽으면서 환기하게 된다. 이러한 환기는 역사서나 「삼국지연의」 등을 읽으면서 얻었을 독자들의 기존 지식을 확인하는 작업에 가까운 것으로, 새로운 문제의식을 제기했다고 말하기는 어려울 것 같다.

19세기에는 중국의 역사만이 아니라 우리나라의 역사에 대한 관심이 고조되면서 우리나라의 역사를 소재로 하는 문학 작품들이 많이 창작되었다.[42] 신라나 조선의 사건을 소재로 한 악부시나 「삼한습유」, 「육미당기」 등 배경이 조선으로 설정된 소설 작품들의 출현이 그것이다. 「한당유사」가 중국 연의소설의 형식을 차용하고 허구화된 중국 역사를 기술하고 있는 것에 비해, 이들 작품들은 조선의

42 위의 글, 186~190쪽.

역사에 관심을 기울이고 있다. 이렇게 볼 때, 「한당유사」는 비록 연의소설의 형식에 충실하기는 하나 진지한 역사 인식을 보여 주는 작품이라고 하기는 어렵다.

또한 회전평回前評을 통해 권선징악勸善懲惡, 지은보은知恩報恩, 정도正道와 사도邪道를 가리는 문제, 어려움에 처한 사람을 구해 주는 의리의 문제 등에 대한 작가의 태도를 읽을 수 없는 것은 아니나, 그러나 작품 속에서 그 의미가 절실하게 부각된다고 말하기는 어렵다.

그렇다면 「한당유사」에 나타난 작가 정신은 무엇인가? 「한당유사」의 작가는 독자들에게 작품에 깃든 작가의 숨은 뜻, 정신을 찾아 달라고 부탁한다.

> 비록 이 책이 소략한 점이 많다 하더라도 보는 이는 그 비리하고 졸렬한 것을 논하지 마시고 다만 써 낸 일들과 기탁한 뜻을 보시는 것이 좋겠습니다.(雖此書 多有疎簡 覽者 且勿論其俚拙 但看所述之事與所寓之意焉 可也)[43]

> 글에는 살아 움직이는 곳, (사건을 막거나 열 만한) 중요한 곳, 앞뒤를 대조하여 균형을 잡는 곳, 높고 낮은 곳이 있어 만약 보는 사람이 작가의 뜻에 어둡다면 무슨 말을 하는지 알 수가 없다. (이는) 곧 키가 작은 사람이 구경을 하는데 다만 다른 사람이 말하고 웃는 것을 듣고 다른 사람이 하는 대로 따라서 말하고 웃는 것과 같다. 다른 사람이 좋다 하면 나도 좋다 하고 다른 사람이 좋지 않다 하면 나 역시 좋지 않다 하니, 어찌 답답함이 풀리겠는가? 글을 보는 것은 마치 사람의 관상을 보는 일이 겉모양이 아니라 오로지 정신을 취하는 것과 같

43 위의 글, 1쪽.

다(書有 生動處 關鍵處 照應處 起伏處 若看者 昧作者之意 不知爲何言 則如矮子看場 但聽人之言笑 而隨人言笑 人曰好 我亦曰好 人曰不好 我亦曰不好 亦何有於消遣 故觀書 如相人不以皮肉 專取神精)[44]

작가는 이 글에서 독자들이 자신의 숨은 뜻을 헤아려 주길 원했다. 그런데 위 예문은 보면, 이 숨은 뜻에는 작가가 전달하려 하는 주제 의식을 제대로 파악하는 것만이 아니라, 소설을 읽는 맛을 알면서 소설을 읽는 것까지도 포함되어 있다. 사건이나 인물의 행위에 대한 생생한 묘사, 사건의 빌미나 복선 등 서사의 진행상 중요한 부분, 사건의 앞뒤 맥락을 서로 비교해 가며 읽을 수 있도록 짜여 있는 부분, 어조의 높낮이 등등을 다 음미하면서 소설을 읽을 수 있다면, 이는 작가가 작품을 쓰면서 설치해 놓은 여러 소설적 장치들을 독자가 다 놓치지 않고 읽는다고 할 수 있다. 그리고 이러한 독서야말로 독자가 진정 소설의 맛을 알면서 작품을 읽는 것이라 하겠다. 바로 이러한 언급에서 박태석의 서문과 다른 고전소설 작가의 서문의 변별성을 찾을 수 있다. 다른 작가들도 소설을 흥미롭게 하기 위해 많은 소설적 장치들을 준비하고 있으나, 독자들에게 소설을 소설답게 읽는 방법에 대해서는 별로 언급하지 않았다. 박태석은 독자들에게 소설에 숨겨진 우언, 작품의 주제만이 아니라 자신이 마련한 소설의 맛을 찾으면서 읽어 줄 것을 당부한 것이다.

이 작품은 작가가 자신이 처한 현실에 대한 울분을 토로하고자 소설을 썼다기보다는 작품의 형식에 대한 작가의 관심에서 출발했다

44 위의 글, 1쪽.

고 보는 것이 더 타당할 것 같다. 작가 역시 스스로 '이 글은 옛사람의 설화를 답습하는 데에서 벗어나지 못했으나 배포排布는 스스로 생각해 낸 것이니 또한 족히 취할 바가 있다'[45]고 하는데, 이를 보면 작가가 내용보다는 있었던 내용 혹은 그 비슷한 내용들을 '이리저리 자리매김'하면서 구성상 이야기 배열을 적절하게 하는 데에 더 관심이 있었던 것으로 보인다.

작가는 자신의 표현에 대해서도 많은 관심을 가지고 있었는데 이는 주로 겸사와 연관되어 있다. 범례에서 예를 들어 보기로 한다.

> 허황되고 요상한 이야기는 (전거를 댈 만한) 근거가 없다. 그러나 천지간에 절로 이 일이 있어 기이한 일이 많이 전하는데, 걱정은 말을 구사하는 것이 유창하지 않아 잘 그려내지 못할까 하는 것이다(幻妖之說 係是無據 而天地間自有此事亦多傳奇 而患在措辭不暢 未能善形容耳)[46]

여기에서 작가가 언어 구사와 묘사와 같은 표현의 문제를 중요하게 생각하고 있음을 알 수 있다. 박태석은 소설의 작가로서 창작에 있어 세심한 부분까지 주의를 기울였다고 볼 수 있으며, 이는 작가적 자부심의 토대가 될 수 있으리라 추정된다.

> 이 책을 어찌 감히 삼국지, 동한연의, 서한연의, 수당연의, 남송연의, 북송연의 및 기타 서유기, 봉신연의, 서상기, 수허전, 열국지 등에 비하리요? 그러나 비록 이 책이 천하에 전하기는 불가하다 해도 한 나라에 전할 만은 하고, 한 나

45 박태석, 「독방」, 앞의 책, 4쪽. "此書 亦未免踏襲古人說話 而其排布 則自出機軸 亦足有取乎云爾"
46 박태석, 「범례」, 위의 책, 3쪽.

라에 전하기는 불가하다 해도 한 고을에 전할 만은 하고, 한 고을에 전하기는 불가하다 해도 한 집에 전할 만은 하니 보는 이는 구구하게 의논하지 마십시오(此書 何敢比於三國東西漢隋唐南北宋演義及其他西游封神西廂水許列國志等書哉 然此書 雖以不可以傳於天下 而可傳於一國 不可以傳於一國 而可傳於一鄕 不可以傳於一鄕 而猶可傳於一家 覽者勿苟議焉)[47]

「한당유사」의 「독방讀方」 마지막 항에서 작가는 몇 개의 연의소설 및 「서유기」, 「서상기」 등의 중국소설들을 열거한 후 '이 책을 어찌 감히 이 같은 중국소설들에 비하겠는가'라는 단서를 부치면서 그러나 결국 이 소설이 후세에 남길 만은 하지 않겠느냐는 작가 자신의 견해를 싣고 있다. 이는 자기의 작품에 대한 작가 자신의 자부심을 보여준 것이라 하겠다. 감히 중국소설에 비할 수 없다는 말은 어쩌면 독자들이 자신의 작품을 중국소설들에 한 번 견주어 주었으면 하면 작가의 바람의 표현일 수도 있다. 「한당유사」는 연의소설의 서사 형식을 완벽하게 재현하고자 노력했을 뿐만 아니라 평점본의 형식도 갖추고자 시도했다. 이로 미루어 「한당유사」 작가의 관심은 이러한 형식을 어떻게 새로운 이야기와 결합시키면서 여하히 잘 드러내는가 하는 부분에 놓여 있었음을 알 수 있다.

작가는 자신이 속한 세계에 대해 특화된 문제의식을 지니고, 총체적인 양상을 장편소설이라는 허구적 장치를 통해 그려내기에는 역부족이었던 것으로 보인다. 그러나 새로운 형식의 이야기라는 점에서 본다면 「한당유사」는 성공적이라고 할 수 있다. 위에서 본 바와 같이 작가도

47 박태석, 「독방」, 위의 책, 4쪽.

이야기를 담아내는 틀인 형식 및 표현에 많은 관심을 기울이고 있었다. 이 작품의 의의는, 한문 식자층에서 당대의 정통문학 장르가 아닌 소설을 창작하면서도 그 창작 행위에 대한 의미 축소 없이, 형식에 대한 관심을 적극적으로 모색하고 있다는 점에서 찾을 수 있다.

4. 결론—「한당유사」의 소설사적 의미

「한당유사」는 작품의 내용보다는 그 형식에 기울인 관심이 돋보이는 작품이다. 고전소설은 작품의 형식보다는 내용을 중심으로 향유되었던 경향이 있다. 현존하는 방각본 소설을 비롯, 필사본에서도 우리는 이 사실을 확인할 수가 있다. 대부분의 고전소설 작품들은 서사에 대한 관심 위주로 창작된 것이다.

창작의 경우만이 아니라 번역의 경우도 비슷한 양상을 보인다. 중국 회장체소설은 서사의 흐름을 고려하여 장과 회를 나누고 있다. 그런데 「재생연전」이나 「금향정기」와 같은 중국 회장체소설을 번역하는 경우, 우리말 번역자는 작품의 줄거리 위주로 번역을 하면서 이 소설들의 형식을 구성하는 요소들은 생략하고, 회와 장을 임의대로 변경하여 번역하였다. 이 역시 고전소설이 서사 자체에 대한 관심을 중심으로 하면서 발전해 왔음을 보여주는 것이다.

그러나 19세기에 이르면 더 이상 소설들이 단지 서사 위주로 향유되지 않았음을 알 수 있다. 물론 소설에 있어 서사 자체보다 더 중요한 것은 없으며, 서사가 잘 짜여진 작품이라면 그것은 소설로서 충분하다고 할 수 있다. 19세기에 이르러 소설들이 단지 서사 위주로 향유되지 않았다고 굳이 지적하는 것은 소설의 서사 자체보다 더 중요한 무엇이 등장했다는 것은 아니다. 이러한 지적은 소설의 유통이 더이상 제목과 이야기 자체만으로서가 아니라 소설도 하나의 책으로서 정비된 형태로 유통되기 시작했다는 점을 주목하는 것이다. 이는 소설이 더 이상 서민층의 이야기 문학의 형태만으로 향유되는 것이 아니라 하나의 독서물로서 자리 잡았음을 반증하는 것이기도 하다. 19세기에 들어서 산출되는 「삼한습유三韓拾遺」, 「육미당기六美堂記」나 「수산 광한루기水山 廣寒樓記」, 「한당유사漢唐遺事」, 「절화기담折花奇談」과 같은 작품들은 예전의 고전소설 작품에 비해 서사적인 측면 외에 그 형식면에서도 정비되는 양상을 보여 준다. 앞의 두 소설은 작품 앞뒤에 소설 창작에 대한 작가의 글을 싣고, 당대의 뛰어난 문인들이 서발序跋에 참여함으로써 형식을 갖추면서 소설에 무게를 더했다. 뒤의 작품들은 서序와 더불어 협비나 미비 등 중국 평점본의 양식을 도입하여 독자들에게 새로운 양식의 읽을거리를 제공하고, 특히 「한당유사」의 경우는 고전소설로는 드물게 연의소설의 서사 양식을 충실하게 도입하였다. 즉 19세기에 이르면 소설들이 공식화되면서 형식면에서 세련미를 추구하기 시작하였음을 알 수 있다.

「삼국지연의」를 비롯한 중국소설들이 조선 선조 이후 이미 많은 독자를 확보하고 있었음을 생각한다면, 연의소설 양식에 따른 소설 창작은 19세기의 독자들에게 더 이상 신선한 독서물이 아니었을 수도 있다. 그러나 「한당유사」 이전에는 국내 창작 작품 중에서 조대기로 쓰인 작품은 거의 없었다. 창작의 입장에서 본다면 이러한 시도는 소설 형식의 정비라는 19세기 소설 창작의 전반적인 흐름에 부응하면서, 형식면에서 잘 정비된 중국소설을 전범으로 하여 고전소설 독자에게 새로운 양식의 읽을거리를 제공하면서 고전소설을 다양하게 했다는 점에서 그 소설사적 의의를 찾을 수 있다.

제3장 유배서사로서의 「기우도奇遇圖」 연구

1. 서론

「기우도」는 기존의 소설 목록에서는 확인된 적이 없는 새로운 작품으로, 한글 필사본이며, 출판되기 이전의 원고 상태인 것으로 보인다. 「기우도」라는 제목은 가문소설을 연상하게 하나, 저자가 검토한 결과 이 작품은 오히려 신소설에 가까운 내용 전개를 보여 준다. 현재 남아 있는 「기우도」는 68회에 이르는 회장체 소설로, 원고지 매수 2천 장에 달하는 장편소설인데, 뒷부분은 누락되어 있어 원래는 더 긴 작품이었을 것으로 보인다. 한글 행서체로 세로로 썼으며 한 장당 평균 36행, 한 행당 평균 34자이며 총 320매이다. 또한 원고에 저자가 직접 원고를 다듬은 흔적들이 남아 있다.

이 작품의 소장자는 국어학자인 하정河亭 이강로李江魯 선생이다.

하정 선생의 증언에 따르면, 이 작품은 박세림(朴世霖 : 1925~1975)이라는 서예가가 자신의 부친이 쓴 글이라면서 하정 선생에게 전해준 것이라고 한다.

「기우도」는 장천민이라는 양반이 억울하게 옥사를 당하고 유부인을 비롯하여 그 가족들이 신지도에 유배되면서 시작한다. 그리고 손자 기연 덕분에 신원을 하고 흩어졌던 온 가족이 재회하기까지의 과정을 12폭 병풍으로 만든 후 〈혜월니사기우도慧月尼師奇遇圖〉라는 이름을 붙이는데 '기우도'라는 제목은 여기에서 비롯한 것으로 보인다. 이후의 서사는 주로 개화, 외국 유학, 부국강병에 대한 모색 등이 주된 관심사이다.

연구 결과 이 작품의 작가는 강화도 출신의 지식인 박헌용朴憲用으로 추정되는데 이는 강화학파와 한문 장편소설 작가와의 관련 양상에 대한 기존 논의[1]와도 연관될 가능성이 있을 것으로 보인다. 19세기 한문 장편소설의 작가들은 본격적인 교양물로서의 소설을 다수 창작하였다. 그런데 근대로 들어서면서 이 같은 19세기의 서사 전통과 지식인 작가들의 향방이 모호해진다. 한학에 능한 강화도 태생의 작가가 창작한 장편 거질 「기우도」는 19세기 지식인 작가들의 소설 창작에서 근대로 이어지는 문학사적인 흐름을 보여줄 수도 있을 것으로 기대된다.

본고의 목표는 일단 이 작품을 학계에 소개하고 작가 및 창작 연대를 고증한 후 작품 세계의 특징을 고찰하는 것이다. 그리고 그것을 토대로 전통 서사가 근대를 어떤 방식으로 수용하는지 또 이 작품과 강화학파를 연관 지어 볼 수 있는지에 대해 살피고자 한다.

---

1 장효현, 「19세기 한문 장편소설의 창작 기반과 작가의식」, 『한국 고전소설사연구』, 고려대 출판부, 2002, 366~371쪽.

2. 작가 고증 및 창작 연대 추정

1) 작가 박헌용의 생애

(1) 『강도지』 편찬자로서의 박헌용

박세림의 아버지 박헌용(朴憲用 : 1881～1940)은 밀양 박씨로, 자는 윤장允章, 호는 동관東觀이며, 강화도 사람이다. 서예가인 박세림에 대한 자료에 비하면 그 아버지인 박헌용에 관한 자료는 드문데 1932년 박헌용이 편찬한 『江都誌』(續修增補)가 남아 있어 우선 이 책을 중심으로 그의 삶을 살피고자 한다. 신활자본인 『강도지』는 앞서 편찬된 강화도에 관한 지리지가 모두 소략하였기 때문에 박헌용이 이들 자료들을 종합하고 자신이 수집한 자료들을 보충하여 상하 2권으로 편한 책이다. 이 책에 서문을 쓴 이들 중에는 이건방(李建芳 : 1861～1939), 정만조(鄭萬朝 : 1858～1936) 등의 이름이 보이는데 특히 정만조는 박헌용을 가리켜 '나의 벗余友'이라는 호칭을 사용했다. 또 이 책 마지막에는 황박연黃博淵이 쓴 「編述人略傳」이 있어 그의 생애를 짐작하게 한다.

> 그는 어려서부터 총명하여 8세 때 중국 역사서를 읽고 능히 이치를 깨달았고 아동 때 경전과 사서에 달통했으며 약관의 나이에 옛 시문을 공부했고 남쪽 지방을 다니며 산수 구경을 많이 하며 사람들과 두루 사귀었다. 26세 때 법률을 공부하고 졸업 후에는 강단에서 교편을 잡기도 하고 혹 사회에 도움을 주기도 하였다. 세 차례에 걸쳐 요동과 심양으로 다녔고 다섯 번에 걸쳐 평양과 의주를 섭렵했다. 가는 바가 많았으나 뜻에 합하지 않아 곤고하게 돌아왔다. 상

> 사인 경재 이건승이 일찍이 그의 시를 보고 "불평한 마음에 대해 지은 시가 더욱 좋다"고 하였다. 그는 사람됨이 헌칠하고 분명하였으며 헌걸찬 것이 장부의 모습이 있었다. 성품이 꼿꼿하여 세속에 아첨하는 데 구속당하지 않았으며 술을 실컷 마시면 담소를 잘 하였다. (…중략…) 군은 평소 옛것을 매우 좋아하여 무릇 패설 중 참고할 만한 것이 있으면 비록 한 조각이라도 반드시 철해 두었다. 일찍이 강도시선을 편찬할 때에는 자못 미미하게 숨겨진 것들을 드러내는 뜻이 있어 사람들이 그가 사가의 재주에 뛰어나다고 칭찬하였다.[2]

이 기록에 의하면, 박헌용은 전통 학문과 신학문을 두루 갖추었고 교사 생활을 했으며 중국과 이북을 자주 왕래했던 것으로 보인다. 또 산수 구경과 사람 사귀기를 좋아했으며 성품이 꼿꼿하고 풍채도 헌걸찬 장부였다고 한다. 그리고 옛것을 좋아하였던 그가 패승을 즐겼다고 했는데, 이때 패승이란 설화와 같은 이야기 문학을 지칭하니 그 가운데 고전소설이 포함되었을 가능성도 있다. 또한 그가 『강도지』 외에 『강도시문』이란 책도 편술했음을 알 수 있다.

(2) 개화기 애국지사로서의 박헌용

위 기록에서는 그가 중국과 이북을 여러 번에 걸쳐 왕래했다고만 했는데 그가 그곳에서 무엇을 했는지에 대해 말해 주는 자료[3]가 있다. 이 자료에 의하면 그는 1906년까지 한문학을 수업했는데, 그의

2 幼而聰慧 八歲讀漢史 能有所理會 成童通經史 弱冠學古詩文 遂南遊湖嶺間 多見好山水 遍交好人物 年二十六 治法律專門學旣卒業 或執鞭於講壇 或援桴於社會 三遊遼瀋 五涉浿灣 所如多不合困而歸 耕齋李上舍建昇 嘗見其詩曰 不平之作 尤善 君爲人頎而皙 軒昂有丈夫像 性骯髒不苟媚於俗每痛飮善談笑 (…중략…) 君素癖於好古 凡稗乘之有可以參考者 雖片隻 必掇拾之 嘗纂江都詩選頗得顯微闡幽之義 人稱其長於史家才也, 박헌용, 「編述人略傳」, 『속수증보 강도지』, 1932, 미상.

3 손순옥, 「동정 박세림의 서예술 연구」, 원광대 석사논문, 1996, 3~6쪽.

어머니 변씨卞氏 역시 지적인 소양이 있었던 여성으로 그의 아들 박세림은 어렸을 때 이 할머니에게서 천자와 한글, 『동몽선습』 등을 배웠다고 한다. 그리고 1907년[4] 5월 24일에 강화도 사기리沙磯里에서 이건승(李建昇 : 1858~1924), 권병효權炳孝, 이선제李善齊 등과 함께 계명의숙啓明義塾을 설립하고 교사가 되었다.[5]

그리고 1908년부터 1909년까지는 대한학회 및 대한흥학보에 글을 내어 조국의 앞날에 대한 열정을 보인다. 1910년 8월 26일 학부대신 이용식으로부터 고등부 교사 자격증을 받고, 1911년 1월 28일에 보성전문학교 법과를 졸업했으며 그 후 1913년에 사립 동덕여학교 교사, 1915년에 사립 양심여학교 교사를 하고, 1916년에는 만주로 건너가 이건방, 황기범 등과 독립자금 운반차 인천을 출발하여 안동현에 도착했으나 인천 고등계 형사에게 검거되어 1917년 서울 서대문 형무소로 이송, 7월 출옥 후 다시 검거되어 1922년에 출옥했다고 한다. 그 후에는 집에서 망국의 한을 품고 시문 활동을 하면서 1926년에는 『강도고금시선』을 편술하고, 1932년 2월에는 『강도지』 상하권을 편술했다. 그 후 1940년에 병으로 인해 세상을 마지게 되는데 이때 백범 김구 선생이 애도하면서 그의 아들 박세림에게 휘호를 써 주었다[6]고 한다.

---

4 손순옥과 심경호의 논문에서는 계명의숙의 설립 연대를 1906년으로 기술했으나 계명의숙의 창립 연대에 대한 신용하와 윤종영의 글에서는 그 연도가 1907년으로 되어 있다. 손순옥은 논거를 제시하지 않았고 심경호는 광무 11년 5월 24일이라고 했는데, 광무라는 연호는 10년(1906)까지만 있고 그다음 해인 1907년은 융희 1년에 해당하므로 이 역시 1907년으로 보는 것이 더 타당하겠다. 신용하의 자료는 강화도 답사에서 직접 구한 것이며 날짜까지 정확하게 명시되어 있으며, 윤종하의 자료 역시 강화학파에 대한 것으로 정보의 신빙성이 있을 것으로 보여 본고에서는 1907년 설을 따랐다. 신용하, 「계명의숙 취지서 · 창가 · 경축가 · 창립기념가 · 권학가 등」, 『한국학보』, 일지사, 1977, 291~292쪽; 심경호, 「19세기 말 20세기 초 강화학파의 지적 고뇌와 문학」, 『어문논집』 41호, 민족어문학회, 2000, 16쪽; 윤종영, 「문명견문기－강화학파의 발자취를 찾아서 (상)」, 『문명연지』 5권 1호, 2004, 232쪽.

5 『속수증보 강도지』 중 사립학교 편에 계명의숙에 대한 항목이 있으나 그가 이곳의 선생님이었는지 여부를 확인할 만한 언급은 없었다.

손순옥의 논문[7]에 의하면, 박헌용은 이건승, 이건방 등의 인물들과 꾸준히 교유하고 있었음을 알 수 있어 그가 강화학파의 영향을 받았을 가능성에 대해 생각해 볼 수 있게 하며, 또 중국으로 건너가서 독립운동을 돕다가 감옥에 갔다는 서술은 그가 항일운동에 어느 정도 가담하고 있었음을 알려 준다. 「편술인약전」에 모호하게 기록된 중국과 이북 방문 언급은 어쩌면 이러한 사건에 대한 우회적 표현일 수 있겠다. 『강도지』의 표현이 이렇게 모호한 것은 그 책의 출판 연대가 1932년이었기 때문에 편술자의 항일운동이나 이와 관련한 투옥 사실을 공식적으로 언표할 수 없었기 때문일 것이다.

이미 1908년, 1909년에 쓴 글에서도 조국의 앞날에 대한 그의 태도를 확인할 수 있는데, 1908년 11월 25일자 『대한학회大韓學會 월보』 제9호에 투고한 「기대한학회寄大韓學會」라는 글에서 그는 국가 사랑과 동족 교육과 관련해서 종교의 효력에 대해 언급하고 있다. 또 1909년 3월 20일 『대한흥학보大韓興學報』 제1호에 투고한 「사회진보재어종교지확립社會進步在於宗教之確立」이라는 글에서도 그는 '국가의 응결력과 주합력注合力이 종교에서 나온다'면서 국가가 흥하기 위해서는 종교가 중요하다고 주장한다.

> ① 종교는 무엇인가. 도덕심을 배양하고 평화력을 높여서 작게 말하면 인심을 인도하고 크게 말하면 국력을 증진하니 이를 지키면 이루고 잃으면 패하며, 믿으면 안전하고 등 돌리면 위태로워지고 의지하면 살고 버리면 멸망하는 것

---

6 손순옥, 앞의 글, 6쪽. 박헌용의 삶에 대한 손순옥의 서술은 그 행적에 대해 각주 처리하지 않은 부분들이 있는데 이는 아들 박세림의 증언 및 박세림의 수제자들의 증언에 의거했을 가능성이 높아 보인다. 그러나 그 내용들이 정확하고 상세하므로 신빙성은 있을 것이라고 판단된다.

7 위의 글, 3쪽, 5쪽.

은 동서고금의 역사를 보면 알 수 있다.[8]

② 우리나라에 종교가 서지 않았음은 알 만한 이들이 개탄하는 바이다. 기자 조선 이래로 허명은 유교를 숭상한다 하나 경전의 뜻이 심오하다 하여 중등 이하의 우매한 자제들은 그 도를 행하는 자가 매우 적고 중등 이상의 총명한 자제들은 행하는 자가 조금 있고 (…중략…) 유교를 헛된 문장만 숭상해서 실지로 이행하지 못한 까닭인 것이지 유교가 원래 열등해서는 아니다. (…중략…) 유교를 허문만 숭상하여 실지로 이행하지 못하는 까닭이고 유교가 원래 열등해서는 아니다. (…중략…) 그렇지 않으면 안식일마다 예배당에 가서 예수의 구원의 피로 죄악을 씻고 하늘을 공경하고 마귀를 물리치는 마음을 다하여 자유의 권리를 찾고 영생의 진리를 강구할 것이다.[9]

그가 매체에 투고한 것은 이 두 편이 전부인 것으로 보이는데 두 편 모두 종교에 대해 언급하고 있는 것을 보면, 박헌용은 국력 증진에 종교가 매우 중요한 역할을 할 수 있다고 여겼음을 알 수 있다. 그리고 그가 한학의 배경을 지니고 있지만 이때 종교란 유교만이 아니라 기독교까지도 포함하고 있어 흥미롭다. 또 그는 대한흥학보에 일정 금액을 기부했는데, 1909년 3월 20일 『대한흥학보』 제1호의 「제

8 宗敎란 者는 何요 道德心을 培養ᄒᆞ고 平和力을 敲盪ᄒᆞ야 小而言之면 人心을 輔導ᄒᆞ고 大而言之면 國力을 增進ᄒᆞ나니 此를 守之則成ᄒᆞ고 失之則敗ᄒᆞ며 賴之則安ᄒᆞ고 背之則危ᄒᆞ며 依之則生ᄒᆞ고 棄之則滅ᄒᆞᆷ은 古今同轍이오 東西如鑒이라, 박헌용, 「사회진보재어종교지확립」, 『대한흥학보』 2호, 1909.4.20(국사편찬위원회, http://nhcc.go.kr), 7쪽.

9 我邦에 宗敎가 未立ᄒᆞᆷ은 知者의 慨嘆ᄒᆞ는 바 ㅣ라. 奧自箕韓以來로 虛名은 儒敎를 尙ᄒᆞᆫ다 ᄒᆞ나 經傳의 文義가 深奧ᄒᆞ다 ᄒᆞ야 中等 以下 愚賤ᄒᆞᆫ 子弟는 行ᄒᆞᆫ 者 甚尠ᄒᆞ고 中等 以上 聰俊ᄒᆞᆫ 子弟는 行ᄒᆞᆫ 자 稍有하더 (…중략…) 儒敎를 虛文만 尙ᄒᆞ야 實地로 履行치 못ᄒᆞᆫ 所以오 儒敎範圍가 元來 劣等ᄒᆞᆷ은 아니로다. (…중략…) 不然이면 安息日마다 禮拜堂에 往ᄒᆞ야 耶蘇의 救血로 罪惡을 快洗ᄒᆞ고 敬天斥魔의 心力을 盡ᄒᆞ야 自由의 權을 覓ᄒᆞ고 永生의 眞理를 講究ᄒᆞᆯ 지로다, 위의 글, 8~9쪽.

일회 회계부 광고」를 보면 '朴憲用 一元五十錢'이라는 기록이 있다. 1906년에 그가 기독교계나 친일 세력이 아닌 강화학파의 이건승이 세운 계명의숙의 선생님이었다는 것과, 그 몇 년 뒤 언론에 적극적으로 투고하고 기부금을 냈다는 사실은 애국계몽기 지식인으로서의 그의 면모를 짐작하게 한다.

2) 작품 창작 연대 추정

「기우도」의 작가에 대한 고증은 이루어졌으므로 이를 염두에 두면서 이 작품의 창작 연대에 대해 추정해 보기로 한다. 작가 고증에서 소설 창작에 대한 기록은 찾을 수 없었으므로 우선 창작 시대를 알 수 있게 해 주는 지표들을 작품에서 찾아볼 필요가 있겠다.

이 작품은 공간 배경은 구체적으로 지시하고 있는데 비해 시간 배경에 대해서는 '구한말'이라는 표현을 사용한다. 시간 배경을 짐작하게 하는 표지들로는 임오군란, 대원군의 천진행, 우정국 낙성식 사건, 동학혁명 등이 있는데 이 중 동학혁명은 1894년에 일어났던 것으로 여러 사건 중 시기적으로 가장 후대에 속하는 사건이다. 그런데 서술자의 서술문을 보면 이보다 더 후대의 지표가 될 만한 정보들이 있다.

그것은 화폐 단위에 대한 언급인데, 장천민이 사기를 당하는 장면에서 '당시에는 량兩을 썼으나 지금은 환圜을 쓴다'[10]는 서술자 개입이 그것이다. 조선은 1901년 2월 화폐 개혁을 하는데, 그때 새로이

10 「기우도」, 5쪽.

'환'이라는 단위를 정하였다.[11] 그리하여 이때부터 고유한 화폐단위였던 '냥'과 1894년부터 정부에 의해 정식으로 사용하게 된 '원元'과 더불어 '환'이라는 새로운 화폐단위를 사용하게 된 것이다. 당시 1환은 5냥의 가치에 해당하였다. 그런데 작품에 보면 '5,000냥이 100환에 해당한다'[12]는 언급도 있어 량의 가치가 훨씬 떨어진 것으로 나온다. 환에 비해 량의 가치가 현격하게 절하된 것은 1905년에 실시된 '광무 9년의 화폐개혁'에 의해서이다. 이 개혁에서 우리나라의 화폐는 2분의 1로 가치가 절하되었고, 우리나라 사람의 화폐적 자산은 3분의 1로 감축당하는 금융 공황 현상이 일어났다[13]고 한다. 작품상에서는 1환이 50냥에 해당하는 셈이어서 '1환 = 10냥'이라는 1905년의 화폐 환산과는 차이가 있으나, 환에 대비하여 냥의 가치가 지나치게 평가절하되었다는 측면에서 보면 서술의 시점은 1901년 상황보다는 1905년 이후에 가까울 것으로 보인다.

위에서의 논의를 토대로 창작 시기를 추정한다면 작품 창작의 상한선은 1905년 이후가 될 것으로 보인다. 그런데 작가 박헌용의 생애를 보면 1922년까지는 대사회적인 활동을 주로 했고, 시문을 편집해 내고 강화도 지리지를 편찬하는 등의 저술 활동은 그의 말년에 집중되고 있음을 알 수 있다. 그러므로 원고지 2,000매를 넘기는 장편인 「기우도」의 창작도 그 말년의 저술 시기에 지어졌을 가능성도 배제할 수 없겠다. 여기에서 한 가지 생각해 보아야 할 것은 이 작품에서 드러나는 일본에 대한 태도가 결코 부정적이지 않다는 점이다. 작가

11 한국조폐공사 편, 『한국화폐전사』, 1971, 182쪽.
12 「기우도」, 77쪽.
13 한국조폐공사 편, 앞의 책, 214~218쪽.

는 개화와 신학문의 수용을 중요하게 여기는데 일본은 바로 개화를 위해 필요한 공간으로 등장한다. 물론 그렇다고 해서 이 작품에서의 일본 혹은 일본인이 이인직의 신소설처럼 적극적인 구원자로 그려지는 것은 결코 아니다. 다만 그의 항일 행적과 투옥 등을 생각해 보면 창작 시기가 오히려 1910년 이전으로 올라가는 것이 더 타당하지 않겠는가 하는 의문이 들기도 한다.

그러나 『강도지』에 서문을 썼던 정만조의 경우를 보면 이 같은 요소가 창작 연대를 추정하기 위해 절대적인 조건으로 작용한 것은 아니리라는 생각이 든다. 서문에서 박헌용을 '내 친구余友'라고 불렀던 정만조는 문장에 능한 조선의 관리였다가 1910년 이후에는 친일적인 성격을 띤 인물[14]이다. 그런데도 박헌용이 그에게 '내 친구'라는 호칭을 허락하면서 자신이 편찬한 책 서문을 쓰도록 한 것이 1932년으로, 이때는 이미 그가 출옥한 후인 것이다. 게다가 문학의 매개적 특성을 고려해 볼 때 작가의 항일투쟁 경험이 곧바로 작품 속에 반영된다고 단정 짓기는 어렵다. 그러므로 이 작품 창작 시기의 상한선은 1905년 이후로, 하한선은 그가 시문 활동을 열심히 했던 1920년 대 이후로 잡는 것이 타당하리라 여겨진다.

14 한국정신문화연구원 편, 『한국인물대사전』 2, 중앙일보사, 1999, 1989쪽.

3. 「기우도」의 서사 경개

이 논문은 「기우도」에 대한 첫 번째 연구이므로 작품의 전모를 제대로 전달하는 것이 무엇보다 우선되어야 할 과제이다. 그런데 「기우도」는 분량상 원고지 2,000매가 넘는 장편 거질이어서 서사 단락으로 제시하면 단락이 너무 길어져 오히려 서사 전개를 파악하기 어렵게 될 가능성이 있다. 그러므로 본고는 전체 작품 경개를 요약하는 방식으로 작품 줄거리를 소개하려고 한다.

이 작품은 장편이기는 하나 전체 서사는 크게 둘로 나누어 볼 수 있다. 전반부는 1회에서 35회까지로, 이 부분은 신지도로 유배를 가게 되어 몰락한 장천민의 가문을 회복하는 이야기가 주를 이루며 이 부분만으로도 한 편의 이야기로서의 완결성을 확보하고 있다. 전반부의 서사 공간은 신지도가 중심이며, 필요에 따라 서울, 안성, 공주, 일본 등이 등장한다.

뒷부분이 결여된 후반부는 36회에서 68회에 해당하는 부분으로, 이 부분은 주로 개화, 유학, 부국강병, 정치개혁 등의 문제가 주된 내용이며 공간 역시 조선만이 아니라 중국, 일본 등으로 확장되고 있다. 그러므로 본고 역시 작품을 두 부분으로 나누어 작품의 서사를 요약 제시하고자 한다.

1회~35회

강진 신지도 망양포 배 위에 있던 여승 정복과 남동생 정만이 밤중에 물에 빠지려던 한 여성을 구해 주고 충청도 공주 유구암으로 데려가는데, 정복은 풍랑에 남편을 잃고 그 몇 년 후 아들 경남수와 자신이 탄 배가 침몰해 아들과 헤어진 후 중이 되었던 여성으로, 그 전날 몽조가 있어 자살하려는 그 여성을 구하게 된 것이다. 자살하려던 여성은 장천민張天民의 부인이었다. 그들은 한 10년 전 경성 남장동南壯洞에서 유복하게 살았는데 세속 사람들과 교제하기를 좋아하지 않았으며 애초부터 과거도 안 보고 지내던 남편 장천민이 선영이 있고 부친이 군수로 있었던 안성으로 이사 가고자 했고, 그 과정에서 최선달이라는 작자에게 사기를 당하는데, 안성군수는 오징어 먹과 치뇌주雉腦酒에 대한 지식으로 이 사건을 해결한다.

그 후 박군수가 양주목사로 가고 새로 부임한 군수는 방효성의 아들 방대준을 새 형리로 삼는데, 아버지의 원수를 갚고자 하던 방대준이 염종선을 시켜 장천민 집에서 장천민이 수초手抄한 책인 『천추정안千秋正眼』과 『당우이지黨友易知』를 훔쳐서 동헌으로 가져갔다. 남인인 장천민이 당색 표시를 해 두었는데 소론이었던 군수는 장천민의 당색 표시에 불만을 품고서 경기안핵사와 공모하여 장계를 써서 장천민을 경성으로 잡혀가게 하니, 식구들도 다 따라서 경성으로 갔는데, 장천민은 옥에 갇힌 지 한 달만에 죽고 그 한 달 후 유복자 석영錫英이 태어났으며, 그 한 달 후 장천민의 처 유씨 일행은 전라도 강진군 신지도로 유배가게 된 것이었다.

유배지에서의 생활은 궁색하기 짝이 없는데 상처한 최치삼崔致三이라는 자가 유씨 부인에게 눈독을 들이니, 부인이 투신했다가 정복에게 발견된 것이다. 자초지종을 알게 된 춘매는 자기가 최치삼 집 일을 해 주고 석희, 석영 남매를 먹여 살리려고 결심한 후 관가에는 모르게 하고 석희, 석영 남매는 춘매와 함께 최치삼 집에서 살게 되었다.

그러다가 훗날 춘매는 최치삼과의 관계에서 딸 복랑(9살), 아들 복남(5살)을 낳게 된다. 딸 석희 역시 겁탈 위기에서 바다에 투신하는데, 마침 제주 조천포에 사는 정희도의 장사 배가 강진에 들렀다가 석희를 구출한다. 정희도 역시 석희 아버지의 현몽을 통해 석희를 구하게 된 것이다. 유부인은 혜월이라는 법명으로 중 생활한 지 10여 년 지났는데 그 와중에서도 박군수와 연락 닿을 길을 모색하던 중 절에 찾아온 공주 목사를 통해 박군수가 현재 경상도 동래부윤으로 있다는 사실을 알게 된다. 10월 기망에 혜월이 부산 동래 내성여관 홍씨 과부며느리가 바느질로 관아 출입을 한다는 것을 알고 그 여관에서 하루 묵으며 동래부윤을 만날 방도를 강구하는데 마침 과부며느리의 의동생이 관가에 청지기 및 통역으로 일을 하고 있어 도움을 받게 된다. 그런데 그가 바로 정복의 아들인 경남수로, 큰 객주를 하는 그 여자의 친정 아버지가 일본에 갔다가 경남수를 양아들로 삼아 데려왔던 것이다. 그 달 하순경 유구암에서 모자가 상봉하였는데, 경남수는 물에 빠진 후 일본 록아도에 사는 상인 남무길에 의해 구조된 후 그 딸 희주와 결혼했고, 강상현으로 이사하여 상사를 하며 지냈다.

11살이 된 석영은 취당 김창제 선생 집에 고용 노릇을 해 주기로 하고 그곳에서 글 공부를 하게 되니, 춘매는 정성으로 지원하고, 8년 후 19살 된 석영은 학문이 괄목성장하게 되었다. 취당선생은 귀양 왔던 할아버지 이후 이곳에서 정착하게 된 집안인데 석영에게 그간의 보수라고 하면서 돈 이천 냥을 주어 사업 밑천으로 삼게 했다. 석영은 목축업, 과수 재배 등을 시작하고 개간한 지 1년 후 황무지가 좋은 땅으로 바뀌니 어느 정도의 재산을 모았다. 이웃 강진 아전 출신 조상운에게는 18살에 과부가 되어 친정에 돌아온 옥순이라는 딸이 하나 있는데 석영을 좋아하여 연애할 기회를 엿보았다. 동네에 소문이 자자하자 취당선생이 석영을 불러 여색을 경계하라고 충고하니 내심 석영을 18세의 지적인 딸 동순東順의 사윗감으로 여기고 있었던 것이다. 취당이 석영에게 혼인 말을 꺼내고 비밀리에 혼인식 치렀다. 석영이 장가든 지 3일 후쯤 일본에 갔던 경남수가 다시 유구암을 찾아오고, 정복은 남수에게 강진에 가서 혜월의 자식들 소식을 알아봐 달라고 부탁하니, 10월 하순경 남수는 석영을 찾아가 13년간의 자초지종을 설명하였다. 두 사람이 의형제를 맺었고, 그 후 남수는 외가 소식을 알기 위해 고금도로 떠났다. 석영은 28살이 되었을 석희 생각을 하는데, 이때 석희는 시집간 지 8년째 되어 자식 셋을 둔 상태였다. 석희가 시집가게 되자 그 재산이 탐난 계모와 간부는 석희의 정절을 모해하여 시집에서 쫓겨나게 만들고자 하나 사실이 밝혀져 석희의 결백이 증명된다.

알리지도 않고 혼인한 석영으로 인해 옥순 역시 복수를 계획하고 석영 아내의 정절을 모해하려는 속임수를 공모하는데 옥순은 오히려 석영 아내의 재치로 망신만 당하고 동네를 떠난다. 취당 집에 선물로 큰 자라가 생겼는데 동순은 꿈에 살려달라고 애원하는 청의동자를 보고 그 자라를 놓아주고자 하여 대신 큰 생선을 한 마리 구해 놓고 아버지에게 알리고 자라를 놓아주었는데, 그 날 밤 동순의 꿈에 청의동자가 다시 나타나 고맙다고 하며 아들로 태어나겠다고 한다. 석영은 아버지의 원한을 갚을 수 있는 기린아를 낳게 해 달라고 기도하고 과연 아들을 낳으니 이름을 기연驥淵이라 하였다. 한편 최치삼은 춘매가 천한 신분 출신이라고 구박을 하니 춘매가 장석영에게 하소연을 하고, 마침 정복의 남동생이 들르자 자신도 같이 유구암으로 떠난다. 춘매가 고마운 혜월은 주-노의 관계가 아닌 형제지의를 맺고, 춘매는 정복의 동생 정만과 유구암 아래에서 같이 살게 된다. 하루는 제주도에 조정의 패초장이 도착해서 오교리의 귀양을 풀고 동부승지를 제수하니 4일 후 서울에 도착한다.

재산을 모은 장석영은 섬 사람들을 대접하면서 흥학계興學契와 권업계勸業契를 조직하여 교육과 산업 발전에 힘쓰도록 하자고 권면하여 서당과 작업장을 마련해 섬 발전에 이바지한다. 기연이 14세 되자 장석영도 해결 못 하는 산송 문제를 해결할 정도로 총명함을 보이고 이에 감탄한 석영은 기연이 15세가 되자 서울로 가서 장동 김부원군을 만나 자기 집안의 억울한 사정[15]을 신원할 방법을 찾아보도록 하면서, 가는 길에 유구암에 들르라고 한다. 기연이 유구암에서 할머니인 혜월을 만나고 금봉 모인 춘매와도 상봉했으며, 인맥을 연결하여 장동 사는 정승 김부원군에게 부탁하니, 임금이 죄안을 탕척蕩滌한 후 장천민을 은일참봉隱逸參奉에 추증하고 적몰했던 토지와 가옥 및 기타 재산을 환급하라는 전교를 내린다. 기연이 금동 편에 자기 부친 및 할머니께 이 소식을 편지로 전하라고 하니 금동이 혜월에게 소식을 전해 기쁜 소식을 알린다.

영변부사로 나가게 된 전날 오교리가 인사차 김부원군을 찾아오니, 김정승이 그에게 아들의 공부 친구를 소개해 주겠다고 하고, 며칠 후 오영변의 종제인 오봉사吳奉事가 와서 조카의 글 동접을 찾으러 왔는데 기연의 이야기를 듣다가 고모 일이 종형수와 같다고 생각하여 결국 기연과 석희가 만나게 된다. 석희는 기연을 앞세우고 유구

15 이는 평소 장천민을 싫어했던 안성군수 이씨가 장천민을 억울하게 당파 관련으로 몰아서 옥사시키고 가족을 신지도에 유배시킨 일을 가리킨다.

암으로 찾아가고 석영은 기연의 편지를 받은 후 재산을 정리하고 유구암으로 오게 되니 흩어졌던 온 가족이 비로소 재회한다. 정복은 가진 돈으로 건물을 늘려 짓고 그 건물 이름을 산사기우山寺奇遇라 했으며, 홍참봉이 화사를 소개해서 그림을 그리게 하고, 또 경성으로 가서 각 방의 현판 글씨를 지인들에게 받아왔다. 유부인은 다시 정복 만나 새로 지은 집을 구경했으며, 신지도로 유배 가는 광경부터 해배하여 온 가족이 다 만나는 과정을 순서대로 재현한 12폭 병풍 〈혜월니사일실기우도慧月尼師一室奇遇圖〉를 만들었다.

36회~68회

석영이 남수에게 금제역에 와서 같이 살면서 객주업과 부업을 하자고 권하고, 남수는 조선은 신식 교육을 배우고 무武를 강화하지 않으면 장차 멸망할 것이고, 조선 정치 개혁의 필요성 주장하면서 그렇지 않으면 일본에게 재촉당할 것이라고 피력하니. 이에 석영은 조정을 나무랄 것이 아니라 교육을 통해 국민들의 뇌를 개량해야 한다고 한다. 이렇게 모두 금제역에 모여 살게 되었고, 석영은 오영변 집에서 공부하는 기연을 데리고 와서 남수에게서 신학문과 일본어를 배우도록 했으며 금봉 또한 남수에게서 신학문을 배웠다. 석영이 아들 기연을 중국에 유학시키고자 하여 아들 의견을 물어 신교관과 한 집안이고 17세인 신태경과 정혼을 시킨다. 그 후 기연은 북경대학교에 입학했으며 금봉 역시 석영을 따라 북경으로 간다. 한편 장석영과 경남수는 육영의숙과 권업모범장을 세우자는 발의를 하고, 금봉 모는 여기에 후원자가 되었다. 동학은 진압했는데 무뢰배들이 동학도를 지칭하며 궁을부라는 부적을 써 가지고 다니고, 강진 고금도에 유배

갔던 전 안성군수 이씨가 동학으로 한 몫 잡고자 하여 정감록도 쓰고 축지법, 둔갑법, 미래예언, 천문지리 등의 재주를 과시하면서 자호를 청호靑虎라 하고 청낭원이라는 세력을 규합하였다. 그러니 조정에서 오영변을 삼남안핵사 겸 삼남초토사로 파견하였고, 오영변은 청낭원을 심문하여 청호에 대한 정보를 얻고 그를 체포하여 효수시킨다. 한편 김취당의 아들 동석이 서울로 가서 누이(석영의 부인)와 만나고 양주 수락산 송산촌에서 살기로 결정한 후 석영과 함께 신지도로 와서 취당을 모셔 간다.

석영의 부인 동순은 첩 두기를 원치 않는 석영에게 시어머니가 좋은 태몽을 꾸셨으니 나중에 들어와서 말없이 자라고 하면서 자기 대신 홍소사와 동침하게 한다. 다음 날 사실을 알게 된 석영은 대경하고, 원하지는 않았으나 첩을 두게 되었다. 그러던 중 장동 김판서는 석영에게 편지를 보내 인제현감을 하게 해 주었고, 석영은 부임하자마자 10년 동안 해결 안 되었던 치정에 얽힌 살인 사건을 처리하는데 그 과정에서 사형수 딸의 원한을 산다. 한편 경남수는 신교관과 친해지니 경성 갈 때 희주와 동행하였는데, 마침 같이 있던 태경에게도 희주는 비록 여자지만 배울 것이 많다면서 소개시켜 주었다. 신교관이 여성도 교육 받아야 한다고 주장하고 장기연이 신학문까지 겸비하게 되면 너같이 구식 여자가 처인 것을 부끄러워 할 수도 있다면서 태경이 유학가고 싶다는 것을 허락하니, 태경은 신교관과 희주의 도움으로 부모, 시부모 모르게 일본 유학을 떠나게 되었다.

장기연은 북경 예비과에 입학한 후 손보상의 집에 묵게 되었다. 그런데 건넌편 어사 진상호의 첩 동금선이 기연을 사모하고, 장문겸이 동금선을 사모하는 과정에서 살인미수 사건에 얽히게 되지만 결국 그 결백이 밝혀진다. 천안 유부인은 병이 깊이 들었는데 석영이 밤마다 목욕재계하기를 50여 일 하다가 하루는 희한한 꿈을 꾸었다. 즉 한 동자에게 이끌려 첩첩산중 금강산으로 들어가서 자신이 전생에 옥초沃焦 이처사였고 영원암 화룡도사에게 도술을 배우고 초막에서 선도仙道를 공부했다는 사실을 알게 되었고, 명부전에 이르니 상제가 그의 효성에 감동했다며 유부인의 목숨을 10년 연장시켜주고 병 고쳐 주겠다고 하면서 석영 역시 자기 부인을 죽게 한 전생 업으로 이생에서 30년 간 고초 당하는 것이며 부인 원업으로 한 번의 고초를 겪게 될 것이라는 사실을 알려 주었다. 꿈 깨어 유부인에게 가보니, 유부인이 간밤에 꿈을 꾸었는데 어떤 노인이 감로수를 주기에 받아먹고는 병이 나아 있었다.

영주 18세에 기연 24세인데, 약혼녀가 있다고 해도 영주는 기연의 첩이라도 좋다고 하면서 아니면 죽겠다고 하고, 결국 기연은 영주의 뜻을 받아들인다. 26세 되던 해 그는 북경대 문과를 졸업하고 당대 중국 문사들과 교류하며 인맥을 쌓고 이름이 중국 조정에 알려져 예문박사에 서임되었으며, 그해 가을 천진 부두에서 인천을 향해 출발하여 경성에 도착한 후 신교관을 방문하였다. 신교관이 기연에게 태경을 유학 보냈으나 그 이후 소식이 끊겼으며 태경의 모친은 딸이 기연에게 가 있는 줄로만 알고 있다고 하고, 기연의 부모에게도 거짓말했다고 알려 주었다. 기연은 영주와 손보상을 일단 머물러 두고 천안으로 출발하여 어머니와 재회하고 금봉 모에게 금봉은 내년에 졸업한다는 소식을 전해 주고, 희주를 만나 태경의 여비 등을 도와준 데 감사를 표하며 현재 행방을 물으니 희주도 모른다고 하면서 어떤 여자와 동경으로 갔는데 공부할 결심만은 매우 굳다고 했다. 이는 태경이 부모에 의해 조선으로 잡혀갈까 두려워 거짓말해 달라고 부탁했던 것이고 태경은 강산 청신여학교 고등과에 입학하여 잘 다니고 있었다. 일본에서 태경은 유학 왔다 한량으로 지내는 전라도 광주 사람 정학모의 속셈도 모르고 같은 조선인이라는 이유로 왕래하며 지내고 있었다.

장석영이 고성군수가 되어 인제로 간 후 천안집에는 경남수의 추천에 의해 안칠성 부부가 고용되었는데 안칠수는 40세로 용력이 뛰어나고 순덕이라는 딸이 있었다. 이웃에 도적떼가 동학당이라고 표방하며 침입하여 재물을 약탈하고 집에 불내고 부녀자를 욕 보였는데, 다만 석영네 집은 칠성이 5명을 제압하여 천안 읍에 신고하니 별탈 없었고, 그 5명을 심문하여 도둑들의 근거지인 공주 차령을 급습했는데 그중에는 서소사(금봉 모)의 아들인 최복남도 들어 있었다. 복남은 재물을 함부로 쓰는 천하의 난봉꾼인데 자신이 저지른 행동들은 생각 않고 어머니인 서소사가 금봉에게는 잘 대해 주고 자신은 박대한다면서 동학도에 투신한 것이었다. 강도죄인은 중형에 해당하는데 유부인은 그래도 신지노에서 살아남은 것은 복남 모 덕분이라면서 기연을 통해 서울 세도가에 손을 써서 복남을 데리고 왔다.

10월 하순 안성집이 장석영의 둘째 아들 봉연을 순산하였다. 한편 삼일포 부근에 갔던 장석영은 진사 고기황을 만난다. 고기황은 삼척으로 이거한 지 35년 되었고 청사선생이라고도 했는데 나이 40세에 우연히 도가서를 공부하고 양생수련했는데 장석영을 옥초거사라고 부르면서 자신이 전생에서 그의 도술 공부 스승이었다고 했다.

기연이 경남수와 의논하여 태경의 유학 사실과 경성의 영주 건을 부모에게 알린다. 후에 석영이 안성집과 봉연을 데리고 고성으로 출발하여 대관령에서 쉬는데 어떤 여자 울음소리가 났다. 남편 잃고 자살하려던 차라고 하니 불쌍히 여겨 고성으로 데려가는데 실은 유홍기의 딸로 장석영의 판결로 죽은 아버지의 원수를 갚기 위한 연극이었다. 석영의 꿈에 최금랑이 나타나 위험에 대처하는 법을 알려주니 석영이 그 문제를 무난히 해결할 수 있었다. 한편 학모는 지속적으로 태경에게 접근하면서 아는 일본인 여성(송희)과 공모하여 태경을 겁탈하려 하는데, 이 사실을 알게 된 강경옥은 태경을 의심하며 뒤를 밟았다가 태경의 노기 어린 목소리 및 칼날에 저항하는 소리를 듣고 경찰을 불러오게 한 후 자신이 급히 들어가 태경을 구했다. 이 와중에 태경은 칼에 찔려 병원에 입원하고 경찰에서 학모, 경옥, 송희 등을 심문하여 진상을 밝혀냈다. 그 후 강산일보에 신태경 사건이 실리니 태경을 위문하고자 하는 학생들의 방문이 이어지고, 정학모는 강간미수 겸 상해죄로 3년간 복역하게 된다. 그런데 명치대학 정치과를 졸업하고 조선 정치객과의 일로 인해 일본에 남아 있었던 오태현(오교리의 아들)이 마침 일본에 있다가 태경이 기연의 약혼녀임을 알고 찾아가 위문한다.

장석영은 과만이 되어 식구를 데리고 삼척 용화촌의 청사선생을 찾아가는데, 석영의 관상으로 보아 근간에 액운이 있을 것 같으니 자신과 팔경이나 보고 가라는 청사의 말에 식구는 청사의 친구 집에 맡겨두고 금강산 구경을 하게 된다. 금강산 구경을 하다가 석영의 전생을 아는 벽파선생이라는 자를 만나서 세 사람이 길을 가는데 대망이 옥초(석영)를 공격하려 하여 청사가 신장을 불러 죽였는데 이는 바로 유홍기의 후신이었고 또 길을 가던 중 이번에는 늙은 범이 달려드는데 청사 눈에는 여귀女鬼로 보여 신장을 불러 잡고 보니 옥초가 죽였던 전생 부인이었다. 도솔암에 가서 주지승에게서 옥초 부인의 무덤 자리를 알게 되니, 옥초는 제문을 짓고 봉분을 하여 원혼을 달래주었다.

그 후 석영은 서울로 향하고, 조정에서는 석영에게 당하정삼품통훈대부로 관직은 통례원 좌통례 겸 봉상시정을 내리니, 석영은 경성 혜화문 밖 돈암현 근처에 집을 구하고 천안의 식구들을 불러올렸다. 경남수와 서숙주(금봉 모) 일가도 경성으로 이사 왔는데, 오재철이 세도가를 탄핵하다가 그 일가가 함경도 경흥 땅으로 전가사변全家徙邊에 처해져 소식을 모르는 것이 안타까운 일이었다. 어느 날 석영과 신교관, 오참봉이 만나 갑신정변의 실패에 대해 이야기하다가 다시 우정국 개청식 같은 기회가 오기는 어려울 것이라며 안타까워하며, 용력 있는 의협아를 모을 필요에 대해 동의하였다. 또 장기연은 중국에서 돌아온 지 1년이 지났으나 시국이 이러하니 벼슬을 할 생각도 없고 뜻있는 사람들은 많이들 중국으로 망명했으니 동지를 규합하기도 어려웠다. 하루는 기연의 동지 세 사람이 왔는데 서로 꿈 이야기를 한 후 세 사람은 일본 시찰할 일을 말하고 기연은 중국 유람할 일을 말한 후에 헤어졌다. 결국 기연은 안칠성을 데리고 인천항에서 중국 상선 천진환天津丸을 탔는데, 이 여행은 정치적인 운동에 목적을 두고 중국 18성을 다 돌 계획으로 떠나는 것이었다.

4. 「기우도」 작품 세계의 특징

1) 전통적 서사와 근대적 요소와의 조우

「기우도」의 전반부는 유배지인 신지도를 중심으로 하여 몰락한 주인공 일가의 회복이 서사의 중심 내용인 반면 후반부는 중국, 일본 등으로 공간을 확대하면서 개화, 신교육, 부국강병 등에 대한 관심이 서사의 중심 내용이 된다. 즉 이 작품에는 고전소설의 전형적인 서사와 신소설의 전형적인 서사가 동시에 담겨 있는 것이다. 이렇게 내용은 양자를 다 포괄하고 있는 반면 형식은 흔히 신작 구소설 혹은 신소설의 형식적인 특징을 반영하고 있다.[16] 「기우도」 역시 마치 희곡처럼 서술과 대화가 분리되어 있고 괄호 안에 등장인물의 이름이 주어져 있으며 대사가 끝나면 행을 바꾸고 있다. 또 이 작품은 고전소설에 비해 공간이나 사건의 정황을 구체적으로 묘사하며 사실적인 정보들로 구성하려고 노력한 흔적들이 분명하다.

그런데 이런 변화가 보인다고 해도 이 작품은 고전소설의 서사 전통에 많이 기대어 있다. 신소설이 고전소설을 계승했다는 가장 대표적인 견해는 신소설 역시 영웅 일대기 구조를 따르는 작품들이 많다는 논의[17]일 것이다. 그러나 「기우도」의 경우 영웅 일대기 구조대로

---

16 신작 구소설 혹은 신소설의 형식적인 특징의 하나로 흔히 서술자와 화자가 분리되어 있고, 행을 바꾸어 준다는 점을 지적하는데 「기우도」 역시 이러한 방식으로 쓰여 있다. 이은숙, 『신작 구소설 연구』, 국학자료원, 2000, 57쪽, 92쪽.

17 신소설이 고전소설을 계승하고 있다는 대표적인 논의로는 조동일, 『신소설의 문학사적 성격』, 한국문화연구소, 1973 참고.

서사가 전개되는 것은 작품의 전반부에만 해당하며, 또 그 구조는 전반부에서 서사적으로 완결된다. 그러므로 본고에서 논하고자 하는 것은 구조보다는 사건이나 화소 등의 차원에서 이 작품이 고전소설의 전통적 서사 관습을 어떤 방식으로 수용하고 동시에 변화를 추구했는가 하는 점이다.

(1) 전통적 서사 요소의 지속적인 차용

「기우도」는 시대 상황에 맞는 서사를 지향하고 있으나 작품 속에 꾸준히 등장하며 이야기를 풍부하게 만들면서 읽는 재미를 강화하는 요소는 고전소설의 서사 전통에 기대고 있다. 이 작품에 등장하는 전통적 서사 요소는 현몽, 정절 모해, 송사 모티프, 전생담, 몽유록 등으로, 이 같은 요소들은 고전소설의 서사 관습에서 대표적으로 구사하던 것들이다.

이 중 현몽 모티프는 작품 초반부터 후반부까지 꾸준하게 등장하는데, 바다에 투신한 장천민의 부인 유씨를 유구암 여승 정복이 구하고, 제주 상인 정희도가 바다에 투신한 석희를 구하게 된 것은 모두 장천민의 혼령이 그들의 꿈에 나타나 미리 고지했기 때문이며, 장석영의 부인 동순이 죽게 된 자라를 구해 주자 그 날 밤 꿈에 청의동자가 나타나 태몽임을 알리고, 후에 고성군수로 간 장석영이 음모에 의해 죽게 되자 장석영의 판결에 의해 억울함을 해소한 최금랑이 꿈에 나타나 위험을 피하는 방법 등을 가르쳐 주는 것으로 되어 있다. 태몽을 제외한다면 현몽 모티프는 주인공들이 절체절명의 위기에 처했을 때 해결 방식으로 사용되고 있음을 알 수 있다.

여성 인물에 대한 정절 모해 역시 지속적으로 사용되는 모티프인데, 유부인과 장석희는 자신의 정절을 지키기 위해 바다에 투신해야 한 경우이고, 석희의 계모인 김씨부인은 석희의 재산을 탐내서 석희 남편이 석희의 정절을 의심하도록 만드는 거짓 편지를 쓰고, 동순의 경우 역시 석영을 사모했던 옥순에 의해 정절 모해를 당한다. 신여성의 경우도 예외는 아니어서 일본에 유학까지 간 신태경 역시 불한당에 의해 겁탈 당할 위기에 놓였다. 정절 모해는 주로 긍정적인 여성 인물이 당하는 사건인데, 구여성이든 신여성이든 간에 유부인, 석희, 동순, 태경은 모두 장씨 집안에 시집온 여성들이라는 점에서 공통점을 지닌다.

송사 역시 작품 초반부터 등장하면서 서사에 긴장감을 더하는 모티프로 작품 후반부에도 등장한다. 장천민이 당한 사기 사건, 정희도의 살인 사건, 유홍기의 살인 사건 등은 처벌이 제대로 내려진 경우이다. 장천민이 옥에 갇혀 죽게 되는 것 역시 송사에 해당하는데 그러나 이 경우는 책임자가 그 책임을 다하지 않은 데서 비롯한 것으로, 그 설명이 작품에서 두 번이나 반복된다.

현몽이나 정절 모해 혹은 송사 모티프가 신소설에서도 자주 등장했던 모티프였던 반면에 전생담이나 몽유록은 조금 더 고전소설의 서사 전통에 가까운 요소들이다. 이 중 몽유록 같은 요소는 67회에 기연이 뜻있는 세 명의 인사들과 비분강개한 대화를 나누는 대목에서 등장한다. 그중 한 사람이 자신이 꾼 꿈이 희한하다면서 이야기를 시작했는데 그 내용은 당시 영의정, 병조판서, 이조판서 등 벼슬아치 등이 흉측한 짐승의 모습으로 등장하는 것이고, 또 한 사람도 자신의 꿈 이야기를 하는데, 온갖 흉측한 모양의 귀신들이 싸움을 하는 와중에 키가 9척 되는 한 신장이 나타나 악귀들을 소멸하는 상쾌한 꿈이었고, 세 번째 사람의 꿈은 어느 모르는 곳에 새떼만 가득한데 그 가운데 가마 한 채가 서고 그 재상 역시 새떼를 구경하는데 보니 한재寒齋 박합장朴閤丈이어서 그에게 상황을 물으니 이것은 새나라 혁명운동으로 독수리와 같은 새가 주동이 되어 혁파할 대상들을 쫓아내고 개혁당 정부를 조직하는 것이라는 내용의 들었다는 것이다. 67회는 거의 이 세 명의 꿈 이야기로 채워질 정도로 묘사가 구체적이고 자세하다. 정치 우화로서의 성격이 강하게 전달되는 이 꿈 이야기는 신채호의 「꿈하늘」을 연상시키는 바가 있어 개혁을 꿈꾸는 등장인물들의 성격을 묘사하는데 적절한 선택이었다고 하겠다.

전생담의 경우는 장석영에게 해당하는 요소인데, 작품 후반부에 유부인의 득병을 계기로 등장하게 된다. 그는 어머니의 병을 고치고자 기도하는 중 자신이 전생에 옥초도사였다는 사실을 알게 되고 전생에서의 업에 대해 듣게 된다. 그 후 금강산을 여행하면서 만난 청사선생과의 교유에서 그의 전생담이 등장하는데 유람 공간 및 사건 묘사가 자세한 데 비해 작품에 얼마나 효과적으로 기능하는가는 미지수이다. 이미 후반부에서 장석영은 개화를 시양하는 인물로 형상화되어 있는데 상당한 분량에 걸쳐 그 인물의 전생담이 삽입되면서 서사의 방향에 오히려 방해 요소로 작용하는 경향이 있다.

(2) 시대에 부응하는 요소들의 적극적인 수용

이 작품이 근대와 조우하는 요소들은 신문물, 교육, 부국강병, 여성 교육, 재산 증식 및 치정과 같은 것들로 서사 방식보다는 내용에 해당하는 것이며, 주로 작품의 후반부에 치중되어 있다. 우선 신학문 수용에 대한 강조는 일본인의 양아들이 된 경남수와 장석영의 대화에서 주로 나타나며, 교육에 대한 의지 역시 신지도와 공주의 백성들을 교화시키는 과정에서 등장한다. 이때 교화의 내용은 경전 교육보다는 실용 지식과 실업을 권장하는 것이며, 여성 교육의 경우는 『내훈』류의 교육이 아니라 제도 교육에 의한 신학문을 교육하는 것으로 기연의 약혼자를 부모와 시부모 몰래 일본 유학시키고[18] 있다. 당시 조선의 정치와 관련하여 개혁이나 부국강병책을 고민하는 내용 역시 종종 등장하는데 이는 주로 석영과 기연을 중심으로 하고 있다.

물론 이 같은 요소들이 전통적인 서사 방식에 많이 기대고 있는 이 작품에 당시의 시대성을 부여하는 역할을 해 주기는 하나, 소설의 서사로 살아나는 것은 오히려 치정담[19]이라 하겠다. 위 내용들이 설명적으로 제시되는 반면 치정담은 구체적으로 묘사되기 때문이다. 물론 치정담은 전반부에서도 등장한다. 석영을 사모하던 옥순, 안총각, 김씨녀와 한정득의 이야기는 전반부에 해당하고, 기연을 사모하던 중국 고위 관리의 첩 동금선과 장문겸 사이, 노씨 부인과 그 집 머슴 이달성 및 유홍기 사이, 그리고 신태경을 겁탈하고자 치밀하게 계획하는 정학모의 이야기는 후반부에 등장한다.

대개의 신소설이 그러하듯 「기우도」 역시 전통적인 서사 방식과 근대적인 요소들을 결합시키고 있다. 그런데 새로운 시대를 준비하는 내용들이 그 분량에 비해 소설로서의 효과가 약한 반면 치정담이나 고전소설의 서사 관습에서 비롯한 요소들은 이야기로서의 미덕

---

18 1896년에 발행된 일본 잡지 『태양』 5호에 의하면 당시 조선에서 지원하는 일본 유학생 120명 중 여성이 4명이나 있었다고 한다. 김윤식, 「'정치소설'의 결여형태로서의 신소설」, 『한국학보』 31집, 일지사, 1983, 63쪽.

19 치정이라는 단어는 본디 부정적인 의미를 내포하고 있다. 그러므로 본고에서의 치정담에는 남녀 사이의 긍정적인 만남이나 연애담은 제외시켰다.

을 확보하고 있는 경우가 많았다. 물론 「기우도」가 미완의 작품이기 때문에 이렇게 단정 지어 버릴 수는 없지만 그러나 이 작품의 소설로서의 재미는 전통 서사 방식에서 힘입고 있다고 하겠다.

2) 중심인물들의 소극성

이 작품이 고전소설과 가장 극명하게 차별화되는 지점이 있다면 그것은 인물 형상화일 것이다. 이 작품에는 고전소설에 등장하는 것과 같은 영웅은 없다. 세상을 오예하던 주인공 장천민은 억울하게 죽고 그 아들 장석영은 양반의 후예이나 유배지 신지도에서 죄인의 아들로 미천하게 자라나서 자력으로는 그 섬에서 벗어나질 못하고, 그 아들 기연 대에 이르러서야 비로소 부친의 억울함을 신원하고 서울로 돌아가게 된다. 물론 기연은 뛰어난 재능을 지닌 인물로 그려지지만 문장 재주 외에 그가 문제를 해결하기 위해서 동원하는 것은 오로지 실세가 누구인지 정보를 알아내고 인맥을 만드는 방법을 통해서이다. 사건 해결은 기연 자신의 능력이 아니라 그 인맥의 시혜를 통해 가능해지는 것이니, 고전소설의 영웅성과 비교해 본다면 기연 역시 매우 왜소한 현실적인 인물형이다. 그런데 창작 시기가 후대인만큼 영웅성의 제거는 서사가 사실적인 방향으로 전개되는 것이라는 평가가 가능하다.

보다 주목해야 할 것은 중요 등장인물들의 소극성이다. 이 작품의 주요 등장인물들은 — 구시대 지식인이든 신시대 지식인이든 간에 — 현실에 대한 그들의 응전력이 세계의 전망을 열어가는 데까지 이르지 못하고 있다는 특징을 보인다. 구시대 지식인인 장천민은 죽음으로써 세상에 완전히 패배당하고, 역시 한학의 전통 하에 있는 장석영 역시 신문물이나 개화를 강조하기는 하나 성실하게 치산하여 재산을 모으고 아들을 중국 유학 시킨 것을 제외한다면 뚜렷한 사건을 만들지 못한 채, 전생담으로 귀의하고 만다. 그렇다고 해서 외국 유학을 한 기연이나 태경이 신시대 지식인으로서 능력을 발휘하는 것도 아니다. 그들 역시 유학하는 동안 남녀 문제에 얽혀 들어가는 과정이 확대되었을 뿐 그것을 제외한다면 별다른 사건이 없는 상태로 그려지는 것이다. 즉 그들은 구시대 지식인이든 신시대 지식인이든 현실 대응력 측면에서 무능력한 측면이 있다. 여기에서 문제는 이 작품이 그렇게 신교육을 강조하고 있음에도 불구하고 신학문이 문제 해결 능력으로 전화되는 과정이 보이지 않는다는 점이다.[20] 이는 작가가 신교육을 당위로 제시할 뿐 실제 정황 속에서 신교육이 사건을 해결할 수 있는 힘이 되리라는 전망을 확보하지 못해서일 가능성이 있다. 즉 신교육의 기능적인 수월성에 대해서는 분명한 인식이 드러나지만 그 지식 체계가 세계에 대한 응전을 가능하게 해 줄 이념을 제시하는 데까지는 이를 수 있다는 확신은 보이지 않는 것이다.

또한 이 작품에서는 선 / 악이 모호한 측면이 있다.[21] 분명하게 제

---

20 물론 구학문과 신학문을 비교하자면 구학문에 비해 신학문이 훨씬 필요한 것으로 그려지고 있다. 「기우도」 26회에 보면 7살 된 장기연이 할아버지인 김취당과 문답을 하는데, 김취당의 학문이 기연의 질문 앞에서 무색해지는 광경을 묘사한다. 이렇게 둘이서 백과전서적인 지식을 묻고 답하는 장면은 19세기 한문 장편소설의 한 특징이기도 하다. 성리학적 질서 하에서 동양의 전통 교양에 입각한 백과전서적인 지식을 논하는 이런 의논 장면은 결국 당시의 작가들이 자신의 지식을 과시하며 그 지식이 세상을 이해하는 데 유용하다고 여겼음을 시사한다. 그런데 「기우도」에 이르면 더 이상 구학문이 세상사의 질문에 답해 줄 수 없음이 폭로된다.

21 신소설에 대한 기존 논의에서도 신소설의 경우 텍스트를 통해 강조하고자 하는 '선'의 개념이 불분명한 상태에 놓여 있다는 지적이 있다. 김석봉, 『신소설의 대중성 연구』, 역락, 2005, 198쪽.

시되는 악은 탐관오리와 동학교도들이다. 이 작품은 처음부터 몇몇 세도가에 의해 문란해진 정치 및 탐관오리에 대해서는 매우 비판적인 입장에 서 있고, 동학을 사칭하는 무리라는 표현을 쓰기는 하나 동학교도라는 이름으로 등장하는 인물들은 모두 부정적인 인물들임에 분명하다. 이제 부국강병을 위해서는 세상에 개혁의 기운이 필요하다는 암시를 하면서도 그 정치적 입장이 어떠해야 되는가에 대한 언급은 찾아보기 어렵다. 그렇다고 결코 반외세적인 성격을 띠지도 않는다. 중국이나 일본도 새로운 문물을 교육받기 위한 중립적인 공간일 뿐이다. 보수 세력들이 조정을 차지하여 개화에 어려움이 있다고 하면서도 대원군에 대해서는 여전히 객관적인 서술 태도를 취한다. 몇몇 세도가에 의한 전권을 비판하면서도 유부인(장천민의 아내)이 춘매를 봐주고 싶을 때는 세도가에게 부탁하여 강도살인 죄인에 해당하는 그 아들을 빼내 주는 일화가 들어 있기도 하고, 비록 억울한 죄목이기는 하였으나 개인의 원한을 푸는 방법 역시 인맥을 동원하여 그 인맥의 힘으로 접근하는 방식을 긍정하고 있다.

더 나은 세상을 향한 인물들의 열망은 분명하게 암시되나 그 방법이나 가치는 아직 체계화되지 않은 상태에 머물러 있다. 그렇기 때문에 이 작품의 등장인물들은—구시대 지식인은 물론 신시대 지식인들도—진지하게 모색하긴 하지만 소극적인 대응 양상을 보이며, 그들의 구국 열망과 그들의 실상과는 거리가 있는 것이다.

5. 「기우도」에 나타난 유배서사의 특징

「기우도」의 후반부는 격동하는 시대에 지식인이 무엇을 할 것인가에 대한 모색과 고민이 드러나 있고, 몽유록과도 같이 몽유夢遊한 내용들이 우의적인 방식으로 제시되고 있는 장면은 표현과 내용의 긴장감을 확보하고 있으며, 낙질인 까닭에 장기연이 중국으로 가는 배에 오르는 데서 이야기가 끝나고 있기에 그 이상의 서사에 대해서도 기대할 수 있다. 그러나 후반부가 이미 원고지 1,000매를 넘기는 분량이라는 점을 염두에 둘 때, 후반부는 장석영의 전생담 및 장기연과 신태경의 남녀 문제 서술에 지나치게 많은 분량을 할애하면서 서사 전개의 탄력성을 잃은 감이 있다. 앞에서도 언급했듯 장석영의 전생담이 장황하게 삽입된다든지 유학 생활에 대한 서술이 연애로 점철되는 현상은 신문명을 지향하는 등장인물들의 발화 내용을 뒷받침하지 못하는 까닭으로 작품의 서사가 겉돌게 되는 결과를 초래한다. 즉 이 작품의 마지막이 보여주는 긴장감에도 불구하고 작품의 진정성에 대해 어느 정도 회의하게 만드는 측면이 있는 것이다.

이에 비해 이 작품의 서사가 실감나게 새롭게 읽히는 부분은 오히려 작품의 전반부이다. 작품 후반부에서 주장하는 신교육, 신문명, 개화의 중요성 등은 다른 신소설에서도 주장하는 내용들로서 「기우도」만의 개성적인 면모가 적다. 반면, 아직도 구학문의 질서 아래 있는 신지도에서의 유배서사를 다룬 전반부는 유배를 소재로 한 다른 작품에서 찾아보기 어려운 서사 전개라는 점에서 「기우도」만이 지니는 새로운 유배 서사라고 하겠다.

고전소설에서도 유배 사건은 자주 등장한다. 부모를 잃거나 전쟁을 만나거나 혹은 유배를 당하는 것은 고전소설 주인공이 그 실세를 만회하는 성공담을 보여주기 위해 결핍 상황을 만들어 주는 사건인 것이다. 그러나 그렇기 때문에 고전소설의 경우 유배 이야기는 많아도 정작 유배지에서의 생활상은 잘 드러나지 않으며 그곳에서 눌러 사는 주인공은 더더욱 찾아보기 어렵다. 유배지는 늘 떠나야 하는 공간이기에 한시적이며, 또 제시적인 서술 방식으로만 등장하는 공간이었다. 고전문학에서 소설보다 유배가 더 비중 있게 다루어지는 문학 장르는 시가 장르이다. 시가문학에서는 아예 '유배가사'나 '유배시조' 등으로 하위분류를 하기도 한다. 그런데 유배문학의 대표적인 작품이라 할 수 있는 고산 윤선도의 「어부사시사」 같은 경우, 그곳에서 그려지는 유배 생활은 실제 삶의 현장과는 거리가 멀다. 주지하듯 강호가도류의 자연은 사대부들이 이상적으로 여기는 도道의 구현체이기 때문이다. 이렇듯 고전소설에서나 고전시가에서나 유배에 대한 기술은 관념적인 것이었다. 그런데 「기우도」의 유배 서사는 실제로 조선시대 유배지에서의 생활상을 그려내고자 한 것으로 보인다.

우선 주인공들의 몰락함, 궁색함, 비참함 등이 여과 없이 재현된다. 고전소설이라면 가문을 회복할 것으로 기대되는 인물인 장천민이 유배지로 떠나기도 전에 옥사하고, 그 가족들만 유배지로 떠나게 되는 것부터 고전소설의 서사 관습과 차별화되는 지점이다. 장천민의 부인은 양반이지만 심각하게 의식주를 걱정해야 하며, 살기 위해서는 중인인 최치삼의 눈치도 봐야 하고 심지어 죽음을 결심하기 전까지 그로 인해 성적인 수치감도 경험해야 한다. 신지도의 유학자로 그려지는 김취당의 경우는 조상이 그 섬으로 유배 왔다가 눌러 앉은 경우이다. 섬에서 유학자로서 학문을 일삼으며 사는 그의 모습은 실제로 유배지에서 저술 활동을 했던 유학자들의 일상을 연상시키기에 충분하다. 정약용의 경우도 유배지에서의 저술 활동이 중요하게 거론되나 초점은 저술 그 자체에 맞춰져 있을 뿐 유배지에서의 구체적인 일상은 잘 드러나지 않는다.[22] 이에 비해 의식주, 서당 교육, 자식들의 혼인에 대한 태도 등을 사건을 통해 장면화하고 있는 「기우도」의 인물 묘사는 섬에서 유학자로 살았던 이들의 일상을 보여준다.

「기우도」 유배 서사의 핍진성은 정황에 대한 구체적 묘사는 물론이고 사건을 풀어가는 방법에도 힘입고 있다. 그것이 정절 모해이든 혹은 치정에 얽힌 송사가 되었든 간에 사건담마다 등장인물들[23]의 악한 의도가 어떤 방식으로 전개되고 해결되는가가 궁금해지도록 만드는데 이는 그 서사가 추리소설의 구조와 유사하기 때문이다. 즉 사건 초미에 그 등장인물이 노리는 바가 무엇인지는 분명하게 제시해 놓고 나서 그가 그 과정을 어떻게 수행해 나가며 선한 인물들은 그 곤경을 어떻게 해결하는가를 보여준다. 독자들에게 사건 해결의 호기심을 일으키는 대표적인 사건은 장천민이 당한 사기 사건을 안성군수가 해결하는 대목에서이다. 장천민의 종 만쇠가 마신 술은 도대체 무엇인지 장천민이 받은 가짜 영수증은 또 어떻게 증명할지 등의 궁금함이 오징어 먹,[24] 치뇌주 등에 대한 구체적인 정보로 해결되

22 임형택이 소개한 「남당사南塘詞」라는 작품을 보면 '홍임이 모'라는 인물이 등장한다. 이 여성은 정약용이 유배지에서 첩으로 데리고 살았던 여성일 것으로 추정된다. 다산은 해배가 되었을 때 이 딸을 데리고 가지 않았던 것으로 보이고 이 여인 역시 버림받았을 것으로 보이는데, 이런 정황은 유배지에서의 다산의 일상생활을 잠작하게 하는 자료이다. 그런데 다산 연구의 초점은 주로 다산의 학문에만 맞춰져 있으며 유배지에서 그의 일상생활은 거의 알려지지 않았다. 임형택, 「신발굴 자료 「남당사南塘詞」에 대하여」, 『민족문학사 연구』 20, 민족문학사학회, 2002 참고.

23 이런 인물들은 대개 일회적인 등장에 악역을 감당한다는 특징을 지니고 있다.

는 과정 자체가 독자들의 호기심, 추리하는 재미를 충족시켜 주는 것이다. 그리고 이 과정은 주로 등장인물 간의 대사로 채워지는데, 신소설의 대화가 '정보 전달과 은폐'라는 범죄 추리 소설의 특징적인 면모를 지녔을[25] 뿐 아니라 대사 한 마디 한 마디로 정황을 재현하는 방식은 사건의 정황을 핍진하게 전달하는 효과가 있다.

게다가 이 작품 후반부의 여러 사건들이 한 방향으로 수렴되지 않은 채 계속 여러 방향으로 확산해 가는 데 비해 전반부의 유배 서사는 확실한 서사의 추동성과 일관성을 보여준다. 유배지에서의 서사는 등장인물들의 의지와 행동의 방향이 일치하며 주된 추동 방향을 만들어 나간다. 이는 곧 작품 전반부의 사건들이 몰락한 장천민 일가의 회복과 흩어진 가족들의 재회를 향한 데서 비롯하는 것이며, 영웅일대기 구조를 차용하고 있는 데서 비롯하는 힘이기도 하다. 구한말을 배경으로 하고 있는 「기우도」의 유배 서사는 김취당과 장석영의 삶을 통해 고전문학에서는 보기 드물게 도서島嶼 지방으로 유배 간 양반들의 일상생활을 그리고 있을 뿐 아니라 서사로서의 흥미를 확보하는 데도 성공하였다.

24 오징어 먹으로 쓴 글씨는 시간이 지나면 사라진다는 「기우도」의 설정은 이빙허각이 쓴 『규합총서』에서도 확인되는 사실이다. 이빙허각, 정양완 역, 『규합총서』, 진보재, 2003, 60쪽.

25 김석봉, 앞의 책, 106쪽.

6. 결론—「기우도」의 소설사적 의미

앞에서도 언급했듯 「기우도」는 유배서사가 특징적인 작품이다. 그런데 박헌용의 고향인 강화도 역시 유배지였고, 강화도에서 학문의 계통을 이어 갔던 강화학파의 인물 중에도 섬으로 유배를 간 사람들이 많았다. 예를 들어, 영조 31년(1755) 나주벽서사건으로 인해 이광명의 형제 및 자손들은 변방이나 섬으로 귀양 가 그곳에서 생을 마감하고 가솔들은 유리걸식하는 비참한 모습으로 전락했으며,[26] 역시 하곡의 학문에 심취하여 강화도에 거주했던 원교 이광사 역시 전라도 신지도로 유배되어 그곳에서 생을 마감하였다.[27] 강화도와 밀접한 인사들의 이런 유배의 예들은 「기우도」의 유배 서사와 그 양상이 매우 비슷하다. 뿐만 아니라 「기우도」에는 장석영이 신지도에서 산을 사서 과수와 약초를 재배하여 재산을 모으는 과정이 그려져 있고, 흥학계興學契와 권업계勸業契를 조직하여 섬을 교화시키는 내용이 나온다. 그런데 박영효의 예를 보면 유배지에서도 이 같은 일들을 했던 것으로 보인다. 박영효는 제주도로 유배 갔을 때 그는 소득이 낮은 재래 농업 양식에 변혁을 일으켜 보고자 2만 4천여 평의 넓은 땅을 구입해서 과수를 재배하고 원예를 가꾸었으며, 청소년을 대상으로 꾸준히 계몽활동을 했다고 한다.[28]

그런데 계명의숙의 교장이 이건승이었고, 사기리는 이건승의 할

26 윤종영, 앞의 글, 267쪽.
27 위의 글, 274쪽.
28 홍순만, 「조선 말기 제주도의 유배인과 형사제도」, 『제주도연구』 3집, 제주학회, 1986, 67쪽.

아버지 이시원(李時遠 : 1709~1866)의 고향이며 박헌용이 계명의숙의 교사이자 이건방과도 교유한 것을 생각해 보면 박헌용 역시 강화학파의 영향을 받았을 것이다. 강화학파의 영향이 작품에서 드러나는 예로는 동학에 대한 서술자의 언급을 들 수 있는데, 「기우도」에서 동학도들은 세상을 속이는 도적이나 강도의 무리처럼 그려진다. 박헌용은 개화와 신교육을 지지하는 인물이었지만 민중을 개혁의 주체로 인정하지는 않았던 것으로 보인다. 강화학파 역시 동학에 대해 부정적인 입장을 견지하는데 그 대표적인 인물이 이건창(李建昌 : 1858~1898)으로, 그는 동학도들을 가리켜 '비적匪賊'이라고 불렀다.[29] 강화학파는 보수적인 입장을 견지하는 개혁파였고 박헌용도 이 노선을 따랐던 것으로 보인다. 「기우도」의 서술자 역시 성리학적 질서를 인정하면서 개화를 추진하며 역사의 주체는 양반들이 감당해야 할 몫으로 설정한다. 그러나 작가의 이런 성향이 곧 부정적인 것이라고 단정 지을 수는 없다. 왜냐하면 성리학적 질서를 거부하면서 계몽을 주장했던 이광수나 최병도 같은 양민을 역사의 주체로 세웠던 이인직이 결과적으로는 너 노골적인 친일 행각을 벌였던 반면 박헌용은 항일운동으로 인한 수감 생활 후 저술 작업을 하면서 여생을 마무리했기 때문이다.

그렇다면 개화에 대한 박헌용의 태도는 어떠했을까. 물론 「기우도」의 서술자는 개화를 적극적으로 지지하였다. 그런데 작품을 보면 당시 지식인들이 지녔던 근대에 대한 대응이나 개화에 대한 태도 등을 짐작케 하는 단서들이 포착된다. 우선 이 작품이 크게 두 부분의 서사로 나

29 심경호, 앞의 글, 23쪽. 구한말 지식인이었으며 강화학파와도 교류가 있었던 매천 황현 역시 그의 저서 『매천야록』에서 동학교도들을 가리켜 '도적匪'이라는 표현을 쓰고 있다.

뉜다는 점이다. 전반부는 구한말을 배경으로 하고 있으며 고전소설의 서사를 변용한 정도의 이야기이다. 이에 비해 후반부는 근대 혹은 애국계몽기를 배경으로 하고 있으며 내용 또한 신소설에 가깝다.

한 작품이면서 전혀 다른 두 가지 서사가 맞물려 있는 것이다. 구한말의 전통적인 서사를 거쳐서야 비로소 근대 공간이 열리는 서사가 선적인 전개 방식에 의해 펼쳐진다. 두 가지 이야기는 전통적인 서사 관습의 공유로 일관성을 유지하기는 하나 분리된 두 개의 세계를 보여주는 것이다. 문명개화를 지지해도 그것은 전통의 시간과 관습을 관통한 후에라야 가능한 서사였다.

뿐만 아니라 이 작품에 나타나는 또 다른 분리 현상으로는 유학을 통해 얻는 지식과 유학생들의 삶의 괴리이다. 앞에서도 언급했듯 기연의 유학 생활은 주로 연애 서술에 할애되고 막상 중요 인사들과의 인맥 맺기 등은 한두 문장으로 처리될 뿐이다. 더 문제인 것은 신태경의 경우인데 그녀는 양가 부모를 다 속일 정도로 무리스럽게 유학을 선택하였다. 그런데도 태경의 일본 유학 생활은 정학모에 의해 모해당하는 과정을 그리는 데 치중하며 태경이 유명해지는 것은 그녀의 전문 지식 때문이 아니라 목숨을 걸고 칼에 세 군데를 찔리면서까지도 정절을 지켰다는 이유 때문이다. 서술자는 그렇게 신교육, 여성교육, 유학의 중요성에 대해 적극적인 지지를 보냈으나 막상 그들의 유학은 지식의 힘과 연결되지 못한 채 소모된다. 이것은 작가가 지닌 사고의 관념성을 반영한 것이라고 볼 수 있겠다. 둘로 양분되는 서사와 유학에 대한 피상적인 이해는 당시 우리나라 지식인들의 개화에 대한 이해와 당시 조선의 개화의 모습을 보여준 것으로 이해할 수 있겠다. 즉 조선이 근대 공간으로 이행하는 과정에서 겪는 아노미가 작품 속에서는 분리와 괴리로 나타난 것이다.

그런데 이런 요소는 어쩌면 작가의 진정성을 드러내는 것일 수도 있다. 즉 작가가 성리학적 질서가 아닌 새로운 질서를 받아들여 내면화하는 과정, 일본에 의해 주어지는 신문명을 긍정하면서도 정치적으로는 아직 방향을 못 잡은 채 모색해야 하는 혼돈의 상황이 전통의 시간을 한 번 관통해서 근대로 이행하는 서사로 나타난 것이며 모색 단계에 있는 것을 억지로 종료시키지 않았을 가능성도 있다고 생각하기 때문이다. 그런 점에서 전통 서사의 관습들을 계승하면서 시대에 대응하는 방법을 모색하고자 하는 이 작품은 지식인 작가에 의해 창작된 19세기 한문 장편소설의 근대 이행형을 보여주는 것이라 하겠다. 「난학몽」의 작가 정태운(鄭泰運 : 1849~1909)과 박헌용(1881~1940)의 생몰연대를 보면 둘 사이의 시차는 겨우 30년 정도에 불과하다. 애국계몽기에 새롭게 창작되는 신작 구소설이나 신소설들도 많고 또 새롭게 발굴되는 작품들도 있으나 그 소설 중 19세기에 현상적으로 등장했던 지식인 작가들의 맥을 잇고 있는 작품이 무엇인지를 추적할 수 있는 자료들 만나기는 어렵다. 그런 점에서 볼 때, 본고에서 처음 발굴, 보고하는 「기우도」는 19세기 지식인 작가들이 창작했던 장편소설의 맥이 근대 공간에서 어떤 방식으로 이어지고 어떻게 전통 서사와 근대 공간이 조우했는지를 보여주는 자료라는 점에서 소설사적 의미가 있다고 하겠다.

제4장 좌절과 모색의 경계
—개화 지식인 의전宜田 육용정陸用鼎의 인물전 연구

1. 서론

의전 육용정(1843~1917)은 충청도 청산현 사람으로, 그의 집안은 대대로 무반에 속하였으며, 조상 중에도 유학으로 이름이 높았던 인물은 찾기 어렵다. 그의 아버지 육병규陸炳圭 역시 학자나 문인의 면모와는 거리가 멀었던 것으로 보인다. 이렇듯 그의 집안은 유자로서의 가학家學의 전통은 약했지만 경제적으로는 넉넉했던 것으로 짐작된다. 육용정의 학문은 어머니의 친정 종제從弟인 이병선李秉善의 영향하에 이루어진 것이다. 이병선은 성리학만이 아니라 천문학, 수학, 의학 등의 학문에 대한 저술도 남겼다. 또 육용정은 당대의 저명한 성리학자 임헌회任憲晦에게서도 수학할 기회를 얻었으며, 또 금예錦藝 박선생朴先生[1]에게서도 가르침을 받았는데, 그러나 주된 영향은

25년 동안이나 가르침을 받은 이병선에게서 비롯한 것이다. 육용정은 이병선의 영향과 더불어 다양한 서적을 통해 당대 서양의 제도와 문물에 대한 지식을 쌓을 수 있었다.[2]

1894년 무렵 서울로 거처를 옮기기 전까지 줄곧 충청도 청산현에서 살았던 육용정의 이름이 알려지게 된 계기는 김윤식(金允植 : 1835~1922)이 귀양을 오게 되면서부터이다. 이때 육용정의 아들인 육종윤陸鍾允[3]이 김윤식의 문하에 드나들면서 자신의 아버지인 육용정의 저술들을 그에게 보여준 것이다. 김윤식은 육용정의 『의전기술宜田記述』에 서문을 써 주었고, 그 지식의 박식함을 칭찬하였다고 한다.[4] 육용정에 대한 학계의 관심은 『의전기술』을 중심으로 한 것으로, 개화 지식인과 동도서기론東道西器論을 중심으로 한 사학계의 연구[5]가 기존 연구사의 중심을 이루고 있다. 『의전기술』은 19세기 후반 조선 지식인의 개화론으로서는 드물게 조직적인 체계를 갖춘 저서로 평가받는 저술[6]이다. 그런데 육용정은 『의전기술』 외에도 다수의 시와 문들을 남겼고, 스스로 그 글들을 모아 『의전문고宜田文庫』로 편찬하였다. 그의 문학에 대한 학계의 관심은 상대적으로 소략하여 문학 쪽

1 이 인물에 대해서는 기존 연구나 육용정의 문집의 관련 글들에서도 구체적인 정보가 보이지 않는다.

2 육용정의 집안 내력과 스승 및 학문에 대해서는 백승종, 「『의전기술』을 통해서 본 육용정의 개화사상」, 『동아연구』 18, 1989, 43~50쪽; 민회수, 「1880년대 육용정의 현실인식과 동도서기론」, 『한국사론』 48, 2002, 114~117쪽.

3 육종윤은 원래 육용정의 아우 육용필陸用弼의 아들이었는데, 육용정에게 아들이 없자 육종윤을 입후하였다. 육용정은 이 아들을 인연으로 1894년 이후 서울로 거처를 옮겼고 서오능 참봉 등의 한미한 벼슬을 하기도 하였다.

4 민회수, 앞의 글, 2002, 119쪽.

5 백승종의 연구는 육용정의 가계 및 『의전기술』에 나타난 개화론의 전반적 성격을 살피는 데 주력하였고, 민회수의 연구는 육용정 개인에 대한 정보를 보충하면서 그의 동도서기론과 현실인식의 상관성 및 동도, 서도에 대한 태도 등을 보다 자세하게 논의하였다.

6 민회수, 앞의 글, 2002, 124쪽.

에서의 초기 연구는 꿈에 대한 그의 저술과 가전假傳을 중심으로 허구에 대한 육용정의 인식을 살피는 것[7]이었다. 그 후 같은 자료를 대상으로 꿈에 대한 유자儒者의 태도를 정밀하게 분석하려는 논의[8]가 시도되었다. 최근에 들어서는 육용정의 인물전 중 「군인처모소사전軍人妻某召史傳」의 해석에 대한 논의[9] 및 그의 시문詩文에 대한 논의[10]가 이루어져 육용정의 문학에 대한 연구도 활성화되기 시작하였다.

현재 남아 있는 육용정의 문집은 『의전기술』과 『의전문고』를 합해야 한 질이 완성되며, 전자를 통해서는 개화 지식인으로서의 그의 면모를 볼 수 있고, 후자를 통해서는 좌절한 재야 지식인으로서의 그의 면모를 볼 수 있다. 육용정의 개인적이고 인간적인 면모는 오히려 후자를 통해 더 잘 드러난다고 봐야 할 것이다.

본고는 특히 그중에서도 그가 당대 인물을 입전한 5편의 전傳 작품들을 고찰하고자 한다. 육용정의 인물전에 대해서는 기존 연구자들도 언급한 바[11]가 있으나 본격적인 논의는 이루어지지 않았다. 인물전은 사마천의 『사기』 「열전」 이래 유가들의 대표적 글쓰기의 한 영역으로 자리매김한 장르이다. 육용정과 동시대의 개화론자들이나

7 신재홍, 「의전 육용정의 허구론」, 『한국몽유소설연구』, 계명문화사, 1994, 405~429쪽; 김경미, 「허구적 형식－소설 속의 소설론」, 『소설의 매혹』, 월인, 2003, 120~122쪽.

8 하지영, 「육용정의 기몽記夢 연작 연구」, 『한국고전연구』 22집, 한국고전연구학회, 2010, 391~422쪽.

9 김수연, 「열녀전의 경계와 균열」, 『한국어문학연구』 55, 동국대 한국어문학연구학회, 2010, 69~97쪽; 조혜란, 「육용정의 「군인처모소사전」을 읽는 한 가지 방식」, 『한국문화연구』 19, 이화여대 한국문화연구원, 2010, 33~59쪽.

10 황재문, 「의전 육용정의 문학과 현실인식」, 『한문학보』 22집, 2010, 33~64쪽. 이 논의는 주로 육용정의 시 작품들을 대상으로 한 것이다.

11 신재홍도 하층인물을 입전한 육용정의 전 문학이 연암, 이옥, 김려의 한문단편의 흐름을 이을 것으로 평가하였고, 조혜란도 육용정 전 문학의 개성적 면모에 대해 주목하였다. 그러나 전자는 전 작품에 대한 구체적 분석 없이 허구론을 설명하는 가운데서 잠시 언급하는 데 그쳤으며 후자는 「군인처모소사전」의 특징을 드러내기 위한 비교 자료로 언급한 것이다. 신재홍, 앞의 글, 1994, 414쪽; 조혜란, 앞의 글, 2010, 38~40쪽.

위정척사파에 속하는 이들에 의해서도 인물전은 계속 쓰이는 한편 또 다른 쪽에서는 신작구소설, 신소설 같은 새로운 장르적 모색도 진행되고 있었다. 이 같은 문학적 스펙트럼 속에 지방의 개화 지식인 육용정의 전 문학도 놓여 있다. 그러므로 본고는 과연 육용정 전 문학이 지니는 독특함의 내용이 무엇인지, 또 당대 문학의 맥락에서 그의 전 작품들이 갖는 의미는 무엇인지에 대해 살펴볼 것이다. 이를 위해 2절에서는 그의 전 작품의 내용들을 분석하고, 3절에서는 그 특징을 추출할 것이며, 4절에서는 앞의 내용들을 토대로 하여 당대 문학에서 그의 전 작품들이 지니는 함의에 대해 논하고자 한다. 논의의 대상이 되는 자료는 『의전선생문집宜田先生文集』 일一[12] 권지이卷之二 전傳 항목에 들어 있는 5개의 전 작품들이다.

2. 육용정 전 문학의 내용

육용정은 '전傳'이라는 항목 하에 모두 다섯 편의 인물전을 남겼다. 다섯 편의 제목을 순서대로 열거해 보면, 「군인처모소사전軍人妻某召史傳」, 「송소합전宋蘇合傳」, 「개자이석주전丐者李錫周傳」, 「도자김동간전刀者金同干傳」, 「이성선전李聖先傳」이 그것이다.[13] 그런데 기존

12 육용정, 『의전선생문집』 1, 경인문화사, 1993. 본고에서 육용정의 작품 원문을 인용할 때에는 책과 쪽수를 제시하는 방식으로 각주 인용할 것이다.

13 권지이 잡저雜著 항목에도 네 편의 전 작품이 들어 있으나 이 작품들은 인물전이 아니고 허구적 개념을 의인화의 기법으로 다룬 가전假傳들이다. 그러므로 인물전을 대상으로 하는 이 논

연구에서 아직 육용정 인물전의 전모가 소개된 적이 없기에 이 장에서는 일단 그의 전 작품들의 내용에 대한 검토와 더불어 각 작품의 특징을 제시하고자 한다.

주지하듯 전傳은 정통 한문 문체의 하나로, 많은 문사들이 유교적 이념에 따른 포폄을 목적으로 자신들의 문집에 전 작품을 포함하고 있다. 전을 기술할 때에는 일정한 형식을 따르는데 대개 전은 입전 인물의 조상 및 사람됨을 기록하는 도입부와, 대상 인물의 행적을 기록하는 본문 그리고 입전 대상의 행적에 대한 기록자의 평가를 서술하는 평결 부분으로 구성된다. 즉 도입부, 행적, 평결은 인물전을 구성하는 보편적 항목들에 해당하는 것이다. 육용정의 인물전을 고찰하기 위해 본고 역시 도입부, 행적, 평결이라는 전의 보편적 잣대를 기준으로 전 작품들을 검토해 보고자 한다. 이 같은 보편적 잣대를 기준으로 육용정의 다섯 전 작품들을 검토하면 일단 육용정 인물전이 전의 보편적 형식을 제대로 충족시키고 있는지 여부와, 또 그 내용은 어떠한지가 선명하게 드러날 것으로 보인다. 이 같은 고찰은 육용정 인물전의 형식과 내용을 살피는 데 유용한 잣대가 될 것이며, 궁극적으로 육용정의 인물전이 갖는 특징이 무엇인지 더 분명하게 드러나게 할 것으로 기대된다.

의와는 그 성격이 달라 고찰 대상에서 제외하였다.

1) 「군인처모소사전軍人妻某召史傳」[14]

(1) 입전 인물

「군인처모소사전」은 육용정이 전해들은 여성 인물에 대해 입전한 것인데, 그녀의 성명은 모른다고 하였다. 소사召史라고 한 것을 보면 그녀는 중인 신분이며, 서울에 거주하였고 그녀의 남편 또한 서울의 별기군이었다. 나이는 30세쯤 되었는데 위엄 있는 몸에, 단정한 얼굴, 정채 어린 눈, 풍채 있는 태도 등을 지녔고 얼음과 눈 같아 가까이 할 수 없는 분위기의 여성[15]이라고 서술되어 있다.

(2) 행적

전에서 입전 대상 인물의 행적을 기록하는 부분은 본문에 해당하는 것으로 그 인물의 일생 중 포폄할 만한 일화들을 비계기적으로 열거하는 부분을 가리킨다. 「군인처모소사전」의 소사는 동학도를 토벌하기 위한 관군으로 나주에서 죽음을 당한 남편의 시신을 반장返葬하기 위해 서울에서 나주까지 갔으나 그 남편의 비리를 발견한 순간 고향에 묻힐 면목이 없다고 판단, 반장을 포기하고 그 자리에 도로 묻고는 곡하고 돌아갔다는 일화[16]이다. 이 소사에 대한 행적은 반장

---

14 「군인처모소사전軍人妻某召史傳」, 『의전선생문집』 1, 140~143쪽. 각 작품마다 제목에 달린 각주를 통해 해당 작품의 원문 쪽수를 제시할 것으로 2절에서 인용되는 원문은 매 인용마다 쪽수를 따로 제시하지 않기로 한다.

15 "召史夫本京別技軍也. 召史亦京人也. 時召史年可三十餘歲, 偉軀幹顔貌亦嫩嫵. 然其爲人, 眼有精彩, 風姿爽冷, 如氷雪人, 不敢近焉."

16 召史聞夫死, 將以返葬次 (…중략…) 訪向湖南到羅州境. (…중략…) 臨其夫所埋處, 且哭且發其埋, 啓而視之, 則其死時未有檢斂, 仍其衣只裹以一藁席掩埋者也. 繼次解之, 則所着上衣裏內當心處刺繡文完在. 此卽夫妻相離時所約以爲訪者, 而卽召史之手字也. 始乃快之其爲眞, 遂大痛幾絶有頃乃醒, 將改衣而細探尸軀, 則腰係長狹帒帶一條, 而其中多藏懷金銀輕寶. 召史曰, "噫, 吾始以爲夫也. 今焉則非. 身賤寧爲戰卒死於鋒鏑之下, 死亦白其身而死是爲男子耳. 兵事豈可

시도 및 포기가 전부인데, 이는 그가 들은 내용을 입전했기 때문이다. 그는 이 내용을 고부 어씨라는 사람에게서 들었는데 들을 당시에는 자세히 물어볼 겨를이 없었고 어씨 또한 청주 병영에서 죽는 바람에 소사 및 소사 남편의 성명도 물어볼 곳이 없어졌다[17]는 아쉬움을 토로하고 있다.

(3) 평결

전형적인 전 작품들은 대개 '사씨왈史氏曰', '외사씨왈外史氏曰'과 같은 입전자의 평으로 마무리된다. 이 부분은 입전 인물에 대한 입전자의 총체적 평가를 보여주는 부분으로, 대개는 포상하고 싶은 인물을 입전하기에 찬讚의 성격을 지니게 된다. 그런데 육용정의 전 작품들은 전형적인 전의 형식을 따르고 있지 않기에 평결 부분이 분명하게 독립된 작품으로는 「군인처모소사전」이 유일하다.

「군인처모소사전」의 경우는 '의전자왈宜田子曰'로 시작하는 평결 부분이 독립되어 있다. 이 부분에서 육용정은 모소사가 남편에 대해 '친한 이의 잘못은 가려주어야 한다'는 유교적 의에 부합하지 않는다는 점이 있다[18]는 것을 논의하면서도 궁극적으로는 모소사의 행위를 엄숙하고 신령한 '의義와 열烈'로 평가해 주고 있다. 육용정은 반장하러 갔다가 도로 묻고 온 모소사의 선택이 유향의 『열녀전列女傳』에 나오는 기량杞梁의 처妻와 안영 마부晏嬰御者의 처와 비슷하였고, 사

以懷財爲此? 必是非理之取也." 因嗟歎不已, 曰, "是不可以返葬矣. 何面入于故邱乎?" 遂將所賫衣, 略改襲斂, 而仍其處還封, 一哭復盡哀而去焉云.

17 "此事, 余嘗聞諸魚高阜, 而其時余以亂中倉遑未及詳問. 又未幾高阜亦以非其所失, 橫死於淸州兵營, 而更無可詳處. 故召史姓亦不知, 召史夫姓名亦不知, 其爲誰何焉."

18 '宜田子曰, 義有爲親者諱之 義於爲親 雖有不義 亦有諱之之義焉. 婦之於夫 亦當照用此義可也.'

마천 『사기』에 등장하는 섭정聶政의 누이 섭앵聶嫈의 일보다도 낫다[19]고 평가하고 있다.

2) 「송소합전宋蘇合傳」[20]

(1) 입전 인물

「송소합전」의 송소합은 자字가 군명君明이었다. 그는 한성부 즉 서울 구리가九里街[21]에 있는 약방 주부가의 아들로, 신의를 중히 여겼고 술을 매우 좋아하였다. 육용정은 나이가 들어 머리가 이미 반이나 허옇게 센 군명을 직접 볼 기회가 있었다.[22]

(2) 행적

「송소합전」에는 입전 인물의 다양한 일화들이 수록되어 있다. 송군명이 소합환약과 고약을 만들어 충청도와 경상도에서 팔았는데, 그래서 '송소합'과 '고약'이라는 별명을 얻었다는 일화,[23] 그의 신의가 잘 알려져 있어 충청도와 경상도의 약재 시장에서 그의 약을 다투어 샀다는 일화,[24] 잘 알지도 못하는 가게 주인이 귀한 약재와 돈을 쌓

19 "而千里而哭其夫, 烈則烈矣. 見非理而幡然不取, 義則義矣. (…중략…) 是召史也, 初似杞梁之妻, 末似晏嬰御者之妻. 易其地, 則聶政妹之事, 亦可優爲也. 恨其無所訪問而姓名不傳焉."

20 「송소합전宋蘇合傳」, 『의전선생문집』 1, 144~149쪽.

21 구리가九里街는 현재 을지로 일대를 가리키는 지명으로, '구리개'라는 이름으로 더 익숙하며 조선시대에 약방들이 모여 있던 곳으로 유명하다.

22 "宋蘇合君明者, 本漢城府九里街藥契主簿家子弟也. 嘗羈游湖嶺間, 其爲人重信義, 好飮酒, 不知其始自何時, 爲落南而其與余相對時, 已爲半白首許矣."

23 "蘇合方有名, 湖嶺間, 稱之蘇合者, 蘇合不是其名. 以其嘗造賣蘇合丸藥資生, 故有云. 又稱之膏藥, 膏藥者腫藥也. 亦以其嘗煮膏藥行賣, 故有云. 其在湖, 人稱之宋蘇合, 在嶺, 人稱之宋膏藥, 其實則蘇合膏藥卽是宋君明一人也."

아둔 채 급한 볼 일이 생기자 그의 신의를 믿고 가게를 지켜 달라고 부탁했다는 일화,[25] 술을 매우 좋아하는 호탕하고 시원한 가남아佳男兒라고 여겨 육용정이 한번 보고 싶어 했는데 뜻밖에 찾아온 거지 몰골의 남자가 송군명이었으며 그가 자청하여 서울에 올라간 육용정의 아들에게 소식을 전해준 일화,[26] 교유 관계에서 중요한 것은 음주 여부인데 육치진[27] 집 노비인 김성일과 술벗이 되어 끝도 없이 술을 마셨고, 토하면 서로 냉수로 닦아주고 수염을 씻어 주며 서로를 보살피는 것이 마치 정남情男 정녀情女가 서로 의지하는 것과 같았다는 일화,[28] 그와 성일은 술친구로 마음이 잘 맞았는데 육용정은 그 둘이 나눈 대화를 보여준 후 '송군명은 크고 구속당하지 않는 호상한 기운을 지닌 인물이고 성일 또한 인걸이라고 인정했다'는 평가가 곁든 일화[29]가 열거되어 있다.

「송소합전」의 전반부는 약재 상인으로서의 군명의 능력과 신의가 서술되어 있고, 육용정이 그를 만난 후에 해당하는 후반부에는 주로

---

24 "每當春秋藥令, 則君明製蘇合膏藥二種, 送賣于湖嶺兩令, 蘇合膏藥城藥也. 君明之信義素著, 故湖嶺兩令千萬人都會中人知此藥之出自宋君明手之所製, 則擧令上皆不疑而爭買之, 豈徒是也? 人知此藥之爲宋君明所送賣, 則卽爲其興成補助例而故買之"

25 "有一大藥商素不與君明相親者, 開肆于極熱擾地, 重藥之如腦射膽黃各項唐材封左右, 紛錯常平之未串未打數, 散葉堆積于案前, 而肆主方有急, 將出外. 適見君明至, 呼君明使爲看守之"

26 "人皆稱君明好酒 (…중략…) 故雖於酒席, 人愛慕之如此, 而余每想聞其風彩, 意以爲豪爽桂南兒也, 願一見之矣. 不意於某年月日, 有客某與一丐者至, 曰, "此卽君明也." (…중략…) 時余家兒方在漢陽, 半千里遠程, 消息隔絶, 已爲一周年矣. 余甚憂悶之. 君明見余此氣色, 爲余請傳信"

27 육치진은 서울 마장리에 살던 육용정의 친척인데 송군명 또한 이 집에 왕래하게 되었으며 그러다가 그 집의 노비인 김성일을 알게 되었던 것으로 보인다. 육치진에 대해서는 육용정이 쓴 「제난곡군치진문祭蘭谷君致軫文」이라는 작품이 있다.

28 "致軫家奴子有金聖日者, 亦善飮酒, (…중략…) 自是君明常日遊聖日家, 聖日見君明至, 每設酒相歡, 亦善中君明意. (…중략…) 君明飮一杯則聖日亦飮一杯, 聖日飮一杯則君明亦飮一杯, 如是竆飮無終. 竟聖日乃爲酒漲嘔吐之, 則君明以冷水洗聖日面, 親爲拂拭其鬚, 俄而君明嘔吐, 聖日亦如之, 其互相愛護, 如情男情女之相爲扶持焉."

29 "余聞此言, 乃以爲今而後快知, 君明之爲磊落不拘豪爽佳男兒也, 而彼聖日, 亦人傑也哉."

술과 관련한 내용, 세상에 얽매이지 않는 그의 기질에 대한 서술이 주를 이룬다. 송군명 스스로 거지와 종의 만남으로 규정한 김성일과의 교유 관계는 애틋하기가 연인 같았다고 하였다. 그때까지 송군명의 가족 관계에 대한 언급이 없는 대신 김성일과의 관계가 비중 있게 등장한다. 그 몇 년 뒤 송군명은 술로 인해 충청남도 공주 남석교 변에서 죽었고 김성일도 늙고 병들어 죽었다는 언급이 덧붙어 있는데, 육용정은 그를 '주중협酒中俠'으로 일컫고 있다.

(3) 평결

「송소합전」은 평결 부분이 독립되어 있지 않다. 대신 마지막 부분에 이르러서야 송군명의 가족 관계에 대해 언급하고 있다. 송소합은 결국 술로 인해 죽었는데果爲中酒死, 육용정은 그를 '주중협酒中俠'이라고 하여 그의 협기를 기린 후 가족 얘기를 덧붙인다. 세상에서는 그가 아내를 취하지 않았다고도 하고 혹자는 아내를 얻어 아들 하나를 두어 지금은 장성했는데 그가 모두 버리고 취하지 않은 채 종적을 감춘 것이라고도 하였다. 혹자의 선언은 십여 년 전쯤 공주 약재 시장에서 아들을 만났고 아들이 군명을 위해 옷 한 벌을 지어 왔으며 서로 붙들고 통곡했는데 군명이 아들이 잠든 틈을 타서 도망을 했다는 내용[30]이다. 이 후일담은 부분적으로 약재 상인이 아들을 만났다는 한문단편인 「청취우약상득자聽驟雨藥商得子」를 연상시키기도 한다.[31] 그런데 이 내용은 포폄과는 거리가 멀어 평결이라고 간주하기

30 "世傳宋君明嘗娶妻一歡, 而去之, 或云, 初不娶妻, 又或云, 君明娶妻有一子, 今爲壯 成, 且其家財饒足, 皆棄不取, 晦迹至此. 於十餘年前, 公州藥命時, 其子爲製君明衣一襲, 訪其父而來, 遇君明于客店, 父子相扶痛哭, 當夜君明復乘其子就睡, 而潛逃脫去云. 盖是傷世之歡感得喪而絶情世, 故託於酒而踈狂自遣者耶? 其意亦可悲而且壯哉!"

는 어려우며, 다만 그 마지막에서 육용정은 송군명이 상심하여 세상과 단절한 채 술에 의지하여 거칠고 미친 듯 그렇게 지낸 것이라며 그 뜻이 슬프고도 장하다[32]고 평가하였다.

3) 「개자이석주전丐者李錫周傳」[33]

(1) 입전 인물

「개자이석주전」의 이석주는 자가 운경雲卿으로, 서울 수표교에 사는 인물이었다. 그의 아버지 이건은 수년 간 북경에서 사무역私貿易을 하여 거만금의 부자가 되었다.[34] 그의 유년 시절의 환경은 매우 부유하였다.

(2) 행적

「개자이석주전」에서는 이석주가 기질이 호상豪爽하고 술 마시기를 좋아하여 자유롭게 스스로 즐겼는데, 수십 명 소년들과 반쯤 취한 채로 돌아다니자 아버지가 이를 기뻐했다는 일화,[35] 부친상에 천금을 써서 효성스럽다는 평을 들었다는 언급[36]이 먼저 나온다. 장안의

31 「청취우약상득자聽驟雨藥商得子」는 『청구야담』을 비롯하여 몇몇 조선 후기 한문단편설화집에 수록될 정도로 광범위하게 수용되었던 이야기이다. 원래 이 이야기는 아들이 아버지를 찾는 내용이 중요하나 「송소합전」에서는 후일담의 성격으로 삽입된다. 이는 마치 전기소설에서의 '부지소종不知所終'과 같은 기능인 셈이다.

32 '盖是傷世之歡慼得喪而絶情世故 託於酒而踈狂自遺者耶 其意亦可悲而且壯哉'

33 「개자이석주전丐者李錫周傳」, 『의전선생문집』 1, 149~153쪽.

34 "李錫周字雲卿, 居漢城之水標橋. 其父建, 隨年貢使, 屢賈北京, 致巨萬."

35 "建(인용자 주 : 이석주의 아버지)無他子女, 既老得一錫周, 甚愛之. 嘗謂錫周曰, "財者, 將以用之也. 汝勿吝惜, 多施與, 做得天下好男子." 錫周又豪爽, 喜飮酒, 脫落自娛. 一日, 錫周與數十少年玉面, 半醉詼談戲笑, 自外而入, 風姿仙仙. 其父啓齒曰, "吾死, 可以瞑目矣.""

유협, 떠돌며 항산恒産이 없는 자들과 어울렸으며, 값비싼 옷치레 열거 및 추위에 떠는 거지 아이에게 그 자리에서 그 옷들을 다 벗어주었다는 일화,[37] 술이면 관심 없던 부탁도 들어주었고, 만년의 별명이 '이탁주'였으며,[38] 절기마다 유령劉伶[39]에게 제사를 지내는 이석주의 술에 대한 철학,[40] 자식도 없이 부인이 죽자 가산이 탕패했는데[41] 예전에 그의 덕을 입은 자들은 한 명도 와보지 않았지만 슬픈 빛도 없이 훌훌 털고 작은 표주박을 매달고 동네에서 구걸을 하며 다니다가 문사 유차도를 만나 한 번 일갈을 했다는 일화[42] 등이 열거된 후 작품이 끝난다. 그가 거지 행세로 살아간 것은 그의 말년에 해당하는 삶이라 하겠다. 이 작품 역시 사치스럽고 호방했던 젊은 날에 대한 일화들과 술에 대한 일화들이 비중 있게 다뤄지는데 이 과정에서 부각되는 것은 그의 호방함과 협기俠氣이다.

---

36 "錫周値父喪, 用費千金. 人皆曰, "孝哉! 雲卿也."

37 "雲卿旣免喪, 洞開重門, 延納賓客, 自長安游俠, 及殿武監,春政隸,討捕軍校,鍾路削亅,潑皮, 凡浮浪無恒産之類, 莫不來投. 其中有一養漢的唱道, "某院妓雲心家, 新釀方出, 盍往游焉?" 雲卿聞之, 躍然喜曰, "可矣." 乃改着服, 上下表裏紬緞衣, 唐射香觸鼻, 半月髻揷珊瑚簪,琥珀遠山, 其直七百金, 他件稱是. 過明長衚衕, 見一丐兒, 寒不勝, 盡脫與之, 歸復一新如故."

38 "雲卿初不肯之其人, 飮之以酒至泥醉, 則許之. 其飮不計淸濁, 而又喜飮濁酒, 故人稱之曰, "李濁酒." 濁酒者, 盖其晩年號也."

39 유령(劉伶 : 221?~300?). 서진 때 문인으로 죽림칠현 중 한 명이며, 대표 작품으로 술을 찬미한 「주덕송酒德頌」이 있다. 육용정에 의하면, 이석주는 유령을 '천고의 큰 성인千古有大聖人'으로 칭했다고 한다.

40 "嘗曰, "千古有大聖人, 劉伶是也. …… 每節日, 具酒, 祭劉伶, 哭之慟曰, "嗚乎! 自先生歿, 世上濁酒空矣. 不是酒空, 乃飮者空也. 不是飮空, 乃知味者空也. 以若小子之綿力, 處此三空之中, 縱能說道其醰醲醇醹, 人皆聽之, 以若辛鹹酸.""

41 "旣而妻死, 又無兒, 家産蕩敗," 이 바로 앞부분에서 육용정은 이석주의 부인을 등장시켜 '내가 아니면 오래지 않아 낭군은 굶어죽게 될 것'이라며 걱정하는 부인의 발화를 서술해 놓고 있다.

42 "曾前所與往來賴德者, 一不來顧然. …… 未嘗有徵索於所負處, 佩一小瓢子, 乞食閭里, 少無慼容, 意益磊落." 유차도에 대한 일화는 이 장의 주 43 참조.

(3) 평결

「개자이석주전」 역시 따로 마련된 평결이 보이지 않는다. 다만 이석주가 유차도라는 문사를 만나 그와 다툰 후 친구를 맺었다는 마지막 일화는 인물을 총체적으로 형상화하는 데 기여하는 바가 있다. 이석주는 술을 만나면 술을 마시고 마음 편치 않은 상황을 만나면 사람을 곧잘 때렸는데, 문사 유차도가 거만하게 굴자 다투게 된 것이다. 이석주는 세상에서 가장 미운 자가 문인인데, 글로써 이름을 삼는 자는 허언뿐이고 실행이 없다면서 꾸짖고 욕하였다. 다음날 유차도가 와서 문사의 필요성을 피력하였고 다 듣고 난 이석주는 그의 문장은 인정해 주면서 술 몇 잔을 사주면 좋겠다고 청한다. 유차도가 너덧 잔 술을 마시게 하자 이석주는 불현듯 기뻐하면서 유차도에게 진실로 문장 선비라고 하더니 칭찬을 하며 친구를 맺고는 갔다[43]는 것으로 끝을 맺고 있다. 이 부분은 평결이라고 하기는 어려우나, 양반 문사에 대한 반감 혹은 비판적 언술, 술 몇 잔에 양반 문사를 들었다 내렸다 하는 이석주의 모습은 세상사에 아쉬울 것 하나 없는 달관의 경지를 보여주는 듯하다.

---

43 "遇酒, 則飮之, 遇不平, 則善打人. 遂轉顚到湖嶺間, 與湖人柳次道者, 相爭於稠人廣座中, 因與爲一混作團. 盖柳次道者, 文士也. 於當場負才藝頗有倨傲色, 故雲卿至有此擧. 而雲卿因非毁文人曰, "大抵世間最可憎者, 文人也. 以文爲名者, 都是只有虛言, 全無實行, 詬辱莫甚." 其翌日, 次道來謝雲卿曰, "子何小視我輩文人之裨益世程, 亦自不鮮唐虞之治? 非我無以爲彰德孔孟之學, 非我無以爲明理儀秦之辯, 非我無以行其權變聶荊之俠, 非我無以述其氣節. 凡天下事, 何莫不然? 而以至事大交隣, 戰伐獄訟, 其關係爲何如哉? 俄焉, 刀劍斧鉞, 忽復袞冕鍾鼎, 皆出於我輩之手段造化也. 子何小文, 爲吾今積謗在身, 子勿多言." 雲卿默然聽罷曰, "君於辭令, 則可謂有之矣. 然請, 從君得飮幾杯酒, 則好矣." 次道爲買四五鐥, 使飮之, 則雲卿乃渙然喜曰, "吾子次道, 誠文章士也." 稱之不容口, 遂與結友而去焉."

4) 「도자김동간전刀者金同干傳」[44]

(1) 입전 인물

「도자김동간전」의 김동간은 삼산의 마을에 사는 천민으로, 소를 해체하는 도축업을 하는 인물이다. 삼산은 충북 보은군의 옛 지명으로, 그는 아끼고 근면하게 일해 부유한 삶을 이룰 수 있었다.[45] 육용정이 서술한 김동간은 백정이다. 그런데 육용정은 그 이름 앞에 '도자屠者' 대신 '도자刀者'라는 한자를 사용하였다. 그 결과 이 작품의 제목은 「백정 김동간전」보다는 「칼잡이 김동간전」의 어감에 가까운 명명이 되었다.

(2) 행적

「도자김동간전」은 다섯 편의 전 중 분량이 가장 많은 작품이다. 그런데 사대부에 대한 육용정 자신의 서술이 많고 김동간의 일화가 차지하는 비중은 상대적으로 그리 크지 않다. 도입부에는 그의 천한 신분, 소를 잡아 재산을 모으게 됐다는 소개와 더불어 약육강식의 사회적 분위기 속에서 서울에서 낙향한 사대부들의 폐단에 대해 언급한다.[46] 그리고 이어지는 것이 같은 군에 사는 양반이 김동간에게 와서 돈을 꾸는 일화이다. 김동간의 일화로는 유일한 것이기에 전문을 인용해 본다.

---

44 「도자김동간전刀者金同干傳」, 『의전선생문집』 1, 153~159쪽.

45 "刀者金同干者, 賤流也. 居三山之邑, 市屠販資生, 旣身賤無他爲業, 屠牛蓄財以自娛."

46 "刀者金同干者, 賤流也. 居三山之邑, 市屠販資生, 旣身賤無他爲業, 屠牛蓄財以自娛. 一錢爭一分, 一兩爭一錢, 銖累寸積致富厚. <u>時麗末</u>, 政亂王綱解紐, 强食弱肉, 上不爲禁. 京都士大夫, 多携家落鄕, 公行武斷, 小民無告顚連莫保.(밑줄은 인용자)" 원문에 의하면 시대 배경은 '時麗末', 즉 고려 말로 되어 있다. 그런데 이 양반이 행사하는 패악의 종류나 정도는 박지원의 「양반전」을 연상시키기에 족하다. 즉 배경은 고려 말이지만 사건은 조선 후기 상황과 비슷한 내용으로 전개된다.

동간과 같은 군에 한 양반이 있었는데 본군에서 대대로 산 명망 있는 가문이었다. 하루는 와서 동간에게 말하기를, "내가 가난하여 관아에서 빌린 것이 수백인데 갚을 수가 없네. 자네의 높은 의를 듣고 특별히 와서 번거롭게 하니 자네는 은혜를 베풀어 줄 수 있겠나?" 하는데 그 말이 매우 비굴하였다. 동간이 듣고 나서 마음속으로 혼잣말하기를, '양반이 백성을 괴롭히는 건 이제는 예사이다. 내 들으니 서울에서 온 모 양반이 지난번에 내 이웃 이첨지를 불러 건장한 노비를 호령하여 첨지의 상투를 몇 바퀴 휘두르게 하고 악소년을 만나 나무 몽둥이로 그 뒤를 밟아 종아리를 때리고 빨리 걷게 하였는데 마치 화난 말처럼 빨리 달렸는데도 오히려 만족하지 않고 두 무릎을 곡식 되는 말로 누르고 양 옆구리는 강도 잡는 몽둥이로 때려 약간의 재산을 그 자리에서 빼앗았지. 첨지는 실로 잘못도 없이 가진 재산이 몸을 상하게 하는 도구가 되기에 족하였다. 내가 생각하기에 같은 군에 사는 양반은 비록 시골의 선비이나 그 대대로 내려오는 덕이나 가문은 서울의 모 양반과 별로 우열이 없다. 만약 자기 집 사랑에서 손으로 아亞 자 유리창을 밀며 눈을 부릅떠 큰소리로 '너'로 나를 부른다면 나는 두려워 땅에 엎드릴 수밖에 없을 것이다. 그런데 하물며 이제 친히 내 집에 와서 나를 '자네'로 칭하니 이 양반을 저 서울의 모 양반에 비하면 가히 어진 사람이라 하겠고 내게는 도리어 존대가 이를 데 없다. 이로 보면 재산은 몸을 상하게 하는 것만 아니라 또한 몸을 세울 수도 있다' 하고 드디어 곧 허락하였다.

이에 다시 말하기를, "비록 그러하나 이 양반이 나를 '자네'로 칭하는 것은 나를 존대해서가 아니라 내 엽전 때문이다. 그러니 저 엽전이 어찌 선한 보물이 아니겠는가?" 하였다. 이후로 동간은 매번 엽전을 '자네'라고 칭하면서, "내가 '자네'가 아니라 네가 '자네'로구나" 하였다. 일찍이 소를 잡아 팔았는데 큰 궤를 두고 장차 궤에 엽전을 넣을 때에 손으로 엽전을 어루만지고 애무하며 장난

> 하기를, "자네, 자네! 자네를 넣고 뺄 때 이목이 두려운데 자네가 이미 여기에 들어오니 좋구나. 좋고 좋은 게 이 궤 안에 있네. 그대가 나갈 때, 나가는 것도 좋으나 나갈 때 번거롭게 소리 내어 사람을 상하게 하지 마라" 하였다. 옆에서 보는 자가 고꾸라지며 웃지 않는 이가 없었다.[47]

박지원의 「양반전」을 연상시키기도 하는 이 일화는, 자신을 대우해 주는 양반의 말에서 돈의 힘을 확인하는 김동간의 혼잣말과, 돈을 궤에 넣거나 꺼낼 때마다 김동간이 취하는 태도가 길게 서술된다. 박지원의 「양반전」이 양반의 횡포 및 당대의 세태를 그리는 방식에 비하면 폭력성과 물신성을 환기시키는 「도자김동간전」의 수사修辭는 매우 거칠고 노골화되었음을 알 수 있다.

(3) 평결

김동간의 일화 뒤에 이어지는 내용은 입전 인물의 행적도 아니고 그렇다고 하여 평결로 보기도 어려운 내용이다. 그 내용은 바로 힘없는 백성의 불쌍한 처지이다. 양반들의 행태에 대한 직설적인 비판이라는 점에서 김동간의 일화와 문제의식은 상통한다고 하겠다. 미천

---

47 "同干同郡, 有一兩班, 卽本郡世居望族也. 一日來謂同干曰, "我負官結數百, 無可 辨報. 聞君高義特來煩君. 君可垂惠否?" 辭氣甚爲卑屬. 同干聽罷, 私語于心曰, '兩班之虐民, 當今例也. 吾聞有自京來的某班, 向招吾近隣李僉知, 叱健奴, 使揮僉知髻數周, 遭一惡少, 以木椎躡其後, 拍其踵, 使之驟步, 如怒馬馳突, 猶爲未足, 壓雙膝于量穀之斗衡, 兩脅以治盜之梃. 若干財產, 當場奪取, 僉知實無辜而其所有財產, 適足爲傷身之具焉. 吾念, 吾郡兩班雖是鄕措大, 其世德閥閱, 與京某班, 別無優劣. 若在自家舍廊, 手推亞字琉璃牕, 瞋目厲聲, 爾汝, 呼我, 則我當慴伏無地, 而矧今親臨我家, 稱我以君, 此兩班比諸京某班, 則可謂仁人也, 而於我反爲尊待無比矣. 以此觀之, 財不專爲傷身, 亦可以發身.' 遂立許與之. 乃復曰, "雖然, 此班之稱我以君, 不是尊我, 爲我孔方故也. 然則, 彼孔方, 豈不爲善寶也哉! 自後, 同干每於孔方, 以君稱之曰, "我非君也, 爾是君也." 嘗解牛賣之, 置一巨櫃, 將納孔方櫃中, 以手撫孔方愛而戱之曰, "君乎! 君乎! 君之出納, 耳目可畏. 君旣來此以好, 好在好在於此櫃中. 及君之出, 出亦可好, 出勿至煩擾有聲而傷人焉." 傍觀者無不絶倒而笑焉."

하고 지각이 없어 문장이나 벼슬길은 바랄 바도 아니고 더운 여름날은 밭두둑에서 추운 겨울날은 베 짜는 일로 악착같이 노력하지만 좋은 옷이나 음식은 그들의 것이 아니며 죽을 때까지 노력하고 마음을 다해 살 도리를 찾아도 쌓아둔 것도 거의 없이 겨우 연명해 갈 수밖에 없는 처지인데 사대부들은 편히 지내면서 그나마 백성들에게서 취해간다[48]는 것이다. 그리고는 이 관계를 매미와 쇠똥구리의 우화[49]로 비유한다. 이 비유는 「개미와 베짱이」 우화를 연상시키는데 힘없는 백성과 양반 사이의 역학에 대해 비판적으로 서술한 것이다. 그다음에 연결되는 내용 역시 김동간은 등장하지 않는 부분으로, 손님客과의 대화 장면이 이어진다. 이 부분은 '사대부들이 모범은 되지 못할지언정 함부로 못 살게 구는가?'라는 앞 단락의 비판에 이어, 필요하면 닥치는 대로 빼앗는 날도둑 같은 양반들의 행태, 수령이나 도백도 다 이 양반이나 토호들의 친인척이거나 대대로 교분이 두터운 자들이니 하소연할 데도 없다며 무력감을 토로하는 손님의 한탄[50]으로 끝을 맺는다. 평결은 아니지만 자신에게 돈을 꾸러 온 시골 양반과 서울에서 온 양반을 비교하는 김동간의 시선에 이어서 육용정 자신이 그 비판의 깊이를 더한 것으로 보인다.

48 "可哀哉! 至可憐者, 小民也. 所處微賤且沒知覺, 文學宦達非渠所希, 暑畦寒織, 營營役役, 好衣美食, 非渠所得. 終身服勞, 專心治生, 土甕瓦釜, 所貯無幾, 而以此爲僅延性命之具也."

49 "士大夫乃安居逸游而有取於民, 正如蟪蛄之於蛣蜣也. 蟪蛄蟬屬也, 蛣蜣路傍糞穢中轉丸虫也. 諺傳蟪蛄冬月乏食乞糧於蛣蜣. 蛣蜣曰, "自力而食職也. 子昔長夏盛炎, 飮淸露乘凉歌詠於芳樹綠陰中, 安逸自樂, 今當天地閉塞, 萬虫蟄伏之時, 乃有求於我耶? 我之所蓄, 牛糞耳. 此豈適子? 子於今日, 此猶無之乎? 我卽不避雨, 腸手口拮据, 團之推之, 黽勉移來以納吾穴者也. 伊時, 子何曾一有悶恤我乎?" 遂不與之."

50 "從容謂客曰, (…중략…) 武斷之禁, 廟飭雖是截嚴, 而邑守道伯, 若非此班之姻婭族戚, 則皆是此班父兄世交也, 奈於此班何?" 客嘿然聽罷曰, "此爲無告. 雖以我當官, 亦無奈何? 奈之何?""

5) 「이성선전李聖先傳」[51]

(1) 입전 인물

「이성선전」의 이성선은 성주星州 사람으로, 조상 중에는 성산군星山君으로 봉해진 이도 있다고 하니 양반의 후예였을 터이다. 그런데 음직蔭職으로 얻은 충훈도사 직분은 자신이 기껍지 않아 나아가지 않았고, 집이 가난하여 남의 집 고용살이로 살아갔다. 그는 비록 가난했지만 성품이 염결하고 발랐으며 사람을 대할 때에는 차별 없이 두루 사랑하였고 신의를 매우 중요하게 생각했던 인물[52]이다. 육용정의 어머니가 성주 이씨[53]였으므로, 성주 이씨인 이성선에 대한 입전 내용은 어느 정도 신빙성이 있을 것으로 보인다.

(2) 행적

이성선은 아내가 죽은 뒤 다시 장가들지 않고 인간사를 지겨워했는데 동성애 취향이 있었다. 그리고 이어지는 것이 이성선이 사랑을 쏟아 부은 이웃 소년과의 일화이다. 그는 소년의 초례 진까지는 전적으로 서로 의지하며 지내자고 소년과 약속했는데 그 소년은 이를 심각하게 생각하지 않아 혹 다른 사람과 자기도 했다. 성선은 크게 의심하고 질투하여 칼을 뽑아들기에 이르렀다[54]는 내용이다. 이 일화

---

51 「이성선전李聖先傳」, 『의전선생문집』 1, 159～161쪽.

52 "李聖先者, 本星州人也. 其先有以勳功, 封星山君者焉. 聖先亦嘗以蔭蒙 恩調忠勛都事, 非其所樂, 不就. 性廉潔貞良, 接人無親踈汎愛, 而甚有信焉. 家貧無以爲生業, 自近年而來, 來住于耆縣之斗田里, 爲人雇賃食其力, 爲自保計."

53 「본생비성주이씨행략本生妣星州李氏行略」, 『의전선생문집』 1, 182～193쪽.

54 "妻死不再娶, 厭薄人間事焉. 然猶好爲風男之戱如宮人對食樣, 且有妒性甚劇. 嘗與一隣童, 有歡鍾愛頗深. 與厥童相約曰, "及爾未醮, 願得一依勿渝." 此乃結約之限定也. 其後厥童不省, 有或與他人寢. 聖先遂大生疑忌, 至有拔釰作梗然."

는 이성선과 그 소년의 동성애적 관계를 그리고 있는데, 육용정은 이성선이 그런 반응을 보인 이유에 대해 소년이 약속을 어기고 신의를 저버렸기 때문[55]이라고 설명하고 있다. 그리고는 자신은 한 조각 땅도 없지만 논의 작물들과 많은 사람들의 마음이 타들어 가는 것이 안타까워 가뭄 때마다 자비自費로 기우제를 지내는 이성선의 일화[56]가 소개되어 있다. 육용정은 이성선이 살던 전두리田斗里가 자신의 고향이어서 이성선에 대해 익숙하게 들어 알고 있었으며, 그가 찾아와 한 번 만난 적도 있다[57]고 하였다.

(3) 평결

「이성선전」 역시 평결 부분이 독립되어 있지 않다. 다만 마지막 부분에서 육용정 자신이 이성선에 대해 익히 알고 있으며 만난 적도 있다고 하여 자신의 입전 내용에 신빙성을 더하는데, 이 부분이 앞의 행적 부분과 구별될 만한 내용이다. 그러나 이 또한 포폄과는 거리가 있기에 평결이라고 보기는 어렵다. 육용정은 여기에서 키 작고 중인 같은 얼굴에 온화한 말, 맑은 눈동자와 전신에 난 누런빛의 가는 털 등 외형적 특징을 열거하면서 세상에서 기이한 재주를 품은 이인, 술사의 모습과 비슷하다고 서술하고 있다. 인물의 특징은 대개 작품의 도입부에서 기술하는데 비해 이 작품은 특이하게도 맨 뒤에서 인물의 외모에 대해 서술하고 있다. 그리고 남곡楠谷 송상공宋相公도 만나

55 " 聖先本仁慈人, 其意豈專爲是刻害妄率己也? 其疑忌作梗爲厥童之背約失信也."

56 "每當年旱, 則出若干雇錢, 買甑豆米魚, 自費奉獨山祭, 至誠禱雨, 禱輒有應, 其用心嘉惠, 每多在於人所, 非望己所無益之處焉. 人或譏之曰, "若無片土作農, 而禱雨爲何乎?" 則輒應之曰, "吾不忍見旱稼之孔熯與嗷嗷萬民心俱焚也.""

57 "其所住斗田里, 爲余家枌楡故地, 故余亦已熟聞聖先名. 且聖先嘗亦一至余室."

보았다[58]는 첨언을 통해 자신의 입전 내용이 사실임을 다시 한 번 확인하는데, 남공 송상공이 누구인지는 확실하지 않다.

3. 육용정 전 문학의 특징

1) 기존 전 양식의 해체

육용정 인물전의 입전 대상 인물은 중인 여성, 유명한 약상이었다가 빌어먹게 된 사람, 매우 잘 살았다가 거지가 된 사람, 양반의 폭력에 노출되어 있는 부유한 백정 그리고 동성애 취향의 고공雇工 등이다. 보다시피 하층 인물들인데, 과거에는 사회경제적으로 안정적인 위치에 있다가 하층의 삶으로 전락하게 된 인물들이 다수 등장한다. 또 '술'을 매우 좋아했다는 언급이 많았으며 '신의'를 강조하여, 협기俠氣를 느끼게 하는 인물들이 많았다.[59] 이를 보면 육용정이 입전한 인물들은 충효열忠孝烈 등의 유교적 이데올로기에 적합한 인물들이라기보다는 오히려 그런 이념으로부터 자유로운 혹은 무관한 인물들이라는 특징이 있다. 유교적 포상에 가장 가까운 평결을 붙인 「군

58 "而觀其爲人, 則體短小, 面貌類中人, 其言藹如也. 但眸子澄明, 全身髮極黃細如芒刺, 恰有似乎世所稱抱奇才之異人術士狀. 年今三十餘, 而其老蒼, 已如四五十許人矣. 楠谷宋相公聞其名, 亦嘗請邀一見云."

59 특히 술을 좋아하는 인물로는 송소합, 이석주가 있으며, 신의가 강조된 이로는 송소합, 이성선이 있다.

인처모소사전」의 경우도 기존의 열녀전과는 거리가 있는 서술 태도를 보여준다.[60]

전형적인 전 작품을 기대한 독자들에게 육용정의 전 작품은 생경하게 보일 수 있다. 그런데 이는 그가 비단 독특하고 개성 있는 인물들을 입전해서만이 아니라 형식면에서도 전의 전형적인 도입부, 행적부, 평결이라는 세 항목이 제대로 지켜지지 않기 때문이다. 도입부에서는 입전 인물의 가계家系나 해당 인물의 벼슬이나 훌륭한 자질들이 열거되는데 육용정 인물전의 입전인물들은 이런 요소들을 제대로 갖추지 못했기에 각 작품의 도입부 역시 매우 소략하며 정보도 구체적이지 않다. 또 입전 인물의 일화들을 적는 행적부에서도 입전 인물의 행적만이 아니라 갑자기 곤충이 등장하는 우화寓話가 삽입되거나 다른 인물들에 대한 이야기가 전개되기도 한다. 게다가 입전 인물에 대한 최종적인 평가를 내리는 평결 부분은 인물전에서 중요한 부분임에도 불구하고 그의 인물전에서는 평결 부분이 생략되거나 혹은 작가의 가치평가가 곁들여지는 일화들이 강화된다든가 하는 방식으로 기존의 전 양식을 해체하고 있다. 이렇듯 그의 전들은 내용만이 아니라 형식면에서도 변화와 파괴를 보여준다. 게다가 입전 인물들의 일화는 낯설고도 강렬한 이미지를 형성하기에 충분하다.[61]

그렇다면 이렇게 전의 전형적 인물 선택 범주에서 벗어난 입전은 육용정의 의도적 선택이었을지 여부가 궁금하다. 만약 이것이 육용

---

60 「군인처모소사전」의 포폄, 이 작품에 나타난 열과 여성 인식 등의 문제에 대해서는 조혜란, 앞의 글, 2010, 46~56쪽.

61 육용정의 문학을 연구한 기존 연구자들이 다른 주제를 가지고 있었음에도 불구하고 그의 전에 대한 인상적 언급을 하고 있는 것은 육용정 전이 갖는 이 같은 특징에서 비롯하는 것이라고 하겠다. 전에 대한 기존 연구자들의 언급에 대해서는 이 장의 주 11 참조.

정 전 문학에서만 드러나는 인물 기술이라면 이는 그의 입전 의식과 유관할 것이기 때문이다. 이를 가늠해 보기 위해 육용정의 다른 작품을 통해 인물 기술 태도를 살펴볼 필요가 있겠다. 인물에 대한 육용정의 기록으로는 제문, 행장, 묘지명 등이 있으므로 우선 이 작품들을 보도록 한다. 육용정은 자신의 주변 인물들에 대해 묘지명과 제문을 남겼는데, 족대부族大夫[62] 육대진陸大鎭에 대한 기록인 「수분와육공묘지명守分窩陸公墓誌銘」, 족대부 육상지陸相贊에 대한 기록인 「은천자육공묘지명隱川子陸公墓誌銘」, 육상지에게 입후된 육병요陸炳堯에 대한 기록인 「행와육공묘지명杏窩陸公墓誌銘」, 고모 및 누이에 대한 기록인 「제고모유인능성구씨부문祭姑母孺人綾城具氏婦文」, 「제자씨유인완산이씨부문祭姊氏孺人完山李氏婦文」 등[63]이 그것이다. 「수분와육공묘지명」에서는 사람들이 시골의 포의布衣였던 그를 칭송하는 분위기를 먼저 서술하고 후에 족조부 육대진이 책을 두루 보았고, 재주와 학식이 넉넉했으며 효성스러웠고 베풀기를 좋아했다는 덕목 등이 열거되어 있다. 육상지의 묘지명인 「은천자육공묘지명」에서도 역시 은천자가 배우기를 좋아하고 행실을 다스렸으며 기억력이 좋았고 효성스러웠으며 육씨 집안을 일으키는 데 공이 있었음을 기록하였으며, 「행와육공묘지명」에도 육병요가 책을 좋아하는 군자였고 성품이 겸손하고 삼갔으며 날마다 의관정제하고 새벽에 가묘에 인사한 후 책을 읽었는데 60년을 한결같이 그렇게 했다고 하였다. 고모에 대한 제문이나 누

62 할아버지뻘 되는 같은 성의 먼 친척을 가리킨다.

63 육용정은 「묘지명」 4편, 「행장」 2편, 「제문」 12편을 남겼는데, 이 작품들은 『의전선생문집』 1권지이에 차례대로 수록되어 있다. 『의전선생문집』 1, 162~219쪽. 그중 「수분와육공묘지명」, 162~167쪽; 「은천자육공묘지명」, 167~171쪽; 「행와육공묘지명杏窩陸公墓誌銘」, 171~173쪽; 「제고모유인능성구씨부문」, 207~208쪽; 「제자씨유인완산이씨부문」, 209~213쪽.

이에 대한 제문에서도 그녀들의 온화한 성품과 행동에 대해 서술하고 있다. 묘지명과 제문의 내용을 보면, 모두 당대의 이념이었던 유교의 가치 규범들에 부합하는 장점들을 열거하고 있으며 그렇게 일탈적이거나 충격적인 면모는 찾아보기 어렵다. 지인들에게 주는 시문들이나 위의 예들처럼 친족들에 대한 글을 쓸 때에는 아무래도 동질성이 강조되며 표현이 조심스러워질 것이 당연하다. 이에 비해 전문傳聞을 통해 알게 되었거나 작가와 거리가 먼 인물을 입전한 전문학은 대상 인물 선정에서부터 차이가 있다고 하겠다.

다만 아버지에 대한 행장은 조선시대 아들이 아버지를 기리는 내용과는 조금 거리가 있어 보인다. 「본생고백련부군행략本生考白蓮府君行略」[64]에서 육용정은 아버지가 자신이 7살 때 돌아가셔서 아는 것이 별로 없다고 하면서 어머니에게 들은 바로 아버지에 대해 추억한다. 그의 아버지는 기의氣義를 숭상하고 통이 넓은 사람이었는데 독서는 즐겨 하지 않았으며 '대장부는 마땅히 후인들이 자기의 행적을 기록하게 하는 것이 바람직하지 어찌 고인의 진적을 외우겠느냐'고 하였다. 또 '과거 시험은 애들 놀이이니 뜻 높은 자가 기웃거릴 데가 아니'라고 하였으나 자신의 뜻과 세상이 맞지 않아 불우하였던 것으로 보인다. 마구 술을 마시고 손님을 모아 날마다 술 마시면서 스스로를 방기하였지만 마을 사람들은 그를 '호걸'이라 칭하였던 것으로 서술되고 있다. 그 아버지는 심화心火가 목구멍에 걸려 39세에 죽고 말았는데, 일종의 화병일 것으로 보인다. 육용정은, 나중에 보니 아버지가 남긴 초고들이 있었는데 종이가 낡고 글자가 빠져 자세하지

64 『의전선생문집』 1, 178~182쪽.

않은데다가 불까지 나서 그나마 없어졌다며 안타까워하는 심정에 대해 썼다. '독서를 좋아하지 않았다'든지 '술에 취해 스스로를 놓아버렸다'든지 하는 것은 조선시대 선고행장先考行狀[65]에서는 흔히 보기 드문 표현인데, 그는 아버지를 불우한 일사逸士나 이인異人으로 형상화한 것이라 하겠다.

위 내용을 종합해 보면 유교적 포폄의 범주를 넘어선 서술은 인물전에서만 드러나는 특징인 것으로 보인다. 물론 제문, 묘지명, 행장 등은 죽은 이를 기리는 성격의 글이어서 규범적으로 칭송 받을 만한 내용에 집중해서 썼을 가능성도 배제할 수는 없다. 그러나 평소 육용정은 한문과 유교 그리고 동도東道를 중요하게 생각했던 개화론자[66]였으므로 제문이나 묘지문, 행장 등에 나타난 언술이 평소 그의 가치관과 거리가 먼 것은 결코 아니라 하겠다. 다만 육용정이 아버지의 행장에서 보여주는 몇몇 서술들은 규범과 일탈의 경계를 넘나들고 있다. 육용정 전문학에서 자주 등장하는 술과 신의의 문제 혹은 세상에 적응하지 못하였거나 기존 질서를 초탈해 버린 주변인의 모습 등은 작가가 아버지에 대해 가시고 있던 흐릿한 기억의 편린과도 연관이 있을 것으로 보인다.

육용정이 입전한 인물들의 일화나 삶에 대한 태도는 세인들의 시빗거리가 되기에 충분한 문제들을 내포하고 있다. 그러나 육용정은 그 인물들의 행동을 이해하려는 입장에 서거나 혹은 가치중립적인 시선으로 그려낼 뿐이다. 묘지명, 제문 등을 참고해 봤을 때 육용정

65 행장이 제문이나 묘지명에 비해 형식적으로 조금 더 자유로울 수 있다고 하더라도 육용정의 경우처럼 아버지에 대한 행장에서 굳이 유자로서의 수신에 결격이 될 만한 내용들을 아버지 행장 내용으로 선택하는 경우는 드물 것으로 보인다.

66 민회수, 앞의 글, 2002, 140쪽, 143쪽.

역시 매우 온건한 가치를 준수했을 것 같은데 일탈적인 주변인들의 행적에 대해 평가절하하거나 부정하지 않았다는 점은 주목할 만하다. 육용정이 전을 쓰면서 다섯 명 모두를 그 같은 인물들만 입전했다는 것은 작가가 일정한 의지를 가지고 선택한 결과라 하겠다.[67]

2) 노골화된 표현과 통속적 조아미의 발현

인물전은 유교적이며 규범적인 성격이 강한 장르이다. 그런데 육용정의 전에서는 대개의 전 문학에서는 보기 드문 통속적 분위기가 감지된다. 육용정 전 문학의 이런 분위기는 주로 술, 돈, 성적 취향 이렇게 세 가지로 정리되는 요소들이 각 경우마다 극한의 선까지 가는 설정들을 보여주는 데서 발현된다.

우선 인물을 설명하는 요소로 술이 많이 등장한다. 술에 대한 기호는 남성 인물의 호방함을 나타낼 때 등장하는 것일 수도 있고, 또 낭만적 기질을 표현하는 것일 수도 있다.[68] 그런데 육용정 인물전에서의 호음好飮은 자신의 몸도 가누지 못할 정도로 취하거나 아니면 술이 가치 판단의 척도가 되는 등 보다 과격한 일화들로 전개된다. 「송소합전」에서는 두 남성 인물들이 토할 때까지 마시고 애틋하게 서로의 토사물을 씻어 주는 데까지 이르고 만다. 이는 유교의 수평적 가치인 붕우유신朋友有信, 신의信義를 기리기 위한 일화로 동원된 것인

67 인물전에 나타난 작가의 입전 의식 및 태도에 대해서는 3. 3)에서 논하기로 한다.

68 술이 그 인물의 긍정적 이미지를 형성하는 데 기여한 대표적 경우로는 주선酒仙이라 할 수 있는 당나라의 시인 이백(李白 : 701~762)을 들 수 있다.

데, 하필 토사물이어서 불쾌의 미감을 형성한다.

또 '돈' 혹은 물질에 대한 욕망이 여기저기에 내장되어 있다. 물론 이것은 입전자의 관심일 수도 있으며 혹은 당대인들의 욕망을 반영하는 것일 수도 있겠다. 모소사가 반장을 포기한 것은 그 남편이 받은 뇌물 때문이었고, 충청도와 경상도 약령시에서 인기가 높았을 두 약의 제조자인 송소합의 일화는 그가 모았을 부富를 기대하게 되는데 그런 인물이 거지가 되어 작가 앞에 나타난 것 역시 물질의 상실과 관련한 일련의 상상을 불러일으킨다. 그런가 하면 이성선의 경우 역시 대개는 아끼고 축적해야 할 대상인 돈이나 물건을 어떻게 선물하고 또 어떻게 탕진했는가 하는 일화를 보여준다. 그런데 뇌물, 부의 축적 및 파산 등은 당대의 다른 작품에서도 확인 가능한 요소들이다. 육용정 전이 보여주는 '돈'에 대한 관심은 여기에서 한 발 더 나아간다. 즉 그 욕망은 추상적이고 관념적인 형태인 '부'나 '물질'에 대한 것이 아니라 보다 물화物化된 상태인 '돈'에 대한 찬양의 형태로 나타난다. 백정 김동간은 엽전, 즉 돈을 인격화하여 '자네'로 칭하고 돈궤에 든 엽전의 질감, 그 손끝에서의 촉감을 느끼면서 행복해 하는 것이다. 신분을 돈으로 사고파는 「양반전」의 문제의식은 이보다 훨씬 예각화되어 있으나 수사修辭의 층위는 「도자 김동간전」이 더 노골적이라 하겠다.

또 육용정은 입전 대상 인물의 동성애와 폭력성을 기록했다. 특히 「이성선전」은 강렬하면서도 통속적이다. 이성선은 어떤 소년과 배타적 관계에 들어가길 원했는데 그 소년이 약속을 어기자 칼부림을 한 것이다. '소위 비정상' 범주에 속하는 성적 취향과 폭력의 결합은 오늘날에도 비주류 정서로 분류된다. 그런데 육용정은 그것을 입전 대상 인물의 일화로 소개하고 있다. 동성애는 19세기 말 조선에서는 그리 낯설지 않은 소재였을 것으로 보인다. 사실 여부는 알 수 없으나 황현黃玹의 『매천야록』 1권을 보면 황현은 당대의 정치적 실세였던 김병국金炳國과 민규호閔奎鎬를 동성애 관계로 기록하고 있으며, 동성애라고 명시되지는 않았으나 임경주任敬周의 「매죽당이씨전梅竹堂李氏傳」과 고전소설 「방한림전」[69] 역시 여성들 간의 긴밀한 관계를 그리고 있다. 육용정은 「이성선전」의 이성선만이 아니라 「송소합전」의 송소합도 지기知己인 김성일과 '정남정녀' 같은 관계였다고 하였다. 이 같은 서술은 입전 인물의 주변성과 인간됨을 동시에 드러내는 것이면서 또 생경하면서도 통속적인 미감을 발생시킨다.

이 같은 육용정 전 문학이 환기시키는 미감은 조야미에 가깝다고 하겠다. 주지하듯 미감an esthetic sense은 미beauty에 대해서만 사용 가능한 개념이 아니다. 미적 개념에는 미뿐 아니라 추도 포함되며, 그러하기에 조야함 역시 미적 범주가 될 수 있다.[70] 육용정의 전은 과음으로 인한 토사물, 돈에 대한 찬미, 사회적으로 금기시되는 성적 취향 등 보이고 싶지 않은 것들, 사회적으로 용인되지 않는 것들을 굳이 꺼내어 독자들의 눈앞에 전시한다. 물론 작가는 이를 통해 인물의 신의를 기리고, 양반의 횡포를 고발하고 그 사회의 중심적 가치에 얽매이지 않는 입전 인물들의 성향을 그려내기도 한다. 그런데 평결부를 통해 작가의 가치 판단을 명확하게 언술하지 않는 육용정 전 문학의 특징으로 인해 이 같은 일화들은 작품의 통속적 미감, 조야함 등을 강하게 환기하는 데 기여하고 있다.

---

69 김경미는 「매죽당이씨전」이나 「방한림전」을 동성애의 측면에서 조명하고 있다. 김경미, 「젠더 위반에 대한 조선사회의 새로운 상상」, 『한국고전연구』 17, 한국고전연구학회, 2008, 189~216쪽.

70 미감, 미적 개념, 조야미에 대해서는 김주현, 「미와 미적인 것들의 차이」, 『외모 꾸미기 미학과 페미니즘』, 책세상, 2009, 43~47쪽.

3) 일탈적이고 주변화된 인물들에 대한 관심

육용정의 인물전들은 문집에 들어 있는 그의 시문들과도 또 묘지명이나 행장들과도 다른 미감을 보여주는데, 하지만 그의 전들은 평결 부분이 생략된 작품이 많아 여타의 전들처럼 입전자의 입전 의도를 분명하게 파악하기 어렵다. 이 장에서는 육용정은 입전 인물을 통해 무엇을 이야기하고 싶었던 것인지 혹은 왜 그런 인물전들을 쓰게 된 것인지, 그 인물들에 대한 작가의 태도는 어떤 것인지에 대해 검토해 보기로 한다.

입전 인물들이 하층민들이어서 가계家系나 인물에 대한 정보가 불충분한 것은 말할 것도 없으며, 입전 인물도 가족에 대해 연연해하거나 혹은 다른 맥락에서라도 가족에 대한 진지한 감정을 드러내는 경우는 찾아보기 힘들다. 모소사에게는 남편 반장보다는 공적 가치가 우선하고, 김동간의 경우[71]는 가족에 대한 언급이 아예 없다. 송소합은 가족 관계가 불분명하고, 이석주, 이성선은 첫 부인을 사별한 후 다시 혼인하지 않고[72] 유랑생활을 한다. 인간사人間事의 가장 큰 사건인 조선시대의 혼인은 대를 잇고자 하는 의무이자 욕망이다. 그런데 이 인물들은 가족을 이루는 것이나 본래 위치했던 사회경제적 처지의 유지나 상승에 연연해하지 않으며, 기꺼이 방외方外에 처해 주변인으로 사는 것으로 그려진다. 작가는 이를 입전 인물의 불기不羈함으로 받아들인다.

입전 인물들은 유교적 이념이 제시하는 가치 규범을 따르는 것이

71 이 경우는 오히려 평범한 가정을 꾸리고 살 확률이 높아 보인다.

72 이성선은 부인과 사별한 후 '인간사가 지겨워厭薄人間事' 재취하지 않았다고 하였다.

아니라 자신의 판단에 의한 가치 기준들을 가지고 있다. 부녀자임에도 모소사는 친족 윤리가 아닌 공적 윤리의 주체가 되고자 했고, 송소합은 술을 마시고 통이 커지면서胸中渾浩, 스스로를 '욕망과 영욕에 골몰하는 세상 사람들世人之汨於嗜欲榮辱'과 구별하였다. 이석주는 '말만 앞세우고 실천은 없는 문인'에 대한 비판적 시선을 지닌 인물이었고, 이성선은 산제山祭를 통해 소유의 한계를 넘어선 불인지심不忍之心을 실천하였다. 그 결과 육용정은 그들을 '주중협酒中俠, 호상가남아豪爽佳男兒, 인걸人傑, 이인異人, 술사術士' 등으로 칭하는데, 크게는 협俠으로 범주화될 수 있겠다.

그런데 입전 인물들에 대한 육용정 자신의 평가적 시선도 드러난다. 그는 거지꼴로 온 송소합을 보고 실망한다. 그랬다가 "사람들이 칭찬한 것은 대개 신의였으니 겉모습에 있는 것은 아니다人之所稱, 盖以其信義, 不在於貌也"라고 생각을 고쳐먹는 대목이 나온다. 결국 그는 '사람이란 처지의 귀하고 천한 것으로 따질 수 있는 것이 아니大抵, 人物不以地之貴賤爲有無焉'라고 하면서, 상심한 세상에서 스스로 세상과 단절한 송소합을 향해 '그 뜻이 슬프고도 장하다其意亦可悲而且壯哉'라고 토로한다. 「도자김동간전」에서 육용정은 '가여운 자는 백성'이라면서 슬퍼하고可哀哉! 至可憐者, 小民也, 양반과 백성의 관계는 매미와 쇠똥구리의 관계보다 못 하다고 얘기한다. 왜냐하면 후환을 두려워 할 것 없는 쇠똥구리는 매미의 청을 거절할 수 있지만 양반의 후환이 두려운 백성은 열악한 형편에서도 양반의 요구를 들어줘야만 하기 때문이다. 「이성선전」에서는 이성선을 '세상에서 기이한 재주를 품었다고 하는 이인, 술사와 유사恰有似乎世所稱抱奇才之異人術士狀'한 존재로 파악하였다. 즉 육용정은 인물의 일탈적 일화들을 기록했지만 이는 그 인물을 향한 수용과 공감의 자장 안에서 행해진 것임을 알 수 있다.

인물전의 언급 중에서 작가와 가장 비슷한 목소리를 내는 인물로는 「도자김동간전」의 손님客을 들 수 있다. 작품 마지막에서 대화를 나누던 이들이 서울 양반의 폐해를 열거한 후 그러나 읍의 수령과 도백이 그 양반의 친인척이거나 그 부형과 대대로 교분이 있어 해결책이 없다는 결론에 이른다. 손님도 묵묵히 듣고 있다가 '하소연할 데도 없으니 비록 자신이 관직을 맡더라도 별 수 없을 것此爲無告. 雖以我當官, 亦無奈何? 奈之何'이라고 말하는 것으로 작품은 끝난다. 대안은 제시되어 있지 않다. 손님은 문제가 있다는 것, 잘못이라는 것을 알면서도 이는 당대 사회의 구조에서 비롯하는 것이기에 자신도 어쩔 수 없다는 무기력함을 노출한다. 심각한 문제라는 데 동의하지만 막강하게 느껴지는 권력에 자신 같은 이는 문제제기조차 할 수 없기에 미리 체념하는 것이다. 그러나 이런 한계가 있음에도 이야기하지 않을 수 없는 것, 그것이 이 전을 쓸 때의 육용정의 입장이었다.

4. 결론—개화 지식인의 대안적 모색

육용정 전에 등장하는 인물들은 좌절을 경험한 인물들인데, 이 좌절은 육용정 아버지의 것이기도 하고 육용정 개인의 것이기도 하다. 입전한 인물들이 육용정과는 상당한 거리가 있는 인물임에도 불구하고 입전될 수 있었던 데에는 좌절과 더불어 중심에 속하지 못하는 주변 정서가 공통분모 역할을 했을 가능성이 있다. 앞에서 확인했듯 작가의 아버지는 큰 뜻을 품었지만 좌절되었고 불우不遇로 인해 자신의 기를 이기지 못한 결과가 병이 되어 죽기에 이르렀다.[73] 육용정 역시 『의전기술』을 저술하고 김윤식에 의해 개화에 대한 자신의 견해를 인정받았을 때에는 개화 지식인으로서 자기 자신에 대한 포부를 지니고 있었겠으나, 서울에서 벼슬을 한다 해도 기껏해야 능참봉이나 하다가 1896년 이후에는 그나마 면직된 채 궁벽한 삶을 살게 된다. 그 후 육용정은 일본에 간 아들을 기다리며 생활을 걱정하며 말년을 보내다가 시골집에 있던 아내가 죽은 후 충청도로 돌아갔다고 한다. 서양 기독교에 대해 유연한 입장을 지녔고 동도와 서도를 공히 인정했으며 개화론자로서 유일하게 체계화된 저술을 남긴 그였지만 육용정 역시 불우不遇하였고 좌절한 지식인이었다.

유교적 이념에서 벗어나 있는 인물들을 입전한 것은 바로 이같이 좌절한 개화 지식인이 기존의 가치나 방식과는 다른 예를 통해 대안을 모색했던 시도로 읽힌다. 육용정은 김윤식, 황현, 유인석, 전우 등과 동시대의 인물이다. 위정척사파에 속했던 유인석과 전우 등이 유교적 포폄에 부합하는 전형적인 인물전을 남긴 것과 비교해 보면 동시대 개화 지식인으로서의 육용정이 갖는 차이가 더욱 확연해진다. 분명하지는 않으나 『의전문고』에 수록된 작품들은 서울에 유폐되다시피 한 삶을 살면서 쓴 작품들이 많을 것으로 추정한다. 그중 연도가 기록된 작품들의 창작 연도가 1896년 이후이기 때문이다.[74] 이 문

73 이 내용은 육용정의 아버지 행장만이 아니라 어머니 행장에서도 반복 확인된다. 「본생비성주이씨행략本生妣星州李氏行略」, 『의전선생문집』 1, 188쪽.

74 신재홍, 『한국몽유소설연구』, 계명문화사, 1994, 409쪽.

집의 간행 연도는 1912년이므로 그 외 작품들도 1896년에서 간행 전까지의 기간 동안 쓰인 작품들이 다수일 것으로 보인다.

문학사에서 이 시대의 대표적인 장르로 거론되는 것이 신소설이며 신작 구소설들이다. 흥미로운 것은 신소설이나 신작 구소설에도 통속적이며 조야한 취향이 드러난다는 점이다. 이뿐만 아니라 당시의 매체 자료인 기사문 역시 통속적 사건들을 많이 다루었다. 정환국의 연구에 의하면, 1906년 『황성신문』에 연재되었던 「신단공안神斷公案」은 조선조 송사소설의 맥을 잇는 작품인데, 여기에도 승려나 여성, 그리고 하층민의 욕망이 거침없는 표현을 통해 적나라하게 드러나 있으며, 표현 양상도 절제되지 않은, 이전의 고전서사에서는 찾아볼 수 없는 '잔혹서사'라고 하였다.[75] 유배서사로 시작하는 「기우도奇遇圖」의 창작 연대는 1920년대일 것으로 추정된다. 그런데 육용정을 논하면서 이 작품이 흥미로운 것은 「기우도」 역시 한학에 토대한 개화 지식인 박헌용(朴憲用 : 1881~1940)의 작품이라는 점이다. 문명개화와 근대를 진지하게 고민하는 주인공이 등장하는 「기우도」에도 치정, 살인, 겁탈, 불륜 등의 요소가 반복적으로 등장한다.[76] 소심스러운 추정이기는 하나 이 같은 노골적 표현과 통속적 취향은 이 시기 서사에 나타나는 공통적 미감일 가능성이 있다. 정환국은 「신단공안」이 '뒤틀린 욕망으로 점철된, 아직 당대인들에게 체감되지 않은 근대라는 부적응의 몸과 또 다른 투쟁의 사회를 은연 중 잉태하고 있었던 것은 아닐까'[77]라는 의문형으로 그 의의를 추정하고 있다.

---

75 정환국, 「송사소설의 전통과 「신단공안」」, 『한문학보』 23집, 2010, 529~530쪽.

76 「기우도」에 관해서는 조혜란, 「유배서사로서의 「기우도」 연구」, 『정신문화연구』 101호, 한국학중앙연구원, 2005 참조.

77 정환국, 앞의 글, 2010, 552쪽.

육용정 전에는 「청취우약상득자」와 「양반전」이 녹아 있고, 「광문자전」의 광문자나 「이춘풍전」의 이춘풍을 연상시키는 인물들이 등장한다. 물론 육용정의 인물전은 전시대前時代의 한문단편과 관련되는 부분들이 있다. 그런데 더 가까운 것은 당대의 신소설이나 신작구소설이며, 공통적 요소가 되는 조야한 미감은 체념과 좌절 속에서도 무엇인가 시대를 포착하고 문제를 문제 삼고자 했던 결과일 가능성이 있다. 자신의 개화론이 무력한 것이 되고 국가가 식민 상태로 들어가는 것을 목도해야 하는 개화 지식인에게는 그가 고민을 놓치지 않는다는 것이 의미였을 수 있다. 육용정의 인물은 개화 지식인이 작품을 통해서 무엇인가 대안을 모색하고 징후를 포착하려 했던 시도의 결과이다.

제3부

고전소설의 서사 로직과 몰입의 상관관계

제1장 소설의 유형성類型性과 독서과정讀書過程
–창작군담소설을 중심으로

1. 서론

고전소설 중에는 유형성類型性을 지닌 작품이 많다. 이를 두고, 혹자는 '고전소설은 천편일률'적이라는 부정적인 평가를 내리기도 한다.[1] 그러나 고전소설의 유형성이 그 수용층에게 단지 천편일률적이라는 인상만 주었다면, 수많은 고전소설 작품들이 조선시대에서부터 1900년대 전반에 걸쳐서 많은 독자를 확보하면서 지속적으로 읽혔던 현상을 설명하기가 어려워진다. 고전소설은 유형성이 두드러짐에 불구하고 독자들의 호응을 받았다. 따라서 고전소설의 유형성은 부정적인 시선으로만 볼 수 없으며, 실제로 기존논문에서는 고전소설이 폭넓게 수용될 수 있었던 요인 중의 하나로 유형성을 거론하고 있다.

1 정주동, 『고대소설론』, 형설출판사, 1975, 374쪽.

고전소설의 유형성에 관하여는 이미 많은 연구가 이루어졌다. 기존논문들은 '영웅의 일생' 구조나 이를 좀 더 세분화한 서사단락을 미리 제시하고, 먼저 개별 작품마다 그 서사단락에 의거하여 검토한 후, 논의를 전개한다. 이 부분들을 보면, 일견 고전소설 작품들은 다 비슷하게 천편일률적인 것처럼 보이기도 한다. 그런데 흥미로운 사실은, 위의 논문들이 그 유형성을 가리켜, 고전소설이 재미있게 읽히는데 기여했다고 지적하고 있는 점이다.

조동일은 영웅소설의 소설적 흥미를 설명하면서, 영웅소설이 '사건의 극단화'를 가능케 하는 이원론적 주기론의 구조를 지니고 있을 뿐만 아니라, 새로운 작품은 이미 알려진 유형에 의해 창작될 때 독자들의 지속적인 인기를 유지할 수 있다고 하였다.[2] 임치균은 영웅소설의 유형적 틀에 주목하고, 그 틀을 독자와의 관계 속에서 살피고자 하였다.[3] 민긍기도 군담소설이 많이 읽혔던 원인을 설명하면서, 그 요인 중의 하나로 군담소설의 유형성을 거론하고 있다.[4] 서대석 역시 군담소설은 흥미 중심의 소설이기 때문에 작품을 전개하는 공식적인 틀이 있다고 하면서, 작품의 흥미와 공식적인 틀을 결부시키고 있다.[5] 이상의 논문들은 소설적 흥미 면에서 영웅소설이나 군담소설의 유형성이 한 몫을 담당한다는 것을 강하게 시사하고 있다. 그러나 대개 언급에 그칠 뿐, 이미 알려진 유형이 어떻게 독서과정에서 긍정적으로 기능하는가 하는 문제를 구체적으로 다루고 있지는 않다.

독자는 주제의 이해를 통한 인식의 전환을 기대하면서 소설을 읽기

2 조동일, 「영웅소설 작품구조의 시대적 성격」, 『한국소설의 이론』, 지식산업사, 1981, 399~410쪽.
3 임치균, 「영웅소설에 대한 개념」, 『국문학연구』 제73집, 서울대 석사논문, 1985, 374쪽.
4 민긍기, 「군담소설의 연구」, 연세대 석사논문 , 1980, 72쪽.
5 서대석, 『군담소설의 구조와 배경』, 이화여대 출판부, 1985, 24쪽.

도 하지만 이에 못지않게 허구의 세계를 즐기기 위해서 소설을 읽는다. 소설은 교훈성과 오락성을 구비한 문학장르이며, 고전소설 역시 그것의 전형적인 하위장르이다. 고전소설 수용의 실상에 있어서는 오락적 측면 또한 공이 컸을 것이다. 단지 조선시대의 문학관이 호용론적인 입장이 강하였기 때문에 이러한 측면이 작품의 서序나 발跋을 통해 드러나지 못했을 뿐이다. 본고는 고전소설의 오락적 측면에 대한 관심에서 출발한다. 고전소설이 독자의 흥미를 끈 요소들은 복합적이다. 본고는 그중 하나라고 생각되는 고전소설의 유형성에 주목해서, 그것을 독서층위에서 살피고자 한다. 즉 유형성이 독서과정讀書過程에서 독자들의 시선을 책 속으로 고정시키는 긍정적인 기능을 수행함을, 독자의 인지능력認知能力을 토대로 하여 고찰할 것이다.

본고는 독서과정에서 고전소설의 유형성이 갖는 기능에 대해 고찰할 것이므로, 논의의 대상으로는 일단 한 작품이 아니라 한 작품군作品群을 선정하여야 한다. 또한 그 작품군은 전개에 있어 유형성을 띠고 있고 동시에 수용자들도 그 작품이 정석적인 틀에 의해 이야기가 진행되고 있음을 인지할 수 있는 작품군이어야겠다. 이러한 조건을 충족시켜 주는 것은, 고전소설의 여러 부류 중 많이 읽히고 유형성이 두드러진 창작군담소설군이다.[6]

---

6 창작군담소설의 유형성은 작품의 구조뿐만 아니라 내용에까지도 영향을 미친다. 형식면에서 소설의 유형성을 논할 때의 유형성이란 대개 작품의 구조, 서사단락을 의미한다. 영웅소설의 경우가 그렇다. 영웅소설의 구조인 '영웅의 일생'의 서사단락은 단락 간격이 넓고, 같은 단락의 경우라도 그것을 실제적인 작품에 놓고 보면 구체적인 이야기는 아주 다른 방향으로 진행될 수 있다. 창작군담소설도 넓게는 영웅소설의 범주에 속한다. 영웅소설과 창작군담소설의 관계는 전체집합과 부분집합의 관계와도 같다. 창작군담소설의 구조는 물론 '영웅의 일생' 구조를 취하나, 창작군담소설은 그 구조뿐만 아니라 구체적인 항목에 있어서까지도 경우의 수를 제시할 수 있을 만큼 내용 면에서도 유사하다. 이렇게 볼 때, 창작군담소설의 유형성은 작품의 구조가 되면서 동시에 그 구체적인 내용에도 관계하는 이야기 전개의 틀이기도 하다.

그러나 창작군담소설군뿐만 아니라, 상당수의 다른 고전소설 작품들도 유형성을 지닌다. 그러므로 본고의 추론은, 작품에 따라 차이는 있겠지만 유형성을 갖는 다른 고전소설 작품의 독서과정에도 적용 가능할 것으로 보인다. 대부분의 기존논의는 창작군담소설이 수용된 원인을 작품의 내용 면에서 찾았다. 이에 비해 이 논의는 그것을 작품의 형식면에서 접근하는 것으로 기존의 논의를 보충할 수 있으리라 기대된다.

2. 유형성類型性과 인지認知의 틀

우리들이 독서를 할 때는 대개 무엇인가 새로운 이야기, 새로운 감동을 원한다. 그러나 앞에서도 언급한 것처럼, 꾸준하게 많은 독자를 확보했던 창작군담소설은 개별작품의 독자성이나 새로움보다는 작품마다 서로 비슷한 흐름을 보이면서 그 전형적인 틀이 두드러져 보이는 작품군이다. 이것은 뭔가 모순된 느낌을 불러일으킨다. 그렇다면 과연 이 비슷함도 독서과정에서 흥미를 제공하는 요소로 기능하는가라는 질문이 생긴다.

우리가 어떤 대상을 이해하려 할 때에는 그 이전까지 축적해 온 모든 정보를 동원한다. 이것은 글을 이해하려는 경우에도 마찬가지이다. 어떤 글 또는 책을 읽는 독자는 자신의 모든 사전지식을 이용하여 그 내용을 이해하거나 기억한다. 이 사전지식에는 자신이 태어난 이후로 보고 듣고 배워온 모든 것이 다 포함된다. 예를 들어 조선시대의 독자라면, 충忠, 효孝, 열烈 등의 유교적인 덕목들은, 여러 경로를 통해, 어려서부터 이미 머릿속에 하나의 가치체계로 자리 잡는다. 또 자라 성인이 되어서는 자신이 속한 사회의 여러 제도와 규범들을 이해하고, 자신도 사회의 구성원이 되기 위해서는 그것들을 준수해야 한다는 사실도 알게 된다. 그러는 과정에서 신분제도를 근간으로 해서 비롯되는 봉건사회의 상식을 익혀, 그것 또한 깨기 어려운 하나의 통념으로 저장될 것이다. 이 과정들은 의사소통으로 가능해지므로 개개인의 언어에 대한 습득이 필수적인 전제조건이다.

언어에 대한 정보와 이해야말로 글을 읽는 데에 있어 가장 중요한 수단이다. 이야기에 대한 이해는 이렇게 해서 얻는 사전지식이 있기에 가능하다. 「효녀지은」이나 「향랑고사」를 듣고, 그것이 주인공의 효성스러움에 관한 내용인지 아니면 열절을 기린 것인지를 이해하고 더 나아가 감동받을 수 있는 것은, 바로 이야기의 의미를 포착해낼 수 있는 의미망이 듣는 이의 기억 속에 자리 잡고 있기 때문이다. 하나의 설화를 이해하려면 이렇듯 여러 자원의 지식들이 필요하다. 이 지식들은 각기 하나의 구조, 인지틀로서 기억 속에 저장되어 있다. 한 사람이 어떤 대상의 의미를 파악하고자 하는 순간에는 사전지식의 활성화 과정이 두뇌 속에서 진행된다. 이는 기억되어 있던 여러 수준의 지식들 중에, 그 대상의 이해에 적합한 틀들을 순식간에 찾아 검토하는 과정이다.[7]

---

7 김수연, 「이야기의 구조 및 짜임새가 회상에 미치는 효과」, 고려대 석사논문, 1981, 1~6쪽. 인지심리학에서 설명하기로는, 인간이 언어와 글을 이해하고 기억할 수 있는 것은, 어떤 이야기를 들을 때, 머릿속에 일정한 틀이 형성되어 있기 때문이라고 한다. 이 틀을 스키마Schema라고 부른다. 스키마란 어떤 구체적 대상이나 사건 또는 상황에 대한 과거 경험을 통하여 추

어린이들은 어른들에게 이야기를 조른다. 어린이는 이야기를 즐기는 과정에서 이야기의 문법을 터득하고, 이것도 또 하나의 새로운 인지틀로 기억 속에 저장된다. 인간은 어려서는 설화 수준의 이야기에 만족하지만 어른이 되면서 점차 소설적인 이야기를 선호한다. 그러므로 소설을 접할 즈음에는 이미 여러 수준의 인지틀을 확보하고 있는 상태이다.

이야기를 들으면 단지 듣고 다 잊어버리는 것이 아니라 그 줄거리를 기억하기도 한다. 소설의 경우도 마찬가지이다. 이것은 이야기를 듣고 그 내용을 하나의 개념으로 추상화시키는 작업이 가능하기 때문이다. 즉 이야기 전개 중 단락이 지어질 만한 부분에서는, 자신이 소유하고 있는 정보들을 이용해서, 그 단락이 표상하는 내용을 한두 단어나 문장으로 개념화한다. 이 개념화 작업으로 인해 소설의 줄거리도 기억할 수 있다. 이 기억된 줄거리는 또 하나의 틀을 형성, 저장되어 있다가 기회가 주어지면 다시 활성화되기도 한다. 예를 들어, 한 번 「춘향전」을 읽은(혹은 들은) 적이 있는 사람이 다시 「춘향전」을 접하게 되면, 지난번에 저장되었던 틀을 이용하여, 자신이 읽고 있는 다음에 전개될 이야기를 기대할 수도 있고 빠져 있거나 추가된 부분을 발견할 수도 있다. 기억과 재생과정에 다 관련하는 이러한 추론과정은 인지틀의 활성화에서 필수적인 부분을 차지한다.

상화된 개념적 지식을 의미한다. 일단 어떤 스키마가 형성되면 그 스키마에 의해 새로운 정보들을 조직화할 수도 있으며 빠진 정보들에 대해 추론을 해 볼 수도 있다. 특히 이해의 필수적 핵심과정으로 부각된 것이 추론과정인데, 이 과정은 스키마의 활성화에 의해 가능해진다. 이러한 스키마들의 활성에 의해 구성요소를 기대할 수 있고 그 때문에 이야기를 읽어 나가면서 제시된 정보들을 서로 연결하여 기억 속에 집어 넣을 수 있으며, 꺼낼 때에도 구성요소들의 시간적 선후관계나 인과관계에 의거하여 순서대로 재구성할 수 있게 되는 것이다. 본고의 '인지틀'이라는 용어는 인지심리학에서 사용하는 스키마의 개념과 같은 것이다.

이러한 과정은 한 작품군에 대해서도 마찬가지로 적용될 수 있다. 소설을 즐기는 사람이라면, 어느 한 작품만이 아니라 다른 작품들도 읽었다고 보는 것이 타당하다. 고전소설의 독자들도 여러 편의 고전소설을 접하고, 그 과정에서 이 이야기와 저 이야기는 상당히 유사하다는 것을 발견할 수 있다. 어느 부류의 이야기들은 시작은 이렇게 해서 주인공은 어떤 과정을 거치게 되며 끝은 어떻게 된다는 대강의 골격이 있기 때문이다. 여러 편의 창작군담소설을 읽는 독자들의 경우는, 그 독서경험을 통해, 앞에서 언급한 정석적인 플롯, 즉 유형성이 기억 속에 하나의 구체적인 틀로 저장된다. 이 인지틀은 창작군담소설의 독서경험으로 형성된 것이며, 다시 비슷한 창작군담류의 소설을 읽을 때에 활성화될 수 있다. 창작군담소설을 읽을 때에는 독서 이전의 여러 인지틀들이 동원될 뿐만 아니라 창작군담소설의 골격이라는 인지틀도 더해지게 된다. 이로 인해 새로운 이야기를 접하면서, 예상되는 이야기의 흐름을, 자신의 틀에 끼워 맞춰 보기도 하며, 또는 자신의 틀에 들어있는 이야기 단락들이 새로 읽고 있는 작품에는 생략되어 있거나 하는 변화를 발견하면서 읽는 것이 비로소 가능해진다.

고전소설 활자본으로 출간되면서 많이 팔린 창작군담소설로는 「조웅전」, 「유충렬전」, 「소대성전」 등이 있다.[8] 그러므로 이 작품들은 당대의 고전소설 독자에게 두루 읽혔으리라 여겨진다. 본고는 그 중의 하나인 「조웅전」을 예로 들어, 창작군담소설의 독서경험으로 인해 이미 생긴 인지구조의 틀이, 다른 창작군담소설의 독서과정에서 어떻게 기능하는가 살펴보겠다. 이것은 한 작품을 대상으로 논의

8 우쾌제, 「구활자본 고소설의 출판 및 연구현황 검토」, 『고전소설 연구의 방향』, 새문사, 1985, 122~138쪽.

를 전개시켜서 그 이야기 자체의 흐름에 대한 독자들의 기대를 추정하는 것이 아니라 한 작품군의 독서에서 비롯된 틀에 맞춰 보는 것으로, 유형성이 두드러진 창작군담소설의 독서과정을 설명하는 데에 적합하다.

「조웅전」은 이야기의 시작부터 파격적이다. 창작군담소설뿐만 아니라 대부분의 고전소설은 주인공의 가문, 기자 치성, 주인공의 전생 신분 등의 순서로 시작한다. 그런데 「조웅전」은 송 문제가 충렬 묘에 거동하는 이야기, 승상 조정인이 남만을 평정하고도 약을 먹고 죽은 일 등의 서술로 시작되어, 조웅의 탄생 전후에 서술될 것으로 기대되는 할 문학적인 관습을 깨고 있다. 이 시작은 고전소설의 서사적 관습에 익숙해진 독자들에게 신선함을 제공하면서 그들의 시선을 끌기에 충분하다.

조금 더 읽다 보면 조정인을 모함한 이두병의 권세에 대한 서술이 시작된다. 그런데 인간은 언어자극 또는 이야기 전체가 완전히 입력된 후에야 의미표상이 형성되는 것이 아니라, 자극의 첫머리가 입력되는 순간부터 의미표상이 형성되며, 후속하여 입력되는 부분들에 대한 즉각적 처리를 통해 의미표상을 가다듬는다.[9] 그러므로 (고전소설을 많이 읽는 독자는) 주인공의 아버지인 충신을 몰아낸 역신의 발호를 보면서 「유충렬전」을 떠올릴 수 있다. 독자들은 이 부분을 읽으면서 「유충렬전」에서처럼 조웅에게도 역신의 핍박으로 인한 가족과의 분리 등의 불행이 일어나지 않을까를 점쳐 보고, 이 예상은 곧 맞아떨어진다. 자신의 예상대로 이야기가 전개되는 것을 확인한 독자는

---

9 이정모 외, 『인지과학』, 민음사, 1989, 227쪽.

이야기(문학)에 대한 자신의 소양에 만족하면서 독서를 계속한다. 이것은 독서경험이 많은 독자가 지금 읽고 있는 이야기가 자신이 저장하고 있던 창작군담소설의 전개방법과 유사함을 발견하면서, 거의 동시에 그 인지틀을 머릿속에서 활성화시킴으로써 가능한 것이다.

주인공이 고난을 당하면, 반드시 주인공을 구해주는 구출자도 등장하게 마련이다. 이것을 아는 독자는 마치 「유충렬전」의 강희주나 「소대성전」의 이전 같은 인물의 등장을 미리 기대한다. 그러나 「조웅전」에서는 그런 인물로 기대될 만한 계량섬 백자촌 여노인이 끝까지 도움을 주는 결정적인 구출자가 아니라 일시 의탁처에 지니지 않음을 알게 되고, 독자들의 예상은 빗나간다. 빗나간 예상은 독자들로 하여금 다음 이야기에 대한 호기심을 유발시키면서 독자들을 더욱 작품 안으로 빠지게 한다. 그다음에 전개되는 이야기로 조웅 모자의 피난처로 절(강선암)이 등장한다든지 조웅이 검을 얻고 천관도사를 만난다든지 하는 장면에서는, 독자들은 머지않아 어디에선가 전쟁이 일어날 때가 됐음을 알고 있다. 왜냐하면 다른 창작군담소설에서도 주인공이 도사를 만나 무술을 닦고, 훌륭한 무기를 얻으면, 그다음에 주인공은 전쟁에 출전하고 있기 때문이다. 「조웅전」이 독자들에게 또 하나의 충격을 던져 주는 장면이 있다면, 바로 조웅과 장소저가 결연하는 장면이다. 이 부분은 「조웅전」에 인기를 더해준 곳으로 여겨진다. 이는 또한 조웅이 자신의 필요에 의해 꿈을 성취하는 것과 더불어 흔히 인간성의 긍정 등 「조웅전」의 주제와 관련되는 부분이기도 하다.[10] 조선시대의 고전소설 수용층은 유교적 이념의 한

10 조동일, 앞의 책, 1981, 323쪽; 조시증, 「「조웅전」의 작품구조와 그 수용적 의미」, 성균관대 석사논문, 1987, 91쪽.

계 안에 갇혀 있었다. 그들이 규범을 과감하게 벗어나는 조웅의 저돌적인 행동을 보면서, 이 부분을 다른 고전소설 작품의 결연 장면과 비교해 본다면, 조웅의 행동은 예에 어긋나지만 한편으로는 통쾌하다고 여길 것이다.

「조웅전」에 삽입되고 있는 몇몇 화소들은 창작군담소설의 전형적인 틀에 포함되는 단락이 아닌 하위부분에 속하는 것들이 있다. 예를 들어, 초두에 등장하는 백호의 난동, 사경을 헤매는 장소저를 환약으로 구하는 일, 황달 장군과 월랑의 귀신을 물리친 일 등이다. 독자가 이야기를 읽고 그것을 기억할 때에는, 단락이 지어질 만한 부분까지를 하나의 덩어리로 추상화시켜서 기억하며, 그러므로 세부적인 사건들은 생략된다.[11] 창작군담소설의 인지틀도 이같이 생략된 틀로 저장되어 있으며, 각 편의 세세한 하위부분들은 이 인지틀에 표시되어 있지 않다. 위에서 예를 든 화소들은 이야기의 상위조직에 속하는 것들이 아니다. 창작군담소설의 독서경험이 많은 독자라도 기존의 인지틀에서 이 화소들을 찾을 수는 없다 그러므로 이 부분을 읽을 때에는 예상도, 또는 다른 창작군담소설과의 대비도 불가능한 상태에서 예기치 못하는 상황으로의 독서가 진행된다. 창작군담소설의 독서과정에서 이런 부분이야말로 독자들에게 새로운 창작군담소설을 읽고 있음을 확인시켜 주는 부분들이다.

보는 사람의 손에 땀을 쥐게 할 정도로 매 회 주인공을 아슬아슬한 상황에 처하도록 만드는 텔레비전 연속물들이 있다. 만약 시청자들이 그 프로그램을 본 적이 없다면, 도저히 편한 마음으로 볼 수 없게 만

---

11 김수연, 앞의 글, 1981, 1~2쪽.

들어진 장면들이다. 그러나 한 번이라도 그 프로그램을 본 적이 있는 사람이라면 그 주인공이 어떤 수를 써서라도 곤경을 벗어나리라는 것을 안다. 그러므로 시청자는 주인공의 안위에 관심을 갖는 것이 아니라 그가 어떻게 위기상황을 모면하는가에 더 신경을 쓰며, 안심하고 본다. 창작군담소설의 독서과정에서도 이와 비슷한 현상이 일어난다. 주인공이 어떠한 상황에 직면하더라도 모든 일은 주인공에게 좋은 방향으로 전개되며 아무리 위태로운 지경에 빠지더라도 잘 헤치고 나올 것을 기대할 수 있기 때문에 독자들은 편안한 마음으로 독서한다. 「조웅전」의 위급한 상황, 즉 위왕이 항서를 보내고 자결하려는 장면이나 혹은 태자가 막 사약을 받으려던 장면에서는, 「유충렬전」의 경우도 아슬아슬한 때에 유충렬이 천자를 구해냈던 장면을 연상하면서 안심하고 읽을 수 있다. 이 편안함은 조웅 자신이 태자를 구해낸 다음에 번왕의 진에서 어려운 상황에 처했던 부분에서도 마찬가지로 작동할 터인데, 다른 창작군담소설을 읽었기에 가능한 것이다.

대부분의 창작군담소설은 주인공이 무공을 이루어 행복해질 수 있는 조건이 충족되면, 이야기가 끝난다. 그러므로 조웅이 태자를 구해내고 무공도 이루면, 독자들은 이야기가 파국에 이를 것을 기대한다. 그런데 「조웅전」은 이 부분에서 조웅에게 새로운 적이 나타나고 또 군담이 이어지므로 독자들은 새로운 이야기에 대한 관심이 증폭된다. 「조웅전」의 경우, 시작 부분을 제외하고는 창작군담소설의 이야기 틀에 비추어 별 생략 없이 이야기가 진행되며 독자들은 어느 정도 앞 이야기를 예상하는 상태에서, 조웅이 송 황실을 재건해 가는 과정을 안심하며 읽는다.

이상에서 본 것처럼 특히 창작군담소설의 독서에는, 독자들이 기억 속에 저장되어 있는 인지틀을 활성화시키면서, 자신이 가지고 있는 인지틀에 따른 예상이 맞거나 빗나가거나 하는 과정이 수반된다. 이 때문에 이야기의 독서가 꾸준히 지속되고, 이 과정을 통해 독자의 관심은 계속 작품 안으로 집중된다. 이 인지틀은 바로 창작군담소설이 유형성을 지녔기에 형성된 것이다.

3. 유형類型과 개별성個別性의 관계

지금까지는 창작군담소설의 전형적인 틀로 인해 독자들의 기억 속에 하나의 인지틀이 자리잡게 되고, 새로운 창작군담소설을 읽을 때에 이 틀이 활성화되면서 독서가 진행되는 과정을 살폈다. 이제부터는 이런 독서과정이 독자들을 작품 안으로 끌어들이는 힘을 발휘하게 되는 까닭에 대해 고찰하도록 한다.

창작군담소설의 독서과정은 위에서 언급한 특성으로 말미암아 독서과정이 작품 전체를 대상으로 한 탐색작업과도 같은 성격을 지니게 된다. 실제로 창작군담소설의 독서는 창작군담소설이 지니는 유형성만이 아니라, 각 작품들만이 갖는 개별성이 함께 작용하면서 진행된다. 각 작품이 전개시키는 개성 있는 이야기의 짜임들은, 구체적인 장면 전개에 대한 독자들의 관심을 불러일으키며, 이 때문에 탐색으로서의 독서가 비롯된다. 탐색을 통한 맞춰보기와 예상의 맞고 틀림이 재미를 유발한다는 것은 수수께끼나 추리소설의 경우를 생각해 보면 알 수 있다. 수수께끼란 비유적인 언어를 사용하여 대상을 반쯤은 보여주고 반쯤은 가리는 형식으로 던지는 질문이다. 이로 인해 해답을 향한 탐색이 가능해진다. 추리소설이란 작가가 의도적으로 단서가 될 만한 정보를 흘리며, 독자들은 올바른 정보와 그릇된 정보들은 분별해 가면서 범인을 찾는 탐색에 동참하게 된다. 창작군담소설의 이야기는 물론 추리소설과도 다르며, 그 언어의 성격은 수수께끼와도 다르다. 그러나 창작군담소설의 독서과정은 그 속성 면에서 이들의 문제해결 과정과 같다. 창작군담소설들은 그 구체적인 내용 단락들이 공통되어 있으며, 이것이 바로 인지틀을 형성한다. 그러므로 독자들은 앞으로 전개될 내용에 대한 단서를 쥐고 있는 것이다. 또 이것은 수수께끼에 있어, '반쯤은 보여준 상태'에 해당한다. 그리고 아직은 모르는, 읽고 나서야 확정될 부분, 그 작품만의 고유한 부분들이 '반쯤은 가려진 부분'이 되는 것이다. 수수께끼나 추리소설이 탐색과정을 통해, 알 듯 말 듯한 문제의 해답에 이르는 것처럼, 창작군담소설의 독서과정도 아직은 미지의 세계인 새로운 작품의 서사단락들을 통과하면서, 결말에 이르기까지 탐색을 하게 된다. 어느 부분에서는 자신의 예상이 맞고, 어느 부분에서는 틀리기도 하면서, 독자들은 자신의 탐색결과가 궁금해 자꾸자꾸 다음의 이야기를 읽기 위해, 책에서 시선을 떼지 못하게 된다. 물론 다른 소설의 경우도, '그다음은, 그다음은' 하는, 앞 이야기에 대한 궁금증 때문에 계속 책장을 넘긴다. 그러나 이러한 수준의 앞 이야기에 대한 궁금증이나 막연한 예상은 작품의 흐름을 따라가는 수동적인 성격으로, 작품 전체를 대상으로 좀 더 구체적이며 적극적인 탐색이 가능한 창작군담소설의 독서 과정과는 다르다.

창작군담소설의 경우, 유형성으로 인하여 이야기의 전체적 흐름은 어느 정도 드러나 있는 셈인데, 각 작품들은 개별성을 지니므로 독자들은 그 구체적인 전개 내용이 궁금해진다. 그러므로 어슷비슷한 이야기의 독서가 궁금하면서도 재미있는 과정이 된다. 「조웅전」의 경우는 앞 부분을 제외하고는 별 생략 없이 이야기가 진행된다. 「장백전」은 독자의 예상에 비하여 양육자나 박해 등의 부분이 생략되어 있으며, 마지막에 장백이 주원장을 돕고 안남국왕이 되어 역성혁명을 하는 부분은 창작군담소설의 인지틀과는 다르다. 이 부분은 「장백전」의 개별성으로서 독자들의 관심을 끌게 된다. 「황운전」의 경우는 하나의 인지틀에 황운과 설연 두 인물을 대입하며 읽을 수 있는 묘미가 있다. 주인공의 결연 부분에서, 「조웅전」은 저돌적인 돌입으로 가연을 맺고, 「장백전」은 절의 중에게 잡힌 양소저와 이소저를 구하고 또 원귀에 시달리는 김승상의 딸을 구출해 준 인연으로 혼인하며, 「유충렬전」은 장인이 될 강희주에게 발탁되어 결혼하는 등 다양한 양상이 전개된다.

독자들이 이 다양성을 음미할 수 있는 것도, 이야기 전개의 틀에 유형성이 있기에 가능하다. 이 때문에 새로운 작품을 접할 때에도, 활성화된 자신의 인지틀을 가지고, 그 속에 기대와 전망을 대입해 보거나 추론과정을 거치면서, 자신의 예상과 구체적인 이야기의 전개를 비교해 볼 수 있다. 이것은 결국 탐색과정과도 같다. 창작군담소설의 독서에서 이 과정은 독자로 하여금 자신의 예상이 맞으면 앞질러 가고 있는 자신의 선견에 대한 만족감에, 빗나가면 새로운 호기심에 긴장하게 하면서 독자들을 작품 속으로 몰입하게 하는 역할을 한다. 이는 창작군담소설이 내용에까지도 영향을 미치는 정석적인 구조, 유형성을 갖고 있기에 가능하다. 뿐만 아니라 이러한 독서과정은 작품 전개에 있어 독자들이 그 유형성을 지니는 단락들을 감지할 수 있을 정도로 구성되어 있기에 가능한 것이기도 하다.

창작군담소설의 유형성은 그 간격이 인지하기에 적당하고 단락 사이에 전개되는 내용도 각 편마다 적당한 수준을 유지하고 있어, 독자들도 독서과정에서 그 유형에 따른 전개를 눈치챌 수 있으며, 그 결과 탐색과정을 수반하게 되는 것이다. 이와 더불어 창작군담소설의 독서과정에서 그 정석적인 틀이 긍정적인 요인이 되기 위해서는, 박진감 있게 진행되는 창작군담소설의 내용 자체가 한 몫을 담당하였다는 사실도 지적하여야 한다. 이러한 조건들을 전제로 하여, 창작군담소설의 유형성은 — 오히려 유형성이 있음으로 하여 — 새로운 작품의 독서과정에서 독자들에게 다음에 전개될 이야기에 대한 호기심을 불러일으켜 독자를 작품 안으로 끌어들이는 기능을 수행한다.

4. 유형성類型性과 독서讀書의 의미

독서는 독서과정을 통해 이루어진다. 독서와 독서과정은 비슷한 말인 것처럼 보이지만 엄밀한 의미에서의 '독서'와 '독서과정'은 서로 다른 것을 의미한다. '독서과정'이란 독자가 작품을 읽는 순간들을 뜻하며, '독서'란 이 독서과정을 마친 후 독자들이 그 작품을 통해 얻은 감동이나 깨달음, 작품에 대한 가치평가 등이 포함된 용어이다.

이 둘은 서로 다른 층위에 속하는 것으로, 구별할 필요가 있다.

지금까지는 독자들이 창작군담소설을 읽는 독서과정 중에서는 어떤 일이 일어나는가에 대해서 살펴보았다. 어떤 책의 독서가 독자들에게 감정의 순화나 이를 통한 인식의 전환에 영향을 미치지 못하고, 다만 한 번의 탐색과정만으로 종결되는 것이라면 그 독서는 긍정적인 평가를 얻기 힘들다. 창작군담소설의 독서도 다만 이런 과정을 거칠 뿐이라면, 무의미한 것으로 간주될 수 있다. 그러므로 이 장에서는 창작군담소설을 읽고 난 후에 독자들에게 무엇이 남는가, 읽기를 마친 후 독자들은 그 독서의 의미를 어떻게 평가할 것인가 하는 문제를 다룬다.

창작군담소설의 독서가 독자들에게 어떻게 받아들여졌는가를 살피기 위해서는 이원주의 「고전소설 독자의 성향」이라는 논문이 참고가 된다. 이 논문에 의하면, 고전소설 독자들은 대체로 '전'은 읽지 않고 '록'을 읽었다고 하면서, '전' 기피 현상을 나타낸다. 이 연구가 여성만을 대상으로 하였다는 점을 고려해야 하겠으나, 자손들에게 읽히고 싶은 소설을 들으라고 한 문항에서도 '전'계열에 속하는 작품은 하나도 없고, 모두 '록'계열에 속하는 작품들만 선택하고 있다.[12] 이들의 태도를 보면, '록'계열은 고상한 취향을 지닌 소설이고 '전'계열은 상스런 책[13]이라 하여 전자보다는 저급한 소설이라고 여긴 것을 알 수 있다. 그런데 바로 이 '전'계열에 창작군담소설이 들어있다. 이들의 독서이유는 독서를 통해 교훈성, 도덕성 등의 윤리적 가치를 얻는 것이었으므로, 추천도서 목록에서 제외된 창작군담소설은 결

12 이원주, 「고전소설 독자의 성향」, 『한국학논집』 제3집, 대구계명대 한국학연구소, 1975, 5~7쪽.
13 위의 글, 6쪽.

코 교훈적 이유라든지 교양을 위해 읽힌 것이 아님은 분명하다. 창작군담소설은 이런 식으로 권장 받지 않아도 충분히 인기를 누리면서 독자를 확보할 수 있었다.

고전소설 독자들이 재미 충족을 위해 창작군담소설을 읽었을 것이라는 추정이 가능하고, 또 3절에서와 같은 독서과정을 거친다고 해서, 창작군담소설의 독서가 모두 다 일회적이고 소비적이며 통속적인 것이라고 할 수는 없다. 창작군담소설은 조선 후기와 1900년대 전반에 걸쳐 읽혔다. 창작군담소설의 독서과정 중에서 일어나는 독자의 반응은, 시기에 상관없이 3절에서 살핀 것과 같은 방법으로 진행될 것이다. 왜냐하면 창작군담소설의 유형성이란 작품에 내재하는 것이기 때문이다. 그러나 독서를 마친 후, 독서로 인해 독자가 받는 영향, 그 의미 부여는 시기에 따라 달라졌을 것이다. 구한말 조선은 갑오경장, 경술국치 등 충격적인 사건을 겪으면서, 사회경제적으로 제도가 많이 변화하였으며 이로 인해 개인의 의식도 달라졌을 것이기 때문이다. 그러므로 비록 동일인인 경우라 할지라도 이 두 시기의 독자는 구별할 필요가 있다.

조선은 봉건 지배체제를 유지하였으며, 조선시대에는 수차례의 전란을 겪으면서 실제로 무공에 의한 신분상승이 일어나기도 했다.[14] 그러므로 이 시기에 창작군담소설을 읽는 독자는 소설의 이야기를 실감나게 읽었으며, 그 결과 주인공에 대한 동경이나 적극적인 꿈의 투영도 가능했다. 또한 방각본 소설이 처음 나타날 때에는 상업적인 인기를 가진 소설과 새로운 가치를 가진 소설이 일치했던 것[15]

14 임치균, 앞의 글, 1985, 112~117쪽.
15 조동일, 앞의 책, 1985, 415쪽.

처럼 창작군담소설도 처음 등장했을 때에는 그러했을 것이다. 예를 들어 「조웅전」의 경우, 작품에 유교적인 이념의 테두리를 벗어나고자 하는 욕망이 투사되어 있는데, 이것은 「조웅전」이 지닌 근대적인 성향이라 하겠다. 또한 「조웅전」뿐만 아니라 다수의 다른 작품도 당대의 사회적 분위기를 반영하며, 진보적이고 적극적인 주인공의 처세 양상을 보여준다.[16] 조선시대에 창작군담소설을 읽었던 독자는 작품이 갖는 의미, 주제 등에 대해서도 진지했으며, 단지 한 번 읽고 치워버리는 식으로 독서한 것은 아니었을 것으로 보인다.

구활자본 「소대성전」, 「유충렬전」, 「조웅전」의 마지막 출간 연대를 보면, 각각 1936년, 1938년, 1935년으로 되어 있다.[17] 이러한 시기의 독자들에게 창작군담소설의 내용은 마치 우리가 동화를 읽을 때처럼 현실성이나 실현 가능성은 없는 이야기로 비춰졌을 것이다. 동화는 대개 선악이 분명하며, 이런 류의 독서는 교훈적이며 우의적인 성격을 띤다. 이 당시 고전소설 독자는 대부분 농민, 노동자였다.[18] 1930년대란 세계열강이 다시 제국주의로 회귀하면서, 역사가 반동적인 흐름을 보이던 시대로, 이 당시의 한국의 농민, 노동자란 식민지 치하에서 가장 열악한 조건의 삶을 살았던 계층이다. 창작군담소설은 선과 악의 대립이 분명한 소설이다. 이렇듯 억압받는 처지에 있었던 고전소설 독자에게 선과 악의 분명한 대립을 보이는 소설은 하나의 비유로 읽힐 수 있다. 즉 창작군담소설의 선악 대립을 당시의 현실로 치환하여, 약하지만 나중에는 힘을 얻고 승리하는 주인공 측

16 위의 책, 346~355쪽.
17 우쾌제, 앞의 글, 1985, 128쪽, 131쪽, 135쪽.
18 김기진, 「대중소설론」, 『동아일보』, 1929.4.17.

에다 자신들을 대입하고, 결말에는 반드시 패하는 악인의 자리에 자신들을 괴롭히는 일제 혹은 친일세력을 대입하여 우의적으로 작품을 해석하는 경우이다. 그러나 이러한 독서는 문제에 대한 인식을 새롭게 하여 그 문제 해결에 도움을 주는 것이 아니라 일시적인 감정의 배설에 지나지 않는다.

이 시기에 주목되는 고전소설로는 애정을 주로 다룬 신작 구소설이나 '—실기'류의 역사 · 전기물, 개별작품으로는 「춘향전」을 들 수 있다.[19] 이들 소설들은 작품 속에 기존 질서를 극복하고 새로운 가치를 주장하려는 열려진 공간을 마련하고 있다. 그러나 궁극적으로 봉건제도를 옹호하는 창작군담소설은 그런 대응력을 갖지 못하였으므로 이 시기의 창작군담소설은 흥미 중심으로 읽히다가 쇠퇴하고 만다.

창작군담소설의 독서과정은 시기의 구별 없이 같은 방법으로 읽힐 수 있는 데 비하여, 다 읽고 난 후 작품에 대한 태도, 의미 파악은 시대에 따라 달라진다. 즉 어떤 작품에 대한 독서과정과, 그 작품이 지니는 의미나 가치에 대한 판단은 다른 차원인 것이다. 그러므로 창작군담소설이 유형성을 지니고 있으며, 독서과정에서 유형성이 흥미를 제공하는 요소로서 기여한다고 해서 모든 창작군담소설의 독서가 일회적인 것으로 폄시될 수는 없겠다.

19 이은숙, 「활자본 신작 구소설에서의 애정소설연구」, 한국정신문화연구원 석사논문, 1986 참고.

5. 결론

창작군담소설은 작품마다 이야기가 어슷비슷하게 진행됨에도 불구하고 대단한 인기를 누린 작품군이다. 기존의 연구에서도 그 인기의 요인을 설명하고자 시도한 논문들이 있다. 본고는 그중 특히 작품이 재미있게 읽히는 데에 별로 기여한 것이 없을 법한 창작군담소설의 일정한 틀, 정석적인 구조에 주목하여, 그 틀이 독서 층위에서 어떻게 기능하는가를 살펴보았다. 그 결과, 창작군담소설들의 유형성은, 독서과정에서 계속 독자들의 이야기에 대한 관심을 자극하고 그들의 시선을 책 속으로 고정시키면서 흥미진진하게 읽도록 하는 긍정적인 기능을 수행하였음을 설명하였다.

물론 한 작품군이 많이 수용되는 까닭을 설명하기 위해서는, 작품 내적 요인뿐만 아니라 독서 여건, 문화에 대한 충족도, 서적의 유통 · 배분, 당대의 정치적 상황 등 여러 요인을 고려하여야 할 것이다. 창작군담소설에 대한 연구는 이미 많이 진행되었으며, 사회 · 경제적 측면, 심리적 측면 등에 대해서는 잘 설명되어 있다. 그러므로 본고는 위는 측면들을 다시 언급하지 않고, 창작군담소설의 유형성도, 그들 작품군이 조선시대부터 1900년대 전반에 걸쳐 많이 수용될 수 있었던 한 요인으로 작용했음을 설명하였다. 창작군담소설의 독서 이유로 몰락 양반이나 일반 고전소설 독자들의 보상심리, 혹은 외적에 대한 설욕 욕구 등을 드는 것은 군담류가 발생되었거나 또는 그에 준하는 시대에 한해서는 유효한 설명이라고 할 수 있다. 그러나 창작군담소설이 봉건제도를 옹호하고 있다는 시대적 한계성을 지닌 작품임에도 불구하고, 1930년대까지 개작도 되지 않은 채로 읽힐 수 있었던 까닭은 그 독서과정 자체가 즐거웠기 때문이다. 이렇게 볼 때, 창작군담소설이 독자들의 호응을 받으며 지속적으로 읽혔던 이유를 고찰하면서, 그것을 창작군담소설의 유형성과 관련하여 논의하는 것은 더 폭넓은 설명이 될 것이다.

제2장 고전소설에 수용된 수수께끼

1. 서론

문학이 작품으로 성공을 거두려고 하면, 좋은 내용과 잘 짜인 형식을 갖추고 있어야 한다. 소설에 있어서도 그 내용에 못지않게 형식이나 서사기법이 중요하다.

고전소설은 흔히 '권선징악적 주제, 천편일률적 형식'과 같은 피상적 이해로 말미암아, 각 작품의 내용과 표현방법에 대해서는 진지한 검토가 이루어지지 않았다. 그러나 고전소설은 당대 인간사회의 문제를, 그 당시의 효과적인 기법을 통해 구현한 산물이다. 따라서 고전소설이 가지고 있는 내용과 표현기법에 대해서는 좀 더 치밀한 검토가 이루어져야 할 것이다. 본고는 지금가지 소홀히 다루어졌던 고전소설의 서사기법 가운데 하나인 수수께끼에 대해 살펴보고자 한다.

고전소설에는 수수께끼 및 수수께끼적 요소들이 적지 않게 수용되어 있다. 고전소설에 수용된 수수께끼는 이야기의 흥미를 고조시킴으로써 독자와 작품 내용(사건)과의 관계를 긴밀하게 결합시켜 주고 있다.

고전소설이 단지 내용을 전달하는 데에서 그치지 않고, 그만큼의 독자를 확보할 수 있었던 기교의 하나로 수수께끼가 차용되어 있다는 데 유의하면서, 본고는 우선 수수께끼의 개념에 대해 검토하고, 수수께끼와 고전소설과의 관련 양상을 살핀 후, 고전소설에 수용된 수수께끼가 갖는 기능에 대해 검토해 보고자 한다.

2. 수수께끼의 개념과 의미

1) 의미

수수께끼란, 어떤 한 대상을 비유적이며 문학적인 방법으로, 또한 동시에 서로 모순되는 설명을 가지고 묘사하는 말놀이라 할 수 있다. 반쯤만 보여 주고 반쯤은 가린 채로 제시하는 것이 수수께끼이다. 수수께끼의 특성은 그 질문이 야기시키는 혼돈에 있다. 쉽게 연관될 수 없는 속성을 가지고, 그 대상을 설명함으로써 비롯되는 이 갈등이 바로 수수께끼를 수수께끼답게 만드는 요소이다. 모순되는 두 가지 속성을 함께 묶는 데에서 수수께끼가 갖는 문학성이 두드러지게 되면서,

답을 찾고자 하는 호기심도 증가된다. 이 비유적 문학적 언어가 은유의 형태를 띨 때, 수수께끼는 '시詩의 원천'으로 설명되기도 한다.[1]

수수께끼의 제시자는 이미 해답을 알고 있는 존재이며, 때로는 Oedipus 신화의 경우처럼 신적神的인 존재가 될 수도 있다. 이러한 초월적인 세계의 암호를 풀어내는 것이 바로 문제해결자의 능력과 연관되는 것이다. 수수께끼는 바로 문제를 푸는 사람의 능력에 초점을 맞춘 것으로, 문제해결자가 자신의 지적인 능력으로 그 비밀을 풀어나가는 과정을 통해서 긴장을 제공하며, 문제해결에 성공하면 살고, 실패하면 죽어야 하는 심각한 경우도 있다.

수수께끼는 경우에 따라 다양한 형태로 제시될 수 있다. 일상적으로 수수께끼는 말놀이 형식으로 주어진다. 그러나 경우에 따라서 수수께끼는, 신탁이나 꿈의 형태를 빌거나 또는 어떤 기호나 사물 등의 단서를 통해 제시되기도 한다.

우리가 사용하는 말 중에서 '풀리지 않는 수수께끼'[2]라는 표현이 있다. 수수께끼란 원래 문제제시자와 해결자의 참여를 통해 풀려져야 하는 것이다. 일반적으로 수수께끼는 이미 대답이 준비되어 있다. '풀리지 않는 수수께끼'라고 할 때의 '수수께끼'란 결코 일반적 개념으로 쓰인 것은 아니다. '수수께끼'라는 단어의 의미가 확대되어서 곰곰이 궁리하고 노력해도 알 수 없는 어려운 문제나 이해할 수 없는 현상에 부딪혔을 때 상용구로 쓰인 것이다. 갑작스러운 자연재해가 닥쳤을 경우, 인간들은 그 사건을 통해서 신의 뜻을 읽으려 한다. 재앙으로 표현된 현상 뒤에 혹시 가려진 신의 뜻이 있지 않나를 생각하

1 이재선, 『우리문학은 어디에서 왔는가』, 소설문학사, 1987, 123쪽.
2 이희승 편, 『국어대사전』, 민중서관, 1715쪽.

고, 신의 뜻에 대한 탐색을 통하여 자신들에게 닥친 문제를 이해하고 풀려고 하는 것이다. 예기치 못한 재해는 인간에게는 설명되지 않는 까닭에 순종하기 어려운 수수께끼일 수도 있다. 또한 미궁에 빠져 버린 범죄 등도 이러한 범주에 속할 수 있다.

이같이 해결하기 어려운 문제나 이해하기 어려운 현상에 '수수께끼'라는 단어가 쓰일 수 있는 이유는, 그 문제나 현상을 이해하고 풀려고 시도해 보는 과정이 일반적 개념의 수수께끼의 그 과정과 유사하기 때문이다. 어떤 사건에서 문제의 제시가 이중적인 언어로 되어 있지 않더라도, 일단 문제의 진상(대답)이 문제를 풀려고 하는 사람에게 가려져 있고, 특히 해결하려는 사람이 다른 무엇보다도 자신의 지적 능력을 가지고 문제해결에 다각도로 접근해 가는 과정은 바로 앞에서 언급한 수수께끼의 해결과정과 동일한 것이다. 그러므로 수수께끼는 문제제시뿐만 아니라 문제해결을 위한 탐색과정 역시 중요한 것이다.

2) 구조

수수께끼는 일반적으로 두 개의 직접적인 성분인 명제 또는 질문과 해답으로 이루어진 이원적 구조를 지녔다고 논의된다.[3] 이 같은 지적은 타당성을 지닌다. 그러나 그것은 단지 드러난 양상만을 논한 경우로만 국한된 것이다. 질문과 대답 사이에 있는 풀이과정 역시 이 두 가지만큼이나 중요한 것이다. 수수께끼는 알아맞히지 못해도 재

3 이재선, 「수수께끼와 그 시학적 성격」, 『창작과 비평』, 창작과비평사, 1973 겨울, 1007쪽.

미있고 즐겁다. 이는 다의성을 지닌 수수께끼 언어의 모호함, 모순성이 단번에 풀림으로 인한 통쾌함에서 비롯될 수도 있다. 그러나 이뿐 아니라 그 대답을 찾기까지의 탐색과정을 통해 문제를 받은 사람도 함께 참여하여 생각해 보고, 자신의 예상과 실제의 답을 비교해보는 데에서 오는 즐거움도 무시할 수 없다. 만약 수수께끼가 답을 생각해 볼 시간적 여유를 전혀 주지 않고 즉각 해답을 제시한다면 수수께끼 역시 속담처럼 일방적인 것이 될 것이다. 속담과 수수께끼는 양자 공히 주제topic와 이에 대한 설명comment의 두 가지 기술적 요소descriptive element로 구성되어 있다.[4] 이러한 속담과 수수께끼를 구별 짓는 중요한 단서는 바로 참여 유무의 중간 단계이다. 속담은 그것을 읽거나 듣는 사람에게 전혀 생각할 시간을 주지 않고 일방적으로 전달된다. 이에 비해 수수께끼는 그 추리단계를 통해 자신이 찾고 있는 기지機智를 확인해 보면서 문제풀이 과정에 직접 참여할 수 있다. 그러므로 수수께끼의 탐색과정은 비록 잠재되어 드러나지 않는다 하여도 수수께끼의 구조로 간주되어야 한다.

3) 기능

수수께끼의 첫 번째 기능은 오락적 기능이라고 하겠다. 주어진 질문과, 대부분의 경우 예상을 빗나가는 문제풀이의 과정은 언제나 신선하고 흥미로운 것이다. Bantu의 한 부족이 저녁 때 모닥불을 피워

4 Charles T. Scott, "On Defining the Riddle－The Problem or a Structural Unit." *Folklpre Genres*(Dan Ben-Amos ed.), University of Texas Press, 1976, p.83.

놓고 수수께끼를 맞히면서 저녁시간을 보냈다는 기록은 유희로서의 수수께끼의 오락적 기능을 시사하는 것이다.[5] 두 번째 기능으로는 교육적 기능을 들 수 있다. 수수께끼를 즐기는 대부분의 계층은 어린이들이다. 어린이들은 수수께끼라는 말놀이를 통해 사물을 익히고 새롭게 지각하는 방법을 터득할 수 있다. 수수께끼의 해결과정을 통하여 참여한 사람들의 지적 훈련과 재치의 민첩성을 기를 뿐만 아니라, 자신이 속한 사회에 대한 지식을 얻을 수 있는 것이다.

3. 고전소설과 수수께끼의 상관관계

수수께끼는 서사문학 속에 단순형태simple form로 삽입된다.[6] 우리나라 고대 서사문학에 수수께끼가 수용되는 경우는 흔히 찾아볼 수 있다. 고대서사문학은 후에 고전소설의 소재가 되는 등 고전소설과 밀접한 관계를 지니고 있다. 그러므로 고전소설과 수수께끼의 관련양상을 논하기 전에 먼저 고대서사문학에 수수께끼가 수용된 경우를 살펴보고자 한다.

설화의 경우를 보면, 「유리태자의 단검찾기」, 『삼국유사』 권일卷一의 「사금갑射金甲」, 「선덕왕善德王의 지기삼사知幾三事」, 「태종 춘추공

5 P. D. Beuchat, "Roddles in Bantu", *The Study of Folklore*(Alan Dundes ed.), N.J. Englewood cliff : Prentice Hall, Ind., 1965, pp.182~205.

6 Robert Scholes, *Structuralism in Literature*, New Haven & London : Yale University Press, 1977, pp.45~47.

太宗 春秋公」, 권이卷二의 「원성대왕元聖大王」, 권사卷四의 「원효불기元曉不羈」[7]와 『용재총화』 제6권 중 「과거보는 세 유생의 꿈에 관한 이야기」[8] 등을 들 수 있다. 고전소설 연구에 중요한 비중을 차지하는 한문단편의 경우에도 수수께끼의 서사기법이 사용된 작품이 있다. 『계서야담』의 「박엽朴燁의 이야기」, 「가난한 선비가 세 아내를 맞게 되는 이야기」,[9] 『동야휘집』의 「해풍군의 꿈」과 「주려朱旅로 원사를 해결한 일」,[10] 그리고 『청구야담』에서 「시詩를 보고 지은이의 장래를 알아맞히는 이야기」[11] 등이 여기에 해당한다.

고전소설의 경우에도 구체적인 수수께끼가 작품의 어떤 장면에 부분적으로 수용된 경우를 찾아 볼 수 있다. 「춘향전」에도 수수께끼가 등장한다. 춘향이 옥중에 갇혀 있을 때, 꿈에서 깨어

> 옥의 창에 앵도화 떨어지고, 저 보던 거울 복판이 깨어져 보이고 문 위에 허신이 달려 보이거늘, 나 죽을 꿈이로구나! 허허[12]

라고 자신의 꿈을 불길한 징조로 받아들이면서 지나가던 봉사에게 해몽을 부탁하는 장면이 있다. 그러나 봉사의 해석은 춘향의 풀이와 다르다.

---

7 一然, 이민수 역, 『三國遺事』, 을유문화사, 1984, 83~84쪽, 90~91쪽, 99쪽, 103쪽, 130쪽.

8 민족문화추진위원회 역, 「용재총화 제6권」, 『대동야승』 제2권, 민중서관, 1971, 148쪽.

9 동국대 부설 한국문학연구소 편, 「李廷平」, 「柳生」(계서야담 권4), 『한국문헌설화전집』, 민족문학사, 1981, 319~320쪽, 370~374쪽.

10 동국대 부설 한국문학연구소 편, 「南樓擧朱旅訴寃」, 「驚異夢竟成奇婚」(동야휘집 권5, 권6), 『한국문헌설화전집』 3, 민족문학사, 1981, 74~80쪽, 195~201쪽.

11 동국대 부설 한국문학연구소 편, 「偷隣醸四儒詠詩」, 「청구야담 권3」, 『한국문헌설화전집』 2, 민족문학사, 1981, 193~194쪽.

12 설성경, 「춘향전」, 『국문학총서』 7, 시인사, 1986, 101쪽.

> 화락하니 능성실이요 파경하니 기무성가? 문상에 현우인하니 만인이 개앙시라, (…중략…) 이히, 이 꿈 잘 꾸이었다! 쌍가마 탈 꿈이로다. 너의 서방 이도령이 지금 고추같은 벼슬띄고 오니 내일 정녕 만나리라. 너는 과도히 설워마라, 때를 잠깐 기다리라.[13]

춘향의 꿈은 봉사의 해석에 의하여 앞으로의 사건이 호전될 징조로 풀이된다. 이같은 기대는 다음과 같은 문자풀이류의 수수께끼가 다시 등장함으로써 더욱 굳어진다.

> 마침 이 때 까마귀 옥 담에 앉아 가옥가옥 울거늘 춘향이 탄식 왈, "여보, 봉사님, 저 까마귀 날 잡아 갈 까마귀 아니요?" (…중략…) "까마귀 출처를 들어보아라. 가옥가옥하는 뜻은 가 자는 아름다울 가 자요, 옥자는 집 옥자라. 너의 집에 경사있을 징조로다."[14]

이러한 예는 「심청전」에서도 찾아 볼 수 있다. 심청이 뱃사람에게 팔려가는 날, 아침 진지를 짓고, 슬퍼 흐느끼는데, 심봉사가 심청에게 간 밤에 꾼 꿈 이야기를 하는 대목이 있다.

> 간밤에 꿈을 꾸니 네가 큰 수레를 타고 한없이 가 보이니, 수레라 하는 것은 귀한 사람 타는 것이다. 아마도 오늘 무릉촌 승상댁에서 너를 가마에 태워 가려나 보다.[15]

---

13 위의 글, 103~105쪽.

14 위의 글, 105쪽.

15 김기동 · 전규태 편, 「심청전」, 『한국고전문학 100』 제13권, 서문당, 1984, 42쪽.

심청은 그것이 자기가 팔려 죽을 꿈임을 알고 더욱 슬퍼하며, 이로 인하여 장면 자체에 비장감이 훨씬 강조되게 된다. 작품의 문맥으로 볼 때, 심봉사의 꿈풀이는 장차 일어날 기막힌 사건과, 아무 것도 모르는 심봉사의 사정을 대비시켜 슬픔을 더욱 고조시키기 위한 장치라고 볼 수 있다.

뺑덕어미도 도망가고 옷도 잃은 심봉사가 맹인잔치에 참석하려고 서울로 가는 길에, 안씨가 심학규에게 심봉사인가를 확인하는 대목에서도 수수께끼가 등장한다.

> "당신이 심봉사요."
>
> "그러하오. 어찌 아오."
>
> "아는 도리가 있지요. (…중략…) 간 밤에 꿈을 꾼즉 하늘의 일월이 떨어져 뵈이거늘, 생각에 일월은 사람의 안목이다. 내 배필이 나와 같은 소경인 줄 알고, 물에 잠기거늘 심씨인지 알고 청하였사오니 나와 같은 인연인가 하나이다."[16]

안씨는 맹인으로, 점치는 법을 배운 사람이다. 그러므로 간밤의 꿈을 통하여 장차 일어날 일을 예견할 수 있었다. 심봉사와 안씨는 그날 밤에 동침하는데, 심봉사가 이상한 꿈을 꾸고 안씨와 상의하는 장면이 나온다.

> "내가 간 밤에 꿈을 꾸니, 내 가죽을 벗겨 북을 메어 쳐 뵈이고, 낙엽이 떨어져 뿌리를 다 덮어 뵈이고 화염 충천한데 벌떼가 왕래하였으니 반드시 죽을 꿈이요"

---

16 위의 글, 76쪽.

(…중략…) "그 꿈인즉 대몽이요. 去皮作鼓하니 鼓聲은 궁성이라. 궁 안에 들 것이오. 落葉歸根하니 부자상봉이라. 자식 만나 볼 것이요 화염이 충천한데 벌떼가 왕래하기는 몸을 운동 펄펄 뛰었으니 기꺼움을 보고 춤출 일이 있겠오."[17]

심봉사는 안씨 부인의 풀이대로 왕후가 된 심청을 만나게 된다.

위의 예들과는 반대로 꿈을 잘못 풀이한 경우도 고전소설에 등장한다. 「장끼전」의 경우, 콩 한 알을 놓고 장끼와 까투리의 의견이 나뉜다. 그런데 장끼는 '황학을 빗기 타고 하늘에 올라가 옥황께 문안하니 산림처사 봉하시고, 만석교의 콩 한 섬을 상급하신'[18] 간밤의 꿈을 길조로 잘못 해석한 것이 결정적 원인이 되어, 그 콩을 먹고 죽게 된다.

이상에서 열거한 예들의 경우, 수수께끼가 직접 언어를 통해서 제시되는 것은 아니다. 대부분은 작중인물의 꿈 자체가 수수께끼인 것이다. 즉 꿈이라는 매개물을 통해서 이중으로 해석될 수 있는 — 대개 완전히 상반되는 해석이 가능한 — 어떤 내용이 작중인물에게 전달된다. 만약 이러한 내용이 꿈의 형식을 빌지 않고 그대로 제시된다면 그것은 곧 수수께끼가 된다.

이 경우 꿈에 대해 올바른 해석을 하는 것은 매우 중요한 의미를 지닌다. 꿈에 대한 해석이 작중인물의 운명을 바꿀 수도 있기 때문이다. 앞에서 언급한 고전소설의 꿈들은 대부분 작중인물들이 암담한 상황에 빠져 있을 때 꾸는 것들이다. 꿈을 꾼 당사자들은 자신의 꿈을 불길한 징조로 해석하고 자신의 죽음을 예상한다. 그러나 타인의 해석에 의해 그것이 길몽임이 밝혀지고, 죽음을 생각하던 인물은 자

17 위의 글, 76쪽.
18 김기동 · 전규태 편, 「장끼전」, 『한국고전문학 100』 제8권, 서문당, 1984, 59쪽.

신의 미래에 대한 희망을 갖는다. 반면에 장끼의 경우는 흉몽인 자신의 꿈을 잘못 해석하여 급기야는 죽음에 이른다. 이같이 꿈을 올바로 해석하느냐 여부는 그 인물의 삶과 죽음을 결정할 수도 있다.[19]

위에서 언급한 경우의 수수께끼는 작품 전개상 필수적인 요소라기보다는 부차적 요소로서, 그 장면에 국한되는 일회적 기능을 갖는다. 또한 그것들이 갖는 예시적 기능은 작품 속의 작중인물들에게 그들의 미래를 미리 가늠해 볼 수 있게 할 뿐만 아니라, 독자들에게도 앞으로 전개될 사건의 방향에 대한 기미를 알아차리게 하며, 그 해몽의 실현 여부에 더욱 관심을 집중시킨다.

지금까지는 수수께끼가 작품 속에 부분적으로 수용되어, 그 장면에서의 일회적인 기능을 갖는 경우를 살폈다. 그러나 어떤 수수께끼는 단지 그 장면에 국한된 것이 아니라, 작품 전체를 통해 효력을 지니고 있어, 그 수수께끼를 풀기 위한 탐색과정이 작품의 줄거리를 이루게 되는 경우도 있다. 이러한 수수께끼는 서구의 경우 Oedipus 신화의 신탁과 같은 성격의 것이며, 앞의 「박엽」의 예도 여기에 속한다. 이 경우, 주어진 수수께끼의 해결과정이 작품의 줄거리를 이루게 됨에 따라, 작품 전체의 구조 또한 문제 — 탐색과정 — 해답의 수수께끼적 구조가 된다. 이때의 문제는 구체적인 수수께끼의 형태로 주어진다. 고전소설의 경우, 「최고운전」, 「정수경전」 등에 수용된 수수께끼를 그 예로 들 수 있다.

---

19 태몽은 고전소설에 가장 빈번하게 등장하는 꿈의 종류이다. 그러나 대부분의 태몽은 다중적인 의미를 지니면서 모호하게 전달되지 않고, 오히려 구체적이며 지시적으로 전달된다. 같은 꿈의 형태를 지니고 있다 할지라도, 태몽은 일회적인 기능을 갖는 수수께끼와는 그 성격을 달리한다. 즉 태몽은 작품의 부분에 국한되는 의미를 지니는 것이 아니라, 작품의 구조상 필수적인 것이라 하겠다.

신라의 최치원을 주인공으로 한 「최고운전」에는 몇 번에 걸쳐 통과 제의적 기능을 갖는 수수께끼가 던져진다. 이 중 작품에 가장 큰 영향력을 미치는 수수께끼는 중국황제가 계림(신라)에 내리는 조서 속에 들어 있다. 최치원과 시로 수작을 나눈 중국학사가 중국으로 돌아가, 신라의 문인재사들의 학문이 높아 도저히 대적할 수 없다고 한다. 이에 노한 황제는 까탈을 잡기 위해 문제를 제시한다. 그 문제란 '달걀을 솜으로 여러 번 싸고 석함에 넣어 황초를 불로 녹혀, 그 안을 채워 흔들리지 않도록 하고 또 구리쇠를 녹혀 석함의 틀에다 붓고 열어 보지 못하게 하고는, 이 함 속의 물건을 알아 가지고 시를 지어 바치면은 대국을 능멸한 죄를 용서하고, 그렇게 하지 못하면 신라가 마땅히 살육의 화를 받으리라'[20]라고 한 것이다.

조정에서는 이 문제를 풀기 위해서 고심하며 여러 방면으로 모색한다. 이것이 바로 주인공 최고운의 운명과 밀접하게 연관되면서 전개된다. 작품의 중반부에 이르러 드디어 최고운이

> 둥글고 둥근 함 속의 물건은
> 반은 희고 반은 황금인데
> 밤마다 때를 알아 울려고 하건만
> 뜻만 먹을 뿐 소리를 토하지 못하는도다.[21]

라는 시를 지어 중국의 천자를 놀라게 하고 신라를 위기에서 구한다.

최치원은 황제의 수수께끼에 대한 답시를 지은 재주로 인하여 중

---

20 임현도 · 김기동 역, 『운영전 外』, 명문당, 1975, 207쪽.

21 위의 책, 219쪽.

국으로 들어가게 된다. 그리고 천자 앞에서 또 한 번의 수수께끼로 자신의 지혜를 시험 당한다. 이 경우 수수께끼는 언어로 전달되는 것이 아니라 밥 위에 놓인 네 알의 볍씨와 밥 속의 독, 그리고 기름으로 끓인 국을 통해 주어진다. 최고운은 즉시 이것이 자신에 대한 시험인 줄 알고, 초장을 문지방에 놓아 자신의 이름을 나타내고 말재주로 이 시험을 무사히 통과한다. 이로 인하여 최고운은 중국에서 신라의 문인으로 자신의 능력을 과시하게 된다.

최고운이 수수께끼를 간파하고 풀어내는 능력은 인간의 차원에서는 합리적으로 설명되지 않는다. 즉 그는 꿈 또는 신인神人을 통해서, 혹은 새의 울음소리를 듣고 그 해답을 계시 받아 문제를 해결한다. 이에 비하여 같은 성격의 수수께끼를 포함하고 있는 「정수경전」의 경우에는 문제의 해결방법이 훨씬 합리적으로 설명될 수 있다.

홀어머니 밑에서 자란 정수경이 모친의 원願에 따라 과거 길에 오르면서 이야기가 전개된다. 「정수경전」에는 두 번의 점복占卜을 통해 두 개의 구체적인 수수께끼가 등장한다. 첫 번째 점복에서는 '대불자유동방홍大不子有東方紅'이라는 점괘를 받고, 두 번째에서는 앞으로 세 번의 횡액을 만나리라는 예언과 함께 '흰 종이에 황죽黃竹'을 그린 그림을 받는다.

이 중 첫 번째 수수께끼에 해당하는 점괘는 작품의 앞부분에만 해당하는 일화episode적인 성격을 지니며, 이로 인하여 정수경은 주막집 처녀를 살해했다는 누명을 벗는다. 두 번째 점복으로 정수경은 앞으로 닥칠 자신의 운명에 대해 마음의 준비를 한다. 세 번의 죽을 고비를 넘기는 이야기가 바로 작품의 줄거리를 이룬다. 마지막 죽을 고비에서 그 그림이 풀이되고, 정수경은 첫날밤 자신의 신부를 죽였다는 누명을 벗어, 목숨을 구하게 된다.

이 두 사건은 모두 송사를 통해 해결하며, 이때 수수께끼를 푸는 사람은 모두 여자로서 첫 번째 경우는 고을 원의 부인이며, 두 번째는 후에 정수경의 부인이 되는 이소저이다. 이들은 초월적 힘의 도움이 아니라 자신의 지혜로 수수께끼를 푼다. 고을 원의 부인은 그 글을 보고 '이일출李日出이란 자를 잡아보라'고 하며, 이소저는 그림을 풀어 '김정승집 노자에 백황죽이란 놈이 있을 것이니 즉시 잡아오라' 하여 진범을 색출해 낸다.

「최고운전」의 수수께끼는 주인공인 최고운이 직접 풀어서 위기를 모면하는 통과제의적인 성격이 강하며, 이를 통해 최고운의 능력이 강조된다. 「정수경전」의 경우에는 문제를 푸는 사람이 주인공인 정수경이 아니며, 제3자에 해당하는 인물들의 능력이 부각된다. 또한 두 작품 모두 수수께끼의 올바른 풀이 여부가 국가 또는 개인의 생사를 결정할 만큼 중요하고, 작품의 전개상 빠져서는 안 되는 필수적 요소이다.

이상에서는 작품의 어느 장면에 국한되는 일회적 기능을 가진 수수께끼가 아니라, 작품의 중요한 골격을 이루며, 상당한 분량을 통해 효력을 지니는 수수께끼가 등장하는 경우를 살폈다.

마지막으로 수수께끼의 개념을 좀 더 넓혀, 작품의 구조 자체가 수수께끼의 구조를 지닌 경우를 들 수 있다. 이들 작품의 경우에는 문제 자체가 구체적인 수수께끼의 형태로 주어지는 것은 아니다. 그러나 수수께끼라는 용어가 '어떤 사물의 속내가 미궁에 빠져 알 수 없음'[22]을 지칭하기도 하듯이 작품의 시작부터 불가사해不可思解한 사

22 이희승, 앞의 책, 1715쪽.

건이 제시되고, 작품은 그 원인을 향한 탐색과정으로 전개되며, 결말에서 그 해결을 보는 구조를 지닌 작품이 이에 해당한다.

수수께끼적 구조를 지닌 작품은 대개 사건의 진상은 가려지고, 그로 인한 결과로부터 시작된다. 『계서야담』 권오卷五의 「유생柳生의 이야기」도 아무런 전제 없이 사건을 전개하고, 사건의 전개에 따라 더해지는 궁금증을 나중에 풀어 나가는 서사기법을 사용하고 있다. 이처럼 고전소설에도 이해하거나 해결하기 어려운 문제가 먼저 제시되고, 이를 풀어가는 과정이 작품의 줄거리를 이루며 결말에서 해결이 되는 구조를 지닌 작품이 있다. 「어사 박문수」, 「니화전」이 여기에 해당한다.

「어사 박문수」[23] 제1회 '박문수어사가 구천동인민을 신도神道로 다사린 일'은 등장인물인 유안거가 누군가를 칼로 죽인다고 위협하는 장면에서 본격적으로 시작된다. 이에 의구심을 느낀 박문수가 자초지종을 묻는다. 유안거는 아들이 동네의 세력 있는 천씨 집안의 여자를 겁탈하여 그 대가로 천운서, 천동수 부자가 자신의 아내와 며느리를 강제로 빼앗으려 하여, 아들(유독주)을 죽이고자 했으나 차마 못 하였노라고 대답한다. 이에 박문수는 그 억울함을 해결해 줄 것을 약속하고 관아에서 어사 출도를 한다. 그러나 박문수는 송사사건을 심판할 법정을 준비시키는 것이 아니라 뛰어난 광대 4명과 신장神將 복색을 준비시킨다. 그 후 천씨의 강제 혼례식장에 다섯 명의 신장이 나타나 두 천씨의 소행을 고발하고 이 둘을 데리고 사라지면서 문제는 완전히 해결된다. 그 후에 이 다섯 명의 신장은 박문수와 4명의 광대였

23 인천대 민족문화연구소 편, 『구활자본고소설전집』 3, 은하출판사, 1983, 254~262쪽.

음이 신장에 의해 밝혀진다. 「어시 박문수」는 사건의 제시와 탐색, 그리고 해결 과정을 갖추고 있다. 이 작품은 완벽하게 가리는 것이 아니라 약간씩만 가리고 금방 그 해답을 제시해 주는 경우이다. 이 작품은 두 부분에서 독자의 의구심을 불러일으킨다. 그 첫째는 유안거가 왜 그 아들을 죽이려 하는가에 대한 것이며, 두 번째는 문제해결을 약속한 박문수가 출도 후, 독자들의 문제해결에 대한 기대와는 달리 엉뚱하게 공중곡예에 능한 광대 네 명과 그 복장을 준비시키는 장면이다. 그러나 이러한 의문은 곧 등장인물이나 화자를 통해 설명되며, 사건의 해결과 더불어 박문수의 수수께끼 같은 행동은 금방 드러난다.

이에 비해 「니화전」[24]의 수수께끼적 구조는 좀 더 복잡하며 긴밀하게 연관되어 작품의 긴장감이 고조된다.

전라도 여산 고을은 이상하게도 부임하는 사람마다 죽는다. 주인공 이화가 여산부사를 자원하기 전까지 30여 명에 달하는 사람이 죽었다. 이것이 바로 「니화전」 전체를 일관하는 문제이다. 어느 누구도 그 원인을 모른 채 다만 두려워할 뿐이었다. 「니화전」은 이 고을 원의 죽음을 야기시키는 원인을 추적하여 그것을 제거하는 데에서 끝나게 된다.

이러한 문제를 안고 부임한 이화는 어느 날 저녁, 큰 못에서 검은 짐승(자라)이 나와 마을 집으로 가서 자물쇠를 향해 '이여백'을 부르고, 그 집에 들어가니, 갑자기 배 앓는 소리가 나고, 닭이 울자 사라지는 장면을 목격하게 된다. 이 사건을 빌미로 이화는 전장戰場에서 원통히 죽은 이여백의 혼이 떠돌아다니다가 자물쇠에 접하였음을 안다. 이화는 고을 아전의 딸의 밤배앓이를 고쳐 주고 그 집의 자물쇠

24 필사본 「니화전」.

를 얻고 이여백의 혼을 불러, 고을 원이 죽는 까닭을 알아내고자 한다. 이여백은 그 정체가 '억만 여 년 묵은 은행나무를 점유한 암수 여우 두 마리'라고 하며, 이화의 강권으로 그 퇴치법을 일러준다. 여기에서 문제의 원인은 일단 드러난다. 그러나 문제는 여전히 남아있다. 그 해결을 위해 요귀를 퇴치하려다 수여우만 죽이고 암여우는 달아나니, 이를 들은 이여백은 대한과 재앙이 있을 것을 예고하고는 사라져 버린다. 수여우 한 마리만 제거함으로써 문제는 반만 해결된 셈이고, 이 미해결로 인하여 대한과 재앙이라는 새로운 문제가 발생하게 된다. 「니화전」에서는 사건의 전말이 순차적으로 드러나지 않는다. 전반부에서는 원인은 가려진 채로 고을 원의 죽음이라는 결과만이 노출되어 있고, 후반부에서는 도망간 암여우, 즉 예고된 재앙의 원인이 드러나 있음으로 해서 결과가 어떻게 될까 하는 문제가 더욱 독자들의 호기심을 자극하게 된다. 결국 이화는 초월적 존재인 이여백의 도움으로 암여우를 처치하여, 자신의 앞에 놓여 있었던 죽음을 극복하게 된다. 처음에는 문제를 자신의 힘으로 해결하고자 시도하였던 이화는 자신의 지략으로 이여백의 존재를 얻는 데 성공한다. 그 후에는 초월적 존재인 이여백의 도움을 받아, 그러나 물신物神 숭배의 두려움이 있는 고을민들을 자신의 의지로 설득하여서 문제를 풀어나가, 결국 요귀를 퇴치하기에 이르른다.

「어시 박문수」와 「니화전」은 양자 모두 수수께끼적 구조를 지녔다. 그러나 이 둘은 구체적인 면에서는 어느 정도의 대조적 양상을 보인다. 「어스 박문수」의 수수께끼적 구조는 그 구성력이 긴밀하지 못하여 작품이 '살인미수사건'과 '사건해결방법'의 두 부분으로 나뉜다. 또한 의문에 대한 답도 금방 주어짐으로써 독자들의 긴장감과 흥미를 집중시키는 힘 역시 약하다. 문제의 해결은 초월적인 세계의 개입 없이 인간의 능력만으로도 가능하였다. 박문수의 해결방법은 그 자체가 독자들에게 수수께끼로 주어진다. 이 경우, 주인공인 박문수는 이미 그 해답을 알고 있는 문제제시자가 되며, 이 수수께끼에 대한 궁금증을 갖고 있는 것은 독자들이다.

그러나 「니화전」의 경우는 다르다. '고을 원의 죽음' 이라는 수수께끼 자체가 작품의 시작부터 끝까지 주된 줄기를 이루면서 몇 단락의 이야기들이 이 문제의 궁극적인 해결을 향해서 긴밀하게 연관되어 있다. 이것은 중간에 나뉘지도 않으며 작품의 결말에 이르기까지 계속 긴장감이 유지되도록 구성되어 있다. 그런데 이 경우의 문제해결은, 물론 주인공 이화의 지모와 집념이 주를 이루지만 결정적인 단서와 해결방법의 획득은 초월적 존재인 이여백의 혼에 의해 가능하다. 이러한 차이는 두 작품의 문제의 성격이 갖는 차이점에서 기인하는 것으로 보인다. 즉 「어스 박문수」의 경우는 인간의 차원에서 발생되고 해결될 수 있는 문제였다면, 「니화전」의 경우는 인간의 차원을 벗어난 초월적 존재들이 문제의 원인이었으므로 막강한 초월적인 요귀들을 제거하기 위해서는 역시 초월적 존재의 도움이 필요하였던 것으로 이해할 수 있다. 마지막으로 「니화전」의 문제는 주인공을 비롯한 등장인물들에게도 역시 불가사해한 것으로, 읽어가는 과정에서 독자들과 등장인물들이 같이 그 문제를 풀어나가는 입장에 서게 된다.

고전소설이 이러한 양상을 띠면, 있어야 할 이야기의 부재함과 이를 짜맞추어 이해하기 위한 시도인 문제해결을 향한 지적 탐색과정에 초점이 맞추어진다. 이 과정이 독자들의 관심을 끌어당기는 역할을 하게 되는 것이다.

대상의 상실은 우리에게 불안의 원인이 되지만 대상이 다시 안정된 제자리에 배치된 것을 보는 일은 항상 쾌락을 준다. (…중략…) 사라진 대상을 결국에는 되찾을 수 있다는 은밀한 생각이 불확실한 서스펜서를 항상 관류하고 있기 때문에 사람들은 대상의 상실을 감내할 수 있다.[25]

대상의 부재와 그것이 결국에는 제자리에 놓이리라는 기대감은, 특별히 사건의 실상은 가린 채로 시작되는 수수께끼적 구조를 갖는 작품의 경우 두드러진다.

이상에서 고찰한 것은 수수께끼가 직접 수용된 경우는 아니다. 이는 작품 전개의 서사기법이 마치 수수께끼와도 같은 구조를 지니는 경우이다. 그러나 넓게 보면, 모든 소설이 문제해결의 과정이라고 이야기할 수 있다. 그러므로 본고는 이러한 확대를 지양하기 위하여, 작품의 본격적 시작부터 문제가 던져지고, 그 문제의 해결에서 이야기가 끝나는 작품으로 그 범위를 한정하기로 한다.

4. 고전소설에 수용된 수수께끼의 기능

앞에서 본 바와 같이 고전소설에 수수께끼가 수용된 경우는 흔히 있다. 원래 수수께끼란 그 문제의 답을 직접 즉각적으로 제시하지 않

25 테리 이글턴, 김명환 외역, 『문학이론입문』, 창작사, 1986, 228쪽.

고 우회시킴으로써 그 의미의 이중성과 수수께끼를 푸는 사람의 능력이 부각된다. 지금부터는 이러한 수수께끼가 고전소설에 수용되면 어떠한 기능을 하는지에 대해 고찰하고자 한다. 3절에서 수수께끼가 고전소설에 수용된 양상을 세 가지의 경우로 분류한 것에 따라, 우선 각각의 개별적인 기능에 대해 살펴보고, 그 후 고전소설에 수용된 수수께끼의 공통적인 기능을 찾고자 한다.

첫째로 고전소설에 수용된 수수께끼가 작품의 어느 장면에 한해서만 영향을 갖는 경우를 들 수 있다. 이 경우 수수께끼는 등장하는 장면에 국한되는 일회적인 기능을 하며, 작품의 전개상 반드시 있어야 하는 필수적인 요소는 아니다. 이것은 대개 작중인물의 꿈을 통해 제시된다. 이러한 꿈을 꾸게 되는 작중인물은 대부분 암담하고 무기력한 상황에 처해 있는데, 그 몽조의 해석을 통해 자신의 미래를 어렴풋이 기대하게 된다. 이 몽조의 등장을 계기로 하여 이야기는 극적으로 전환되어 작중인물의 운명이 바뀐다. 즉 이것은 앞으로 이야기의 전개가 어떠한 방향으로 선회할 것인가를 암시해 주며, 이야기의 극적 전환을 마련하는 예비적 장치로서의 기능을 갖는다. 고전소설의 이러한 장치는 마치 현대소설의 복선에 해당하는 역할을 담당한다. 또한 그것의 예시적 기능은 작중인물에게 뿐만 아니라 독자에게도 작용한다. 작중인물들이 수수께끼의 해석을 통해 자신의 앞날을 헤아려보려는 것은 물론, 독자들도 그 이후에 전개될 작중인물의 미래를 시사 받음으로써 이야기 전개의 방향을 예상하고, 해몽의 실현 여부를 기대하면서 읽게 된다. 이것은 독자들의 관심을 작품 속으로 끌어 들인다.

작중인물은 흉한 꿈을 꾸고, 그것을 불길한 징조로 받아들인다. 그러나 점쟁이는 그것을 아주 길한 조짐으로 해석한다. 한 대상을 놓고 서로의 풀이가 완전히 상반되며, 독자는 두 가지 상반된 풀이와 또 그것의 실현 여부를 지켜보면서 재미를 얻고, 주위를 환기하게 된다.

두 번째로, 작품 전체를 통해 효력을 지니는 수수께끼의 경우에 대해 살펴보기로 한다. 이 같은 수수께끼는 그것이 곧 작품 속에 던져진 문제 자체가 된다. 이것은 예시적 기능과는 거리가 멀며, 그 수수께끼의 정확한 풀이 여부가 곧 생사의 문제와 연관되는 심각한 의미를 지니는 것으로, 작품 전개상 없어서는 안 될 필수적 요소이다.

독자들은 과연 올바른 풀이가 가능하겠는가 또는 이 수수께끼에 대한 답을 누가, 어떻게 풀어낼 것인가에 관심을 집중시키면서 읽게 된다. 허다한 작중인물 중 누가 그 수수께끼를 풀 것인가가 가장 궁금한 문제의 초점이 되는 것이다. 다른 두 경우도 문제해결자의 능력이 부각되지만, 여타의 경우보다도 이 경우의 수수께끼에서 문제해결자의 능력이 가장 돋보이게 된다. 문제가 심각하면 할수록 그 수수께끼를 푼 사람의 능력이 강하게 부각되는 것이다.

수수께끼가 주어짐으로 인하여 그것을 제시받은 측은 곤경에 빠지며, 그것이 풀리면 곧 곤경으로부터 벗어나게 되어, 수수께끼는 작중인물에게 통과제의적인 의미를 부여하는 기능을 한다. 문제가 해결될 때까지 궁지로 몰려가던 작중인물들의 상황이 수수께끼를 풂으로써 돌연 호전되었을 때, 독자들은 일종의 카타르시스를 경험하게 되며, 이야기는 극적으로 전환된다.

마지막으로, 비록 의미의 이중성을 지닌 구체적 수수께끼가 등장하는 경우는 아니라 할지라도 작품의 구조 자체가 수수께끼의 구조를 취하게 되는 경우를 살펴보겠다. 이야기가 수수께끼적 구조를 취하게 되면, 이는 있어야 할 이야기의 부재함(가림)과 주어진 사건이나 단서(드러냄)를 가짐과 동시에, 이를 짜맞추어 진상을 알아내기 위한 시도인 문제해결을 향한 지적 탐색과정에 초점이 맞추어진다.

이러한 작품은 마치 추리소설과도 같은 구조를 지니게 된다. 즉 구조 자체가 첫 장면부터 독자들의 호기심을 끌고, 문제해결을 향한 탐색과정이 독자들의 관심을 집중시키며, 긴장을 결말에 이르기까지 지속시키는 기능을 한다. 이러한 작품의 독자는 읽는 과정에서 일종의 초조감을 맛보지만, 그러나 결국에는 자신들의 이 같은 갈증이 완전히 해소되리라는 기대감을 가지고 있다. 즉 이런 전개방식이 상실된 이야기를 되찾고자 하는 독자들의 관심을 자극하여, 그 작품을 계속 읽도록 하는 동인이 된다.

수수께끼의 물음에 대한 답은 예상치 못한 것이 대부분이다. 이와 같이 문제해결 방법에 수수께끼적 요소가 기여하게 되면, 이야기는 미리 예상할 수 없었던 극적인 해결을 보게 된다. 그 결과, 작품의 내용에 굴곡이 심해져서 이야기 전개를 훨씬 극적이며, 다양하게 만드는 기능을 한다.

수수께끼적 구조를 지니는 작품은 대부분 주인공이 문제해결자가 된다. 여태껏 풀리지 않던 문제가 어떤 한 사람의 등장으로 말미암아 해결되기 시작한다는 것 자체도 역시 극적이라 하겠다.

지금까지 살펴본 고전소설에 수용된 수수께끼의 개별적 기능을 바탕으로, 고전소설 속에 하나의 문학 장치로 삽입된 수수께끼가 갖는 공통적인 기능을 살펴보면 다음과 같다.

우선 수수께끼를 푸는 사람의 능력이 강조된다. 이때의 문제해결자는 이야기의 종류에 따라서 주인공이나 주인공의 주변적 인물, 또는 제3자인 고을 원, 점장이 등이 될 수 있다. 특히 제3자의 능력이 강조되는 경우는 송사소설에서 흔히 찾아 볼 수 있다.

두 번째로, 작품에 수수께끼적 요소가 삽입되면, 평이한 서술이 아닌 우회적인 서술이 가능하다. 이것은 독자들의 주의를 환기시켜 이야기의 전개에 관심을 집중시키는 역할, 즉 작품의 내용에 재미를 더해주는 장치가 된다.

세 번째, 작품의 전개에 극적 전환이 가능하도록 해준다. 희망적인 방향으로 해결되기 어려워 보이던 문제가 해결됨으로써 갑자기 이야기의 흐름이 반전되고, 이야기에 변동의 폭이 더해지면서 극적으로 전환될 수 있는 예비적 장치가 된다.

고전소설은 흔히 교훈성과 오락성을 가지고 있다고 말한다. 교훈성이 작가가 전달하고자 하는 주장(메시지)이라면, 오락성은 작가가 독자들이 그것을 재미있게 읽도록 만드는 요소이다. 이렇게 볼 때, 고전소설에 문학적 장치로서 수용된 수수께끼는, 작품의 주제를 통해 작가가 전달하고자 하는 의미가 잘 전달되게 하는 데 직접 기여하지는 않는다. 고전소설 속의 수수께끼는 평탄한 서술이 아니라 우회적인 서술을 함으로써 독자들의 주위를 환기시켜 작품의 내용에 재미를 더해주고, 작품의 전개에 극적 전환이 가능하도록 한다. 그리고 이를 통해 독자들의 관심을 텍스트 안으로 집중시켜서 작품을 계속 끝까지 재미있게 읽도록 만드는 기능을 한다.

5. 결론

소설은 여러 가지의 문학장르 및 기법을 다양하게 수용할 수 있는 개방적 서사장르이다. 본고는 다양한 문학기법 중에서도 '수수께끼'의 수용 양상과 그 기능에 대해 고찰하였다.

수수께끼는 가리키는 대상을 직접 서술하지 않고 질문의 형태를 우회시켜 제시하며 서술의 내용도 역설적 · 은유적 결합 등의 비유를 사용하여 흥미를 유도한다. 소설이란 자신이 전달하고자 하는 바를 그대로 직접 서술하지 않고, 문학의 여러 장치를 사용하여 하나의 작품으로 형상화해서 문학이 갖는 재미도 추구한다. 이같이 전달하고자 하는 주제를 흥미롭게 서술한다는 점에서 양자는 유사성을 공유하고 있다.

고전소설이 독자들에게 흥미롭게 읽힐 수 있었던 원인을 연구한 기존의 논의는 주로 작품의 내용을 중심으로 고찰한 것이 대부분이었다. 이에 비해 본고는 그 시각을 약간 달리하여 작품의 형식이 갖는 고전소설의 오락성에 대한 기여 여부를 살펴보았다. 이를 위하여 고전소설 속에 수수께끼 및 수수께끼적 요소가 삽입되어 있음에 주목하여, 수수께끼의 개념, 고전소설과 수수께끼의 관련 양상 및 고전소설에 수용된 수수께끼가 갖는 기능 등을 차례로 고찰하였다. 그 결과, '수수께끼'라는 서사양식이 독자를 텍스트 안으로 집중시키는 오락성을 제공할 수 있는 한 요인이 되었음을 밝혔다.

그러나 본고는 대상으로 삼은 작품의 수가 한정되어 있는 까닭에 본고에서 밝힌 결론은 여기에서 검토한 자료에 한정되는 것이라고 본다. 본고에서 도출한 고전소설에 수용된 수수께끼의 기능이나 의미가 여타의 다른 고전소설 전반에 걸쳐 타당한 것인지는 앞으로 대상작품을 더욱 많이 확대하면서, 계속 연구할 과제라고 본다.

제3장 다매체 환경 속에서의 고전소설 연구 전략

1. 서론

기존의 문학에 대해 컴퓨터, 인터넷 등 새로운 매체의 출현이 낯설고도 위협적으로 느껴졌던 때는 1990년대 조반이었다. 뉴 밀레니엄을 관통한 지금, 대중문화인 영화나 재즈는 이미 고급해진 지 오래이며, 하위문화의 전형으로 인식되었던 게임 장르가 문화의 중심으로 부상해서 게임에서 미학적인 요소를 읽어내려는 탐색이 시도되고, 인터넷 소설이 기존의 문학이나 영화 시장에서 위세를 떨치고 있다. 2004년 현재의 우리들은 대세가 어떤지를 몸소 체험하면서 그 변화를 받아들이고 적응해 가고 있다. 멀티미디어가 이미 더 이상 새로운 매체가 아니며, 익숙한 소통 수단의 하나에 불과한 것이 되면서 고전 연구자 역시 새로운 매체 환경 속에서 일하게 된 것이다. 예를 들어,

사이버 강의가 점점 더 보편화되어 가면서 고전문학 관련 수업을 온라인 상으로 제공하고, 문화원형 콘텐츠 프로젝트의 경우는 고전 연구자들의 참여가 필수적이기도 하다.[1] 고전 연구자와 멀티미디어 관련 인력이 만나서 작업을 하는 경우의 어려움은, 다양한 전공을 하는 사람들끼리 만나서 서로의 견해를 절충하고 조화를 이뤄내는 것이다. 개인적으로, 디자인 전공자들이나 컴퓨터 관련 인력과 함께 작업하는 과정에서 고전문학 전공자로서 스크립트를 작성하면서 부딪쳐야 했던 문제점들은 사고의 추상성과 고전문학을 멀티미디어 콘텐츠로 전환할 때 부딪히는 난관들이었다. 이 논의는 이런 경험을 통해 고전소설 연구자로서 느꼈던 고민에서 비롯된 것이다. 그러므로 이 글은 고전소설에 대한 학술적인 연구나 논문 쓰기라는 협의의 연구 개념에서 그 외연을 넓혀 다매체 환경과 고전소설이 만날 수 있는 접근 지점이 무엇일까에 대한 탐색적 성격을 지닌다.

멀티미디어 환경 속에서 고전소설이 새롭게 향유될 수 있는 방식에 대해 모색하기 위해서는, 고전소설 연구나 혹은 고전소설 연구자들이 멀티미디어 환경에 따라 변해야 할 부분들이 있다고 생각한다. 이 논의는 이 같은 부분에 대해 집중적으로 거론하고자 한다. 물론 그렇다고 해서 기존의 고전소설 연구가 모두 일괄적으로 다 바뀌어야 한다는 것은 아니다. 고전소설에 대한 기존의 접근들은 여전히 유효하며 앞으로도 필요한 것들임에 틀림없다. 이는 마치 하이퍼텍스트나 멀티미디어 문화가 발달해도 여전히 문자 매체인 책이 중요한 지위를 차지하며, 쌍방향적 소통을 강조해도 저자의 지위가 사라지

1 저자의 개인적인 경우를 예로 들어본다면, 우선 콘텐츠 회사와 함께 일할 기회 및 전통문화 예술과 콘텐츠에 대한 온라인 강의, 문화원형 콘텐츠 프로젝트에 참여한 경험들이 있다.

지 않는 것[2]과도 마찬가지일 것이다.

그러나 매체 환경의 변화와 관련해서는 이제 고전소설 연구도 발상의 전환이 필요한 때이며, 특히 교실 환경을 염두에 둘 때는 더욱 그렇다. 요즘의 학생들은 멀티미디어 시대에 나서 자란 이들로, 고전소설의 작품 세계 자체로 학생들과 만나고 소통할 수 있으려면 감각 지향적인 그들과의 접점을 마련해야 할 필요가 있다. 또 하나는 문화산업(CT : Culture Technology)[3]의 중요성이 대두되고 있기 때문이다. 문화산업은 IT(Information Technology), MT(Military Technology) 등 기존의 산업 영역에 한정되어서 사용되었던 첨단 기술들을 문화 영역에 적용하면서 생긴 조어로, 문화 콘텐츠 사업도 여기에 포함된다. 고전소설이 문화적 부가 가치가 있다고 여겨진다면 고전소설 역시 문화산업의 대상이 될 수 있는 것이다.

이를 위해서 필요한 것은 우선 고전소설 작품을 하나의 콘텐츠로 볼 수 있는 발상의 전환일 것이다. 당연한 이야기이지만 멀티미디어 시대라고 해서 고전소설 자체가 달라지는 것은 결코 아니며, 오히려 고전소설을 하나의 온전한 작품으로 감상 가능하도록 제공하는 일이야말로 가장 시급한 과제가 될 것으로 보인다. 이렇게 볼 때 오늘날 시점에서 가장 시급하고도 필요한 작업은 고전소설의 현대역일 것이다. 과거의 고전소설을 오늘날의 언어로 다시 제공함으로써 학

2 쌍방향성은 하이퍼텍스트나 디지털 미디어의 대표적인 특징으로 거론되는 것이다. 그러나 그렇다고 해서 저자의 권위가 사라지는 것은 아니다. 미디어 아트에서 저자와 인터랙터 interacter는 구별되며, 기술의 발전은 저자의 존재를 교묘히 가리는 것일 뿐 저자의 지위는 더 강고해진다고 보는 견해도 있다. 저자와 인터랙터에 대한 부분은 정진희, 「사이버 판타지, 그 현상과 심층」, 서대석 외, 『한국인의 삶과 구비문학』, 집문당, 2002, 346쪽 참고.

3 CT는 좁게는 문화예술산업의 발전을 위한 디지털 기술, 넓게는 문화예술-인문사회학-과학기술 3분야의 공통부분을 다루는 학문이라고 정의된다. http://ct.kaist.ac.kr

생들이, 그리고 일반 독자들이 고전소설의 재미를 공감하게 된다면, 그들에 의해 고전소설 작품들은 멀티미디어 콘텐츠로 다시 향유될 수 있을 것이다. 단일 매체인 책과 다중 매체인 멀티미디어 콘텐츠의 차이는 두 매체 간의 '이야기' 및 '이야기하기'에 대한 차이에서 비롯된다. 따라서 멀티미디어 콘텐츠를 이해하는 데 있어 중요한 부분 중 하나는 멀티미디어 스토리텔링, 즉 디지털 스토리텔링에 대한 이해이다. 이를 위해서는 우선 고전소설 서사와 디지털 스토리텔링의 관계에 대해 살필 필요가 있으므로 단일 매체와 다중 매체의 서술 방식의 차이를 살피고, 이에 기반하여 고전소설 연구가 멀티미디어에 접근 가능한 방법들에 대해 살피고자 한다.

2. 고전소설의 서술 방식과 디지털 매체 서술 방식의 비교

1) '서사'와 '스토리텔링'

소설의 서사는 작가에 의해 정교하게 선택된 하나의 선형線形의 이야기를 지향하며, 서술 역시 시작과 끝이 있는 단선형單線型으로 진행된다. 그런데 1990년대 이후, 이 '서사'라는 문학에서의 개념이 광고, 전시, 디자인 등 문학과 거리가 먼 영역들에서 중요한 요소로 부상하기 시작하고, 이것이 디지털 기술과 만나면서 새로운 쓰임새를 지니게 되었다. 그 결과, 이들 영역에서 사용되었던 내러티브, 스토리, 스토리텔링이라는 다양한 단어들은 곧 스토리텔링이라는 용어로 정착했다. 그런데 '이야기'와 '이야기하기'에 대한 관심이라는 점에서는 동일하지만 소설의 서사와 디지털 스토리텔링은 매우 다른 서술 방식이다. 문학에서는 '이야기'와 '이야기하기'가 구별된다. 이에 비해 디지털 스토리텔링이라는 용어에는 '이야기'만이 아니라 '이야기하기'의 행위성이 포함되어 있다. 기존의 이야기하기口演가 이야기를 전달하는 방법에 초점을 두어 사람들 앞에서 감정을 살려 생동감 있게 이야기를 들려주는 것을 의미한다면, '이야기와 이야기하는 방식 자체를 다 포괄하는 디지털 스토리텔링은 더 이상 선형의 서사가 아니며 이야기하기 이상의 강력한 메시지를 동반하고 있다. 디지털 기술의 발전은 이야기의 형식뿐만 아니라 전달 방법의 변화를 초래한 것이다.'[4]

디지털 스토리텔링은 하이퍼텍스트 소설은 물론 영화, 게임, 온라인 교수 매체 및 미술의 영역에 이르기까지 디지털 미디어를 사용하는 장르라면 공히 사용되는 일종의 서술 방식이라 하겠다. 디지털 매체의 주요 특성으로는 상호작용성, 네트워크성, 복합성 등을 들 수 있다. 상호작용성의 대표적 예는 작품과 독자 사이의 상호작용이며, 매체와 사용자, 매체와 매체 사이 등 여러 형태의 상호작용이 있을 수 있다. 네트워크성은 디지털 매체가 유무선망을 통해 연결될 수 있음을 뜻하며, 복합성은 문자 · 사운드 · 화상 등 여러 종류의 디지털 정보가 한데 어우러져 하나의 텍스트를 이루는 것을 의미한다.[5] 그

4 김은정 · 김미정, 「인터랙티브 스토리텔링을 적용한 교육용 멀티미디어 콘텐츠에 관한 연구」, 『HCI』, 2003.

5 김주환, 「디지털 시대의 미술」, 『월간 미술』 5월호, 중앙일보사, 2001, 84~85쪽.

런데 이 같은 디지털 매체의 주요 특성 중 가장 특징적인 요소로는 상호작용성을 들 수 있다. 디지털 매체의 매력은 기본적으로 이 상호작용성에서 비롯되는 것이기에, 디지털 매체에 대한 기존의 연구 또한 이 매체의 상호작용성에 대해 주목하고 있다.[6]

고전소설의 멀티미디어화라고 하면 현재까지는 「춘향전」이나 「홍길동전」처럼 한 편의 고전소설을 그대로 영화화하거나 텔레비전 드라마화하는 것이 연상된다. 이런 방식이 가장 바람직해 보이기는 하나(특히 고전소설 연구자의 입장에서는 더욱 그렇다), 고전소설 각 편 그대로를 한 편의 영화나 텔레비전 드라마 등의 서사물로 전환시키는 경우라도 디지털 스토리텔링에 대한 이해는 전제되어야 할 것으로 보인다. 현재는 영화나 TV 드라마의 전달 방식이 일방향적이지만, 그리 멀지 않은 미래에 곧 쌍방향 TV가 등장할 것이기 때문이다. 그리고 게임, 영화, 드라마 등 여러 장르의 속성을 통합할 것으로 예상되는 쌍방향 텔레비전의 프로그램은 디지털 스토리텔링 방식으로 제작될 것이다. 그러므로 고전소설 각 편을 멀티미디어로 구현한다고 할 때에도 디지털 스토리텔링에 대한 이해가 필요할 것이다.

기존의 서사와 디지털 스토리텔링 방식에 있어 가장 큰 차이는 선형의 서사 단락의 개념을 대치하는 텍스톤texton과 스크립톤scripton이라는 개념에서 비롯되는 서술 방식의 차이이다. 이 역시 디지털 매체의 상호작용성으로 인해 생겨난 개념들로, 텍스톤은 이야기의 심층 구조이자 이용자에게 선택될 수 있는 텍스트를 구성하는 기본 원료

---

6 디지털 매체에 대한 기존 연구를 살펴보면, 매체의 속성 자체에 대한 연구가 아니라 하더라도 이 매체가 지니는 상호작용적 특징('interactive' or 'interactivity')에 대해 언급하고 있는 것이 많음을 알 수 있다.

이며, 스크립톤은 개별적인 이용자들에 의해 선택된 텍스톤의 모든 가능한 조합 혹은 이용자에 의해 생성된 텍스트라 할 수 있다. 즉 텍스톤은 잠재태로 존재하다가 이용자에 의해 선택되거나 조작이 가해지면 그때 비로소 서사적으로 의미를 갖게 되고, 이야기가 표면화되는 것이다.[7] 텍스톤과 스크립톤으로 구성되는 디지털 스토리텔링에서는 이야기 자체만큼이나 서사 공간의 설계가 중요하다.[8] 그렇다면 선형의 서사인 고전소설과, 공간이 중요한 디지털 스토리텔링은 어떻게 만날 수 있는가?

2) 고전소설 서사와 디지털 스토리텔링의 관계

(1) 고전소설 서사와 공간의 성격

1980년대로 들어서면서 고전소설 연구는 민중적 요소를 포함하여 근대와 사실주의로의 추동 양상을 밝히는 데 주력했으며 그 결과 고전소설 작품에서 흔히 설정되는 천상계 설정이나 도술의 등장 등은 극복해야 할 부정적인 요소로 간주되는 경향이 있었다. 그런데 판타지 소설의 유행은 이런 요소를 지닌 고전소설이 오히려 오늘날의 문

---

7 전경란, 「디지털 내러티브에 관한 연구－상호작용성과 서사성의 충돌과 타협」, 이화여대 박사논문, 2002, 51~52쪽. 이 논문의 텍스톤과 스크립톤에 대한 설명은 Aarseh. E의 Cybertext에 정의된 개념에 의한 것이다. 텍스톤과 스크립톤에 대해서는 '2. 2) (2) 고전소설 서사와 텍스톤'에서 좀 더 상술할 것이다.

8 디지털 스토리텔링에서 공간의 중요성은 자넷 머레이에 의해 주목된 바 있다. 자넷 머레이는 디지털 환경의 특징을 '과정추론적procedural, 참여적participatory, 공간적spatial, 백과사전적encyclopedic'인 속성으로 정리하였다. 디지털 환경의 공간적 속성에 대해서는 자넷 머레이, 한용환·변지연 역, 『인터랙티브 스토리텔링』, 안그라픽스, 2001, 91~95쪽 참고. 디지털 매체의 공간적 속성을 활성화시키는 것 역시 디지털 매체가 갖는 상호작용성이 있기에 가능하다.

화가 맞닿을 수도 있으리라는 가능성을 점치게 한다. 그것은 단지 소재적 차원에서 비경험적인 요소들, 환상적인 요소들이 등장해서가 아니라, 고전소설 서술 방식의 특성이 디지털 스토리텔링과 만날 수 있는 부분들이 있기 때문이며, 고전소설의 공간적 배경이 지닌 특성에 의거한 것이다. 사건의 스토리텔링은 인과 관계의 필연성에 따르는 사건의 시간적 전개만이 아니라 이보다 더 많은 우연성이 개입 가능한 공간적 전개에 의해 구성된다[9].

이 점에 있어서 고전소설의 공간 설정은 유리한 지점을 확보하고 있다. 대부분의 고전소설 작품의 경험 세계는 기본적으로 초월계의 개입이 가능한 공간으로, 우연성이 높은 공간이 된다. 즉 초월계가 개입해서 벌어지는 상황은 현실계에서는 '우연한' 사건으로 받아들여질 수 있다. 이 우연이란 지상에 사는 인간의 시점에서 본 것으로, 만약 천상계에 속한 인물의 시점에 의한다면 필연적일 수밖에 없는 사건 전개인 것이다. 고전소설의 서사 공간에는 경험 세계에서 기대 가능한 뜻밖의 사건뿐만 아니라, 비경험적 요소의 사건까지도 언제

---

9 이인화는 디지털스토리텔링의 사건 설정에 대해 설명하면서 기존 서사의 사건을 원용하고 있다. '소설이든 TV 드라마이든 사건 전개가 독자나 시청자의 예상대로만 전개된다면 아마도 작품에의 몰입은 감소할 것이다. 독자나 관객의 예상을 뛰어넘는 사건의 개입은 몰입과 흥미를 강화시키는 스토리텔링이 될 것이다.' 이인화, 「디지털 스토리텔링 창작론」, 『디지털 스토리텔링』, 황금가지, 2003, 12~38쪽. 문현선의 논문 역시 동아시아 게임 서사를 '시간적 사건–공간적 사건'의 교합적 서술 구조로 분석하고 있는데, 이 역시 동아시아 서사의 공간적 속성이 지닌 특징에 주목한 것이다. 문현선, 「게임, 동아시아 서사의 또 다른 변용」, 『영상문화』 4 중 '게임서사와 동아시아 서사' 부분 참고.
사건 전개에 있어 극적 요소, 충격 요소의 중요성에 대한 언급은 인터넷을 통해 기존 드라마 및 인터랙티브 드라마까지 습작할 수 있는 프로그램인 〈드라마티카〉에서도 중요하게 다루어지고 있다. http://www.dramatica.com/theory/what_is_dramatica/index.html#story_mind
이 논문에 제시된 사이트 주소 중 2013년 현재까지도 작동 가능한 사이트는 'dramatica', '천마의 꿈', '춘향'의 세 종류이다. 나머지 사이트들은 2004년에는 다 작동하였으나 현재는 확인 가능하지 않은데, 그럼에도 불구하고 제시하는 이유는 이 사이트들이 고전문학이 멀티미디어 콘텐츠로의 전환을 모색한 역사를 보여준다는 점에서 의미가 있기 때문이다.

든지 출현 가능하다. 천상계의 개입이 가능하도록 고안되어 있는 고전소설의 공간은 애초부터 황당한 임팩트impact 요소도 개연성 있게 느껴질 수 있는 공간으로 설정되어 있는 것이다. 천상계의 의지에 따르는 고전소설 서사의 공간은 단지 환상적 성격의 사건이 한두 번 불쑥 등장하는 것이 아니라 서사 질서 자체가 공간의 우연성이 매우 높을 수 있도록 고안되었다. 고전소설 서사와 디지털 매체는 바로 이 공간의 우연성이라는 점에서 접점을 찾을 수 있다.

(2) 고전소설 서사와 텍스톤

디지털 스토리텔링에 있어 텍스톤은 이야기를 풍부하게 하는 요소들이 된다. 다양한 텍스톤들의 상관성을 잘 연결하여 디지털 콘텐츠를 설계했을 때 그 디지털 콘텐츠는 이야기성이 풍부해지는 것이다. 하이퍼텍스트에서 독자의 선택이 가능하도록 고안되어 있는 경우의 수들이 바로 텍스톤들이다. 즉 텍스톤이란, 서사의 어떤 국면에서 선택 가능한 다양한 경우의 수들을 예상하여 마련된 각 선택 요소들인 것이다. 예를 들어 설명하자면, 게임의 경우 상년 상면에서 게이머가 선택해야 하는 다양한 경우의 수들이 텍스톤이다. 그리고 그 중 한 가지를 선택하여 게임을 지속시켜 나갈 때 게이머가 경험하게 되는 그 선택의 경로들이 스크립톤인 것이다. 만약 그 게임의 종류가 노블 어드벤처 게임novel adventure game[10]이라면, 게이머가 선택한 경우

10 '노블 어드벤처'라는 단어는 아직 용어로 정립된 상태는 아니다. 이는 서사성이 강한 일본의 어드벤처 게임을 가리키는 말로, 널리 알려진 게임은 아니나 일부 마니아층을 확보한 것으로 보이는 〈phantom of inferino〉와 같은 게임이 이에 속한다. 〈매트릭스〉나 〈해리 포터〉가 소설이 먼저라면 이 게임은 게임이 출시된 후 게임을 토대로 하여 소설이 뒤에 나왔다. 이 게임에 대해서는 http://www.phantomgame.co.kr 참고.
이 논문을 발표했던 2004년 당시에는 스토리 몰입도가 높은 소위 '노블 어드벤처'라 불리던

의 수들의 연장인 스크립톤은 결국 게이머가 경험한 하나의 서사가 되는 셈이다.

그런데 대개의 경우 이 텍스톤들은 시간의 전후에 따르는 인과관계의 필연성과는 거리가 먼 요소들이다. 이 지점에서 고전소설의 서사 방식과 디지털 스토리텔링이 조우할 수 있는 가능성이 있다. 고전소설에는 텍스톤으로의 전환이 쉬이 일어날 수 있는 서사적 요건들이 있기 때문이다. 고전소설 중 영웅소설에는 주인공들이 해결해야 될 과제가 늘 등장한다. 어린 시절 힘든 성장 과정을 거친 주인공들은 일정한 임무를 수행해야 가족도 재회하고 출세도 가능한데, 이 또한 과제의 연장이기도 하다. 영웅소설에서 주인공에게 부여되는 문제, 즉 나라를 구하고 가족이나 연인을 찾는 임무는 게임에서 줄곧 등장하는 임무(퀘스트 : quest 혹은 미션 : mission)로 치환 가능하다. 서양의 판타지나 중국의 무협이 수많은 임무를 부여하듯 고전소설에도 해결해야 할 임무들이 전개되는데, 이 사건들의 전개는 반드시 선후 관계나 인과 관계의 필연성으로 묶이지 않는 서술 방식을 택하고 있다.

예를 들어, 「숙향전」의 숙향은 화마火魔를 먼저 만났어도 혹은 궁지에 몰려 자살을 먼저 결심했어도 서사 전개상 그리 치명적인 차이를 초래하지는 않는다. 또 의론적 대화가 많이 삽입되어 있는 「삼한습유」의 경우, 주인공들은 여러 차례에 걸쳐 수많은 사람들을 만나 서로 대화하며 의견을 교환하는데, 항우와 석가여래와의 만남과, 마왕魔王과 마자魔子들의 대화는 서로 자리 교환을 해도 서사 전개에 별 무리가 없다. 그리고 「구운몽」의 경우, 양소유는 여러 차례에 걸

게임들이 있었다. 그런데 2010년 즈음이 되면서 어드벤처 게임들이 줄어들며, 위에서 인용한 사이트 역시 현재는 찾아볼 수 없다.

쳐 전쟁을 치르면서 인연이 있는 여성들을 만나는데, 어느 한 전쟁이 반드시 다른 어떤 전쟁 뒤에 배치되어야 하는 것만은 아니다. 즉 고전소설의 중요 등장인물들이 해결해 나가야 하는 임무들은 반드시 필연적인 인과관계 혹은 시간의 선후 관계 속에서의 전개가 필수적인 것이 아닐 수도 있다는 것이다.

고전소설에서 사건을 서술하는 이러한 방식은 곧 고전소설이 텍스톤적으로 변용될 가능성이 높음을 시사한다. 일례로 고전소설 수업의 숙제 중 한 유형으로 고전소설을 원용하여 문화 콘텐츠화해 보라는 과제를 내면, 학생들은 곧잘 고전소설 작품을 가지고 게임으로의 변형을 시도한다. 이는 게임에 능한 세대들이 고전소설 서술 방식의 특징에서 게임 서사적 요소를 발견하기 때문인 것으로 보인다.

고전소설은 시대를 뛰어넘어 20세기의 판타지 소설과 조우한다. 판타지 소설이 막 대두하기 시작했을 무렵에는 그것이 의문이었다. 그 의문이란, 사실주의적 서사의 해체가 일어난 상태는커녕 아직 서구의 소설 개념에 의한 소설로 정립되기도 전의 상태인 고전소설이 20세기의 판타지와 조우할 수 있는 이유는 무엇인가 하는 것이었다. 고전소설의 세계관이 중세에 머물러 있어 천상계와 같은 비경험적 요소들이 출몰하게 된 것이 환상을 좋아하는 오늘날의 기호와 맞닿아서인가? 물론 고전소설의 내용에 환상적인 요소들이 있기는 하다. 그러나 보다 근본적인 이유는 위에서 살펴보았듯 고전소설의 서술 방식이 디지털 매체의 서술 방식과 서로 유사한 부분이 있기 때문인 것으로 보인다.

3. 멀티미디어 구현을 전제로 한 고전소설 연구의 접근 방법들

앞에서는 멀티미디어 환경과 고전소설이 서로 친연성을 지니고 접근 가능한 부분, 고전소설 서사 요소가 지닌 텍스톤적인 속성에 대해 살펴보았다.[11] 고전소설과 현대적 기술의 접점을 고찰하는 것도 이론적인 접근 면에서는 유의미한 작업이다. 그런데 고전소설 연구자들이 오늘날의 멀티미디어 환경 속에 좀 더 깊이 개입해서 고전소설을 향유 가능한 텍스트로 만들기 위해서는 실천적인 접근도 필요하다. 이 장에서는 연구자의 입장에서 고전소설을 멀티미디어로 구현할 때 필요한 부분에 대해 살필 것이다.

고전소설은 과거의 시간에 속한 것이며 우리의 문화적 자산이기 때문에, 고전소설 연구자들의 연구 결과에 기반하여 멀티미디어로 구현될 때 가장 바람직한 결과가 도출될 것으로 보인다. 고전소설을 멀티미디어로 구현한다고 하면 우선 멀티미디어에 기반한 교육 콘텐츠 기획을 들 수 있겠다. 이때에도 작가나 작품에 대한 설명을 어떤 방식으로 전개할까에 대한 스토리텔링 연구가 필요하다. 뿐만 아니라 이런 교육 콘텐츠는 게임이나 다른 영상 매체로도 구현 가능하다. 그런데 서술 방식은 디지털 스토리텔링과 유사한 점이 있다고 해도, 연구 대상인 고전소설 매체는 단일 매체인 문자 매체를 중심으로

11 그런데 고전소설의 서사 요소가 지닌 텍스톤적인 속성을 밝히는 것과, 고전소설 텍스트를 기반으로 한 문화 콘텐츠 상품을 기획하는 것은 전혀 별개의 문제이다. 다매체 환경 속에서 고전소설 연구자가 할 수 있는 작업은 고전소설의 서사 방식과 디지털 스토리텔링 방식에 대한 이론적인 접근 내지는 교육 매체 기획 같은 작업일 것이다. 실제로 고전소설을 토대로 문화 콘텐츠 상품을 기획하고 상품화하는 것은 게임 회사나 영화 기획사 등 멀티미디어 콘텐츠를 상용화하는 쪽에서 실현 가능한 작업일 것으로 보인다.

한 콘텐츠이기 때문에 멀티미디어로 구현될 때 새롭게 요청되는 부분들이 있을 수 있다. 이때의 연구는 멀티미디어의 특성을 충족시켜 줄 수 있는 정보들을 포함한 것이어야 하겠다.

1) 시각 정보의 제시

멀티미디어로 구현한다고 하면 시각화 요소는 기본이라고 생각할 것이다. 물론 그렇다. 그러나 고전소설의 캐릭터나 스토리가 오늘날의 문화 속에서 가시적인 것이 되고 오늘날의 삶 속에서 친숙한 내용들이 되기 위해서는 시각화 가능한 정보의 중요성을 강조하지 않을 수 없다. 고전소설 전공자의 입장에서 고전소설이 아무리 문화적 의의가 있고 또 재미있는 장르라 할지라도 멀티미디어로 구현 불가능하다면 오늘날의 문화 콘텐츠로 자리잡는 데에는 어려움이 많을 것이다. 게다가 고전소설 서술의 특성 및 연구의 특성으로 말미암아 작품과 연구 결과에서 시각화 가능한 정보를 찾아내기란 거의 불가능하다시피 한 것이 우리의 현실이다. 고전소설에는 구체적인 묘사가 매우 드물다. 인물에 대한 정보도 추상화되고 관습화된 문구로 주어지기 일쑤이다. 예를 들어 남자 주인공들은 대개 '두목지 같은 얼굴에 왕희지의 필법'이니, 이대로 따르면 남자 주인공들은 대개 — 실은 얼굴도 잘 모르는 — 두목지같이 생겼다고 해야 할 판이다. 뿐만 아니라 여주인공들은 월나라 서시에 비기거나 '꽃이나 물고기도 부끄러워 할' 용모인데 이 또한 우리 문화로서의 고유한 정보를 지닌 모습으로 시각화하려면 난관이 예상된다. 비슷비슷한 복식이나 얼굴 모습, 공간 구성 등의 이미지는 더 이상 신선하지 않다. 더군다나 한국적 이야기라면 한국적 요소를 담은 장면으로 디자인될 때 핍진함을 획득할 수 있다. 그러므로 매우 사소해 보이는 것일지라도 텍스트에서 주인공이나 공간이나 물건 등 시각화 가능한 정보들을 찾아 열심히 수집할 필요가 있는 것이다.[12]

한국적 스토리가 멀티미디어로 구현된 예 중 2003년 가을 경주세계문화엑스포에서 선보였던 〈천마의 꿈〉[13]이라는 작품이 있다. 그런데 이 작품이 그렇게 성공적이라는 평가를 받게 된 배경에는 그 작품이 한국의 이야기들을 다루어서라기보다는 한국적인 이야기도 이렇게 잘 만든 영상물이 될 수 있다는 점에서였다고 보는 것이 더 타당하겠다. 즉 이 콘텐츠에 대한 평가도 스토리가 어떤가 하는 부분보다는 시각화에 더 주목하고 있는데, 이는 영상 처리의 기술적인 부분들이 주목받는 것이기도 하다.[14] 또 문화원형콘텐츠 프로젝트 중 문학 / 문헌 관련 문화원형 과제를 예로 들자면, '연오랑 세오녀'[15]와 같은 사이트가 돋보인다. 여기에는 그 사이트가 지닌 고급한 디자인이 차지하는 몫이 큰데, 이때의 고급한 디자인이란 단지 시각적으로 아름다운 화면을 지칭하는 것이 아니라 당대의 상황을 구체적으로 잘

---

12 시각 정보의 제공이라는 측면에서 시사적인 예가 있다. 우리나라에서 도깨비는 매우 친숙한 존재인데, 기존의 도깨비 이미지는 대개 뿔이 하나 있는 형상을 하고 있었다. 그런데 이는 우리나라 고유의 도깨비가 아니라 일본 오니의 형상이라는 것이 연구자들에 의해 밝혀졌고, 그 결과가 알려짐에 따라 도깨비 이미지 또한 우리나라 고유의 형상으로 바뀔 수 있게 되었다. 그리고 이것이 만화나 TV 교양물로도 제작되었다. 이렇게 그려진 만화가 말리 작 〈도깨비 신부〉이며, 이와 관련한 TV 프로그램은 2004년 1월 23일 KBS 1TV에서 pm 5 : 00~5 : 50에 방영된 〈저기 도깨비가 간다〉는 프로그램이다.

13 '천마의 꿈', http://www.cultureexpo.or.kr/expo/expo2_03.asp

14 고욱, 「〈천마의 꿈〉 제작 사례 발표」, 디지털 스토리텔링 학회 발표요지, 2003.10; 한혜원, 「〈천마의 꿈〉」, 『디지털 스토리텔링』, 황금가지, 2003.

15 '연오랑과 세오녀', http://yor.culturecontent.com

반영하는 전문적이고 정확한 정보에 의거한 디자인을 의미한다.

현재의 멀티미디어 구성 요소 중 가장 호소력이 강한 감각은 시각적 요소이다. 오늘날과 같은 영상 시대에 문자 매체가 지닌 장점은 잘 부각되기 어려우며, 궁극적으로는 영상 매체로 번역되어야 할 필요가 있다. 더군다나 이미지에 강한 오늘날, 고전소설을 멀티미디어로 구현했을 때 디자인이 조야하다면 이는 고전소설에 기반한 콘텐츠를 폄하하게 되는 요인으로 작용할 수 있다. 그러므로 고전소설과 관련하여 변별적인 표지가 될 수 있는 시각 정보들을 추출하는데 관심을 기울일 필요가 있는 것이다.

2) 캐릭터의 단계화 및 집약화

우리나라의 전체 문화산업을 100이라 했을 때, 영화, 애니메이션, 게임, 음반, 방송, 캐릭터 중 가장 비중이 높은 것은 방송으로 48%를 차지하고 있으며, 바로 그 뒤를 잇는 것이 캐릭터로 32%를 자시하고 있다.[16] 캐릭터의 성공은 스토리를 기반으로 하는 것이라는 점을 감안해도 전체 문화산업 구도에서 캐릭터가 차지하는 비중은 크며, 이 역시 멀티미디어 산업과 긴밀하다. 그러므로 고전소설을 멀티미디어로 구현할 때 중요한 한 가지 영역은 캐릭터와 관련될 것이다.

고전소설 연구사 가운데 캐릭터와 관련되는 부분은 등장인물에 대한 연구이다. 등장인물은 비교적 연구가 많이 축적되어 있는 부분

16 이는 문화관광부의 2002 문화산업백서에 의거한 자료로, 2003년 예상치이다. 『비즈니스』 2003년도 9월호, 한국경제신문, 49쪽(발간일 미상).

인데, 고전소설 등장인물에 대한 접근은 주로 주인공과 주변 인물, 혹은 악인형 인물, 선인형 인물 및 매개자 등 몇 가지 방향에서 이루어졌다. 등장인물 연구는, 범주를 설정한 후 그 안에서 각 등장인물의 상관 관계를 설명하거나 기능에 대해 상세하게 서술하는 방식을 취하는 것이 대부분이라 해도 과언이 아닐 것이다. 그런데 여기에 덧붙여 고전소설의 인물 연구가 멀티미디어 매체와 만나기 위해 유용한 접근 방식들이 있을 것으로 여겨진다.

고전소설을 멀티미디어 콘텐츠화할 경우, 한 작품을 그대로 하나의 콘텐츠로 제작할 수도 있지만 변형을 가하거나 해체할 경우도 많을 것이다. 그리고 해체하거나 변형을 가했을 때 색다른 재미를 얻게 된다. 예를 들어, TV 애니메이션 〈날아라 슈퍼보드〉는 「서유기」에 나오는 캐릭터에 변형을 가해 새로운 분위기의 사오정[17]과 저팔계를 만들어 냈다. 혹은 또 다른 방식으로, 작품은 해체되고 각 캐릭터만 새로운 작품에 등장하는 형식일 수도 있다. 그리고 게임을 설계하는 사람들이 고전소설 작품을 원용하려고 한다면, 해당 작품의 등장인물들이 지니는 능력, 성격, 약점 등을 수치화할 수 있을 정도의 다양한 정보가 필요할 것이다.

이 같은 정황을 고려해 보면, 고전소설의 등장인물 연구는 선인형 / 악인형 인물 및 매개자 혹은 트릭스터 아니면 하층 인물 등으로 분류하던 기존의 방식을 좀더 세분화하여 단계화할 필요가 있을 것으로 보인다. 「사씨남정기」의 교채란과 「옥루몽」의 황소저는 둘 다 악인형 인물에 속하지만 그 두 인물의 악은 결코 같은 비중으로 다루기

17 귀가 안 들려 엉뚱한 대답을 일삼는 것은 〈날아라 슈퍼보드〉에 등장하는 사오정 캐릭터의 특징이다.

어렵다. 이는 선인형 인물도 마찬가지여서 「흥부전」의 흥부와 「심청전」의 심청 역시 선한 주인공임에 틀림없지만 그러나 동일한 성격의 인물로 다루기는 어렵다. 트릭스터의 경우는 사정이 더하여서 「춘향전」의 방자와 「호질」의 호랑이가 다 이 인물 유형으로 설명되기도 한다. 그렇기 때문에 등장인물 유형의 세분화 및 단계화가 필요하다. 또 세분화 및 단계화의 필요와 더불어, 고전소설의 등장인물들이 멀티미디어 콘텐츠의 캐릭터가 되기 위해서는 구체적인 정보들이 필요하다. 결국 등장인물 연구는 선 / 악 구도가 아니라 같은 선인형 인물이라도 선의 단계를 세분화하여 하여 제시하거나 각 인물군이나 인물들을 구성하는 요소들을 추출하여 변별성이 부각될 수 있도록 다양한 구체적 정보들을 제시할 필요가 있는 것이다.

이럴 때 유용한 방법 중 하나로 인물 사전을 만드는 것을 들 수 있다. 간단하게 한 예를 들어보자면, 군담소설에 등장하는 영웅들을 다 집합시켜 인물군을 이룬 후 각 인물이 지닌 특징을 시각화 정보, 성격, 능력, 약점, 주보 등을 상술하는 방식이다. 또 하나는 그동안 고전소설의 등장인물 연구사에서 잘 다루어지지 않았던 상상 속의 동물이나 존재에 대한 관심을 환기시키는 작업도 유용할 것으로 보인다. 이는 뮤턴트 캐릭터mutant character[18]로 치환시키기에 매우 적합할 것으로 보이기 때문이다.

---

18 변종 캐릭터를 의미하는 뮤턴트 캐릭터의 대표적인 예로는 외계인, 엑스맨 혹은 상상 속에서만 존재하는 어떤 동물 내지는 그 동물의 변형 등을 들 수 있다.

3) 공간형 서사 단락의 제시

우리나라의 문화 콘텐츠를 평가할 때, 고유한 스토리가 약하다거나[19] 혹은 한국적 스토리가 충분치 않은 점이 문제점으로 지적되곤 한다. 그런데 고전소설이야말로 한국적 스토리를 풍부하게 보유하고 있는 보고이므로, 스토리 개발과 관련한 고전소설 영역에서의 성과물들은 멀티미디어 콘텐츠 제작 시 매우 유용할 것으로 보인다. 기존의 고전소설 연구에서 스토리와 관계된 부분은 서사 단락의 제시로, 이는 구조주의적인 영웅 일대기 방식에 의한 기술을 따르거나 혹은 시간의 선후에 따라 간략한 형태로 서술되던 것이 대부분이다. 그런데 구조주의적인 방식은 결국 같은 기능의 이야기로 환원되는 속성을 강조하는 경향이 있다는 점에서, 이런 방식에 의거한 서사 단락 제시는 멀티미디어 제작을 위한 스토리 제공으로는 적합하지 않다. 이보다는 훨씬 구체적인 정보를 전달해 줄 수 있는 스토리의 제공이 필요할 것으로 보인다.

전술했듯 고전소설의 공간은 우연성이 높은 공간이고 고전소설의 서사 방식은 텍스톤화 될 수 있다는 특징을 지니며, 또 디지털 스토리텔링은 이야기를 설계하는 과정에서 텍스톤을 포함한 하이퍼텍스트 방식의 공간 설계가 중요하다는 특징을 지닌다. 이 내용들을 결합해 보면, 고전소설의 경우 작품 전체의 줄거리에 해당하는 서사 단락의 제시 외에 에피소드의 제시,[20] 장면의 제시와 같은 시도들이 필요

19 일례로 2003년도 개봉작 애니메이션 〈원더풀데이즈〉는 메카니즘의 설계는 훌륭하나 탄탄한 구성력을 지닌 스토리가 부재하다는 평을 들어야 했다. 『씨네 21』, 2003.7.25.

20 문화원형 콘텐츠의 문학 / 문헌 과제 중 '조선시대 대하소설'은 대하소설 18편의 스토리를 시놉시스, 단위담 전형, 에피소드 전형, 유형별 원형 스토리의 네 가지 범주로 나누어 제공하고

할 것으로 보인다. 특히 이 중 고전소설의 중요 장면들을 주제별로 묶어서 각 작품에 따른 다양한 경우들을 구체적인 정보와 함께 제시한다면 이는 디지털 스토리텔링의 경우의 수를 확장시키면서 이야기성을 풍부하게 하는 데 기여할 수 있을 것으로 보인다.[21]

4) 고전소설에 대한 미시적 접근

한국문화콘텐츠 진흥원에서 채택한 문화원형 콘텐츠를 보면 전통 복식, 전통 무기, 전통 건축, 전통 문양, 민화, 대궐 의례, 검안檢案 등 대개 시청각화 작업이 가능한 한문 자료들이 강세를 보임을 알 수 있다.[22] 이런 내용들은 궁극적으로 전통문화 소재 콘텐츠를 멀티미디어 시스템으로 구현할 때 필요한 전문적인 정보를 제공해 주는 기능을 할 것이다. 즉 문화원형 콘텐츠의 정보들이 또 다른 문화 콘텐츠의 스토리 배경이나 소품들의 핍진성과 고유성을 살리는 데 필요한 전문적인 정보가 되는 것이다. 이는 고유한 문화에 바탕한 영화, 애니메이션, 게임 등을 제작하기 위해서는 필수적인 정보이기도 하다.

고전소설의 영역 중에서 이런 연구 분야를 찾는다면 아마도 문학사회학적인 접근을 들 수 있겠으며, 그 대표적인 예가 방각본 연구와 같은 것이라 하겠다. 고전소설이 생산, 유통되는 배경에 대한 연구는 그 시

있다. http://story.culturecontent.com/KcrcMemberMain.jsp

21 디지털 스토리텔링에 있어서는 다양한 텍스톤들의 망을 구성하여 서사 공간의 법칙을 설계하는 기획자가 작가와 같은 역할을 하는 셈이다. 하이퍼텍스트 방식으로 서사 공간을 설계하는 작업은 세대가 내려갈수록 관심이 높아지는 영역이 될 것으로 보이므로, 이 같은 접근 방식은 고전소설 수업에 있어서도 유용할 것으로 판단된다.

22 http://www.culturecontent.com/index.htm

대의 고전소설을 둘러싼 콘텐츠의 스토리 라인을 형성하는 데 탄탄한 배경을 제공할 것으로 보이기 때문이다.[23] 고전소설을 중심으로 해서 이 같은 미시사적 접근을 하는 연구가 가능하다면 이는 고전소설의 멀티미디어 콘텐츠로의 전환을 수월하게 할 것으로 기대된다.

이 같은 맥락에서 또 가능한 영역을 찾아본다면 고전소설 작품 자체의 미감에 대한 연구를 들 수 있겠다. 고전소설이 오늘날 문화에서 생동감 있게 수용, 변형, 재생산되려면 오늘날의 독서 대중이 고전소설 작품 자체를 미감의 대상으로 느낄 수 있어야 할 것이다. 그러나 현실은 이와는 거리가 멀어 보인다. 일반인들의 고전소설 독서 경험은, 어렸을 때 동화책처럼 편집된 「춘향전」, 「홍길동전」 등을 읽은 것이 전부이거나 아니면 대학 입시를 위한 수업 내용 정도에 불과할 것이다. 이는 고전문학 분야가 지니고 있는 어려움으로, 현 시점에서 절실하게 필요한 작업은 고전소설 작품의 미감을 잘 윤문된 현대 국어로 번역해 내어, 고전소설 작품들이 오늘날 독서 대중의 독서물이 되도록 하는 일이다. 이를 위해서는 고전소설 연구자들이 고전소설 작품의 문학사적인 의미만을 강조하는 것이 아니라 해당 작품이 지닌 작품적 가치와 미감을 분석해 내는 작업도 병행할 필요가 있다. 연구자가 느끼는 고전소설 작품의 재미와 미감을 분석적으로 제공하는 연구들은 일이백 년의 시간의 차이를 뛰어넘어 오늘날의 독자들에게 고전소설을 재미있는 것으로 공감하게 하는 작업에 기여할 것으로 보이기 때문이다.

23 소설 영역에서 이와 관련한 시도를 한 예로는 김탁환, 『방각본살인사건』, 황금가지, 2003을 들 수 있다.

5) 고전소설 작품을 대상으로 한 사이트 개발

마지막으로는 고전소설 작품을 대상으로 한 사이트 개발을 들 수 있다. 물론 이때에도 이런 사이트를 설계할 때 가장 유용한 스토리텔링 방식이 무엇일까에 대한 고려가 필요하다. 그런데 현재의 상황은 여기까지는 생각하기도 어려울 지경이다. 검색 사이트를 통해 독립된 고전소설 사이트를 검색해 보면, 고전소설의 가장 대표적인 작품이라 할 수 있는 「춘향전」 사이트도 제대로 개발되어 있지 않다는 사실을 알 수 있다. 현재로는 독립된 「춘향전」 사이트는 없으며, 현재 검색되는 「춘향전」 관련 사이트로는 남원시에서 홍보를 위해 제작한 사이트[24]가 있는 정도이다. 이 사이트는 현재 남원의 문화 행사와의 관련성을 염두에 두고 다양한 판소리 작품들과 더불어 「춘향전」을 소개하고 있으며, 애니메이션으로 처리된 춘향 및 이도령의 이미지도 조야한 편에 속한다. 이 같은 사이트로는 「춘향전」의 작품 세계를 제대로 전달하기 어렵다. 중국의 경우는 「홍루몽」 같은 소설을 인터넷 사이트[25]로 제작하여 오늘날의 중국인들이 「홍루몽」에 더욱 친숙하게 다가설 수 있게 하고 있다.[26] 에듀테인먼트[27]에 입각한 이 같은 사이트의 제작은 고전문학 작품을 오늘날 감상 가능한 작품으로 만드는 데 기여할 것이다.

---

24 '춘향', http://www.chunhyang.or.kr 검색 사이트에서 「춘향전」으로 검색한 결과를 살펴보면, 그 중 이 사이트가 그나마 「춘향전」에 대해 입체적으로 접근하려는 시도를 하고 있음을 알 수 있다.

25 '紅樓夢', http://cls.admin.yzu.edu.tw/HLM/home.htm

26 중국의 '홍루몽' 사이트에 대한 분석으로는 정민 외, 『한 · 중 전통문화 관련 디지털 인문콘텐츠 실태비교 및 수준향상 방안 연구』, 인문사회연구회, 2002 참고.

27 에듀테인먼트란 교육education과 오락entertainment의 합성어로, 학습자들이 재미를 느끼면서 학습 내용을 습득하도록 유도하는 교수 방식에 대한 관심에서 비롯된 신조어이다. 놀이와 교육의 만남, 즉 교육적인 내용을 재미있게 전달하는 교수 매체 및 교수 방식에 대한 관심은 사이버 교육이 보편화와 더불어 오늘날 교수 설계의 기본적인 요소로 간주되고 있다.

4. 결론

지금까지의 고전소설 연구사를 돌아보고 앞으로의 연구 과제를 전망하는 자리에서 빠지지 않고 거론되는 문제 중 하나가 바로 고전소설의 현대적 수용과 계승 문제에 대한 것이었다.[28] 현대 한국어로 쓰인 고전소설 작품의 출판이나 고전소설이 현대 문학 속으로 수용되어 간 패러디 양상에 대한 관심은, 바로 고전소설이 현대의 독자와 만날 수 있는 방법을 모색하는 중에 대두되는 내용들이다. 고전소설이 현대와 만날 수 있도록 하는 방식에 대한 연구가 시급한 문제로 지적되기는 하나 막상 이 다매체 시대에 고전소설이 어떻게 공존할 수 있을지에 대한 연구 전망은 아직까지는 불투명한 것이 사실이다. 이 논의 역시 고전소설이 오늘날의 문화 속에서 향유되도록 하려면 어떤 노력을 기울일 것인지에 대한 관심에서 출발한 것이다.

이 문제에 대해 전망하기는 어렵지만, 일단 우리가 고전소설의 잠재적 독자라고 간주하는 새로운 세대들이 가장 많이 접하고 요구하는 것은, 멀티미디어 환경과 인터넷이라는 매체이다. 우리가 이들과 고전소설의 접점을 마련하자면 고전소설 연구 역시 다매체 환경이라는 오늘날의 매체적 특성에 대해 관심을 가져야 할 것으로 보인다. 고전소설 서사와 디지털 스토리텔링의 특성을 비교해 보고 이에 따라 연구의 방향을 검토하는 것은 이런 점에서 필요한 작업이 될 수 있다.

그동안 고전소설 연구는 이데올로기적 해석이나 발생론적 관심이

---

28 정하영, 「고소설 연구의 의의와 방향」, 『고전문학연구』 18집, 한국고전문학회, 2000, 74~75쪽.

두드러졌으며, 유형별 연구가 강세를 보였다. 물론 이 같은 연구도 여전히 중요한 문제들이다. 그러나 멀티미디어와 인터넷 환경 속에서 고전소설이 활성화될 수 있으려면 이제 새로운 경향의 연구도 필요하다. 이데올로기적인 해석만이 아니라 문화적인 접근도 중요하며, 개별 작품에 대한 서사적 재미, 미감 등에 대한 연구도 필요하다. 또 인물을 연구할 때에도 유형별 접근이나 이념적 지향에 대한 분석이 아니라 인물의 성격 자체에 대해서도 심도 있게 연구되어야 할 것이다. 또 작품 해석에 있어서는 무엇보다도 당대 독자들도 제일 매혹되었을 작품의 재미에 대한 논의가 이루어져야 한다. 오늘날의 멀티미디어 문화 현장에서 고전소설 자체가 생동감 있는 콘텐츠로 읽히고 원용될 때 고전소설의 현대적 수용은 비로소 가능할 것이기 때문이다.

제4장 고전소설과 문화콘텐츠

1. 서론

21세기가 문화의 시대라는 표현은 이제 익숙하다 못해 진부하기까지 한 문구가 되어 버렸다. 문화산업에 대한 비판적인 입장[1]이 여전히 유효하고 디지털 미디어 작업과 아우라의 문제[2]가 진지한 주제로 거론되지만, 오늘날 문화산업은 국가가 지원하는 중요산업으로 자리 잡았으며[3] 그중에서도 디지털 기술에 기반한 문화산업은 황금

1 문화산업을 대중문화의 상업성과 관련하여 비판적으로 고찰한 논의로는 하이머호르크 외, 김유동 역, 「문화산업－대중 기만으로서의 계몽」, 『계몽의 변증법』, 문학과지성사, 2004 참고. 이 책에 의하면 문화산업cultural industry은 표준화되고 대량생산되는 상업적인 문화를 가리킨다.

2 이 같은 모색은 상호작용성이 예술 작품의 중요한 구성 요소로 간주되는 디지털 미디어 아트 전공자들에게서 찾아볼 수 있다. 이재원, 「디지털 미디어 시대의 아우라 경험에 관한 표현 연구」, 이화여대 석사논문, 2004 참고.

3 문화산업에 대한 국가적 지원은 한국문화콘텐츠진흥청의 사업 내용을 보면 확인 가능하다. http://www.kocca.or.kr. 이 논문에 제시된 사이트들은 모두 2006년까지 확인 가능하였으나

알을 낳는 거위로 인식되고 있다. 고전문학 전공자에게도 구텐베르크 은하계의 교양 전략은 이미 다 소진되었다[4]는 노르베르트 볼츠의 견해가 더 이상 거부감으로 작용하지 않는 것은 아마 우리 주변에서 진행되고 있는 문화 환경의 변화속도를 체감하기 때문일 것이며 그와 더불어 문화를 소비[5]하는 방식도 달라졌음을 경험하고 있기 때문일 것이다. 이 논의는 문화 향유의 패러다임 이동을 경험하고 있는 고전소설 연구자로서 고전소설이 현재성과 현대성을 동시에 획득한 문화콘텐츠로 향유될 수 있는 방법을 찾고자 하는 문제의식에서 비롯된 것이다.

물론 요즘에도 고전소설은 여전히 우리의 중요한 문화유산으로 간주되고 있다. 고전소설 작품들은 교과서에 수록되고 있으며, 대학에서는 고전소설 관련 과목들이 설강되고 있다. 그러나 일상생활에서 고전소설을 자신의 독서목록에 올려놓는 사람은 드물어 보인다. 고전소설은 오늘날 독자들의 자발성에 의해 선택되는 것이 아니라 제도의 권유에 의해 접하게 되는 텍스트이며, 즐거움의 대상이 아니라 공부의 대상이 되어 버린 것이다. 이런 현상은 어쩌면 자연스러운 것으로 받아들여질 수도 있다. 고전소설이 생산되던 당대에 비해 지금은 시대가 달라졌으며, 여가 문화의 종류도 훨씬 다양해졌기 때문이다. 그런데 고전소설이 현재성과 현대성을 동시에 획득한 문화콘텐츠로 향유될 수 있는 방법을 모색하기 위해서는 시대의 차이나 문화의 다양화 외에도 고려해야 할 부분이 하나 더 있다. 그것은 문화

2013년 현재 연결 가능한 사이트는 '쾌걸 춘향'과 '한국문화콘텐츠진흥원' 두 사이트이다.

4 노르베르트 볼츠, 윤종석 역, 『구텐베르크-은하계의 끝에서 : 새로운 커뮤니케이션 상황들』, 문학과지성사, 2004.

5 오늘날 문화는 더 이상 미적 경험의 대상만이 아니라 적극적인 소비의 대상이기도 하다.

를 향유하는 방식 자체의 변화이다. 근래에 들어 문화를 향유하는 방식 자체에도 변화가 일어났다. 기존의 단일 매체·일방적인 수용의 형태에서 다매체·쌍방향 소통이 가능한 방식으로 옮아가면서 상호작용성이 중시되고 있다. 향유 방식이 변하면 그 내용물들도 매체의 특성에 맞게 변한다. 그리고 디지털 기술은 문화를 향유하는 방식을 변화시키는 데 절대적 영향력을 지니게 되었다. 이런 환경 변화는 디지털 매체와 관련을 맺지 않는 한 고전소설 역시 더 이상 살아있는 문화가 아니라 박물관의 소장품이 될 가능성도 배제할 수 없으리라는 우려를 낳기도 한다.

20세기 초만 해도 고전소설은 훌륭한 독서물로 유통되었으며 작가들의 이야기 원천이 되었다. 그러나 오늘날 고전소설의 출판 시장은 대개 어린이용 독서물이거나 혹은 입시용 독서물들이 대부분을 차지하고 있다 어린이용 고전소설은 대개 어린이에게 맞게 서사가 정리된 동화용 독서물의 형태로, 입시용의 경우는 심지어 시험에 출제될 확률이 높은 부분만 발췌해서 읽는 발췌독의 형태로 읽히는 것이 보통이다. 그러나 어린이용 고전소설은 결코 고전소설 본래의 면모를 제대로 담기 어려우며, 입시용 발췌문들은 그야말로 부분에 불과하므로 그런 교육을 통해서는 어떤 작품을 안다고 말하기 어렵다.

얼마 전까지만 해도 최소한 「춘향전」만큼은 대한민국 국민이라면 누구나 알고 있는 고전소설이었다. 그러나 이제는 더 이상 그렇지 않을 확률이 높다. 대학생이 된 후에도 그들이 기억하는 「춘향전」은 어렸을 때 읽은 텍스트에 의거하고 있으며 심지어 「춘향전」 줄거리조차 잘 모르는 경우도 있다. 이는 그동안 「춘향전」 향유가 소설 독서가 아니라 TV 드라마나 영화에 힘입고 있었다는 것을 반증하는 예일 수 있다.[6] 「춘향전」은 그동안 TV드라마나 영화를 통해 꾸준히 재생산되어 왔는데 TV드라마의 경우는 1994년 KBS2TV에서 방영했던 〈춘향전〉(김희선 · 이민우 주연, 최상식 연출)이 마지막이었고, 영화의 경우는 2000년 임권택 감독의 〈춘향뎐〉이 있었다. 그 이후로는 더 이상 전 국민을 대상으로 하는 TV물로 제작되지 않다가 2005년 1월 「춘향전」을 소재로 하여 드라마[7]가 제작되었는데 그 드라마는 고전소설 「춘향전」과 서사 구조만 같을 뿐 전혀 새로운 현대물이었다. 시청률은 높았지만 〈쾌걸 춘향〉을 보았다고 해서 결코 원전 「춘향전」을 알 수는 없으며, 앞으로의 문화상품 역시 고전소설을 그대로 극화하는 방향을 선택할지는 미지수이기에 고전소설 작품들이 오늘날 대중들 가슴속에서 살아 숨쉴 가능성 역시 점점 낮아지고 있다.

그러나 문화에 디지털 기술이 접목되고 문화가 상품이 되는 시대가 왔다고 해서 고전소설 혹은 고전문학의 의미가 사라지는 것은 아니다. 문화에 기반하고 있는 문화산업은 오히려 인문학적 상상력을 요구하며, 신자유주의 체제로 인한 시장의 세계화는 우리 민족 문화의 고유성을 지닌 고전소설의 잠재력에 눈길을 돌리게 한다. 디지털 기술과 영상이 중요해진 현재의 상황에서 고전소설은 다시 한 번 중요하게 다루어질 필요가 있다.[8] 본고는 고전소설과 문화 콘텐츠에

---

6 조현설은 '영화화된 고전을 통해 고전을 이해하는 관객의 태도가 위험'할 수 있다는 지적을 하였고, 저자도 이에 동의한다. 그런데 고전소설이 더 이상 문학작품만으로 읽히지 않는다는 현실을 고려할 때 고전소설의 영화화가 갖는 의미를 간과하기는 어려울 것으로 보인다. 조현설, 「고소설의 영화화 작업을 통해 본 고소설 연구의 과제」, 『고소설연구』 17집, 한국고소설학회, 2004, 65쪽.

7 2005년 1월에 시작하여 두 달여 동안 방송되었던 KBS2TV의 〈쾌걸 춘향〉(한채영 · 재희 주연, 전기상 연출)은 높은 시청률을 기록하였다. http://www.kbs.co.kr/drama/qgirl/index.html

8 고전소설이 지니고 있는 환상적인 요소는 디지털 기술로 영상화할 때 그 극적인 요소가 더 잘 살아날 수 있다.

관련된 이러한 문제들을, 문화콘텐츠 생산자가 아니라 고전소설 연구자의 입장에서 접근해보고자 한다. 이 논의는 고전소설을 콘텐츠화하는 과정에서 연구자가 제공해야 할 작업이 무엇인지에 대한 고민에서 출발한다.

2. 고전소설을 소재로 한 기존의 문화콘텐츠 검토

1) 문화콘텐츠의 종류와 고전소설 문화콘텐츠 현황

문화콘텐츠에 속하는 예를 들어보라고 하면 언뜻 게임, 애니메이션, 인터넷 콘텐츠 등 디지털 기술과 결합한 형태를 떠올리기 쉽다. 문화콘텐츠라는 단어가 디지털을 환기시키는 형국인데 이는 '콘텐츠'에 대한 관심이 온라인 콘텐츠 서비스에서부터 비롯되었기 때문일 것이다. 그러므로 문화콘텐츠는 곧 디지털콘텐츠라고 여기는 경향이 있으나 실은 문화콘텐츠라는 용어는 디지털콘텐츠는 물론 기존의 오프라인 콘텐츠들과도 겹치는 용어이다.[9]

---

9 그런데 문화콘텐츠에 대한 정의 중에는 보다 협의의 대상을 지칭하는 경우도 있다. 즉 기존의 오프라인 콘텐츠 모두가 아니라 그 가운데에서 디지털 기술을 기반으로 하는 콘텐츠만으로 그 대상을 축소하여 지칭하는 경우이다. 이는 문화콘텐츠라는 용어가 실제적으로 사용되기 시작했던 정황과 관련이 있다. 그간 기존의 오프라인 문화산업들이 존재해 왔으나 종래부터 있던 장르를 문화콘텐츠라고 부르지 않았던 반면, 디지털 기술이 마련된 후 디지털 매체를 기반으로 한 작품들을 가리킬 때부터 문화콘텐츠라는 용어가 본격적으로 사용되었기 때문이다. 이 같은 정의는 박상천, 「Culture Technology와 문화콘텐츠」, 『한국언어문화』 22호, 2002, 9~10쪽 참고.

문화콘텐츠는 문화산업의 상품이다. 주지하듯 문화산업이라는 용어는 호르크하이머와 아도르노가 미국 대중문화를 대상으로 하여 문화를 산업과 연결시켜 논의를 하면서 사용되었다. 문화산업에서 문화는 더 이상 미적으로 접근하는 대상이 아니라 소비되는 상품으로 논의된다.[10] 문화산업이라고 할 때 문화상품으로 거론되던 것들은 TV물, 영화, 대중가요 등 주로 대중문화의 장르들이었다. 그런데 그런 장르들을 오늘날 우리는 문화콘텐츠라고 부르기도 한다. 위에서도 언급했든 콘텐츠라는 용어의 사용이 증폭된 것은 디지털 기술과 유관하다. 디지털 기술의 발달로 인터넷이 잘 구축된 뒤 인터넷의 온라인 공간을 채울 내용들, 즉 콘텐츠들이 대거 필요하게 되었는데, 그 무렵부터 활발하게 사용된 단어가 바로 '콘텐츠'이며 그때의 콘텐츠들은 디지털 기술에 기반한 인터넷 콘텐츠들이었다. 그 후로 소위 문화콘텐츠라는 용어가 문화상품이라는 용어보다 훨씬 빈번하게 사용되게 되었다. 문화상품과 문화콘텐츠를 굳이 변별하자고 한다면 기존의 문화상품들이 아날로그 기술에 의한 것이고, 이미 있었던 장르들인 것에 비해 문화콘텐츠라고 불리는 것들은 디지털 방식으로 제작되고, 모바일 콘텐츠와 같이 새로운 장르의 콘텐츠들을 포함한다는 정도의 차이가 있을 것이다.

그 용어들이 사용되는 예를 보면 문화상품과 문화콘텐츠라는 용

10 호르크하이머와 아도르노가 『계몽의 변증법』에서 미국문화를 거론하던 당시의 대중문화에 비해 오늘날의 대중문화는 매우 고급해졌으며 대중문화의 소비자들 또한 단순히 게으르게 수용만 하는 것이 아니라 적극적인 팬덤fandom 활동을 통해 대중문화 생산자들에게 영향을 미치기도 한다. 뿐만 아니라 대중문화 중에서도 해방적이며 비판적인 작용을 하는 작품들도 등장하였다. 그러므로 대중문화에 대한 그들의 비판적인 견해를 오늘날의 대중문화나 문화산업에 그대로 적용하는 것은 오히려 적당하지 않아 보이는 지점들도 있다. 그러나 문화가 상품으로 소비된다는 사실이 매우 당연하게 받아들여지는 오늘날에도 자본에 의한 문화산업의 논리에 대해서 비판적으로 접근해야 한다는 입장은 여전히 유효한 것이다.

어가 넘나들면서 사용된다는 것을 확인할 수 있다. 일례로 우리나라 문화산업진흥기본법에 의하면, '문화산업이란 문화상품의 기획·개발·제작·생산·유통·소비 등과 이에 관련된 서비스를 행하는 산업이며, 여기에는 영화, 음반·비디오·게임물, 출판·인쇄물·정기간행물, 방송영상물, 문화재, 캐릭터·애니메이션·디자인 관련 산업 등이 속한다'고 되어 있다.[11] 문화산업진흥기본법의 설명을 보면 문화상품으로 열거되는 것들 중에 문화콘텐츠라고 부를 만한 것들이 다수 포함되어 있음을 알 수 있다.

그렇다면 지금부터는 고전소설이 문화상품으로 재창작된 경우에 대해 살펴보도록 하자. 고전소설 활용 콘텐츠 개발에 대한 기존 논의를 보면, 고전소설이 새로운 매체에 수용되는 예로 영화, 오페라, 무용, 애니메이션, 인형극 등을 언급하고 있다. 이 논의에 의하면 새로운 장르로 수용된 고전소설 작품이 몇 작품에 한정되어 있음을 알 수 있다. 가장 대표적인 작품은 역시 「춘향전」이다. 「춘향전」은 16번이나 지속적으로 영화화되었고, 오페라의 경우도 1990년 이전까지 공연된 창작오페라 16편 가운데 7편이 「춘향전」이었다.[12] 그리고 「홍길동전」이 두 번에 걸쳐 장편 애니메이션으로 만들어지는데 1967년에 극장 상영된 신동우의 〈홍길동전〉은 호평을 받으며 흥행에 성공하였으나 두 번째 경우인 신동헌의 〈돌아온 영웅 홍길동〉(1995)은 원작품의 내용과는 거리가 먼 퀘스트 해결 중심의 구조로 바뀌면서 정체성 문제가 대두되기도 한 작품이다. 또 1993년에는 롤플레잉 게임

11 김영순, 「문화자본과 콘텐츠의 만남」, 『문화콘텐츠학의 탄생』, 다홀미디어, 2005, 25~26쪽.
12 김용범, 「문화콘텐츠 창작소재로서 고전문학의 가치」, 『한국문학콘텐츠』, 청동거울, 2005, 97~98쪽. 영화뿐만 아니라 「춘향전」은 TV드라마로도 여러 차례에 걸쳐 제작되었다.

으로 개발한 〈홍길동전〉이 나왔다.[13] 애니메이션 중에는 「춘향전」과 「박문수전」 및 여러 고전적 요소들을 수용한 〈신 암행어사〉라는 작품도 있다. 이 작품은 2004년도에 한일 합작으로 만든 것인데, 이 작품은 고전소설을 해체하여 원용하고 있다. 물론 고전소설을 새롭게 해석해서 작품화할 수 있는 가능성은 얼마든지 열려 있는 것이다. 그러나 〈신 암행어사〉에 등장하는 춘향의 이미지는 고전소설의 춘향 이미지와는 그 거리가 상당하다.[14]

이 밖에 「심청전」을 패러디한 연극으로 〈달아 달아 밝은 달아〉(최인훈, 1979) 및 유니버설 발레단의 창작 발레 〈심청〉(1986)이 있다. 그런가 하면 완전한 현대물로 재해석된 김지운 감독의 〈장화홍련〉(2003)은 고전소설 「장화홍련전」을 배경으로 한 작품이다. 이 작품은 시간 배경은 물론이고 작품의 많은 부분이 현대화되어 있지만, 전체적인 문제의식과 서사의 구도 면에서는 고전소설 「장화홍련전」을 오히려 충실하게 재해석내고 있다고 하겠다. 이 밖에 고전소설의 문화콘텐츠 작업에서 가장 기초적인 DB화 작업이 진행된 경우도 있다. 이텍스트코리아(주)와 누리미디어(주)에 의해 웹상에서 서비스되며 CD-ROM으로도 제작된 방각본소설 40종(방각본소설전집 수록본)과, 역시 웹상에서 서비스되는 한국학중앙연구원의 고전소설(장서각 소장본) DB 및 문화콘텐츠진흥원의 문화원형콘텐츠로 개발된 '조선시대 대하소설'이 그것이다.

---

13 위의 글, 99쪽.

14 본고는 구체적인 사례를 분석하는 것이 논의의 목표가 아니므로 자세한 논의는 추후에 진행하기로 한다. 물론 이런 식의 재해석은 애니메이션의 원작이 된 만화 〈신 암행어사〉(윤인완 그림, 양경일 글)에서 이미 시도된 것이나 매체가 무엇이든 간에 고전소설이 새로운 콘텐츠로 수용되는 양상에 대한 고찰이라는 점에서는 동일한 방식의 접근이 될 것이다. 고전소설을 콘텐츠화할 때 중요한 과정이 재해석 과정이다. 원작 만화는 아직 연재 중이나 이 애니메이션은 극장판으로 일단 마무리된 것이다. 현재까지 연재된 만화 원작을 비롯하여 이 애니메이션의 경우는 고전소설 원작들에 대한 재해석의 관점이 미미한 정도에 머무르고 있다.

멀티미디어 환경 속에서 고전소설이 문화콘텐츠로 수용될 가능성은 많을 것 같은데[15] 그러나 기존 콘텐츠들을 보면 작품도 몇 작품에 한정되어 있고 그나마 수용의 양상도 한 작품 전체를 그대로 콘텐츠화하던 것에서 인물이나 서사 구조 혹은 분위기만을 차용해 오는 방식으로 바뀌면서 수용 방법에도 변화가 일기 시작했음을 알 수 있다. 그런데 문화산업의 발달로 고유성을 지닌 콘텐츠를 개발할 필요가 대두되면서 고전문학은 문화콘텐츠의 새로운 가능성으로 인식되고 있으며 현대문학의 경우도 문학 작품을 문화콘텐츠와 연계하려는 시도를 하고 있다. 다음 내용은 그 새로운 기획에 대한 검토이다.

2) 문학을 소재로 한 문화콘텐츠 기획 검토

문학을 소재로 한 문화콘텐츠 기획에 대한 기존 논의[16]를 보면 그 기획에 참여한 인력이 주로 문학 연구자들임을 확인할 수 있다. 문학 연구자들이 콘텐츠 기획까지 선을 보이게 된 데에는 문학 작품을 가지고 문화콘텐츠를 만들려면 스토리텔링이나 인터페이스 등 정보기술 쪽의 지식도 필요하지만 무엇보다도 작품 해석 및 주변 상황에 대한 정보가 필수적이기 때문일 것이다. 그런 면에서 본다면 문화콘

15 일례로 고전소설의 서사와 게임 서사의 친연성에 대해서는 조혜란, 「다매체 환경 속에서의 고소설 연구 전략」, 『고소설연구』 17집, 한국고소설학회, 2004, 33~39쪽.

16 문학의 문화콘텐츠화 관련으로 2005년도에 출판된 책 중 장미영 외, 『문학, 디지털시대의 화려한 변신』, 글솟대, 2005는 장미영, 「소설의 문화원형콘텐츠화 방안－최명희의 『혼불』을 중심으로」, 『한국문학콘텐츠』, 청동거울, 2005와 겹치는 논의이다. 『한국문학콘텐츠』 외에 김수복, 『한국문학공간과 문화콘텐츠』, 청동거울, 2005; 김의숙 외, 『문학콘텐츠와 스토리텔링』, 역락, 2005가 있으며 문화콘텐츠 관련으로는 김영순 외, 『문화콘텐츠학의 탄생』, 다홀미디어, 2005 등이 있다.

텐츠 기획에 문학연구자들이 관심을 갖는 것은 매우 바람직한 것으로 보인다. 그런데 이런 시도는 문학지리학이나 혹은 인문지리학적 관심과 연계되고 또 이것은 지방자치제와 관련되면서 더 활성화되었다. 예를 들어 각 지방자치단체마다 지방문화 축제를 기획하면서 온갖 지방 특산물들을 캐릭터화하고 고전문학 중 해당 지역과 관련 있는 작품을 적극적으로 활용하여 지역 축제와 연관시키고 있다. 일례로, "문학콘텐츠와 스토리텔링"에는 '제천지역 문화유산의 콘텐츠화 방안', '죽령산신제와 「다자구할머니」 설화의 콘텐츠화', '매화리 전설의 콘텐츠화 방안', '충북 무형문화재 지정 민요의 현황과 활용 방안' 등 지역 문화와 관련한 콘텐츠 기획들이 다수 포함되어 있다.[17] 그리고 문학작품의 공간을 연구해서 문화콘텐츠화하려는 시도인 "한국문학 공간과 문화콘텐츠"는 기존의 문학 연구 방법 중 공간 분석에 기댄 연구 결과를 제시하고, 덧붙여 작품 및 주변 정보를 DB화하고 동영상 자료를 확보하는 방식인데, 이 작업은 현재 진행 중인 프로젝트의 중간 보고[18]이므로 아직까지 최종 결과물의 형태는 알 수 없다. 그리고 "한국문학콘텐츠"에는 고전문학, 현대문학,[19] 사이버문학 등 세 분야에 걸쳐 문화콘텐츠 기획에 대한 내용이 수록되어 있는데, 특히 그중 고전소설에 관한 내용에서는 먼저 우리문화원형 디지털콘텐츠화 공모선정과제를 소개하고, 기존의 고전소설 콘텐츠화의 예를 설명한 후 앞으로 수행해야 할 중요과제를 서술하고 있다.

---

17 김의숙 외, 『문학콘텐츠와 스토리텔링』, 역락, 2005, 143~392쪽.

18 김수복, 『한국문학공간과 문화콘텐츠』, 청동거울, 2005, 45쪽.

19 이 중 최명희의 『혼불』을 가지고 한 시도는 한 권의 책으로 나온 것도 있다. 장미영, 「소설의 문화원형콘텐츠화 방안-최명희의 『혼불』을 중심으로」, 『한국문학콘텐츠』, 청동거울, 2005, 221~242쪽; 장미영 외, 『문학, 디지털시대의 화려한 변신』, 글솟대, 2005. 후자의 책 역시 『혼불』의 여러 문화적 요소들을 DB화하여 문화콘텐츠 창작의 원형 콘텐츠가 되도록 한 것이다.

수행 과제의 경우는 우선 고전소설을 콘텐츠화하는데 필요한 테크놀로지의 중요성을 강조한 후 전자사전 구조 개발, 검색 엔진 개발 등의 기술적 문제에 대해 언급하고 있으며, 고전소설의 현대화가 필요하다고 한 후 이를 위해서는 고전소설의 현대적 재해석, 구조의 변경, 환상성과 비극성의 재가공이 필요하다고 하였다.[20]

이 논의들은 문학 전공자들에 의해 문학 작품의 문화콘텐츠 기획이 시도되었으므로 문학 쪽의 전문성을 확보했다는 의미가 있다. 그러나 문화의 산업적 측면, 즉 경제적 측면에서 본다면 이 논의들은 곧장 문화콘텐츠로 생산되기 어려울 것으로 보이며, 만약 제작 계획이 선다고 해도 서술의 정도가 추상성이 높아 콘텐츠 생산자들이 그 연구 성과를 토대로 작업을 하기에는 어려움이 있다는 한계를 지니고 있다. 이런 기획들이 문화상품으로 성공하려면 수용자들, 즉 소비자들을 끌어들일 수 있는 요소들을 갖추어야 한다. 문화산업은 유흥산업이므로 즐거움, 오락, 재미 등을 제공[21]할 수 있어야 하며, 자본이 관여하는 산업이므로 마지막 결과물이 중요하다. 문화산업의 이런 측면은 여전히 비판의 대상이 되기에 충분하나 산업 측면에서 보자면 프로젝트project 자체가 중요한 것이 아니라 프로젝트의 결과가 프로덕트product로 연결되어야만 의미가 있다고 하겠다. 그리고 상업성을 지닌 작품이 곧 작품성은 떨어지는 작품이라는 등식이 성립할 수 없듯 모든 문화상품이 다 부정적이라고 볼 수는 없다. 그것이 영화든 애니메이션이든 대개 훌륭하다고 평가된 문화상품들은 단지 대중들이 그 작품 혹은 상품을 많이 소비해서만이 아니라 오히려 그

20 김용범, 앞의 글, 2005 참고.
21 권용선, 『이성은 신화다, 계몽의 변증법』, 그린비, 2003, 185쪽.

안에 이미 작품성을 지니고 있기 때문에 흥행에 성공했다고 평가할 수 있기 때문이다. 이렇게 볼 때 기존의 논의들은 아직까지는 완성된 문화상품, 즉 프로덕트의 성격보다는 프로젝트의 성격이 강하다고 할 수 있다. 그런데 문화산업의 어떤 주체가 경제적 가치를 창출할 수 있는 가능성이 아니라 그 프로젝트 자체의 의미를 높이 평가해서 지원을 하는 경우가 아니라면 아마 시장의 수요가 확실하지 않은 경우 그 기획은 무산될 가능성이 높을 것이다.

또 하나 여기에서 환기해야 할 사실은 위 논의들이 디지털콘텐츠에 집중되었다는 점이다. 2. 1)의 고전소설을 수용한 기존의 예들을 보면 그 영역이 다양했음을 알 수 있다. 그런데 문화산업이 그 가치를 인정받은 후 문학 연구자들의 문화콘텐츠에 대한 관심은 주로 디지털콘텐츠에 집중되고 있으며, 이러한 관심을 반영하듯 새롭게 제시되는 문화콘텐츠 관련 기획들은 디지털콘텐츠로 기획된다. 물론 콘텐츠라는 단어 자체가 디지털 기반을 환기시키는 측면이 있기는 하나 이렇듯 새롭게 기획되는 콘텐츠들이 웹 기반 서비스 콘텐츠에 집중하고 있는 것은 다시 한 번 따져봐야 할 필요가 있다고 여겨진다.

위에서 서술한 기존의 결과물들을 보면, 문학 연구자들이 주로 콘텐츠 자체를 기획하고 있다. 그런데 한국문학 중에서도 특히 고전소설이 오늘날의 문화콘텐츠로 활발하게 생산되도록 하려면 우선적으로 그 필요성이 대두되는, 다른 문학 장르들과는 차별화되는 몇 가지 중요한 작업들이 있다고 여겨진다. 그리고 이 작업들은 고전소설 연구자들이 감당해야 할 과제들이기도 하다. 고전소설 연구자로서 문화콘텐츠 시대에 고전소설이 어떤 방식으로 디지털 콘텐츠와 관련 맺을 수 있을까를 고민한다면, 위에서 서술한 경우들같이 직접 콘텐츠 자체를 설계하는 작업보다는 작품 자체들을 소개하고, 시대의 변화 요소들을 염두에 둔 새로운 연구 방법을 모색하며, 이를 토대로 한 연구 결과를 축적해 나가는 작업이 우선되어야 할 것으로 보인다. 오히려 연구의 성격이 강한 아날로그적인 방식의 작업, 고전소설과 관련한 책의 저술 및 출판이 더 필요하다는 것이다.[22] 뿐만 아니라 이런 저술 작업들은 그 자체가 유통 가능한 상품이기도 하다. 이 시대에도 디지털콘텐츠만이 아니라 연극, 무용, 문화재 관련 사업 등과 더불어 여전히 구텐베르크 시대에 머물러 있는 책 역시 중요한 문화상품이기 때문이다. 디지털 매체가 화려하게 부상했지만 사람들은 여전히 인터넷 콘텐츠 비용을 지불하는 것에 인색한 대신 종이책에 대해서는 그 값을 지불하는 것을 당연하게 여기고 있으며 여전히 다양한 종류의 신간 서적들이 쏟아져 나오고 있다. 특히 그동안 출판 영역에서도 그리 활발한 유통을 보이지 않았던 역사나 고전문학 관련 출판이 근래에 들어 더욱 활발해진 것은 주목할 만한 현상이다. 본고는 이런 문제의식을 토대로 하여 현 상황에서 고전소설이 오늘날의 문화콘텐츠가 되기 위해서 고전소설 연구자가 기여할 수 있는 작업들을 제시하고자 한다.[23]

22 이러한 주장이 고전소설 연구자들이 디지털 기반 콘텐츠 기획을 하지 말아야 한다는 뜻은 아니다. 이는 기존 논의들이 디지털 매체에 집중하느라 병행되거나 우선되어야 할 작업을 제대로 강조하지 못했다는 인식에서 비롯된 것이며, 또 연구와 콘텐츠 생산은 그 성격이 매우 다른 작업이라는 판단에서 비롯된 것이기도 하다.

23 본고의 목표는 고전소설이 문화콘텐츠로 활발하게 기획되도록 하기 위해 필요한 작업들이 무엇인지, 그 범주에 대해 논의하는 것이다. 그 범주의 작업들이 수행된다면 콘텐츠 기획도 훨씬 활성화될 수 있을 것으로 보이는데 그 단계에서는 스토리텔링 방식에 대한 모색이 중요한 작업이 될 것이다.

3. 고전소설의 문화콘텐츠 기획 활성화를 위한 연구 전략

1) 고전소설의 DB화

고전소설은 작품 그 자체가 문화상품이다. 그러나 조선시대에 창작되었다는 점은 고전소설 작품 그대로가 오늘날의 문화콘텐츠가 되는데 어려움으로 작용한다. 그것은 단지 조선시대와 오늘날의 문화적 차이 및 고어와 현대어의 언어적 차이로 인해 내용 이해가 어려워서만이 아니다. 거기에 더해 고전소설은 천 작품에 달할 정도로 다양한데 오늘날 우리 국민들이 독서물로 즐긴 고전소설들은 기껏해야 열 작품을 넘기기 어렵다는 정황에서 기인한다. 사실 고등학교 때까지 제공받은 고전소설들은 작품성 면에서는 탁월하지만 매우 온건하며 보편적인 가치를 지닌 표준적인 작품들이다. 이 밖에도 파격적이며 도전적인 작품들이나 매우 지적인 유희를 즐기는 고전소설 작품들도 있지만 여러 한계로 말미암아 그 의미를 제대로 음미하면서 읽을 수 있는 대중들은 드물 것이다. 그리고 그 대중 가운데에는 문화콘텐츠 생산을 담당하는 사람들도 포함되어 있을 것이다. 아마도 고전소설 연구자들을 제외한다면 고전소설의 다양한 이야기들을 충분히 즐기고 있는 사람들은 거의 없을 것으로 보인다. 웬만큼 알아야 감도 잡고 접근도 가능한 것이지 이렇게 차이가 격절해서는 고전소설이 문화콘텐츠의 원천 자료가 되는 것 역시 매우 어려운 상황이다. 이 상황에서 무엇보다도 필요한 것이 고전소설의 현대어역 작업과 DB화 작업이다.

앞에서도 언급했듯 고전소설이 DB화된 경우도 있고 뿐만 아니라 국가적 차원에서 '역사정보통합시스템'의 구축 사업을 진행하고 있어서 많은 고전 관련 자료들이 인터넷 서비스로 활용할 수 있도록 되어 있다. 그러나 기존의 고전소설 DB는 조선시대 이본 그대로를 스캔해서 이미지 파일로 만든 것이다. 이런 DB는 연구자들에게는 훌륭한 자료가 되지만 일반인들은 단지 그저 읽는 것조차 힘들다. 이런 파일들로 접하는 고전소설은 띄어쓰기도 안 된 채 세로로 쓰여 있고, 현대인들에게는 전혀 생소한 조선시대 국어 어휘들 및 맞춤법 개념이 대두되기 전인 조선시대 필사자들의 개인어 및 방언이 혼용되어 있으며, 게다가 방각본 서체들은 물론 온갖 필사자들의 다양한 필체로 기록되어 있기 때문이다. 일반인들에게 이런 이본들은 한문 자료와 거의 마찬가지 수준의 자료인 것이다. 그러므로 현재 절실하게 필요한 것은 연구자만이 아니라 일반인들도 독서, 감상할 수 있는 고전소설의 현대어역본들이 나오는 것이다.[24] 가문소설[25]과 같은 방대한 작품을 다 읽기 어렵다는 점에서 시놉시스, 에피소드, 화소, 인물, 장신구 등을 추려서 제공하는 '조선시대 대하소설'[26]과 같은 작업도 필요하나 그것보다도 우선되어야 하는 작업이 바로 독서물로서의 고전소설 현대어역 작업인 것이다.

예를 들어 어떤 요소가 문화콘텐츠로 제작되기 위해서는 문화산업 종사자의 창작 욕구와 상상력을 자극할 정도로 매력적인 것이어

24 고전소설의 현대어역본 혹은 현대적 독서물로서의 고전소설 이본에 대한 필요성은 조현설, 앞의 글, 2004; 조혜란, 앞의 글, 2004 등의 기존 논의에서도 거듭해서 강조되는 부분이며 송성욱의 발표요지에서도 확인된 바 있다. 송성욱, 「디지털기술과 한국고전소설 연구」, 한국중국소설학회 발표요지, 2004.9.18.

25 가문소설은 대하소설, 삼대록계 소설 등 다양한 명칭으로 불리기도 하는데, 대개 50권 이상의 분량을 지닌 작품들이 많으며 그 분량이 200권에 달하는 작품도 있다.

26 '조선시대 대하소설', http://story.culturecontent.com/KcrcMemberMain.jsp

야 하는데 제작자들, 시나리오 작업을 하는 사람들에게 있어 화소 설명은 그냥 화소 설명일 뿐 그 이상의 미감을 제공할 가능성은 낮아 보인다. 아무리 화소를 설명해 주어도 그것이 다른 서사적인 정황들과 어울려 미감으로 경험되지 않는 한 그 화소들이 전공 영역 밖의 누군가의 창의력과 상상력을 작동시켜 문화콘텐츠로 원용될 확률은 그리 높아 보이지 않기 때문이다. 문화콘텐츠와 관련해서는 보편적인 구조가 아니라 개별 경우의 특수성을 가능하게 하는 세부 상황들이 더 중요할 수도 있으며, 이를 가능하게 하는 것이 바로 일반인들의 독서물로 읽힐 수 있는 고전소설 현대어역 작업인 것이다. 특히 일반인들의 경우 우리나라 고전소설에 그런 작품이 있는지 그 존재조차 잘 모르고 있는 한문 장편소설이나 가문소설과 같은 작품 중에 드라마나 영화에 삽입되면 좋을 것 같은 장면들이 다수 있다.

가문소설의 경우 현대어역을 시도한 기존 성과물들이 있기는 하나 대개가 연구자용에 해당하며, 어떤 결과물들의 경우는 콘텐츠 종사자들의 접근이 아예 불가능한 것도 있다. 그러므로 이런 장편 거질들을 읽기 쉬운 현대 한국어로 번역해 내는 작업을 우선적으로 해야 하며, 그리고 그 작업들이 주제어로 검색 가능한 DB로 제공될 필요가 있다. 이 단계에서 중요한 것이 검색어 선정이다. 검색어 선정은 오늘날 문화콘텐츠 생산자들이나 일반 독자들이 검색할 때 검색어로 빈번하게 사용하리라 예상되는 단어이면서 동시에 고전소설의 다양한 화소나 에피소드들과 원활하게 연결 가능한 검색어들을 설정하는 작업이 될 것이다. 그렇지 않은 경우, 해당 분야의 연구에서 사용되는 전문 용어에 익숙하지 않은 일반 사용자들은 그 긴 소설에서 어느 장면을 어떻게 찾아야 할지가 막막할 것이기 때문이다.

2) 인문학적 독서물 생산

앞에서도 언급했듯, 이 같은 고전소설의 현대어역은 그 자체로 문화상품이 될 수 있다. 문학과 책은 일찍부터 문화산업의 중심에 서 있었으며 디지털영상매체의 홍수 속에서도 여전히 경쟁력 있는 분야로 남아 있다.[27] 고전소설의 문화콘텐츠화와 관련하여 가장 노력해야 할 부분도 출판이며 가장 가능성이 높은 부분도 출판 분야가 아닌가 사려된다.

고전소설이 오늘날의 문화산업에서 콘텐츠로서의 기능을 충분히 발휘하고 있는 부분은 어린이 출판 시장일 것이다. 창비, 한겨레신문 그리고 웅진출판 등에서 기획 제작한 어린이용 고전소설 전집들은 모두 일정한 수준을 확보하고 있는 독서물들이다. 이 전집들은 리라이팅 rewriting만이 아니라 작품 이해, 삽화 등에도 공을 들인 책들로서 그 자체로 훌륭한 독서물이 되기에 부족함이 없다. 그런데 문제는 독서물로서의 고전소설 출판은 어린이용에서 그친다는 점이다. 근래에 청소년용 텍스트들이 나오기는 하나 전체 고전소설 목록에 비하면 그야말로 미미한 편인데, 그러나 성인용 독서물의 경우에는 그나마도 찾아보기 어렵다. 그 밖의 고전소설 관련 출판물들은 대개가 다 입시를 겨냥해서 만든 책들인 까닭에 편집이나 표지 디자인에서 독서물의 분위기가 나지 않는 수험용 서적이 대부분이다. 그러므로 일반 독자용 고전소설 현대어역본이 나와야 하며, 그것도 몇몇 작품에 한정된 것이 아니라 장편을 포함한 다양한 작품들의 현대어역 작업이 되어야 할 필요가 있다.

---

27 김의숙 외, 2005, 85~86쪽. 현재는 종이책 시대를 넘어 전자책 시대가 도래하였지만 종이책은 여전히 중요한 문화상품이다.

앞에서 언급한 DB 작업 역시 중요하다. 그러나 온라인상의 텍스트는 인터넷 환경과 컴퓨터 기기가 없으면 접근할 수조차 없다. 그러나 책은 일상생활에서 접근하기가 훨씬 더 수월하다는 장점이 있다. 이런 점에서 고전소설의 현대어역 역시 종이책으로 기획 출판될 필요가 있다. 고전소설이 문학 작품으로, 일반 독서물로 향유되기 시작하면 고전소설 관련 문화콘텐츠의 생산 역시 활성화될 것으로 보인다. 세익스피어가 지속적으로 읽히고 새롭게 영화화되고 하는 것은 끊임없이 현대영어로 번역 출판되었기에 가능한 일이다. 만약 그의 작품이 14세기 영어나 혹은 그 비슷한 문장으로 남아 있었다면 세익스피어라 해도 그만큼 널리 수용되기 어려웠을 것이다.

고전의 현대어역 작업과 더불어 중요한 작업이 바로 고전에 대한 재해석 작업이며 고전을 현대적 의미로 읽어내 주는 작업이다. 그리고 바로 이 작업이 문화콘텐츠 시대에 고전연구자들이 담당해야 할 본격적인 작업이 될 것으로 보인다. 서양의 대표적 고전인 '그리스 로마 신화'가 시대를 초월하여 오늘날까지도 강력한 힘을 발휘하는 문화적 상징으로 자리 잡은 데에는 문학에서, 회화에서, 연극에서 끊임없는 재해석 작업들이 진행되었기 때문이며 그 결과 일반인들에게 친숙한 내용으로 자리 잡게 되어서이다. '그리스 로마 신화'는 그 자체가 독서물로서 계속 재생산되고 있으며 애니메이션, 영화 등 다양한 디지털문화콘텐츠로도 확대 재생산되고 있다. 이 서양 신화는 이렇게 활발하게 현재적인 의미를 획득하고 있기 때문에 다양한 분야의 산업에서 자신들의 회사나 상품 이미지를 '그리스 로마 신화'에서 가져왔어도 대중들에게, 혹은 상품 소비자들에게 그 상징적 의미를 고스란히 전달하는 것이 가능하다. 그러나 우리나라의 경우 '자청비'를 원용해 와도 대중은 그 상징적인 의미는커녕 자청비가 무엇인지조차 헤아리기 어려운 것이 현실이다. 자청비는 〈세경본풀이〉에 나오는 여성 신격인데, 우리나라 대중들에게 제주도 신화인 〈세경본풀이〉 자체가 낯설기 때문에 자청비라는 상표는 문화상징으로서의 효과를 얻지 못했다.[28]

물론 이것은 작은 예에 불과하며 이 예가 전체를 포괄한다고 보기도 어렵다. 그러나 우리의 고전문학이나 고전소설이 현재적인 의미로 재해석되고 새롭게 읽힐 수 있도록 하는 것은 바로 고전 연구자들이 해야 할 몫일 것이다. 고전소설 중에는 오늘날의 독자들에게도 충분히 미적 체험이 가능한 작품들이 있다. 필요한 것은 오늘날의 독자들이 그 미감을 체험할 수 있도록 매개하는 작업이다. 시대와 문화와 언어의 차이로 인해 현재적 삶과 소통이 어려운 고전 텍스트를 당대의 문화로 재해석하는 작업을 하고, 이를 일반교양물로 출판해서 문화콘텐츠 종사자들이 읽을 수 있도록 하여 그들에게 우리 고전 텍스트에 대해 미적 경험을 갖고 접근 가능한 길을 열어 보일 때 비로소 우리의 고전은 아우라를 지닌 새로운 문화콘텐츠가 될 수 있을 것이다.[29] 고전 작품이 오늘날의 문화소비자들에게 콘텐츠로 활발하게 소비되려면 생산된 콘텐츠 자체가 대중들에게 강력한 흡입력을 지

---

28 상품 기획에서 상품명은 중요한데 '자청비'라는 이름은 〈세경본풀이〉의 낮은 인지도로 인해 브랜드 가치를 확고하게 하는 데 그렇게 큰 기여를 하지 못한 것으로 보인다. 자청비의 경우는 자청비 닷컴 사이트를 통해 〈세경본풀이〉를 소개하는 데 많은 공을 들이고 있음을 알 수 있다. http://www.jachungbi.com

29 이런 예로 이성강의 단편 애니메이션 〈오늘이〉를 들 수 있다. 〈오늘이〉는 원래 시간을 주재하는 신격으로 〈원천강본풀이〉에 등장하는 인물이다. 〈원천강본풀이〉라는 구비문학 텍스트가 현대어역으로 소개되면서 이성강이라는 애니메이터에게 영감을 주는 원천 콘텐츠 역할을 한 것으로 보이며, 그 결과 작가의 해석과 더불어 아름다운 영상으로 재구성된 새로운 작품이 만들어진 것이다.

니고 있어야 한다. 그렇기 되기 위해서는 고전 작품에 대한 심도 있는 이해는 물론이고 현대의 문화 상황 및 시장에 대한 분석 역시 정확해야 한다. 바로 이 지점에서 고전연구자들의 역할이 필요하다. 재해석의 안목을 보여주는 문화콘텐츠 창작을 위해서는 고전연구자들이 자신의 연구에 기반한 작품 재해석 및 작품을 보는 관점을 전문연구서가 아닌 교양서로 출판, 제공할 필요가 있다. 고전 재해석 작업과 창조적 상상력의 재구성 작업은 전혀 다른 성격의 것이다. 그러므로 컴퓨터 공학이나 디자인 분야의 문화콘텐츠 생산자들이 고전의 재해석 작업까지 하면서 콘텐츠를 생산해 내기를 바란다면 그것은 지나친 요구가 될 것으로 보인다. 문학연구자들이 제시하는 많은 기획들이 디지털문화콘텐츠 기획 자체에 집중하고 있지만 현 단계에서 고전문학과 관련하여 여전히 중요한 분야이면서 여전히 힘이 있는 분야는 바로 이 같은 작업의 종이책 출판과 전문 지식을 교양화하여 전달하는 저술 작업이라 하겠다.

3) 캐릭터 연구의 방향 전환

마지막으로 디지털문화콘텐츠와 고전소설의 관련을 염두에 두면서 생각해 본다면 무엇보다도 고전소설 연구 방법 중 캐릭터 연구의 방향에 약간의 변화를 가할 필요가 있을 것으로 보인다. 2002년도 문화콘텐츠진흥원의 보고에 의하면 우리나라 문화콘텐츠 산업 중 유망한 것의 하나로 캐릭터를 꼽고 있으며, 역시 2002년도에 있었던 '민속문화를 소재로 한 최초의 캐릭터 공모전'은 캐릭터에 대한 관심을 반영한 것인데, 그 결과 입상 작품들이 자료집으로 묶여 나왔다.[30] 그런데 이 자료집에 수록된 캐릭터들은 대개가 민속놀이나 구비설화와 관련된 캐릭터들이다. 그 이유는 이 공모전이 캐릭터 파생 상품도 겨냥하고 있기 때문인 것으로 보인다. 만약 그 목적이 컵이나 티 셔츠 등의 파생 상품만이 아니라 영화나 애니메이션의 시놉시스 등을 위한 것이었다면 고전소설 역시 중요한 캐릭터의 보고라고 하겠다.

고전소설의 경우 한 작품이 그대로 새로운 콘텐츠로 수용되어도 좋지만 그러나 사건이나 인물이 분화되어 어떤 새로운 콘텐츠의 구성 요소로 들어가는 것도 가능한 방법이다. 그리고 문화콘텐츠에서 중요한 비중을 차지하고 있는 게임의 경우는 공간성이 강한 게임 서사의 특징[31]상 한 작품의 서사 구조 전체보다 각 작품의 여러 요소들을 파편화하여 수용할 가능성이 높아 보인다. 뿐만 아니라 영화의 경우도 다양한 방식의 고전 패러디나 리라이팅 등을 통한 시나리오 작업을 할 수 있을 것이다. 이렇게 본다면 게임이나 영화 쪽에서 고전소설에 등장하는 인물 가운데 현장감 있는 캐릭터, 시각적 이미지로 전환 가능하거나 재현 가능한 캐릭터를 찾을 가능성에 대해 생각해 볼 수 있다. 그러려면 기존의 인물 연구에서 활용 가능한 캐릭터를 찾을 터인데 그러나 기존의 인물 연구는 주제적인 측면이거나 유형의 탐구, 혹은 인물 간의 관계 양상 등이 주된 관심사였고, 시각적인 재현이나 총체적인 인간으로서의 한 인물의 재현 등이 연구의 관심사가 아니었던 까닭에 기존 논의에서 살아 숨쉬는 입체적인 캐릭터

---

30 국립민속박물관, 『한국의 민속문화 캐릭터』, 2002. 그런데 이 자료집에 수록된 캐릭터들은 대개가 민속놀이나 구비설화와 관련된 캐릭터들이다.

31 디지털 스토리텔링에서 공간의 중요성에 대해서는 자넷 머레이, 한용환 외역, 『인터렉티브 스토리텔링』, 안그라픽스, 2001, 91~95쪽.

를 찾기가 어려울 것으로 보인다. 즉 멀티미디어 시대의 캐릭터로 활용 가능하려면 시청각적 요소, 개별 캐릭터의 자기 서사적 요소, 인물의 입체적 형상화에 관심을 가지고 접근한 인물 연구가 필요하며 이를 위해서는 인물 연구의 방법도 새롭게 고안되어야 할 필요가 있다. 또 문화콘텐츠 생산에 필요한 캐릭터 연구가 되기 위해서는 유형 연구가 아닌 개별 인물들에 대한 연구가 필요한 동시에 인물들의 공통적 특징을 거론하는 거시적인 담론 차원의 접근이 아니라 개개 인물의 특징이 더 잘 부각될 수 있는 미시적인 접근 방식을 취하는 것이 훨씬 생산적인 방법이 될 것으로 보인다. 이런 연구 방법의 고안은 고전 연구자들이 해야 할 작업이다.

한국문화콘텐츠진흥원은 우리가 승부를 걸어 볼 만한 문화콘텐츠로 캐릭터를 들고는 있으나 우리나라에서 소비되는 캐릭터 중에는 여전히 외국의 캐릭터들이 다수를 차지하고 있다. 물론 그중에는 '마시마로'나 '뿌까'와 같이 중국 시장에서도 영향력 있는 고유 캐릭터들이 있기는 하다.[32] 그러나 2005년도 캐릭터 산업에 대한 보고[33]에 의하면 전체 시장 규모로 미루어 볼 때 고유 캐릭터 개발이 시급한 과제라고 하겠다. 이러한 상황에서 고전소설에서 캐릭터를 발굴해 내는 인물 연구는 문화산업에도 기여 가능한 새로운 문학 연구 방법이 될 것으로 보인다.

32 2013년 현재, 한국의 캐릭터 중 그 브랜드 가치가 높은 캐릭터로는 '뽀로로'를 들 수 있다.
33 문화관광부 한국문화콘텐츠 진흥원, 『캐릭터산업백서 2005』, 커뮤니케이션북스, 2005 참고.

4. 결론

이 논의는 문화산업 및 문화콘텐츠가 중요한 분야로 부상하였고, 또 문화 수용의 패러다임 이동이 한참이나 진행된 현재의 상황에서 고전소설이 문화콘텐츠와 관련하여 시도한 기존 성과들을 살피고, 또 고전소설이 박제화되지 않고 현대적이며 현재적인 의미로 유통되기 위해 필요한 작업이 무엇인지 고찰하기 위해 시도되었다. 물론 이때 중요한 지점이 바로 고전소설 연구자로서 이 상황에 기여할 수 있는 부분이 무엇인가 하는 것이었다. 물론 이런 관심은 기존 논의들에서도 여러 번 거론되었고, 문화콘텐츠에 대한 문학 연구자들의 관심이 문화콘텐츠 제작 기획의 결과물로 제시된 것도 확인할 수 있었다. 그런데 이런 경향을 살피면서 간과하지 말아야 할 것은 여전히 고전적인 매체와 더불어 인문학적 방법론의 중요성이었다. 물론 문학과 문화를 연결 짓기 위해서는 문학에 대한 깊이 있는 이해가 필수적이며 그런 면에서 문학연구자들의 참여가 반드시 필요하리라고 생각한다.

그런데 문학이 매력적인 문화콘텐츠로 다시 태어나도록 하기 위해 현 단계에서 중요한 것은 문학 연구자들이 직접 디지털콘텐츠 생산에 참여하는 것만이 아니라 바로 종이책을 기획하거나 혹은 책을 저술하는 일이다. 특히 고전소설의 경우는 이 같은 방식의 작업이 훨씬 더 절실하게 요청된다. 고전소설은 질과 양의 측면에서 볼 때 우리가 지니고 있는 중요한 문화유산이다. 그러나 안타깝게도 전공자들을 제외한다면 고전소설에 그토록 다양한 이야기들이 포함되어 있다는 사실을 아는 사람이 드문 것이 오늘날 우리의 현실이다. 그러므로 여태 일반인들에게 잘 알려지지 않았던 작품들을 중심으로 해서 고전소설을 오늘날의 교양독서물로 현대어역해 내는 작업이 우선 진행되어야 한다. 그리고 그 현대어역들은 e-book 및 종이책의 두 가지 형태로 제공되는 것이 바람직하리라고 본다.

또 작품을 제대로 이해하기 위해서는 맥락에 대한 이해가 반드시 선행되어야 하는데 고전소설의 경우는 고전소설이 생산되던 시대와 현재와의 시간적 거리를 메우기 위한 전문 지식과 정보들이 필요하다. 또 서사를 전개하는 수사나 관습들 역시 매우 다르므로 이를 제대로 이해하기 위해서도 역시 고전소설 연구자들의 매개 역할이 필요하다. 뿐만 아니라 기존의 작품들이 새로운 문화콘텐츠로 제작되려면 그 작품을 자신의 안목으로 읽고 재해석해낼 수 있어야 한다. 그런데 고전소설의 경우에는 시간의 거리와 문학적 관습의 차이 및 중세 교양에 대한 지식의 필요들로 인해 일반인들이 어떤 작품을 읽는다 해도 그 내용을 충분히 감상했다고 보기 어려운 경우들이 많다. 사실 문화콘텐츠 제작사들이 고전소설을 읽어 내고 재해석까지 해서 새로운 콘텐츠로 만들어 줄 것을 기대한다면 그것은 너무 무리한 요구를 하는 것일 수도 있다. 왜냐하면 그것은 또 하나의 전문 영역을 전제로 하는 과정이기 때문이다. 바로 이 부분에서 고전소설 연구자들의 참여가 필요하다. 그 결과 그것이 서사 분석이든 인물 연구이든 간에 고전소설 연구 성과가 문화콘텐츠 생산의 현장과 만날 수 있도록 연구의 방법을 고민한 교양 독서물이 필요하다.

고전소설과 문화콘텐츠를 연결 짓는 방법을 모색하고자 하면 먼저 디지털 콘텐츠화 자체에 대한 관심과 고민이 떠오르곤 한다. 그러나 이 논의를 진행하면서 확인한 것은 그런 접근보다도 더 절실하게 선행되어야 할 작업이 바로 연구 성과를 연구자 중심이 아닌 수용자 중심의 책으로 펴내고 일반 대중들에게 친숙하게 만드는 것이라는 사실이었다. 이런 고민과 모색 속에서 고전소설 작품들이 새로운 매체에 새로운 콘텐츠로 탑재되어 오늘날의 문화 속에서도 그 생명력을 유지할 수 있을 것으로 기대된다.

제4부

기타

제1장 조선조 15세기 서사문학의 구도와 특징

1. 서론

우리나라 소설사에서 15세기는 초기소설의 문제와 관련하여 논의가 활발한 세기이다. 초기소설에 관련한 논의는 특히 전기소설의 문제와 긴밀하게 연관되면서 전개되었는데, 이는 15세기에 창작된 『금오신화』가 우리나라 최초의 소설이라고 일컬어지는 동시에 전기문학의 백미라는 평가를 받으면서 비롯되는 문제 제기였다. 임형택,[1] 김종철[2]의 논의를 거치면서 이제 『금오신화』는 전기소설의 최초가 아니라 전기소설의 완성된 형태라는 방향으로 그 가닥이 잡혀가고 있다.

1 임형택, 「나말여초의 전기문학」, 『한국문학사의 시각』, 창작과비평사, 1984 참고.

2 김종철, 「서사문학사에서 본 초기소설의 성립 문제」, 『고소설연구논총』, 다곡이수봉선생회갑기념논총, 1988 참고.

그러나 여전히 장르 규정의 문제는 남아 있으며, 그 결과 전기문학, 전기소설, 전기설화 등등의 다양한 용어들이 섞여 쓰이고 있다.[3]

15세기 소설에 대한 기존 연구사에서 나타나는 문제로는 먼저 논의의 상당 부분이 작품의 장르 귀속에 할애되고 있다는 점과, 논의가 전반적으로 전기소설에 집중되어 있다는 두 가지 점을 들 수 있다. 그러나 초기 소설 성립에 관한 기존 연구사[4]를 검토하노라면, 어느 작품이 전기소설이고 어느 작품이 전기적 설화인지를 구별하는 데에 너무 많은 힘을 쏟고 있는 듯하다. 중국문학사에서 전기傳奇라는 용어의 쓰임을 보면, 단지 전기 소설 작품만이 아니라 때로는 설화 등도 포괄하는 광범위한 개념의 용어로 사용되고 있다. 연구자들이 장르 귀속 문제에 많은 지면을 할애하게 되는 데에는 두 가지 정도의 원인이 있다고 생각된다. 하나는 '소설'이라는 용어가 다양한 정의로 사용되고 있다는 점이며, 다른 하나는 '전기'라는 중국의 역사적 장르 개념을 빌려오면서 협의의 개념으로만 그 용어를 사용하는 데에서 비롯하는 괴리를 해결하기 위해서인 것으로 보인다. 또 전기소설에 대한 논의의 집중은 15세기 당대에 전기소설이 왕성하게 창작, 유통되었던 것처럼 보이게 할 수 있다.

당대 서사문학의 주된 흐름을 형성했던 것은 전기소설이 아니라 오히려 필기류 또는 잡록류에 속하는 단편 서사 유형이었다. 그러나 기존 논의를 보면 신라 말부터 조선 초기에 걸쳐 적어도 오백여 년이

3 특히 전기문학 혹은 전기소설에 대한 여러 학자의 의견이 다양하게 제시되자, 고대 민족문화연구소에서는 '전기소설의 제문제'라는 제목으로 그동안의 연구 성과를 정리하고 개별 발표를 마련하는 주제 발표를 기획하기도 하였다. 여기에 관해서는 「전기소설의 제문제」, 『민족문화연구』 제28호, 고려대 민족문화연구소, 1995 참고.

4 초기 소설에 관한 기존연구사는 신해진, 「전기소설 관련 논저 목록」, 『민족문화연구』 제28호, 고려대 민족문화연구소, 1995, 117~132쪽 참고.

나 되는 시기가 하나의 흐름으로 논의되거나 혹은 전기소설에 대한 관심으로 인해 조선 후기 소설을 이해하는 데 있어서도 여전히 전기소설을 그 잣대로 삼기도 한다.[5] 이러한 태도는 문학 작품이 갖는 당대성의 의미와 특징을 드러내기에는 적합하지 않은 것으로 보인다. 그러므로 본고의 관심은 15세기에 생산된 소설 작품을 이해하기 위해 전기소설에 대한 장르적 관심만이 아니라 15세기 서사문학의 구도 속에서 후대 소설과는 구별되는 15세기 소설이 갖는 특징이 무엇인가를 살피는 데에 있다.

2. 15세기 서사문학의 현황

1) 잡록류 편찬의 성행

15세기 사대부들의 개인 문집을 보면 주로 시문에 주력하고 있으며, 조선 후기와 비교해 보면 전 작품도 많지 않은 편이다. 또 고려조와 한 세기 정도를 격할 뿐인데도, 고려 말기에 많이 지어졌던 가전체 문학은 전혀 찾아보기 어렵다. 이 시기 서사문학에서 두드러진 움직임은 바로 잡록류의 편찬이다. 이 때 나온 잡록류로는 서거정(徐居正 : 1420~1488)

5 정길수는 19세기 작품으로 추정되는 「절화기담」을 애정전기의 잣대로 이해해야 한다고 주장하면서 이 작품을 전기소설을 중심으로 하여 고찰하였다. 그러나 이는 조선 후기 세태를 잘 보여주는 「절화기담」의 면모를 드러내는 데에 있어 그리 적절한 접근은 아니라는 생각이 든다. 정길수, 「「절화기담」 연구」, 서울대 석사논문, 1999 참고.

의 『필원잡기筆苑雜記』, 『태평한화골계전太平閑話滑稽傳』, 성임(成任 : 1421~1484)의 『태평통재太平通載』, 강희맹(姜希孟 : 1424~1483)의 『촌담해이村談解頤』, 이륙(李陸 : 1438~1498)의 『청파극담靑坡劇談』, 성현(成俔: 1439~1504)의 『용재총화慵齋叢話』, 채수(蔡壽 : 1449~1515)의 『촌중비어村中鄙語』, 남효온(南孝溫 : 1454~1492)의 『추강냉화秋江冷話』와 『사우명행록四友名行錄』, 조위(曺偉 : 1454~1503)의 『매계총화梅溪叢話』가 있다.[6]

잡록류는 대개 개인 문집에 소재한 것이 아니라 별도의 책으로 묶여 있는데, 이러한 잡록류는 고려 시화집의 전통을 이은 것으로 보인다. 그러나 고려 시대 시화집과 비교해 볼 때, 15세기 잡록류에는 시 감상 및 비평, 시에 얽힌 이야기보다는 일상생활 속에서 실재했던 인물에 대한 기록이 압도적으로 많으며, 조선 시대의 세시풍속, 제도 등과 관련된 이야기들도 다수 기록되어 있다. 전대와 비교해 볼 때, 15세기 잡록류가 일정하게 이러한 특징을 지니게 된 데에는 성현의 기록이 시사하는 바가 있다. 성현은 『촌중비어』의 서문을 쓰면서 '『파한집』, 『보한집』과 같은 고려 시대의 시화집은 단지 시화만을 기록했을 뿐 시사時事를 널리 기록하지 못했으니 우습다'[7]라고 했다. 이를 보면, 잡록류의 기록 정신이 시에 대한 관심에서 일상에 대한 관심으로 그 범주를 옮겨 갔음을 짐작해 볼 수 있다. 현재 남아 있는 잡록류의 내용을 볼 때,[8] 성현이 보여 준 '시사時事, 즉 당대에 일어난

6 이강옥은 『필원잡기』에서 『용천담적기』까지를 '조선 초기 잡록'으로 함께 묶어 분류하고 있다. 이는 『필원잡기』를 비롯한 15세기 잡록류들이 대개 15세기 말에 편찬되었기 때문에 16세기 초에 편찬된 『용천담적기』는 오히려 15세기 잡록류와 더 가깝기에 그렇게 묶은 것으로 보인다. 이강옥, 「조선 초 · 중기 일화의 형성과 변모과정 연구」, 서울대 박사논문, 1993, 16쪽 참고. 본고에서도 15세기의 전기소설을 다룰 때에 『용천담적기』의 박생 이야기까지 함께 다루게 될 것이다.

7 오직 이인로, 최자, 이제현이 『파한집』, 『보한집』, 『역옹패설』 등의 책을 지었는데 그러나 오로지 시화만을 기록하였고 그 때의 일을 두루 기록하지 못하였으니 우스울 뿐이다(惟李仁老崔滋李齊賢著破閒補閒稗說等書 然惟錄詩話 而不能廣記時事 可笑也已), 성현, 「村中鄙語序」.

일'에 대한 관심은 단지 성현 개인만이 아니라 당시 사대부들의 공통된 관심사였던 것으로 보인다.

흔히 '시사'에 대한 관심은 당대 사회에 대한 관심으로서 자연스럽게 당대 사회의 부정적인 면이나 모순점, 문제점 등에 대한 관심으로 연결되기도 한다. 그런데 15세기 잡록류에서 나타나는 '시사'에 대한 관심에서는 대사회적인 문제 제기나 심각한 문제의식을 찾아보기가 어렵다. 『태평한화골계전』, 『촌담해이』, 『촌중비어』 등 그저 우스운 이야기만을 묶은 것으로 알려진 소화집이 세 권이나 출현한 것도 이에 대한 반증일 수 있겠다. 이렇게 보면, 그들의 '시사'에 대한 관심이란 일상에 대한 관심과 같은 의미로 받아들여도 괜찮을 것으로 보인다. 물론 잡록류에는 『용재총화』 5권에 수록되어 있는 안생의 이야기처럼 전기적인 성격의 글도 있고, 또 귀신에 관한 다양한 기사들도 수록되어 있지만, 전체를 놓고 볼 때 이런 기이한 이야기는 오히려 소수에 속한다.[9]

잡록류의 편찬자들을 보면, 남효온 정도를 제외한 다른 사람들은 모두 당대에 권세를 누렸던 이들이다. 이들은 내개 계유정난(1453) 때 세조의 편에 섰으며, 그 후 권세를 잡고 출세가도를 달리며 동시에 문필을 자랑하였던 인물들이다. 잡록류에는 인물평이 많다. 이 시기에는 전 작품을 많이 짓지는 않았으나 대신 이 같은 잡록류의 대부분

8 『필원잡기』, 『청파극담』, 『용재총화』의 내용을 분류해 보면, '記實'에 해당하는 내용이 각각 80%, 43%, 61%의 비중을 차지하고 있음을 알 수 있다. 홍순석, 『성현문학연구』, 한국문화사, 1992, 240쪽.

9 성임의 『태평통재』의 경우는 전기집의 성격을 띠므로 기이한 이야기가 다수를 차지하겠으나, 현재 전하는 것은 그 일부분이다. 이를 감안한다 하더라도 15세기 잡록류에서 기이한 이야기가 차지하는 비중은 실기에 비해 상대적으로 적다고 하겠다. 그러나 소설사의 맥락만을 중심으로 살피는 경우, 15세기는 조선의 어느 세기보다도 지괴나 전기와 같은 기이한 소재가 활발하게 등장하던 때이기도 하다.

이 인물에 대한 관심을 보여준다. 잡록류의 편찬 의식에서 비판적인 경향을 찾아보기는 어렵다. 예외가 있다면 남효온의 『추강냉화』를 들 수 있다. 그는 당대인들이 두려워 언급을 회피했던 사육신의 전인 「육신전」을 지었다. 계유정란을 겪으면서 많은 사람들의 운명이 갈리고 그 훗날이 전혀 달라진 것을 염두에 둔다면 이와 관련된 사건이나 혹은 뭔가 불우한 선비에 관한 관심이 어느 정도는 드러나야 오히려 자연스러울 것도 같은데, 「사육신전」과 『추강냉화』에서의 몇 편을 제외한다면 이런 의식은 거의 드러나지 않는다. 그리고 귀신 이야기와 결부된 인물담이든 어떤 인물의 평소 행동에 대해 언급하는 인물담이든 그저 단편적이고 일회성에 그치는 일화들을 열거하는 경우가 대부분이다. 적어도 100편에서 많게는 300편이 넘는 이야기를 수록한 책을 편찬하면서 당대 사회에서 심각하게 여길 만한 부분에 대해 이렇게 언급하지 않는다는 것은 15세기 잡록류의 편찬자들이 이런 소재를 일부러 피한 것이 아닐까 하는 추측을 낳게 한다. 15세기 잡록류의 단형 서사와 가벼움에 대한 지향은 당대 기득권층의 보수적인 세계관과 연관되어 있을 것으로 보인다.

2) 전기물의 독서와 소설의 창작

15세기에 성행했던 잡록류의 편찬은 창작이라기보다는 당대 인구에 회자되던 이야기의 문자 정착이라는 성격을 지닌다.[10] 이 시기에

10 잡록류가 갖는 이러한 특징을 소인호는 당대 잡록 撰者들의 교유 양상을 중심으로 설명하고 있다. 소인호, 「5.2. 잡록 찬자들의 교유 양상 – 그 동호인적 모임」, 「라말 선초의 전기문학 연구」,

많이 읽힌 서사물로는 『태평광기太平廣記』, 『전등신화剪燈新話』 등의 당 전기물을 꼽을 수 있다. 특히 『태평광기』의 경우는 1100년 무렵[11] 고려에 유입된 후 많은 독자를 확보하여 조선 중기에는 한글로 번역되었다. 『태평광기』는 『태평통재』와 더불어 간행되었는데 이 두 책은 간행 후 성종에게 바쳐지면서 물의를 빚기도 하였다. 이 기록을 보면, 조선 초기에는 『태평광기』, 『전등신화』 등 중국 전기물의 독서만이 아니라 『태평통재』와 같은 우리나라 전기문학에 대한 관심도 함께 하고 있었음을 알 수 있다.

이렇듯 전기물의 독서는 활발했으나, 앞에서 살펴보았듯 15세기 서사문학에는 전기의 창작보다는 인물 일화 중심의 잡록류 기술이 압도적으로 많다. 그럼에도 불구하고 15세기 서사문학을 논할 때 전기에 대한 관심이 높은 이유는 바로 이 시기에 창작된 『금오신화』로인한 것이다. 잡록류를 연구할 때에도 그중에서 전기성을 보이는 작품들을 집중적으로 조명하고, 이를 전기소설 논의와 관련짓는 경우가 많으므로 15세기는 전기소설이 가장 왕성하게 창작, 유통되었던 시대인 것처럼 들리기도 하는 것이다. 그러나 막상 기존 연구에서 언급하는 초기의 전기문학 작품들은 『신라 수이전』이나 『삼국유사』 소재 작품들이며, 이는 모두 고려 이전의 작품들이다. 현재 확인 가능한 15세기 전기소설로는 『금오신화』 한 편이 있다. 그리고 15세기 말이나 16세기 초에 지어졌을 것으로 보이는 채수의 「설공찬전薛公瓚傳」이 등장했다가 16세기에 이르면 1553년에 간행된 신광한(申光漢 : 1484~1555) 의 『기재기이企齋記

고려대 박사논문, 1996 참고.

11 장효현, 「전기소설 연구의 성과와 과제」, 『민족문화연구』 제28호, 고려대 민족문화연구소, 1995, 7쪽.

異』[12]가 그 뒤를 잇는다. 이 외에 16세기 초반인 1525년에 쓰인 김안로(金安老 : 1481~1537)의 『용천담적기龍泉談寂記』 중 박생의 이야기 정도를 전기소설의 맥락 안에서 자리매김할 수 있을 것이다.

15세기의 전기소설로는 『금오신화』가 유일한 작품이지만, 『금오신화』는 우리 소설사에 있어 가장 훌륭한 전기소설이면서 동시에 문학적 성취가 뛰어난 아름다운 작품이다. 본고는 15세기 소설의 특징을 살핌에 있어 『금오신화』와 더불어 「설공찬전」 및 『용천담적기』에 수록되어 있는 박생의 이야기를 그 대상으로 삼고자 한다. 『기재기이』가 16세기 중반 작품인 것에 비해 『용천담적기』는 16세기 초반 잡록류로, 15세기 서사문학과의 친연성을 보이고 있기 때문이다.[13]

3. 15세기 소설의 특징

『금오신화』와 「설공찬전」 그리고 『용천담적기』의 박생의 이야기[14]에 나타나는 공통점이 있다면, 그것은 초경험적 서사 세계를 구축하고 있다는 점이다. 먼저 『금오신화』의 초현실적 이야기들은 더 이상 설명이 필요 없을 정도로 잘 알려진 것들이며, 「설공찬전」과 「박생」은 사후세계에 대한 서술이 중요한 비중을 차지하는 작품이다. 「설공찬전」은

12 『기재기이』에 관해서는 소재영, 『기재기이 연구』, 고려대 민족문화연구소, 1990 참고.

13 이 부분과 관련해서는 이 장의 주 6 참고.

14 이하 「박생」이라고 표기하도록 한다.

중종 때인 1511년 왕명으로 인해 불태워진 후, 채수가 쓴 한문본은 아직 발견되지 않았으나, 한글 번역본 중 일부가 발견되었다.[15]

『금오신화』는 전기소설이고, 「박생」은 몽유록에다 작품 말미에 傳의 논찬이 첨가된 형태로서, 전기소설의 변형으로 볼 수 있겠다. 「설공찬전」의 경우는 현재 낙질 상태의 한글 번역본만 남아 있는 상태여서 하위 장르를 규정하기가 조심스러운 상태이다. 기존 연구에서는 '전기계 소설'[16]이라는 용어를 사용하고 있는데, 이는 「설공찬전」의 경우 협의의 의미에서의 전기소설[17]이라고 보기 어려운 부분이 있기 때문인 것으로 보인다. 이 작품은 물론 허구이지만, 그 서사 방식은 마치 한 개인의 일화를 소설로 발전시킨 듯한 형식을 취하고 있다. 물론 한문본이 아니어서 분명한 것을 알 수는 없으나, 현존하는 한글 번역본을 대상으로 삼을 경우, 「설공찬전」은 죽은 이의 혼이 산 사람에게 접신하는 화소와 그 죽은 이의 저승 경험을 산 이의 입을 통해 전달하는 마치 무당 공수와 같은 장면[18]이 전개된다. 그 결과 한글번역본은 무속적 분위기에 가까운데, 이는 협의의 장르 개념인 전기소설의 미학적 분위기와는 거리가 멀다고 하겠다. 그러므로 「설공찬전」 한글번역본은 초현실적인 화소들의 등장으로 인한 전기성傳奇性은 지니고 있으나 협의의 장르 개념으로서의 전기소설로 보기는 어렵다고 판단된다.

15세기 소설은 모두 초현실적인 요소를 주된 관심사로 하여 전개

15 여기에 관해서는 이복규, 『설공찬전』, 시인사, 1997 참고.

16 장효현, 앞의 글, 1995, 25쪽.

17 전기소설의 특징에 대한 논문으로는 박희병, 「한국고전소설의 발생 및 발전단계를 둘러싼 몇몇 문제에 대하여」, 『한국전기소설의 미학』, 돌베개, 1997, 56~65쪽.

18 이복규, 『설공찬전』, 시인사, 1997, 24쪽에서도 이 장면을 공수와 관련하여 언급하고 있다.

되고 있다. 그런데 김시습, 채수, 김안로 등 세 사람의 작품에 나타난 초현실적인 요소는 대개 귀신과 사후 세계에 대한 관심에서 비롯하는 것이다. 그러므로 본고는 이 세 작품에 나타난 귀신담과 저승담을 살펴, 그 특징을 추출하고자 한다. 귀신담에는 「만복사저포기」, 「이생규장전」, 「취유부벽정기」가, 그리고 저승담에는 「남염부주지」, 「설공찬전」, 「박생」이 속한다.

1) 개인 영역의 문제와 귀신담의 결구

(1) 인간과 귀신과의 사랑

귀신에 관한 이야기는 잡록류에도 자주 등장한다. 일례로 『용재총화』에는 귀신 이야기가 많은데, 『용재총화』 3권에 수록된 성현의 외삼촌 안공에 대한 이야기는 모두 안공이 귀신을 물리친 일에 관한 것이며, 또 장모 정씨 집의 어린 종에게 귀신이 지핀 일도 수록하였다. 『용재총화』 4권에도 이웃인 기유奇裕의 집에 생긴 괴상한 일에 대한 기록이 있다. 『용천담적기』에도 채수 및 성번중과 관련한 귀신담이 실려 있다. 그런데 이 이야기들은 모두 귀신을 보았다든지, 쫓았다든지 아니면 만났다든지 하는 단편적인 기록들이다. 잡록류의 귀신들은 서사의 전면에서 사건을 진행시키거나 행동하지 않는다. 이는 '~더라'는 어미를 즐겨 쓰는 잡록류의 의사보고적擬似報告的인 기술 태도와도 관련되는 것이다. 그 결과 잡록류의 귀신담은 단순 기술에 가깝다.

잡록류 외에 귀신이 등장하는 작품으로는 「이생규장전」, 「만복사저포기」, 「취유부벽정기」를 들 수 있는데, 이 세 작품이야말로 15세기 귀신담의 절정을 보여준다. 세 작품에는 모두 귀신이 등장하지만 그 귀신의 성격은 약간씩 다르다. 「이생규장전」은 이생과 최랑의 사랑 이야기이다. 이 둘은 원래부터 사랑하던 사이였으나 이생 부모의 반대에 부딪혀 난관에 봉착하게 된다. 그러나 진정 딸을 사랑하는 여자의 부모가 결혼을 주선하여 둘은 혼인에 이르게 된다. 여기까지는 평범한 사랑 이야기이다. 그런데 홍건적의 난이 일어난 후 미처 피난을 가지 못했던 최랑은 죽고, 이생만 목숨을 부지하게 된다. 난이 진정된 후 옛집을 찾아간 이생은 최랑이 죽은 줄 알고 있었음에도, 그녀가 나타나자 전혀 의심하지 않고 '부인은 어디로 피난을 가 목숨을 부지하였느냐'고 물으며 반긴다.[19] 그리고는 다시 이삼 년 간을 부부로 살았다. 이생은 그녀가 이승의 사람이 아닌 줄 알았지만, 즉 귀신인 줄 알았지만, 그래서 두려워한 것이 아니라 그나마라도 다시 사랑을 이어갈 수 있었다는 사실을 소중하게 여겼던 것이다. 이생은 그녀 — 정확히 말해, 최랑의 귀신 — 가 없는 세상에서는 두서너 달 이상을 버티지 못하고 죽고 말았다. 이 작품에서의 귀신은 양계에 계속 머물지 못한다는 점 외에는 전혀 귀신이라는 생각이 들지 않는다. 부모로 인해 사랑을 지켜나가지 못했던 이생은 자신의 나약함을 보상이라도 하듯 귀신과의 사랑에 몰두한다. 난리가 끝난 후, 그에게는 아무것도 남지 않았다. 부모도, 최랑도, 최랑의 부모도 모두 죽은 뒤 홀로 남겨진 그는 자신의 참담한 심정을 오로지 귀신과의 사랑을 통해 달랬던 것이다.

19 생은 비록 그녀가 이미 죽은 것을 알았지만 너무나도 사랑했기에 다시 의아해 하지도 않고 곧바로 물었다. 어디로 피해 목숨을 보전했는가(生雖知已死 愛之甚篤 不復疑訝 遽問曰 避於何處 全其軀命), 김시습, 「이생규장전」, 『매월당문집』 상, 계명문화사, 1987, 436쪽.

이에 비해 「만복사저포기」의 귀신담은 조금 더 본래적인 의미의 귀신담이 될 수도 있었다. 「이생규장전」의 귀신담은 원래 부부 사이였던 두 남녀 간의 회복으로, 그 애틋함이 강조될 수 있는 반면, 「만복사저포기」의 귀신은 양생과 일면식도 없었던 존재이다. 그러므로 그 귀신은 양생에게는 본래 의미에서의 귀신, 즉 공포의 대상일 수도 있었다. 그러나 부처에게 저포놀이로 내기를 하면서까지 뭔가 사건이 일어나기를 기대했던 양생은 눈앞의 여인에 대해 자신 안에서 일어나는 의심조차 잠재운다. 비록 의심이 나고 이상한 점이 있었지만 문제삼지 않는 것이다. 그리고는 자신 앞에 펼쳐지는, 그 전까지는 전혀 예기치 못했던 상황들을 경험해 간다. 여인네의 집에 초대받은 후 네 명의 미인들과 술자리를 같이하며 고상한 분위기의 잔치를 즐기고, 그 여자가 귀신인 줄을 알고는 여자의 부모를 만나 귀신의 말을 전해 주고, 여자를 위한 제를 올리며 결국은 지리산으로 들어가 버리고 말았다. 양생은 그 귀신 덕분에 자신의 처지에서는 도저히 경험할 수 없는 세계를 맛볼 수 있었다. 사고무친, 궁벽하고 외로운 처지에서 귀신과의 조우는 그를 환상의 세계로 인도했던 것이다. 이 작품에서의 여인의 등장은 양생에게는 처녀 귀신의 출현에 다름 아니다. 그러나 양생은 자기 자신을 내기에 걸어 모험을 청함으로써 이 귀신과 만나고, 오히려 그 만남을 통해 자기 안에 쌓여 있던 울울함을 해소하는 것이다. 어쩌면 양생에게는 그녀가 귀신임을 인정했을 때 잃어야 하는 것들이 귀신이라는 존재 그 자체보다 더 두려운 것이었을 수 있겠다.

「취유부벽정기」의 귀신은 귀신이라기보다는 선녀의 분위기로 작품을 압도한다. 그녀는 홍생에게 자신은 은왕실의 후손인 기씨의 딸로, 지금은 상제의 선녀가 되었다고 소개한다. 초경험적인 존재라는 점에서는 선녀와 귀신이 공통점을 지니지만, 인간에게 있어 선녀는 동경의 대상으로 다가서는 반면, 귀신은 두려움의 대상이라는 점에서는 차이가 있다. 하지만 김시습의 작품 세계에서는 선녀나 귀신이나 그 형상화에 있어 큰 차이를 발견하기 어렵다. 귀신의 지표로 자주 쓰이는 '인간 세상에서는 볼 수 없었던 술과 안주'가 이 작품에도 등장하는데, 과연 홍생은 그 음식들을 먹을 수 없는 것이다. 홍생은 그녀의 정체를 알게 된 뒤, 더욱 존숭하는 태도를 보인다. 이때의 기씨녀는 선녀라고는 하지만 결국은 귀신의 변형인 셈이다. 그러나 친구들과의 술자리를 피해 홀로 방황하던 홍생은 기씨녀를 만나 서로가 서로를 알아주는 존재임을 확인하면서 예상치 못했던 대화를 나누는 가운데 조용한 기쁨을 맛본다. 그리고 그것으로 족했던 주인공은 결국 그녀의 세계로 따라간다.

(2) 인간과 귀신의 사랑 이야기가 지니는 성격

조선 후기에 비해 조선 전기에는 잡록류에 지괴나 전기와 같은 기이한 소재가 많이 등장할 뿐 아니라 이 시기부터 귀신에 대한 본격적인 논의가 시작되었다. 특히 성현, 김시습, 남효온의 귀신론이 당대의 귀신론[20]을 대표한다고 할 수 있다. 이들 의견의 공통점을 찾아본다면, 귀鬼와 신神을 나누어, 귀는 죽은 이의 기운이 울결해서 미처 흩어지지 못한 것이고, 신은 그 기운이 다 깨끗이 흩어질 수 있는 상태라는 점이다. 그러므로 잡록류를 비롯하여 우리나라 서사문학에

20 이 세 사람의 귀신론에 대해서는 조동일, 「15세기 귀신론과 귀신 이야기의 변모」, 『문학사와 철학사의 관련 양상』, 한샘, 1992 참고.

등장하는 귀신이란 주로 귀鬼의 상태라고 하겠다. 죽어서도 편히 저승으로 가지 못하고 뭔가 맺혀 떠도는 기운, 잡록류에 등장하는 귀신은 인간에게는 진정 두려운 존재인 것이다. 잡록류의 귀신담은 구비전승되던 귀신 설화가 문헌으로 정착된 것일 가능성이 높다. 이런 잡록류의 귀신이 인간에게 사랑을 요구하는 경우는 거의 없다. 그런데 김시습 작품에 나타나는 귀신 이야기는 이렇게 섬뜩하고 잔뜩 긴장해야 되는 공포 분위기가 아니라 아름답기 그지없는 낭만적 분위기의 사랑 이야기로 전개된다. 같은 귀신인데 왜 이렇게 다른 것인가?

설화에서의 귀신들은 주로 원한을 품고 죽은 이의 기운이 맺힌 것으로, 이들 구비문학에 등장하는 귀신담은 대개 원귀담이다. 원한으로 인해 구천을 떠도는 귀신들은, 그러나 불쌍한 존재들이다. 원귀들은 대개 억울하게 죽은 귀신들로, 자신의 죽음에 관한 원한이 사무쳐 그 문제를 해결하기 위해 인간에게 불쑥불쑥 접근하는 것이다. 이 경우에는 귀신이 다급하고, 인간은 멀쩡하다. 대개 원귀담에 등장하는 인간들은 이승의 삶을 유지해 나갈 뿐, 인간 세상에서 이반離反하여 다른 세계와 접하고자 하는 일은 생각조차 안 해 본 인물로 설정되어 있는 경우가 많다. 이 인물들은 주어진 한 세상을 그저 열심히 살 뿐, 존재론적 문제 같은 것으로 고민하는 주체들이 아닌 것이다. 일례로 아랑형 전설에서도 억울하게 죽은 여자 귀신은 다급하고, 고을 원들은 그저 고을을 다스리는 일에만 관심 있는 인물들인 것이다. 이런 인물들에게 비일상적인 존재의 접근이란 단지 두려운 현상, 무서운 일이 될 뿐이다. 그러므로 원귀담에서의 인간들은 해원解寃을 위해 무언가 알리고자 접근하는 비일상적인 대상에게 겁을 먹고 도망함으로써 둘 사이의 의사소통이 부재하고 되고, 이 소통의 부재는 결국 귀신을 만난 인간의 죽음이나 와병 등 이차적인 문제를 야기하는 것으로 연결된다.

김시습의 작품에 나타나는 귀신들은 모두 여자 귀신들인데, 그의 귀신들은 위의 설화에서의 귀신과는 성격이 다르다. 김시습의 여자 귀신들은 한결같이 아름답고, 여유 있는 존재로 그려진다. 이들 작품에서는 귀신보다 인간, 즉 남자 주인공들의 사정이 더 절박한 것처럼 보인다. 「만복사저포기」에서의 양생의 삶도 앞을 내다볼 수 없고, 그 끝도 기약할 수 없는 팍팍한 나날의 연속이었고, 「이생규장전」의 이생의 처지도 하루아침에 사랑하는 사람들과 삶의 터전을 다 잃은 채 절벽 같은 현실을 마주하고 서야 했다. 이들 남자 주인공들은 그 삶의 고통에 직면하여, 마치 나방이 불을 보고 달려들 듯, 자신 앞에 놓인 유일해 보이는 가능성을 주저 없이 선택했던 것이다. 살았으나 산 것같이 살지 못하는 그들은 귀신을 향해 마음을 열고, 사랑을 했다. 남자 주인공들의 심리적 불균형 상태가 귀신과의 열렬한 사랑을 가능하게 했다는 점은 「취유부벽정기」에서도 역설적으로 확인된다. 「취유부벽정기」의 홍생은 기씨녀를 만난 후, 혼사만의 기쁨을 간직한 채 그녀와 그냥 헤어지고 만다. 홍생은 양생이나 이생처럼 즉각적으로 그녀와 사랑을 한 것이 아니다. 다시 말해 「취유부벽정기」에서는 귀신과의 사랑 장면은 등장하지 않는다. 이 작품의 남자 주인공 홍생은 양생이나 이생처럼 심리적으로 절박한 상태에서 기씨녀를 만난 것이 아니다. 기씨녀가 천상의 존재로 설정되어 있기도 하지만, 홍생이 가진 정서적 여유 역시 그 자리에서의 사랑을 어렵게 만드는 요소일 수 있었다고 본다. 결말 부분에서 홍생은 기씨녀의 주선으로, 죽어서 천상의 존재가 되어 기씨녀를 만나는 것으로 되어 있다. 이것이 그들의 방식이라 하겠다.

김시습의 작품에서 여자 귀신과 남자가 서로 만나 사랑하게 되는 이유로는 귀신만이 아니라 인간도 절박했고, 그래서 자신의 쌓인 회포를 풀고자 서로 접근했기에 의사소통이 가능해졌다는 점을 들 수 있다. 귀신과 인간의 만남은 물론 그 한계가 너무 분명한 비극적 만남이었지만, 이를 통해 남녀 주인공들은 각자에게 서려 있던 감정을 치유 받을 수 있었다. 김시습의 귀신 이야기는 이렇듯 등장인물들이 각자에게 쌓여 있던 부정적인 감정들을 씻어내는 치유의 장이기도 하다. 그들의 만남은 아마도 한恨과 한恨의 만남이었을 것이다. 『금오신화』의 귀신 이야기가 아름다울 수 있는 이유는 바로 이들의 감정이 원한怨恨이 아니라 한恨에 가까운 성격으로 설정되어 있다는 점을 들어야 할 것이다. 한은 우리 민족의 고유성이나 정서적 특질을 거론할 때 거의 빠지지 않고 등장하는 용어이다. 그런데 한과 비슷하게 잘 쓰이는 단어로 원한이라는 것이 있다. 정대현에 의하면, 한과 원한의 차이점은 바로 의도의 유무에서 기인한다.[21] 한이란 주로 '맺힌다, 풀다, 풀리다'라는 술어와 자주 어울리고, 원한은 '사다, 품다, 갚다' 등의 술어와 함께 쓰이는 경향이 있다. 맺혀 있다가 풀거나 풀리기도 하는 한이란 자신의 억울함, 부정적인 감정의 원인이 무엇인지 잘 모르는 상태, 즉 이 부정적인 상태를 유발시킨 대상이 누구인지 명확하게 의식화하기 이전의 상태이다. 그러므로 이때는 문제의

21 이 글에서 논의되는 한과 원한과의 관계는 정대현, 「IV. 2. 恨의 개념적 구조」, 『한국어와 철학적 분석』, 이화여대 출판부, 1985에 의거한다. 정대현의 설명에 의하면 한이 많은 사회는 부당하게 당하는 사건들이 많은 사회로서, 사회가 긍정적인 방향으로 발전하기 위해서는 책임 규명을 위해 의식화의 과정을 거쳐 한의 정서가 원한으로 발전해야 할 것으로 보인다. 그런데 본고의 관심은 『금오신화』 귀신담의 성격을 규명하는 데 있다. 그러므로 이 논문의 논의는 한보다 원한이 우월한 것으로 자리매김될 수 있는 사회 발전이나 개혁에 대한 관심과는 한이나 원한에 대한 접근 시각이 다를 수 있다.

원인을 본인에게서 찾지만 그것이 스스로에게 납득이 되지 않은 채 가슴에 답답함이 쌓여 가게 된다. 이런 의미에서 한은 대상으로부터 자유롭다. 한은 구체적 대상 없이도 체험되는 경험이다.[22] 그런데 이 한의 원인이 무엇이었는지를 분명하게 인식하게 되면, 한은 원한으로 바뀌면서 문제의 책임을 규명하고 싶어지게 되는 것이다. 그러므로 원한은 그 대상에게 자신의 부당함을 갚아 주고 싶은 정서로, 대상지향적인 상태가 된다. 한이 원한으로 발전하게 되면, 자신의 억울함을 신원伸寃하기 위해 '갚아 줌' 즉 복수라는 개념도 가능해질 것이다. 그래서 원한을 품게 되면 무서울 수도 있다.

그런데 『금오신화』의 귀신담에서 등장하는 정서는 원한이 아니라 한의 정서에 가깝다. 일례로 「이생규장전」의 경우, 남녀 주인공이 자신들의 사랑을 방해하는 존재가 부모 혹은 전쟁이라고 의식화했다면, 그리고 이것이 사회와 제도에서 비롯하는 억압적인 힘이라고 인식했다면 어쩌면 이들의 정서는 한에서 원한으로, 대상에서 자유로운 상태에서 대상지향적인 상태로 전환되었을 것이다. 그렇게 되었더라면 이 작품은 낭만적인 분위기로 일관하기는 어려웠을 것이다. 대상에게 문제의 책임을 묻고, 비판하고, 책임대로 갚아 주고자 하는 장면들이 수반되었을 수도 있다. 그런데 「이생규장전」의 주인공들은 그런 일을 하지 않는다. 최랑의 경우에는 전장에 버려진 부모의 시신을 걱정하는데, 이는 유교 사회에서의 당위로서가 아니라 진정 자식을 사랑해 준 부모에 대한 마음에서이며, 이생 역시 자신의 부모나 무능한 조정을 비판하지 않는다. 남녀 주인공들은 자신들의 사랑을 방해하

22 위의 글, 70쪽.

는 존재가 무엇이었는지를 문제삼지 않은 채 사랑을 방해받아 쌓이게 된 회포를 풀고자 할 뿐이다. 그들에게 있어 문제는 그들의 감정 상태 그 자체였던 것이다. 작품에서 그들은 자신의 처지가 매우 불행해졌음에도 의식의 표면으로 문제를 문제삼아 올리지 않고, 그 어느 누구에게도 원망을 품지 않은 것으로 그려졌다.[23] 이런 정서는 한에 가깝다. 한의 상태에서 서로의 한 맺힌 마음을 풀어 줄 수 있는 두 존재의 만남은 만남 자체가 곧 치유의 성격을 띠게 된다. 김시습의 귀신담들은 귀신이 등장해도 한의 정서가 작품을 지배한다. 그 결과 원한을 갚거나 복수하는 사건이 배제되고 서사가 더욱 아름답고 낭만적인 방향으로 전개되면서 그 비극성이 고조된다.

김시습의 귀신담은 주로 남자 주인공들과 여자 귀신과의 사랑 이야기이다. 인간과 귀신이 동등한 상황에서 서사가 전개되고 이 균형은 둘의 사랑으로 연결된다. 또한 김시습의 귀신담은 주로 사적인 감정, 개인감정의 심미적 해결 과정을 다루고 있다는 특징이 있다. 이는 김시습의 귀신담에 유독 시詩가 많다는 사실을 환기시키는데, 이는 주인공들의 성격이 서정적 자아에 가까워지면서 정서를 표백해 내는 것과 유관하다. 김시습의 귀신담에서 다루는 이야기는 남녀 주인공들의 가슴에 서려 있었던 부정적인 감정의 해소로, 개인적인 영역의 문제만이 관심사이다. 물론 세 작품에도 당대 삶에 대한 작가의 인식이나 절망감이 투영되어 있기는 하나, 그것의 형상화가 외로움이라는 지극히 개인적인 영역의 문제로 수렴되고 있는 것이다. 이는 김시습의 귀신담이 갖는 특징이기도 하다. 김시습을 포함한 당대 작

23 특히 최랑의 태도는 「강도몽유록」에서의 여성 인물들이 보여 준 비판적인 태도와 비교될 만하다고 본다.

가들의 공적인 영역에 대한 관심은 인간과 귀신과의 사랑 이야기가 아닌 저승담에서 찾아 볼 수 있다.

2) 공적 영역의 문제와 저승담의 결구

(1) 15세기 소설에 나타난 저승 체험의 양상

15세기 소설에서 저승이란 친숙한 서사 공간이다. 귀신과의 사랑 이야기가 김시습의 작품에 집중적으로 나타나는 것이었다면, 저승에 대한 관심은 김시습, 채수, 김안로 세 사람의 작품에 모두 나타난다. 이런 의미에서 저승담은 15세기 소설에 있어 보편성을 띤 것이라 하겠다.

김시습의 「남염부주지」는 박생이라는 인물의 저승 체험을 그리고 있다. 이 작품은 세 작품 중 서사의 완결성이 가장 뛰어나다. 박생은 평소 실력을 갖춘 선비였지만 부정한 세계는 그를 용납하지 않았다. 지적 호기심이 충만하던 그는 불교, 무격, 귀신 등의 논제에 대해 자신의 견해를 정리하고, 사람을 사귈 때에는 편견 없이 관계를 맺으며 토론을 즐겼다. 박생은 비판적 지식인의 면모를 지니고 있었다. 그러던 그가 어느 날 자다가 꿈속에서 한 섬에 도착하게 되는데, 이곳이 바로 남쪽에 자리한 염부주라는 땅이었다. 염부주라는 땅은 그에게는 낯설고 두려운 감정을 일으키기도 했지만, 염부주의 최고 통치자인 염왕과 만나서는 오히려 평소 익숙하게 즐겨하던 논쟁을 벌일 수 있었다. 물론 이는 박생을 적극적으로 수용하는 염왕의 태도에 힘입은 바가 크다. 토론은 처음에는 박생이 염왕에게 이계의 일에 대해 질문하는 형식으로 시작된다. '귀신지설 내하鬼神之說 乃何'와 같이 단문 형식으로 귀신의 일에 대해 묻는 것으로 시작된 토론은 점점 박생의 질문도 길어지면서 염왕과 박생이 비슷한 비중으로 서로의 견해를 나누게 된다. 박생은 천당지옥설과 죄 사함의 문제, 윤회의 문제 등 평소 궁금했던 사항들에 대해 질문하는데, 박생의 관심은 일견 매우 종교적인 심성의 발로인 것 같지만 실은 이는 세상 사람들의 무비판적인 종교 행위, 나아가 일상의 무비판적 태도 자체에 대한 비판일 수 있다. 그리고 박생은 염왕의 입을 통해 평소 자신의 생각과 태도가 옳은 것이었음을 확인 받는다. 세상에서는 확인 받을 수 없었던 자신의 비판과 회의가 가치 있는 것임을, 그래서 탁상공론이 아니라 실제 살아가는 데 있어서도 중요한 의미를 획득할 수 있음을 확인하게 된 것이다. 자신이 몸담고 있는 세상의 무비판성에 대한 비판은 곧 세상의 문제점에 대한 지적이기도 하다. 염왕 역시 비슷한 성정의 인물로, 염부에서 그가 다스리는 존재들은 모두 전생에서의 시역간흉지도弑逆姦凶之徒들이다. 이는 이승의 삶에 시역간흉한 무리들이 존재한다는 것인데, 순리를 거슬러 남을 죽이는 간악한 무리에는 바로 역모를 꾀해 왕을 죽이거나 혹은 부모를 죽인 이들이 속할 것이다. 이런 존재들이 패권을 차지하는 세상이란 제대로 된 세상일 수 없으며, 염부주라는 공간에서 담담하고 진지하게 전개되는 염왕과 박생의 대화를 통해 이 세상에 대한 비판이 자유롭게 행해졌다. 결국 염왕은 자신의 때가 다 되어 떠나가면서 박생을 차기 염왕으로 발탁하고, 박생도 자신의 죽음을 담담하게 받아들인다.

「설공찬전」은 현재 서사의 뒷부분은 전해지지 않는 작품으로, 이 역시 주인공 설공찬의 저승담을 전하고 있다. 『용천담적기』에 보면, 「설공찬전」의 작가로 알려진 채수가 어릴 적에 경험했던 신비 체험에 대한 일화가 전하고 있다. 이 일로 채수의 막내 동생은 놀라서 일어나 아프다고 부르짖다가 피를 흘리며 죽었는데, 채수는 조금도 상한 데가 없었다고 한다.[24] 이 체험은 「설공찬전」에 중요한 모티프로 작용했을 가능성이 있다. 「설공찬전」은 작품의 시공이 분명하다. 순창 사람인 설충란은 남매를 두었는데, 딸은 시집가서 자식 없는 상태로 죽었고, 아들 설공찬은 어려서부터 문장을 잘 하였는데 장가도 가기 전인 스무 살에 병이 들어 죽고 말았다. 장가도 못 간 채로 죽은 설공찬은 귀신이 되어 자신의 사촌동생인 공침에게 접한다. 공침이 처음 귀신을 만난 날은 정덕正德 무진년인 1508년 7월 20일[25]로, 이때의 귀신은 고운 계집 귀신, 즉 설공찬의 죽은 누이였다. 고전소설에서 이렇게까지 사건의 발생 시기가 구체적으로 명시되어 있는 경우는 매우 드물다. 공침의 아버지가 누이의 귀신을 내쫓자 더 강한 설공찬의 귀신이 붙었고, 그리고는 공침 부자를 제압하기 시작한다. 귀신을 쫓고 아들을 살리려는 설충수의 노력과, 이에 맞서 더 강한 힘으로 설충수와 설공침을 괴롭히는 설공찬 귀신의 대결 양상에 대한 묘사는 개연성을 획득하면서 섬뜩하기까지 하다. 그 대결에서 이긴 후, 하루는 공찬이 편지를 보내 사촌동생과 윤자신을 불러 놓고 공침에게 빙의憑依하는 장면이 있다.[26] 누워서 말소리조차 끊어질 듯하던 사람이 귀신이 들리더니 갑자기 '기지개를 켜고 일어나 앉아 머리를 긁고' 말을

24 김안로, 「용천담적기」, 『대동야승』 III, 조선고서간행회, 1909, 253~254쪽.

25 이복규, 앞의 책, 1997, 65쪽.

26 홀론 공찬이 유무ᄒᆞ야 사촌 아ᄋᆞ 셜워와 윤ᄌᆞ신이와 둘흘 홈긔 블러오니 둘히 홈그 와 보니 당시 공찬의 넉시 아니 왓더라 공팀(공침)이 그 사롬 ᄃᆞ려 닐오듸 나는 병ᄒᆞ야 주그련다 ᄒᆞ고 이윽기 고개 빠디여셔 눈믈을 흘리고 벼개예 눕거놀 보니 그 녕혼이 몯 미쳐 왓더니 이윽고 공팀의 말이 ᄀᆞ장 졀커놀 제 아바님이 닐오듸 녕혼이 또 오도다 ᄒᆞ더라 공팀이 기지게 혀고 니러안자 머리 긁고 그 사롬 보고 닐오듸, 위의 책, 59쪽(괄호, 밑줄은 인용자).

시작하는 이 광경은 엑소시즘의 한 장면을 연상케 한다. 귀신의 빙의 과정 및 현상에 대해 구체적으로 서술하고, 귀신의 존재가 강력하고 두렵다는 점에서 이 작품의 귀신담은 매우 실감나게 된다.

설공찬이 왜 이토록 집착이 강한 원귀가 되었는지 작품에서는 그 이유를 찾아보기 어렵다.[27] 다만 그가 장가도 들기 전에 죽었기 때문에 몽달귀신이 되었을 가능성에 대해서는 생각해 볼 수 있다. 그렇다면 이 귀신은 산 사람에게 접하여 영혼결혼식 등을 요구해야 앞뒤가 맞을 것 같은데, 작품 안에서는 그런 요구는 없고 다만 몇 사람을 불러 모으더니 자연스레 자신의 저승 체험이 장광설로 이어진다. 그가 전하는 저승은 바닷가에 있으며, 그 나라의 이름은 단월국으로, 여기에는 모든 나라의 죽은 사람들이 다 모여 있는 곳이다. 그러면서 이승에서 보잘 것 없이 살았어도 어질고 청렴했던 사람이면 그 곳에서 좋은 위치에 있고, 그 반대이면 저승에서 지옥에 들어가 있다고 했다. 그리고는 이야기가 황제 대 염라왕의 힘겨루기에 해당하는 단락이 전개되는 데에서 끝나고 있어, 그다음은 알 수가 없다. 이 이본에 의하면, 설공찬은 죽어 귀신이 되고 나서도 이승을 완전히 떠나지 못하며, 공침에 빙의하여 자신의 저승 체험을 전달하고자 하고 있다. 원한을 품고 죽은 귀신은 산 사람의 입을 통해 뭔가 자신의 문제를 풀고 싶어 하는 경향이 있다. 「설공찬전」의 저승 체험은 설공찬의 공수 내용인 셈이다. 이렇게 본다면, 작품에서 드러나 있지는 않지만, 설공찬의 원한은 다만 장가도 들기 전에 죽었다는 것 외에 이 저승 체험의 내용과 관련되어 있을 가능성도 배제할 수 없겠다.

---

27 그러나 이 「설공찬전」은 뒷부분이 없는 낙질 상태로 발견되었기 때문에 작품 후반부에 가서 원귀가 된 이유를 서술하고 있을 가능성을 배제할 수는 없다.

김안로의 「박생」은 세 작품 중 가장 현실에 가까운 이야기이다. 주인공 박생의 이름은 박세거朴世擧로, 의국醫局에 소속되어 있으면서 약을 처방하던 사람으로 설정되어 있다. 이 작품은 박생이 염병에 걸려 죽었다가 다시 살아난 이야기로서, 죽었다 소생한 사람들의 저승 체험담은 오늘날에도 가끔 등장하는 이야기이다. 그러므로 박생은 「남염부주지」의 주인공처럼 현실과 불화하는 비판적 지식인도 아니고, 「설공찬전」에서처럼 귀신은 더더욱 아니다. 끓는 가마솥, 서류장부, 도장 등등 저승을 경험하는 과정에서 그는 자신이 아직 죽을 때가 아닌데 실수로 잡혀 온 것임을 알게 된다. 그리고 박생은 잘 생긴 용모가 선대왕先代王과도 같은 존재의 도움으로 다시 살아 돌아오게 된 것이다. 이 과정에서 그는 '박효산, 윤숭례는 당상계堂上階에 올려 주고, 서복경은 안악 군수를 시키'라는 통첩과 군주에게 '너희 나라 군주의 소문이 대단히 좋지 못하다는' 전갈을 담은 옥함서玉函書를 전하라는 임무를 띠고는 회생하였는데, 과연 그 말대로 되었다. 그가 의식을 회복하는 대목은 마치 몽유 구조에서의 각몽 부분을 연상시킨다. 그는 회복한 지 일주일이 지나서야 자신의 저승 체험을 말할 수 있었다. 박생은 박, 윤, 서 세 인물 중 어느 누구도 몰랐는데, 박과 윤은 연산군이 절충장군을 시켰고, 서는 궁녀의 연줄로 안악군수가 되었으며, 옥함서는 흡사 연산군을 경계한 말 같다고 언급하고 있다. 박생은 그 후 이승에서의 삶에 성공적으로 적응해서 의술에 정통한 것으로 세상에 알려지게 된다. 그리고는 인물과 관직에 대한 인성자忍性子의 논평이 이어진다.

(2) 15세기 저승 체험담의 성격

인간이 귀신과 사랑을 하는 이야기나 살아 있는 인간이 저승을 체험하게 되는 이야기는 둘 다 공히 초현실적이다. 그런데 15세기 소설에 나타난 귀신담과 저승담은 그 성격이 많이 다르다. 귀신과의 사랑이 낭만적이며 심미적인 분위기를 연출하고 있다면, 저승 체험담은 건조하고 합리적인 성격을 지닌 것으로 보인다. 같은 초현실적 소재를 채택했음에도 불구하고 둘의 분위기는 전혀 같지 않은 것이다.

저승은 사람이 죽으면 가는 공간이다. 공간이란 3차원적인 개념이며, 부피감이다. 사람이 죽고 난 후 오랜 시간이 지나 그 기운이 다 흩어져 없어진다면 저승이라는 공간도 필요 없을 것 같은데, 김시습의 작품에도 저승은 존재한다. 저승이란 산 자에게는 전혀 미지의 세계이며, 피할 수 없는 곳이기에 두려움의 대상이다. 그런데 15세기 서사문학에 있어 이 저승이라는 공간은 그리 두렵기만 한 공간은 아닌 것으로 설정되어 있다. 세 작품 중 「남염부주지」의 저승이 가장 긍정적인 곳으로 그려지는데, 주인공 박생은 오히려 이승에서보다 저승의 염왕 앞에서 자신의 뜻을 잘 펼칠 수 있었다. 처음 남염부주지로 들어갔을 때 약간의 두려움과 경이로움은 있었지만 박생은 곧 담담하고 익숙하게 정서적으로 안정된 모습을 보인다. 이는 「설공찬전」에서도 마찬가지이다. 설공찬이 처음 저승 세계인 단월국에 들어갔을 때에는 채찍질을 당하였으나 증조부의 도움을 입은 후에는 별 고통 없이 저승에서 지내는 것으로 그려진다. 이 작품의 염왕은 중국 임금보다도 더한 권세를 누리며, 그 곳의 통치는 이승보다도 더 제대로 이루어지는 것으로 되어 있다. 세 작품 중 「박생」의 주인공만이 저승에서 빨리 벗어나고자 한다. 이 세 작품에서 그려지는 저승은 곧

지옥의 동의어가 아니다. 저승에 온 사람들 중에 지옥에 간 사람들은 따로 언급되기도 한다.[28]

그런데 이들이 저승에서 경험하는 것은 바로 통치와 질서, 공적인 힘에 관한 것이다. 「남염부주지」에서도 이데올로기 논쟁과 같은 토론으로 시작해서 저승을 다스리는 문제와 인간 세상에서의 잘못된 관행이 문제시되고 있으며, 「설공찬전」에서도 성별性別과 이승에서의 비천卑賤에는 관계없이 악덕을 행했는가 공덕을 쌓았는가 하는 문제와 실력 유무에 따라 저승에서의 신분이 다시 결정된다는 이야기가 상당한 비중으로 전개된다. 그리고 황제와 염왕과의 힘겨루기에 대한 관심이 보인다. 「박생」을 보면, 저승에서 하는 일 중 중요하게 서술되는 것은 이승에 사는 인간들의 벼슬 품계를 정하는 것과 이승의 통치자들의 자질에 관한 관찰이다. 이는 바로 저승 체험담을 쓴 작가들의 생각을 반영하는 것이기도 하다. 이 작가들이 저승 체험담을 쓰면서 관심을 가졌던 것은 삶과 죽음의 문제가 아니라 바로 공적 질서의 확립, 정치적 문제들에 대한 관심의 표현이었다. 현실 정치에 대한 직서적 언급이 불가능할 때, 작가들은 우의寓意를 택하게 된다. 그러므로 이들의 저승 체험담은 정치적 입장이나 인재 등용 등 공적 영역의 문제에 대한 우의로 읽히는 것이다.

저승 체험담의 등장인물은 거의 남성인데, 이 역시 공적인 영역의 문제에 대한 관심과 관계가 있다. 중세 사회에서 여성은 공적인 사회에 설 수 없었다. 그러므로 공적인 영역의 문제를 다룰 때 여성이 아

28 특히 「설공찬전」의 경우, 주전충이라는 인물에 대한 언급이 나오는데, 주전충은 살아생전에는 임금을 했지만 반역자이기에 저승에서는 지옥에 들어가 있는 인물이다. 저승에서도 지옥은 따로 구분한 것이다.

닌 남성이 중요한 비중을 갖는 인물로 등장하는 것은 자연스러운 설정이었다. 그 결과 15세기의 저승은 남성들의 공간으로 그려졌으며, 이 공간에서 벌어지는 사건은 개인들의 감정 상태 등 사적 차원의 문제들이 아니라 보다 정치적 성향을 띠는 공적인 영역의 문제가 되는 것이다. 언표하지 않았을 뿐 작가들은 현실의 문제가 어디에서 기인하는가에 대한 각자의 생각을 가지고 있었다.[29] 그러므로 작품을 지배하는 분위기 역시 정치적 위계에서 비롯되는 공식적인 분위기, 건조하고 합리적인 대화에서 비롯되는 논리적인 분위기이다. 이 세 작품에 시가 전혀 등장하지 않는다는 사실도 이를 뒷받침한다. 세 작품의 저승은 바로 공적 세계인 것이다. 세 작품 속에 직분의 명칭이나 서류 장부, 도장과 같은 공문서가 자주 등장하는 것도 우연한 설정은 아니다. 15세기에 있어 저승은 그 비현실성으로 인해 공적인 영역의 관심사를 담기에 적당한 공간이 되었다.

4. 결론

15세기의 소설은 15세기 서사문학의 현황과 무관하지 않다. 15세기에 집중적으로 편찬된 잡록류는 많은 일화들을 기록하고 있으며,

29 이는 「남염부주지」에서만이 아니라 「박생」에서도 마찬가지이다. 작품 마지막 부분을 참고하면, 김안로 역시 연산군의 실정이나 인재 등용 같은 문제에 대한 관심에서 이 이야기를 기록하고 있음을 짐작할 수 있다.

그 일화에는 인물의 일화나 전기적 요소를 지닌 이야기들이 다수 포함되어 있었다. 15세기에 쓰인 몇 안 되는 소설 작품들은 잡록류의 편찬과 독서 속에서 전기소설 혹은 인물 일화의 분위기를 지니게 되었던 것이다. 현재 확인 가능한 15세기 소설로는 『금오신화』, 「설공찬전」이 있으며, 16세기 초반 작품이지만 15세기 서사문학사와 더 친연성을 보이는 작품으로 『용천담적기』의 「박생」의 이야기가 있다.

15세기 소설의 공통 요소가 있다면 그것은 전기성傳奇性일 것이다. 그런데 이 전기성은 그 개념도 모호할 뿐 아니라 후대 소설에서도 지속적으로 거론되는 요소이기도 하다. 『금오신화』를 거론할 때에도 전기적傳奇的이라는 단어를 사용하고, 군담소설, 가정소설, 가문소설 등 여러 작품의 특징을 언급할 때에도 전기적이라는 개념은 여전히 쓰인다. 그러나 그 지칭하는 내용이 같은 것은 결코 아니다. 전기소설이 극성에 달하였던 15세기 소설에서 보이는 전기적 요소는 무엇이며, 그것은 어떤 특징을 지니는가? 전기성이 초현실성을 지닌 이야기라는 뜻만으로 쓰이는 용어는 아니지만 그러나 초현실성은 전기성을 구성하는 가장 뚜렷한 요소가 된다. 그러므로 본고는 15세기 소설에서 나타나는 전기성의 특징을 작품을 근거로 추출해 보았다.

우선 15세기 소설의 전기성은 인간과 귀신과의 사랑 및 주인공의 저승 체험담이라는 두 요소에서 비롯된다. 귀신담이나 저승담은 둘 다 초현실적인 소재를 다루고 있지만 그 분위기는 전혀 다르다. 같은 15세기 작품이면서, 같이 초현실적인 내용을 전개시키는 데도 뭔가 차이점이 있는 것이다. 그 미감의 차이는 무엇에서 비롯하는가? 작품 분석 결과, 15세기 소설에서 나타나는 귀신담은 매우 개인적인 영역의 문제, 개인적인 감정의 치유 등의 문제와 결부되면서 비극적인 심미감을 연출하며, 이에 비해 저승담은 공적인 영역에 대한 관심과 결부되면서 우의라는 표현 기법을 통해 정치적, 사회적 문제에 대한 의식을 우회적으로 표출하고 있음을 알 수 있었다.

조선시대 소설을 논할 때에 초현실적 요소가 등장하면 대개 낭만성이라는 용어로 해결하는데, 이것이 너무 도식적인 접근이라는 비판은 이미 제기된 바 있다. 산업 자본주의 시대의 사실주의 문예사조를 관통해 온 오늘날의 서사문학은 다시 환상성의 문제에 경사되는 경향이 있다. 환상성과 초경험적 요소는 이제 첨단기술과 정보로 구성될 새로운 세기를 반영하고 전망하는 중요한 단어가 될 것으로 보인다. 조선조 오 백 년만이 아니라 오늘날의 서사문학에서도 환상성과 초경험적 요소는 여전히 등장한다. 15세기는 조선시대의 서사문학사에서 환상적인 사고가 가장 활발했던 시기였다. 15세기 소설에 나타나는 환상적 요소의 특질을 살피는 것은 오늘날의 문학적 특질을 살피는 데에도 필요한 연구가 될 것으로 보인다.

제2장 경판 방각본 소설의 특징

1. 서론

고전소설은 필사본, 방각본, 구활자본의 형태로 독자들에게 유통되었다. 현재 남아있는 작품 중 수적으로 우세한 것은 필사본이나. 필사본이란 개인이 붓으로 소설을 베낀 것으로, 이러한 필사작업은 구한말 이후에도 계속 되었다. 그러므로 필사자가 필사연대를 추정할 만한 내용의 간기나 기록을 남기지 않은 경우는 그 유통시기를 추정하기가 어렵다. 또한 필사본 소설은 그 독자 수가 한정되어 있다. 구활자본은 일단 인쇄, 출판된 것이므로 구활자본으로 나왔다는 것은 그 소설이 그만큼 널리 수용되었던 작품임을 시사한다. 그런데 구활자본 소설은 우리나라에 연활자 기술이 도입된 이후에 등장한 것이므로 구활자본의 내용이 바로 고전소설이 발생, 유통되었던 조선 시대의 정황을 시사한다고 말하기는 어렵다. 이에 비해 방각본은 고전소설이 실제로 창작, 수용되던 당대의 출판물이다. 조선 후기에 많은 독자를 확보했던 작품이 판각, 출간된 것이므로 방각본을 저본으로 한 고전소설 연구는 당대의 실상에 보다 가깝게 접근하리라고 기대된다.

방각본 소설에 대한 서지적 연구는 그동안 단편적으로 이루어져 왔으나, 아직까지 종합적이고 체계적인 연구를 이루어지지 못하고 있다. 완판 방각본 소설에 대한 연구는 유탁일 교수에 의해 깊이 있게 이루어져 있으나,[1] 경판 방각본 소설에 대해서는 그만큼 깊이 있게 연구되지 못하고 있다. 여기에는 몇 가지 기본적인 난관이 있는 것으로 보인다.

우선 경판의 서지적 연구를 위해 필요한 작품의 원본이 거의 남아있지 않다는 점을 들 수 있다. 얼마 정도 남아있기는 하지만 국내·외의 여러 곳에 흩어져 있어서 체계적인 검토가 불가능한 형편이다. 그와 아울러 경판 방각본 소설의 연구에 필요한 주변 자료가 거의 남아있지 않다는 점을 들 수 있다. 개화기 이후 방각본에 관한 자료나 증거들이 제대로 보존되어 있지도 못할 뿐 아니라, 얼마간 남아 있음직한 자료들도 전란과 개발에 밀려 사라져 버렸다. 이에 비하면 완판에 관한 자료는 비교적 많이 남아있는 편이고, 따라서 그에 대한 연구도 어느 정도 가능하게 된 것으로 보인다.

서지적 연구가 쉽지 않다는 이유 때문에 이 문제가 깊이 있게 검토되지 못한 채로 경판 방각본 소설에 대한 연구가 이루어져 왔다. 그

1 유탁일, 『한국문헌학연구』, 아세아문화사, 1989. 이 책에 실린 논문 중, 「완판 방각소설 형성 배경」, 「호남지방간행 방각본의 내맥來脈」, 「완판 방각본 간행 서포」, 「완판 방각소설의 문헌 변화 양상과 요인」, 「완판 조웅전의 문헌 분석과 계보 설정」, 「완판 춘향전의 문헌학적 분석」, 「완판 심청전의 문헌학적 분석」 등의 논문이 여기에 속한다.

결과 소설 연구는 현재 상당한 문제점을 보이고 있으며, 더 이상의 진전 없이 제자리를 맴돌고 있는 실정이다. 연구를 위한 자료가 부족하다는 한계를 가지고는 있지만 주어진 자료만으로라도 경판본 소설의 서지 문제를 포함한 기초적 문제에 대한 검토가 이루어져야 할 것으로 본다. 이런 입장에서 저자는 지금까지 알려진 여러 가지 사실들을 정리해 보고 앞으로의 연구를 위한 몇 가지 문제점들을 제시해 보고자 한다.

지금까지 경판 방각본 소설에 대해서는 이능우, 김동욱 등에 의한 개괄적 검토가 있었고, 유탁일에 의한 문헌학적 고찰이 있다.[2] 본고는 이를 바탕으로 하여 경판 방각본 소설의 현황을 살펴보고, 그 전반적 내용을 검토함으로써 완판 방각본 소설과 대비해서 경판 방각본 소설의 특성을 살펴보고자 한다. 이를 통해서 경판 방각본 소설이 갖는 위치를 이해하는 바탕을 삼고자 한다.

2. 방각본坊刻本의 성립과 경판본京板本

'방각본'이라는 명칭은 원래 중국 남송 때 서방書坊 또는 서사書肆에서 민간이 판매를 목적으로 목판에 새겨 찍어내던 책을 일컫던 용

2 이능우, 「이야기책 '고대소설' 板本誌略」, 숙명여대 『논문집』 4집, 숙명여대, 1964; 김동욱, 「방각본에 대하여」, 『동방학지』 11집, 동양학연구소, 1970; 유탁일, 「경판방각소설의 문헌학적 연구를 위한 모색」, 『도남학보』 7·8집, 1985.

어이다.[3] 방각본이란 명칭 외에도 방간본坊刊本, 방본坊本, 서방본書坊本, 사본肆本 등의 명칭이 그 동의어로 쓰였다. 방각본의 '坊'이란 '저자市'라는 의미를 지니고 있으므로 우리나라의 방각본도 관官에서 인쇄, 보급한 관각본官刻本과는 달리, 민간이 영리를 목적으로 판각板刻, 출판한 책을 가리킨다. 우리나라의 방각본坊刻本은 조선 중기에 생성되어 일제 때까지 간행되었다.

방각본을 출간해 냈던 지방은 서울(경판), 전주(완판), 안성(안성판), 대구(달성판) 등인데, 이곳들은 물산, 특히 종이의 공급이 원활하거나, 교통의 요지였다. 대부분의 방각본 출판물은 유교적인 교양을 위한 경전이나 또는 실생활에 필요한 백과전서, 의학서 등이 주종을 이루며, 한글소설은 방각 출판물의 일부분에 해당한다. 방각본 중 소설이 출간된 곳은 경판京板, 완판完板, 안성판安城板의 세 곳이다. 대구에서 소설이 출간되지 않은 것은 '소설'이라는 장르 자체를 탐탁하게 여기지 않은 그 지방의 분위기와 함께 영남지방 독자들의 소설 독서 성향과도 유관할 것으로 보인다. 이원주의 연구에 의하면, 영남지방의 고전소설 독자들은 「—전」 소설보다도 「—록」 소설을 선호하는데,[4] '록錄'소설은 대개 분량이 길어 방각본으로 찍어내기에는 부적합하다. 현존하는 방각본 소설도 대부분 '전傳'계열의 소설인 것이다. 서울, 전주, 안성에서 출간된 소설의 종류와 분량으로 볼 때 경판과 완판이 방각본 고전소설의 주류를 이룬다.

우리나라 방각본의 기원은 분명치 않으나, 『고사촬요故事撮要』라는 자료에 의하면 그 하한선은 대략 선조宣祖 초기가 되며, 다른 지방

3 천혜봉, 『한국서지학』, 민음사, 1991, 184쪽

4 이원주, 「고전소설 독자의 성향」, 『한국학논집』 3집, 대구계명대, 1975, 180~181쪽.

이 아닌 서울에서 시작된 것으로 추정된다. 『고사촬요』는 소백과사전으로 일상생활에 필요한 상식을 담고 있었으므로 그 수요가 많았을 것이다. 이 책의 간기刊記에 보면, '만력사년 칠월일 수표교하 북변이제리문입하한수각판 매자심래萬曆四年 七月日 水標橋下 北邊二第里門入河漢水刻板 買者尋來'라는 내용이 있다. 만력 4년이란 조선 선조 9년(1576)이므로, 이는 조선 선조 초에 '서울 수표교 부근의 하한수'라는 사람의 집에서 『고사촬요』라는 책을 새겨 팔았음을 알게 해주는 기록이다.[5] 이것이 현존하는 방각본 자료 중 가장 앞선 기록으로, 임진왜란 이전 서울에서 이미 사적私的인 영리를 목적으로 하는 출판 행위가 이루어지고 있었음을 알 수 있다.

지방에서 나온 방각본 중 가장 오래된 것으로 알려진 완판完板 서계西溪의 『사요史要』는 인조 26년(1648)경에 간행된 것으로 추정되므로,[6] 우리나라 방각본의 기원은 경판 방각본이 처음으로 나온 선조 초년경으로 잡는 것이 타당할 것이다.

경판 방각본 소설은 서울에 있던 여러 군데의 방각소에서 간행되었던 것으로, 작품의 종류가 분량에 있어서 완판 방각본 소설과 함께 소설사에서 중요한 흐름을 이루고 있다.

5 권희승, 「호남 방각본에 관한 연구」, 성균관대 석사논문, 1981, 10쪽.
6 위의 글, 11쪽.

3. 경판 방각본 소설의 현황

방각본 소설들의 원본原本은 쉽게 찾아볼 수 없는 형편이지만, 현재 전해지는 대부분의 작품들은 김동욱 교수가 편찬한 『영인 고소설 판각본 전집影印 古小說 板刻本 全集』에 영인, 수록되어 있으므로 이를 대상으로 하여 논의를 진행시키기로 한다. 이 전집에 실려 있는 작품들 가운데 경판 방각본 소설들을 골라서 목록을 작성하고, 각 작품이 판각된 횟수와 판종의 형태를 살펴보기로 하겠다. 이 전집이 조선조 방각본 소설의 전모를 보여준다고 할 수는 없지만, 당대에 많이 출간되었던 작품이 후대에도 많이 남아 있을 확률이 크다. 또 출간된 횟수가 많을수록 그 작품은 당대 고전소설 향유층에게 널리 수용됐던 작품일 것이다. 그러므로 아래의 목록은 출간된 소설의 작품수가 많은 소설부터 제시하기로 한다. 이를 통해 경판 방각본 소설 향유층의 취향을 추정하는 것도 가능할 것이다.

괄호 안의 숫자는 『고소설 판각본 전집』의 권수를 가리키며, 동일한 작품이 완판, 안성판에도 있을 경우는 옆에 완판, 안성판 칸을 마련, 그 작품수를 표시했다.

1) 경판 방각본 소설 목록

출간횟수	작 품 명	경 판	원판	안성판
5종	소대성전	A. 단, 16장(1) B. 단, 24장(4) C. 단, 24장(4) D. 단, 36장(4)－C + 보각 E. 단, 23장(4)－B + 보각	3	1
4종	조웅전	A. 단, 30장(5)－홍수동중간紅樹洞重刊 B. 단, 20장(5) C. 단, 17장(5) D. 단, 16장(3) * C와 D는 11장까지는 같은 판종임. E. 단, 30장(3) * E는 A와 같은 판종임.	4	
	심청전	A. 단, 24장(2) B. 단, 20장(2)－송동신간宋洞新刊 C. 단, 26장(4) D. 단, 24장(4)	3	1
	진대방전	A. 단, 36장(3)－유동신간由洞新刊 B. 단, 20장(5) C. 단, 28장(5) D. 단, 28장(5)	1	
	홍길동전	A. 단, 24(3) B. 단, 23장(3)－어청교신간漁青橋新刊 C. 단, 20장(5) D. 단, 29장(5)－야동신간冶洞新刊	2	1
	삼국지 (도원결의록)	A. 一, 35장(1)－미동신간美洞新刊 二, 35장(1) 三, 29장(1)－기미 맹하 홍수동 신간己未 孟夏 紅樹洞 新刊 * A에는 한남서림의 판권이 붙어 있음. B. 단, 20장(4)－미동신간美洞新刊 C. 一, 25장(4) 二, 27장(4) 三, 20장(4)－A의 - + 보각 四, 21장(4) 五, 28장(4) D. 下, 17장(1)－남곡신판南谷新板	삼국지 : 3 화룡도 : 3	
	금령전	A. 단, 20장(1)－송동신판宋洞新板 B. 단, 28장(4) C. 단, 28장(4) D. 단, 16장(4)		
3종	구운몽	A. 단, 32장(1) B. 단, 29장(4)－정해 계춘 포동丁亥 季春 布洞 C. 단, 32장(4)－효교신간孝橋新刊	4	
	사씨남정기	A. 下, 34장(1)－신해 계동 유동辛亥 季洞 由洞		

출간횟수	작 품 명	경 판	원판	안성판
		B. 上, 32장(4) 下. 32장(4)－신해 계동 유동 신판辛亥 季洞 由洞 新板 C. 上, 21장(4) 中, 19장(4) 下, 23장(4)－신해 계동 유동 신판辛亥 季洞 由洞 新板 * C는 B의 분권임.		
	황운전	A. 一 二, 59장(3) 三, B. 一, 31장(3) 二 C. 一, 30장(5) 二. 29장(5)		
	장경전	A. 단, 16장(2) B. 단, 25장(2) C. 단, 35장(5)－임자 칠월 미동 중간壬子 七月 美洞 重刊	1	
	숙영낭자전	A. 단, 16장(2) B. 단, 20장(2) C. 단, 28장(4)		
	춘향전	A. 단, 16장(3) B. 단, 17장(3) C. 단, 30장(5)	3 별춘향전 : 1	1
	임장군전	A. 단, 27장(2)－화천 중간華泉 重刊 B. 단, 21장(2)－정해 맹동丁亥 孟洞 C. 단, 16장(2)		
	용문전	A. 단, 33장(2) B. 단, 25장(4) C. 단, 25장(4)－기미 석교 신간己未 石橋 新刊	3	
	장풍운전	A. 단, 27장(2)－무오 홍수동 신간戊午 紅樹洞 新刊 B. 단, 29장(5)－ 〃 C. 단, 31장(5)	2	
2종	숙향전	A. 下, 30장(2)－무오 십월 야동 신판戊午 十月 冶洞 新版 B. 上, 20장(4) 中, 21장(4)－무오 십월 야동 신판戊午 十月 冶洞 新版 下, 23장(4) * A의 「숙향전」 中, 下는 B의 中, 下와 동본임.		
	정수정전	A. 단, 16장(3)－대한 광무 구년 중추 합동 신간大韓 光武 九年 仲秋 蛤洞 新刊 B. 단, 17장(3)		
	당태종전	A. 단, 26장(1) B. 단, 18장(1)		
	삼설기	A. 上, 17장(1) 下, 18장(1) 三, 17장(1) B. 下, 26장(4) * B는 「금수전」과 같은 내용임, B의 마지막 쪽은 '노처녀가' 가 붙어 있음.		

출간횟수	작 품 명	경 판	원판	안성판
	남정팔난기	A. 一, 17장(1) 二, 17장(1) B. 一, 30장(4) 二, 27장(4)		
	쌍주기연	A. 上, 16장(1) B. 단, 32장(4)		
	설인귀전	A. 上, 17장(2) B. 단, 30장(4)		
	전운치전	A. 단, 17장(2) B. 단, 22장(5)		
	흥부전	A. 단, 20장(3)－송동신판宋洞新板 B. 단, 25장(3)		
	월봉기	A. 一, 34장(5)－홍수동판紅樹洞板 二, 33장(5)－유천신간由泉新刊 B. 上, 20장(5) 中, 23장(5) 下, 23장(5)－유천신간由泉新刊 * B는 A의 분권임.		
	임진록	A. 一, 48장(2)－갑오 중추 무교 신간甲午 仲秋 武橋 新刊 二 B. 上, 25장(5)	1	
	장화홍련전	A. 단, 18장(2)－자암 신간紫岩 新刊 B. 단, 28장(5)		
	제마무전	A. 단, 32장(5)－홍수동 중간紅樹洞 重刊 B. 단, 24장(5)		1
	금향정기	A. 一, 20장(1) B. 一, 36장(4) 二, 32장(4)－유동 신간由洞 新刊		
1종	강태공전	上, 20장(1) 下, 19장(1)－남곡 신판南谷 新板		
	곽분양전	上, 23장(1)－한남서림 中, 24장(1) 〃 下, 22장(1) 〃		
	백학선전	단, 24장(1)		
	수호지	一, 20장(2) 二, 20장(2) 三, 20장(2)		
	신미록	단, 32장(2)－신유 이월 홍수동 신판辛酉 二月 紅樹洞 新板		
	양산백전	단, 24장(2)		
	양풍전	단, 24장(2)		1
	옥주호연	단, 29장(2)－신해 원월辛亥 元月, 한남서림		
	월왕전	上, 20장(2) 中, 24장(2) 下, 19장(2)－유동 신간由洞 新刊, 한남서림		
	이해룡전	단, 19장(2)		
	장한절효기	단, 29장(2)－홍수동 신간紅樹洞 新刊, 한남서림		

출간횟수	작 품 명	경 판	원판	안성판
	적성의전	단, 23장(3)	1	
	징세비태록	단, 32장(3)		
	토생전	단, 16장(3)—무오 십일월 홍수동 신간戊午 十一月 紅樹洞 新刊	토별가 : 1	
	김원전	단, 30장(4)		
	김홍전	一, 29장(4) 二, 28장(4)		
	서유기	上, 31장(4)－병진 맹동 화산 출간丙辰 孟冬 華山 出刊 下, 28장(4)		
	울지경덕전	단, 26장(5)－갑자 계추 동현 출간甲子 季秋 銅峴 出刊		
	장백전	단, 28장(5)	1	

* 위의 표에서 ( ) 안의 숫자는 『영인 고소설 판각본 전집』의 권수를 가리킴.

2) 경판의 방각소坊刻所와 방각 연대

방각소에 대한 정보는 방각본의 뒤에 붙은 간기刊記를 통해서 알 수 있으며, 방각소는 대개 동洞의 이름으로 되어 있다. 소설, 비소설을 통틀어 서울에서 방각본을 출판하던 방각소는 대략 24개소인데, 그 이름을 열거하면, 광통방廣通坊, 남곡南谷, 동현銅峴, 경기京畿, 미동美洞, 무교武橋, 송동宋洞, 석교石橋, 석동石洞, 어청교漁青橋, 서방書坊, 용동龍洞, 야동冶洞, 유천由泉, 자암紫岩, 화산華山, 화천華泉, 합동蛤洞, 홍수동紅樹洞, 효교孝橋 등이다. 이들 방각소가 위치했던 동명洞名의 현재 위치에 대해서는 기존 논의에서 비교적 상세히 밝혀 놓았다.[7] 이 밖에도 지금의 서소문 근처에 활동活洞이, 낙원동 부근에 유동由洞이, 화동에 동곡東谷이, 의주로 2가에 포동布洞이 있었다고 한다. 기존 논의에 의하면 경판 방각소는 지금의 을지로 부근, 서대문 부근, 동대문 부근에 많이 위치했었다.

7 유탁일, 앞의 글, 1985, 52~53쪽. 이 논문의 53쪽에서 유탁일은 방각소의 현재 위치에 대해 김동욱, 이능우, 안춘근의 기존 연구 결과를 종합하여 도표로 소개하고 있다.

위의 방각소坊刻所 가운데 한글 방각본 소설을 많이 출판했던 곳은 송동(宋洞 : 명륜동 2가), 유동(由洞 : 을지로 1가), 홍수동(紅樹洞 : 창신동) 등 세 곳 정도이다. 이 중 송동(심청전, 금방울전, 백학선전, 상주기연, 홍부전, 삼국지)과 홍수동(조웅전, 장풍운전, 삼국지, 숙영낭자전, 신미록, 월봉기일, 장한절효기, 제마무전)에서 발간한 방각본은 모두 한글소설만 남아있으며, 유동에서 출간한 것으로는 한글소설 7종(사씨남정기, 월왕전, 삼설기, 진대방전, 토생전, 현수문전, 금향정기)과 한문서적 6종이 남아있다. 방각본으로는 원래 경전이나 의학서 등의 한문 교양서적이 주로 출판되었다. 이러한 당대의 현실에 비추어 보면, 위의 방각소들은 주로 한글소설을 많이 출판했다는 특징을 갖고 있다. 이 사실에 비추어 조심스럽게 추론해 본다면 방각소 중 송동과 홍수동은 후대에 생긴 곳일 수도 있다. 주로 한글소설만을 출간함으로써 영리를 추구할 수 있었다면 이는 방각본이 널리 유포된 상황에서 가능했을 것이기 때문이다. 그러나 이는 단지 추론일 뿐이며, 이 추론을 뒷받침하기 위해서는 좀 더 실증적인 자료들이 발견되어야만 할 것이다.

이들 방각소는 '중인 거주지역中人 居住地域 중에서도 원주민 쇠퇴적 구역으로 서민이 살던 곳'에 위치했었다는 특징을 지니고 있으며,[8] 방각본의 지질이나 책의 형태를 보더라도 방각 사업은 영세한 규모로 이루어졌음을 알 수 있다.

경판 방각본 소설의 출판연대를 추정하기는 상당히 어렵다. 방각본의 출판연대는 대부분 그 간기를 보아 추정하는데, 한글 방각본 소설 가운데는 간기가 없는 것도 상당수에 이르고, 간기가 있다 하더라도 그것

8 이능우, 앞의 글, 1964, 59쪽.

이 육십갑자六十甲子로 표기되어 있기 때문에 자칫하면 60년의 오차가 나게 된다. 이런 경우에 지질紙質이나 인쇄방법 또는 서체 등 다른 보조적 자료를 이용할 수밖에 없는데, 이런 것을 살펴볼 자료가 별로 남아있지 않다. 경판본의 경우는 거의 같은 시기에 간행한 책이라 할지라도 작품에 따라 서체가 다르게 나타나기도 한다. 기존의 연구를 참조하면서, 간기를 통해서 방각본 소설의 출간연대를 추정해보면 다음과 같다.[9]

1848년(무신) – 삼설기, 토생전(유동)

1851년(신해) – 사씨남정기(유동), 옥주호연(한남서림)

1852년(임자) – 장경전(미동)

1856년(병진) – 서유기(화산)

1858년(무오) – 장풍운전(홍수동), 숙향전(야동)

1859년(기미) – 삼국지(홍수동), 용문전(석교)

1861년(신유) – 신미록(홍수동)

1864년(갑자) – 을지경덕전(동현)

1887년(정해) – 구운몽(포동)

1894년(갑오) – 임진록(무교)

1905년(대한 광무 9년) – 정수정전(합동)

1921년(대정 10년) – 조웅전(홍수동), 임장군전(화천), 삼국지(미동, 홍수동), 당태종전, 곽분양전, 옥주호연, 월왕전(유동), 장한절효기(홍수동) → 한남서림

1923년(대정 12년) – 삼국지(미동) → 태화서관

9 유탁일, 앞의 글, 1985, 47~62쪽.

위의 내용을 보면, 경판 방각본 소설은 1848년 무신년에 출간되기 시작하여, 그 10년 뒤인 1858년 무오년에 가장 많은 종류의 소설이 간행되고 있다. 이는 국문소설을 많이 발행한 유동(1847~1856)과 홍수동(1858~1861)의 활동시기와 유관한 것으로 보인다. 이것은 또한 이 시기에 이르러 소설 독자층의 요구가 왕성해졌음을 뜻한다.

방각본 소설의 출간은 1880년대에 이르러 신활자 도입과 더불어 급격히 위축되다가 1920년경에 이르러 목판본 소설이 다시 나타나게 된다. 그러나 이것은 새롭게 판각 작업을 해서 출간한 것은 아니며, 기존의 고전소설 판목들을 다시 찍어낸 것이다. 그러므로 어떤 작품에는 경판 방각소의 동명洞名과 일제 때의 출판소 이름이 함께 나타나기도 한다. 특히 한남서림翰南書林에서는 고전소설 판목들을 사들여서 다시 출간했고 그 가운데 상당수가 현재까지도 전해지고 있다. 위에서 방각 연도를 제시할 때, 일제시대에도 계속 방각본이 출간됨은 이런 연유에서이다. 한남서림翰南書林이나 태화서림泰華書林은 판각본 소설과 활자본 소설 사이의 교량 역할을 했다. 방각본 소설은 비교적 오랜 기간에 걸쳐 나왔음에도 불구하고 출판시기에 따른 출판 경향의 변화는 나타나지 않는다. 이로 미루어 볼 때 방각본 소설은 새로운 작품의 창작이나 별다른 개작이 없이 판을 바꾸거나 보완하면서 유지되어 온 것으로 보인다.

4. 경판 방각본 소설의 성격

경판 방각본 소설은 서울을 중심으로 한 당대 고전소설 향유층의 성향과 관심 분야를 반영하는 것으로 보인다. 경판 방각본 소설은 완판 방각본 소설의 경우와 비교했을 때, 그 성격이 더욱 분명해진다. 완판 방각본 소설은 판소리계 소설 4종, 영웅소설 13종으로 모두 17종이다. 유탁일의 연구에 의하면, 큼직한 해서체로 쓰인 완판본의 향유층은 판소리를 즐기는 호남湖南의 영세소작농零細小作農과 임노동자賃勞動者들이며, 대부분이 남성 독자로 영웅소설에 대한 경사를 보여준다.[10] 이에 비해 경판본의 특징은 대체로 다음 몇 가지로 요약될 수 있다.

첫째, 완판본에 비해 한 권의 분량이 적다는 점이다. 경판본의 경우, 대부분의 소설이 30장 내외이며, 이보다 길어질 경우에는 '上·下', '天·地·人', 또는 '一·二·三' 등의 형태로 분권分卷된다. 작품에 따라서는 5권 이상으로 분권되어 출판된 경우도 있다. 위의 도표에서 보인 「삼국지三國志」 중, C의 경우가 바로 여기에 해당한다. 다섯 번째 권에서도 '下回를 分析하시오'로 끝을 맺고 있는 것으로 보아서 다섯 권 이상으로 출판됐음을 알 수 있다. 처음에는 '상, 하' 두 권의 형태로 출판했다가 나중에 찍어낼 때, 그것을 다시 세 권으로 만든 것도 있다. 유동에서 발행한 「사씨남정기」와 유천에서 나온 「월봉기」 등이 그런 경우이다. 「월봉기」 A의 경우, 상권에는 간기가 '홍수동'으로 되어 있고 하권에는 '유천'으로 되어 있는 것으로 보아, 원

10 유탁일, 「완판 방각소설 간행의 배경」, 앞의 책, 1989, 127~154쪽.

래 홍수동에서 판각했는데 그 판을 유천에서 사서 다시 출판하고, 그 후에 또 한 번 세 권으로 나누어 출간한 것으로 보인다. 이런 경우에도 내용의 변개變改는 없으며, 각 권이 이어지는 부분만 조금 수정하여 출판했다. 이렇게 분권된 작품이 많은 것은 방각본이 갖는 상업성에 기인한 것으로 보인다. 출판업자들은 약간이라도 이익을 더 얻기 위해서 독자들의 호응이 많은 작품을 가급적 여러 권으로 나누어 출간하는 관습이 있었다.[11]

둘째는, 글씨를 작게 하여 한 장에 많은 내용을 담고 있다는 점이다. 이것도 앞에서 말한 출판업자들의 경제적 이익과 관계가 있는 문제이다. 출판 경비를 줄이기 위해서는 판목의 숫자를 줄여야 하고, 그러기 위해서는 한 장 속에 많은 내용을 담을 수 있도록 글자 모양을 줄여야 한다. 그들은 판목이 마모되어 사용하기 어려운 경우에는 기존의 판목에다가 필요한 부분만을 다시 새겨 사용하였다. 이를 보각補刻이라 하는데, 앞에서 제시한 목록을 참고하면, 이같은 보각 작업이 「소대성전」, 「삼국지」 등 경판 방각본 소설 중 다수의 작품들에 나타나고 있음을 알 수 있다.

셋째는, 중국소설을 번역・번안한 작품이나 중국적 소재를 취택한 작품이 많다는 점이다. 경판본에는 명明의 사대기서四大奇書 가운데 「삼국지」, 「수호지」, 「서유기」가 출간되었으며 명, 청 이후 중국에서 유행하던 「설인귀전」과 청나라 강희, 건륭제 때에 성황을 이룬 탄사소설인 「금향정기」도 번안되었다. 이 밖에도 「당태종전」, 「제마무전」, 「양산백전」, 「강태공전」, 「곽분양전」 등의 작품도 영향 관계 혹은 소재

11 이창헌, 「경판 방각소설의 상업적 성격과 이본 출현에 대한 연구」, 『관악어문연구』 12집, 1987 참고.

선택 등으로 중국 문학에 원천을 두고 있는 것들이다. 경판본에는 고전소설 작품 이외에도 '무교武橋'에서 출판한 「전등신화구해剪燈新話句解」, '동현銅峴'의 「오언당음五言唐音」 등의 책들이 출간되어, 중국문학에 대한 폭넓은 관심을 보여 준다. 특히 「전등신화구해」의 출간은 서울에 중국본 「전등신화」의 독자가 많았음을 짐작하게 한다. 완판 방각본 소설의 경우, 중국소설과 관련이 있다고 할 수 있는 작품은 「삼국지」 1종, 「화룡도」 3종, 그리고 「초한전」 등 불과 몇 작품에 지나지 않는다. 이와 비교할 때 경판 방각본 소설은 사대기서, 탄사소설彈詞小說, 「삼언」이나 「금고기관」 등의 단편소설 등 각기 성격이 다른 여러 종류의 중국소설을 수용했다는 한 특징을 엿볼 수 있다.

경판 방각본 소설 중에서 중국소설의 번역·번안이 차지하는 비중이 이처럼 높게 나타나는 데는 그 나름의 이유가 있다. 우선 경판 방각본의 무대가 서울이었다는 점을 들 수 있다. 서울은 조선의 수도로서 중국 문화와의 교류가 가장 활발하던 곳이었다. 중국에서 유입되는 문화는 먼저 서울을 경유한다. 게다가 방각소가 자리한 곳은 중국인 거주지역이었다. 중인계층 가운데는 외국어에 능통한 역관譯官들도 있어서 중국소설을 쉽게 접하고 그것을 수입하는 일에도 관여할 수 있었다. 이는 다시 다음의 두 가지 사실로 수렴될 수 있다. 한 권의 장수가 적고, 후행본으로 추정되는 이본일수로 분권하는 추세를 보이며, 글자 크기가 작다는 점은 경판 방각본 소설의 상업성을 보여준다. 그리고 향유된 지역이 서울이라는 특성에서 말미암은 중국 문학의 수용, 여성을 주인공으로 삼은 작품이 많다는 것, 다양한 갈래의 작품 등의 요소는 결국 경판 방각본 소설이 다양하고도 풍부한 고전소설의 원천이 되도록 만드는 데 기여했다. 물론 필사본도 있겠으나, 방각본이란 인쇄매체이므로 다수에 의한 공적인 인정을 전제로 한 작품들이라는 점에서 그 의미가 다르다. 방각업자들의 상업성과 서울을 중심으로 한 향유층의 문학 취향의 결합으로 인해 형성된 경판 방각본은 작품의 형식과 내용 면에서 고전소설을 다기多岐하게 발전시켰으며 풍요롭게 하였다.

이 밖에도 구성, 서술기법, 인물 창조 방식, 주제 구현, 문학 배경, 독자층의 특성 등이 검토되어야 할 것이나 이런 문제는 앞으로 서지적書誌的 문제가 충분히 다루어진 다음에 검토되어야 할 것으로 보고 여기서는 줄이기로 한다.

5. 결론

본고는 『영인 고소설 판각본 전집』에 실린 자료를 통해서 경판 방각본 소설의 실태와 성격에 대해 고찰하였다. 경판 방각본 소설은 완판 방각본 소설과 함께 현존하는 고전소설의 주요 자료로 남아 있다. 완판 방각본 소설에 대해서는 어느 정도 깊이있는 검토가 이루어져서 작품의 내용이나, 출판 상황 등이 비교적 소상하게 알려지게 되었다. 또 완판 방각본 소설은 전반적으로 남성 위주의 군담소설과 판소리계 소설이 그 주류를 이룬다는 사실 등이 밝혀져 있다. 그러나 작품의 종류에 있어서나 소설 문학의 발전에 끼친 영향 등에 있어서 기여도가 큰 경판 방각본 소설에 대해서는 아직 그러한 검토가 이루지지 않았다.

본고는 우선 『영인 판각본 고소설 전집』에 실린 경판계 방각본 소설의 작품 목록을 작성하고 이를 토대로 하여, 경판 방각소와 출판 연대, 그리고 출판 형태에 대해 살폈다. 경판 방각본 소설은 완판 방각본 소설에 비하여 중국 소설의 번역・번안소설, 여성을 주인공으로 한 소설이 많다. 이는 경판 방각소가 위치한 장소와 수용층의 성향에서 기인한 결과이다. 또한 경판 방각본 소설은 한두 부류의 작품에 치우치지 않고 다양한 종류의 작품을 출간했다. 작품의 다양성이야말로 경판 방각본 소설의 특징이라 하겠다.

제3장 「재생연再生緣」의 번역양상 연구

1. 서론

낙선재본 소설은 여타의 고전소설에 비하여 특히 중국적인 분위기를 많이 지니고 있다. 이러한 특징으로 말미암아 낙선재본 소설에 대한 기존 연구에서도 작품의 국적 문제에 대한 논의가 집중적으로 이루어졌다.[1] 실제로 「홍루몽」, 「성풍류」, 「설월매전」 등 낙선재본 소설 중 상당수에 이르는 작품들이 중국소설의 번역이다. 그러므로 낙선재본 소설을 연구할 때에는 그 작품의 창작 여부를 확인할 필요가 있으며, 기존 논의에서 이에 대한 오류나 오해가 보인다면 바로잡아야 할 것이다.

낙선재본 「재생연전」도 이러한 소설 중의 하나이다. 지금까지는 이 작품을 국내 창작물로 보았다. 『한국고전소설연구』에서 김기동

1 김진세, 「낙선재본 소설의 국적문제」, 『한국문학사의 쟁점』, 집문당, 1986, 561~568쪽 참고.

은 이 작품이 중국을 배경으로 한 창작소설이라고 소개하면서, 작품의 독창성을 설명하는 데에 중점을 두었다.[2] 본격적인 논의는 신재홍의 「재생연전」에서 이루어진다. 그는 이 작품의 국적 문제를 검토하면서, 작품 속에 드러난 속담, 풍속, 민간요법, 고려에 대한 서술태도, 어휘 구사의 측면 등을 근거로 하여, 이 작품이 국내의 창작작품으로서 19세기 말에 창작되었을 것으로 추정했다.[3]

그런데 맹요의 『중국문학사』 제4책에 보면, 「재생연」이라는 작품명이 보이며, 그 줄거리 역시 낙선재본 「재생연전」과 부합되는 점들이 있다.[4] 뿐만 아니라 김학주의 『중국문학사』에도 같은 작품명을 언급하고 있다.[5] 이 기록들을 보면, 낙선재본 「재생연전」이 중국소설과 어떤 연관을 가지고 있으리라는 추론이 가능하며, 번역 내지는 번안일 가능성이 있음을 알 수 있다. 낙선재본 「재생연전」이 중국 작품의 번역일 가능성은 장효현의 언급에서도 발견된다. 『정신문화연구』 통권 44호에서 장효현은 낙선재본 소설 목록을 다시 정리했는데, 「재생연전」을 번역작품의 항목에 넣어 분류했다. 설명이나 검토 없이 항목만을 제시하였으나, 저자의 논의에 확신을 더해 주었다.[6] 그러므로 「재생연전」의 창작 여부를 정확히 가리기 위해서는 이 문제를 다시 검토할 필요가 있다.

저자가 확인한 중국본 「재생연」은 세 종류이다. 본고는 이런 이본들을 토대로 중국본과 낙선재본의 내용 검토 및 그 대비를 통해 낙선

2 김기동, 『한국고전소설연구』, 교학연구사, 1985, 785~786쪽.
3 신재홍, 「재생연전」, 『한국고전소설작품론』, 집문당, 1990, 1073~1103쪽.
4 맹요, 『중국소설사』, 대만 : 중화서국, 1970, 610~611쪽.
5 김학주 외, 『중국문학사』, 동화출판공사, 1984, 405쪽.
6 장효현, 「낙선재본 소설의 서지 및 연구」, 『정신문화연구』 통권 44호, 한국문화연구원, 1991, 124쪽.

재본「재생연전」의 창작 여부를 확인하고, 중국 작품의 번역인 경우에는 번역의 배경과 의의 등에 대해서도 고찰할 것이다.

2.「재생연」의 서지와 구성

1) 작가와 저작의 배경

「재생연」의 작가는 진단생陳端生으로 알려져 있으나 실은 진단생陳端生, 양덕승梁德繩 두 사람의 작품이다. 진단생이 1권부터 17권까지 쓰고서 끝을 못 맺고 죽자 후에 양덕승이 나머지 세 권을 써서 작품을 완결했다.

진단생(1751~1796)은 절강浙江 항주杭州 사람으로, 청대淸代의 유명한 여류시인이자 탄사소설가彈詞小說家이다. 자字는 춘전春田이며, 일명 운정雲貞이라고도 한다. 그녀의 집안은 관료가정으로, 청대의 유명한 시문가詩文家인 할아버지 진조륜陳兆侖은 순천부윤順天府尹, 태상시경太常寺卿, 통정사부사通政司副使 등을 지냈으며, 아버지인 진옥돈陳玉敦은 산동 등주부山東 登州府, 운남 임안부雲南 臨按府 등지의 동지同知를 역임했다. 그녀에게는 세 자매가 있었는데, 모두 시詩를 잘 했으나 특히 막내인 진장생이 시로 이름을 얻었다.

진단생의 어머니 왕씨汪氏는 절강의 명문 귀족 출신으로, 진단생의 외가 역시 글을 잘 하였다. 그녀의 문학적인 성취에는 이러한 분위기에서 자란 어머니 왕씨의 영향도 있다. 왕씨는 진단생이 18세에 탄사 「재생연」을 짓기 시작한 후, 작품을 보면서 자주 평을 해 주었다고 한다. 진단생은 20세에 「재생연」 제16권까지를 쓰고, 어머니가 죽자 오랫동안 작품을 중단했다가 14년 후 제17권을 썼다.

23세 되던 해에 회계會稽 출신 범담范菼과 결혼하였으나, 남편은 16년 동안 귀양살이를 하고, 그 이후로는 집안일과 가난에 시달렸으며, 또 15세된 딸이 죽는 불행을 경험한다. 이외의 진단생의 저작으로 『회영각시집繪影閣詩集』이 있었다고 하나 전하지 않는다.[7]

널리 유통되던 「재생연」은 모두 20권으로 되어 있는데, 18권부터 20권은 항주의 여류시인 양덕승(1771~1848)이 그 뒤를 이어 완성한 것이다. 양덕승의 자는 초생楚生, 만호晩號는 고춘노인古春老人으로,[8] 어렸을 때부터 아버지의 임소를 따라 천하를 다녔고, 그녀의 시사詩詞는 자못 웅장하여 남성적인 풍모가 있었다. 또한 통속소설가인 왕단汪端은 그녀의 질녀로, 양덕승은 일찍 죽은 언니를 대신하여 왕단을 키우면서 문학을 가르쳤다고 한다.[9]

2) 작품의 서지

「재생연」의 저작 시기는 작가의 생존 시기를 통해 볼 때 대개 건륭, 가경 연간(1736~1820)일 것으로 추정되나, 현재 원본은 남아있지 않아 원작의 형태는 알 수 없다.[10]

7 호남사범학원 중문계고대문학연구실 편, 『중국역대작가소고』 하, 호남인민출판사, 출판연대 미상, 366~368쪽. 이후 작가 진단생에 대한 소개는 이 자료에 의거하여 기술한 것이다.

8 맹요, 앞의 책, 1979, 610~611쪽.

9 담정벽, 『중국여성문학사화』, 천진 : 백화문예출판사, 1984, 390~391쪽.

후대인에 의해 편찬된 것만 전하는데, 「용봉배재생연」 또는 「삼미연」이란 제목으로 8권 74회의 통속소설로 편찬되었다. 이 책의 편찬 시기와 편찬자는 미상이지만 이 책의 횟수가 탄사와 차이가 많이 나지 않는 것으로 보아, 이 책은 원본을 근거로 지은 것으로 보고 있다.[11]

지금 볼 수 있는 30권 80회로 된 「재생연」은 '후향엽부인候香葉夫人'(대략 1766~?)이 개정한 것이다. 후향엽부인의 명자名字와 생애는 확실하지 않다. 그녀는 청대 가경 중반에서 도광 초년 무렵에 탄사를 개정, 출판했다고 알려져 있다. 그녀는 일명 '후지候芝'고도 하는데 '芝'는 이름이며, '향엽香葉'은 字 또는 別號에 해당할 것이다. 후향엽부인은 4종의 탄사를 개정, 간행했고, 그 작품들은 「옥천연玉釧緣」, 「재생연再生緣」, 「재조천再造天」, 「금상화錦上花」이다.[12] 그녀가 개정의 원본으로 삼은 것이 혹시 74회본일 가능성도 있다.

「재생연」의 출판과 유통에 대한 자세한 기록은 없으나, 여러 출판사에서 출간했을 것으로 추정된다. 황립진黃立振의 「800종고전문학저작소개800種古典文學著作紹介」를 보면, '유숭의劉崇義가 교정한 「재생연」은 청 도광 원년(1821) 보령당寶寧堂 각본刻本과 경여당經畬堂 함풍咸豊 2년(1852)의 중각본重刻本에 근거하고, 상해上海 진보서국進步書局 석인본石印本과 상해 광익서국廣益書局 석인본을 참조'하였음을 기술한 대목이 있다.[13]

유숭의가 교열, 정정한 「재생연」은 20권 80회본이다. 이 기록에 의하면 중국본 「재생연」의 출판사의 이름, 출판 횟수, 출판연도 등을

---

10 위의 책, 397쪽.

11 위의 책, 397쪽.

12 위의 책, 398~399쪽.

13 황립진, 『800종고전문학저작소개속편』, 하남 : 중주고적출판사, 1987, 517쪽.

알 수 있다. 적어도 보령당, 경사당, 진보서국, 광익서국 등에서 「재생연」을 출판했으며, 초판初版으로 끝난 것이 아니라 중간重刊도 했음을 알 수 있다. 출판연대는 1821년까지 올려 잡을 수 있으나 보령당에서 출간한 「재생연」은 20권 80회본이 아닐 가능성이 높다. 왜냐하면 맹요孟瑤는 20권 80회의 「재생연」이 처음으로 간행된 것은 청나라 선종宣宗 30년인 도광 30년(1850)이라고 기술하고 있기 때문이다.[14] 이는 우리나라 철종哲宗 1년에 해당한다.

저자가 구해 본 중국본 「재생연」은 세 종류이다. 하나는 대만에서 출판된 것으로, 작자는 미상(佚名 찬)이며, '중국근대소설사료휘편中國近代小說史料彙編'이라는 말이 덧붙여 있다. '民 69年'(1980)에 '광문서국廣文書局'에서 인쇄한 것이다. 이것은 총 74회로 회장체소설의 형식을 갖추었으며, 上 · 下 두 권으로 나뉘어 있다. 상권은 제34회까지이며, 이야기 전개는 주인공인 여승상(맹여군)이 황태후의 병을 고치고, 병부상서를 제수 받는 내용까지 서술되어 있다. 하권은 35회부터 끝까지로, 등주부에서 전세戰勢가 급하다는 상소가 조정에 도착하자 여승상이 전국에 방을 내어 나라를 구할 만한 인재를 뽑아야 한다고 주달하는 내용으로 시작된다. 상권 시작 전에는 '소인小引'이, 하권 시작 전에는 '서敍'가 붙어 있다.

다른 하나는 대륙에서 나온 것으로, '중국고전강창문학총서中國古典講唱文學叢書' 중의 하나인 「재생연」이다. 이 이본은 작가가 진단생이라고 밝혀져 있고, '중주서화사中州書畵社'에서 1982년 11월에 출판한 것이다. 上 · 中 · 下 세 권으로 되어 있는데, 하권만을 입수할 수 있었다.

14 맹요, 앞의 책, 1970, 610쪽.

황립진은 「재생연」을 설명하면서, 이 작품은 「화려연華麗緣」, 「맹려연孟麗緣」, 「금규연金閨緣」 등의 이름으로 불리운다고 했다.[15] 하권은 「再生緣全傳卷之十四 第五十三回 假小孃句句如眞」부터 시작하는데, 맹여군을 모칭한 항남금이 조정에 나와 진가眞假 여부를 시험 당하는 대목에서부터 비롯된다. 매 권마다 4회씩의 이야기가 전개되며, 총 80회로 되어 있다.

세 번째 이본은 「회도용봉배재생연繪圖龍鳳配再生緣」으로 이화여자대학교 도서관에 소장되어 있다. 상해 광익서국廣益書局에서 인행印行했으며 모두 8권 8책 74회로 위에서 언급한 「용봉배재생연」과 동일한 작품일 것으로 보인다. 8권 중 여섯 번째 권이 일실되었다. '繪圖'라는 단어에서 알 수 있듯 작품 처음에 소설의 몇몇 대목을 그림으로 그려놓았다. 대조 결과, 이 작품은 대만에서 출판된 「재생연」과 완전히 동일한 작품이었다. 그러므로 대만본 「재생연」은 바로 원본을 저본으로 했으리라고 추정되는 「용봉배재생연」인 것이다. 번역의 저본을 고찰하는 과정에서는 8권이 다 갖춰진 대만본을 선택하기로 한다.

대륙본인 '80회'본은 하권밖에 없기 때문에 그 이전의 서사 상황은 알 수 없다. '80회'본의 하권의 시작은 53회부터인데, 이는 대만본인 '74회'본의 60회에 해당한다. '74회'본의 60회부터 73회에 이르기까지 전개되는 사건은 주로 맹여군과 충효왕의 혼인을 둘러싼 사건들이며, 74회는 후일담을 요약적으로 서술하는 것으로 끝을 맺는다. '80회'본도 53회부터 75회에 이르기까지는 '74회'본과 사건이 거의 비슷하게 서술된다. 그러나 '80회'본의 76회부터는 '74회'본에는 없는 많

15 황립진, 앞의 책, 1987, 516~517쪽.

은 화소들이 첨가되어 있고, 후일담 부분의 내용이 다르다. 그러므로 낙선재본 「재생연전」이 어느 것을 저본으로 하여 번역되었는가를 알기 위해서는 정밀한 대조가 필요하다.

3) 작품의 구성과 경개

장편 탄사소설인 「재생연」은 크게 두 부분으로 구성되어 있다. 첫 번째 부분은 혼인을 둘러싸고 벌어지는 세도가의 횡포, 남자주인공 집안의 몰락과 가족들의 이별, 변방인 조선의 침범과 이를 막기 위한 인재 등용, 출장입상을 통한 주인공 집안의 재건 등의 이야기로, 전형적인 군담소설과 같은 구조를 갖추고 있다. 두 번째 부분은 남자주인공인 황보소화(충효왕)가, 여화위남하고 여군옥이란 이름으로 조정에서 승상의 직분을 맡고 있으며 결혼에는 전혀 뜻이 없는 맹여군과의 혼인을 성취하려는 과정에서 벌어지는 갖가지 이야기들로 되어 있다. 이 부분은 종래의 소설에서도 흔히 보던 남녀의 결연담이나, 그 내용면 특히 여주인공의 인물형상화에 있어 아주 새로운 면모를 보여 주었다.

「재생연」의 줄거리는 기존의 논의에서 자세하게 다루어졌으나,[16] 논의의 편의를 위해 간략하게 이야기의 경개만 소개한다. 「재생연」의 시간적 배경은 원대元代로 설정되었다. 운남雲南 땅 맹사원孟士元에게는 여군麗君이라는 딸이 있는데, 아름답고 총명하였으며, 유모인 소

16 신재홍, 앞의 글, 1990, 1074~1088쪽; 김기동, 1985, 780~784쪽.

대낭蘇大娘의 딸 영설과 함께 규중에서 친하게 지내면서 서로 아끼고 사랑하였다. 마침 도독 황보경皇甫敬의 아들 소화少華와 원융元戎 유첩劉捷의 아들 규벽奎壁이 동시에 구혼을 하니, 맹사원은 활쏘기로 결정하자고 한다. 시합에 진 규벽은 소화를 해치려고 하나, 규벽의 누이인 연옥燕玉이 소화를 구해준다. 이때에 요동의 오필개鄔必凱가 등주登州를 치니, 형세가 급해지고 이 기회를 타 유첩은 황보경을 원수로 추천하여 전쟁터로 내보낸다. 황보경과 선봉장 위환韋煥은 요술에 의해 사로잡힌 바 되었으나, 유첩의 사주를 받은 팽순彭巡은 그들이 적에게 항복했다고 무고한다. 조정에서는 황보가의 식구를 모두 잡아 올리라고 명을 내리고 이를 먼저 안 소화는 도망을 하다 웅호熊浩라는 인물을 만나 황학산黃鶴山에서 같이 도술을 익힌다. 소화의 누이인 장화長華와 어머니 윤부인尹夫人은 흠차欽差에 의해 서울로 끌려가다가 도중에 도적을 만난다. 알고 보니 도적의 우두머리는 위환의 딸인 용아勇娥로서 남장을 하고 아버지를 구할 기회를 기다리고 있는 중이었다. 이에 위용아는 황보장화를 언니로, 윤부인을 양어머니로 모시고 같이 지낸다. 규벽의 누이는 원제의 황후였으므로, 황보가가 몰락한 틈을 타 규벽은 누이에게 맹여군과의 혼인을 도와달라고 부탁한다. 원제元帝가 사혼賜婚하나, 여군은 영설로 하여금 자신을 대신하게 하고, 시비인 영란과 함께 남장을 하고는 집을 떠난다. 영설 또한 달갑지 않았으나 거절할 수 없어 수락하고 황보가의 원수를 갚기로 결심한다. 결혼식날 당일, 영설은 품었던 칼로 규벽을 찌르니 이마에 맞고, 자신은 곤명호에 투신한다. 물에 빠졌던 영설은 양감梁鑒의 부인에게 구출되고 양딸이 된다. 후에 양감은 승상이 된다.

집을 떠난 맹여군은 이름은 여군옥麗君玉, 자는 명당明堂이라 하고

도중에 부상富商 강약인康若仁을 만나 양아들이 된다. 후에 과거를 보아 장원급제하는데, 이때의 주고主考가 양감이어서 여군을 사위로 삼는다. 영설은 원하지 않았으나 꿈에 신인神人의 가르침을 받고는 결혼을 한다. 군옥은 무과를 주관하게 되고, 이름을 바꾼 소화와 웅호도 응시하여 무과의 장원을 차지한다. 이때 규벽은 위용아를 토벌하려다 오히려 사로잡힌바 되고, 연옥은 최반봉崔攀鳳과의 혼인을 피해 여성들의 암자로 피신한다. 유황후가 죽고 유씨 집안의 세도도 꺾인다. 소화는 위용아를 관군편이 되도록 순무하여 함께 오필개를 정벌하여 국난을 다스리겠노라고 조정에 주달한다. 이에 소화는 정동대원수征東大元帥가 되고, 웅호 등은 장군이 되어 바다를 끼고 출정한다. 후에 오랑캐의 난은 다스려지고, 오필개는 죽임을 당하고 유첩이 적과 내통한 문서가 발견된다, 소화는 조정에 돌아와서 자기의 성명을 밝히고 황보가가 피해를 입은 것과 유첩이 적과 내통했던 사실들을 일일이 고한다. 원제는 크게 노하여 유첩의 일가를 모두 하옥하고 소화는 충효왕忠孝王에 봉하고 각각 상급을 내린다.

이 소식을 들은 연옥이 노자를 모아 서울에 올라가 아버지를 구하려 하고, 충효왕은 전날 연옥이 자신의 목숨을 구해 준 은혜와 또 연옥과 혼인 약속을 했던 것을 생각하여 조정에 특별히 유씨의 식구들을 살려 줄 것을 주달하니 규벽만 죄를 받았다. 연옥이 황보가에 시집온 후에도 소화는 여군의 소식을 알지 못함을 안타까워하며 여군을 찾기 전에는 연옥과 먼저 동침하지 않겠노라고 맹세한다. 여군옥은 소화가 먼저 동의를 구하지도 않고 갑자기 원수인 유씨 집안의 일을 도와준 것이 불쾌하여 자신의 진상을 밝히지 않겠노라고 결심한다. 후에 여러 차례 곡절이 있은 후에 황제가 여군옥이 여자임을 눈치 채고 비

妃로 삼고자 한다. 이때 장화는 이미 황후가 되어 있었고, 동생을 위하여 여군옥이 여자임을 밝히려고 노력한다. 중간에 두 여자가 맹여군을 사칭했으나 미수에 그친다. 황제의 회유에도 불구하고 결국 여군이 스스로 자신이 맹여군임을 주달하니 원제가 노하여 임금을 속인 죄를 물어 참수하려 하나 다행히 태후의 하교로 죽음을 면한다. 그 후 소화와 여군은 결혼하고 소영설도 황보가에 시집온다.

3. 낙선재본 「재생연전」의 번역 양상

1) 「재생연전」의 서지와 유입 시기

「재생연전」의 국내본은 낙선재본과 구활자본 두 가지 종류로 남아있다. 이 중 저자가 확인한 것은 낙선재본으로 총 52권 52책으로 되어 있으며 정신문화연구원(현 한국학중앙연구원)에서 소장하고 있다. 매 권마다 장수는 50여 장 정도이며, 궁체로 쓰였고, 서로 다른 필체가 보이는 것으로 미루어 몇 명이 나누어서 필사하였음을 알 수 있다. 「재생연전」은 낙선재본 소설 중에서도 장편에 해당하는 작품이다.

저자가 직접 확인할 수는 없었으나 우쾌제의 구활자본 고전소설 목록을 참고하면, 구활자본 「재생연전」은 모두 네 출판사에서 출간되었다.[17] 1923년에 대창서원大昌書院, 보급서포普及書鋪에서, 1926년 서적총조합書籍叢組合, 1929년에 동양대학당東洋大學堂에서 출간되어

1920년대에 들어서 많이 읽혔음을 짐작할 수 있다.

「재생연」의 정확한 유입 시기는 알 수 없으나 대략의 시기는 추정할 수 있다. 저자가 확인한 중국본 「재생연」은 20권 80회본과 74회본의 두 가지였다. 맹요에 의해, 20권 80회본은 청 도광 30년인 1850년에 초간되었음이 밝혀졌다. 그러므로 20권 80회의 「재생연」이 우리나라에 유입된 시기는 적어도 1850년 이후일 것이며, 이것이 낙선재본의 저본이 되었다면 이 소설이 번역되어 낙선재에 소장된 시기는 더 후대의 일일 것이다.

이화여자대학교에 소장되어 있는 74회본의 유입 시기는 대략 1910년대가 아닐까 생각한다. 이대 소장본은 '무자기재장서毋自欺齋藏書'에 속해 있는데, 여기에는 「용봉배재생연」 외에도 중국소설이 많이 있으며, 대개 상해의 출판사에서 출간된 책들이다. 이 중 출판연도를 알 수 있는 책들은 1908년부터 1920년 사이에 걸쳐 출판되었으며, 1910년대에 출판된 소설들이 많다. 이로 미루어 이대에서 소장하고 있는 74회본 「재생연」도 이 무렵에 출판, 유입되었을 가능성이 있다.

낙선재본 「재생연전」의 번역자를 추정할 만한 단서는 보이지 않는다. 그러나 방각본 간행자들이 중인층이고,[18] 낙선재본 소설의 하나인 「제일기언」의 번역자가 홍희복洪羲福이라는 중인임을 생각할 때[19] 「재생연전」의 번역자도 중인일 확률이 높다.

17 우쾌제, 「구활자본 고소설의 출판 및 연구 현황 검토」, 『고전소설연구의 방향』, 새문사, 1985, 134쪽.
18 유탁일, 「경판방각소설의 문헌학적 연구를 위한 모색」, 『도남학보』 7 · 8집, 도남학회, 1985, 54쪽.
19 정규복, 「제일기언第一奇諺에 대하여」, 『중국학논총』 1집, 1984 참고.

2) 번역의 양상과 특징

외국 작품이 국내에 수용되는 경우, 처음에는 외국어 그대로 읽히다가 독자의 수요가 확대됨에 따라 번역 또는 번안된다, 번역・번안 작품을 연구하는 경우, 번역・번안의 정확한 저본을 추적하는 작업은 중요한 의미를 지닌다. 외국문학의 수용과정에서 나타나는 여러 사실들이 바로 우리 문학의 모습을 드러내 줄 수도 있기 때문이다. 올바른 저본의 확인은, 바로 그 번역의 저본이 아닌 엉뚱한 외국본을 가지고 논의를 진행하는 경우에 생길 수 있는 많은 오류를 미연에 방지해 준다. 이런 의미에서 중국본의 여러 이본들을 구입할 수 있었다는 것은 다행한 일이다. 다양한 이본 중 우리나라에서 번역 또는 번안된 작품의 저본이 어느 것인가를 확인할 수 있다면, 그 번역 양상이 갖는 의미의 추출도 더욱 견고한 논의가 될 것이다.

본고는 낙선재본 「재생연전」과 두 개의 중국본을 비교, 검토하여 그중 어느 것이 더 낙선재본 「재생연전」의 저본에 가까운가를 확인하고자 한다. 논의의 편의를 위해 이후로는 낙선재본 「재생연전」은 '낙', 중국본 중 74회본은 '74회', 20권 80회본은 '80회'로 약칭한다.

(1) 번역의 저본 검증

「재생연전」은 우선 작품의 순차적인 전개, 구성 면에서는 세 작품이 다 비슷하게 일치한다. 그러므로 낙선재본 「재생연전」은 중국 소설 「재생연」을 우리말로 옮긴 것이 확실하다. 번역과정에서 변하기 어려운 요소로는 먼저 고유명사를 들 수 있다. 또 작품 속에 삽입된 한시 등도 저본을 살피는 데 있어 하나의 단서가 된다. 그러나 「재생연전」의 경우는 '80회'본, '74회'본, '낙'본이 이 점에 있어 별다른 차이를 안 보이므로 이러한 요소들이 저본 변별의 기준이 되지 않는다.

그런데 화소를 살펴보면 차이가 나타난다. 본격적인 차이는 '낙'본 30회 이후부터 발견된다. 먼저 '낙'본과 '74회'본을 비교해 보면, '낙'본 30권까지는 화소나 이야기의 순차적 전개 양상 등에서 두 본이 거의 동일하다. 다만 고려국과의 전쟁 장면이 다르게 묘사되었을 뿐이다. '낙'본 30권의 마지막 이야기는, 맹상서 댁에 가 있는 동안 여승상이 바로 맹여군이었음을 알게 된 소유모의 시비 서류가 왕부에 돌아와 그 사실을 충효왕에게 고하고, 이에 소유모가 맹부에게 들었던 이야기를 마지못해 전하는 내용이다. '74회'본에서는 이 내용이 제61회에 서술 된다. 전체 52권의 '낙'본에서는 중반을 조금 넘긴 30권째에 등장하는 이 이야기가 전체 74회인 대만본에서는 거의 후반부에서 서술된다. 이로 미루어 '낙'본에 비해 '74회'본은 그 이후의 이야기 중 생략된 부분이 있으리라는 추측이 가능하다.

'74회'본의 61회부터 73회 사이에서 생략된 내용은 한 가지인데, 이는 '낙'본 36권, 37권에 걸쳐 서술되는 내용으로, 유연옥의 계책으로 충효왕의 병을 진맥하러 온 여승상에게 소유모가 나아가 당신이 바로 맹소저가 아니냐고 호소하는 대목이다, '74회'본의 73회 이후로는 더 생략과 변이가 많이 나타나, 예를 들어 '낙'본 49권 중 맹소저가 충효왕의 시재를 시험하는 대목, 유소저와 충효왕이 왕부로 유국장 내외를 청하나 상경 않는 이야기, 맹여군을 모칭했던 노표운이 본인의 소원에 의해 암자에 머무르게 되는 대목, 황후(황보장화)가 현녀낭낭의 현녀묘를 중수케 하는 대목 등이 다 생략되었다.

'80회'본에는 이 대목들이 그대로 다 들어 있다, 이로 미루어 볼 때

'낙'본은 '74회'본보다는 '80회'본을 저본으로 삼았을 가능성이 높다. 그러므로 이제는 '낙'본과 '80회'본만을 대상으로 좀 더 세밀한 부분까지 비교할 필요가 있다. '80회'본은 하권만 있으므로 본고의 논의도 작품 중반 이후로만 국한되나, 대체로 번역 태도에는 일관성이 있으므로, 작품 후반부의 변이 양상과 그 정도를 토대로 작품 전체의 번역 사정도 충분이 짐작할 수 있다.

(2) '낙'본과 '80회'본의 세부 비교

여기서 고찰할 문제는 '낙'본이 과연 '80회'본을 저본으로 한 것인가, 만약 그렇다면 이는 번역인가 아니면 번안인가 하는 것이다.

'80회'본이 번역의 저본이라고 생각되는 이유는 '80회'본 제78회 후반부터 등장하는 2세들의 이름과 내용이, '낙'본 51권부터 등장하는 2세들의 인적 사항과 정확하게 부합되기 때문이다. 위에서도 언급한 바와 마찬가지로 고유명사는 중요한 단서가 되며, 특히 작품의 끝 부분에서 단지 2세를 소개하기 위해 그 인물들을 서술하는 경우에는 생략이나 변이가 일어날 확률이 있는데도 불구하고 전혀 동일한 내용이라고 한다면 이는 '80회'본이 곧 번역의 저본일 수 있음을 의미한다. '낙'본 51권에 양부인(소영설)이 아기를 낳고, 그 시아버지인 무헌왕(황보경)이 이름을 짓는 대목이 있다. '80회'본에서는 78회에 나온다.

> 삼일에 설연ᄒᆞ며 무헌왕이 영ᄋᆞ의 일홈을 지으되 견괴라 ᄒᆞ고 ᄌᆞ를 조원이라 ᄒᆞ더니 추후 장셩ᄒᆞ미 문무장원ᄒᆞ고 셩종황뎨 의ᄌᆞ를 삼으시며 별호를 상린이라 ᄉᆞ급ᄒᆞ시고 비상봉왕ᄒᆞ여 ᄯᅩ 국가동량지신이 되믄 모두 일후시라 ᄌᆞ세히 긔록홀 것 업더라

作三朝, 排筵席, 老王小王爲兒三朝之日, 卽命名見魁, 表字兆元, 日后文武壯元, 成宗皇帝繼作螟蛉, 賜號祥麟, 拜相封王, 又是一朝梁棟. 后文之事, 毋用細表

다음의 예는 '낙'본 52권, '80회'본 80회에 나오는 내용으로, 맹여군이 아들을 낳아 이름을 짓는 대목이다.

무헌왕이 우ᄉᆞ며 닐ᄋᆞᄃᆡ 져의 거게 모다 항렬ᄌᆡ 잇는지라 내 임의 일홈을 견문이라 짓고 ᄌᆞ를 쵸당이라 지엇ᄂᆞ니

老千歲笑嘻嘻說道 : 他哥哥俱見字排行, 我已命名見文, 表字兆堂

(방점, 띄어쓰기는 인용자)

이번에는 어느 정도까지 충실히 번역했는가를 보기 위해 임의대로 몇 군데 선정하여 인용하겠다.

① 반렬즁에 여승상이 경동하여 함쇼ᄒᆞ고 그녀ᄌᆞ를 보며 닐오ᄃᆡ 신긔토다 이 녀ᄌᆡ 졍히 화상과 ᄀᆞᆺ흐미 나도 스ᄉᆞ로 진졍 ᄆᆡᆼ여군이믈 밋지 못ᄒᆞ리로다 쳐음으로 뎐뎡에 드러오ᄆᆡ 미목과 동졍이 모다 ᄀᆞᆺ흔 듯 ᄒᆞ더니 지금 갓가히 와도 오히려 졀반이나 ᄀᆞᆺ흐미 엇지 제 진졍 ᄆᆡᆼ여군이 아니라 ᄒᆞ리오 엇지ᄒᆞ여 지ᄎᆞ 상관업는 사ᄅᆞᆷ이 필경 용뫼 셔로 ᄀᆞᆺ흐뇨 진ᄀᆡ 괴이토다 하놀이 나의게 ᄃᆡ신 츌가ᄒᆞᆯ 사ᄅᆞᆷ을 쥬신듯 ᄒᆞ니 다만 원컨ᄃᆡ 즁인이 모다 여군으로 알면 이 일이 가히 일우리로다 ᄒᆞ며 심즁에 심히 환희ᄒᆞ여 머리를 두루혀 ᄆᆡᆼ승상을 보며 닐으ᄃᆡ 로션아 공희ᄒᆞᄂᆞ니 이 사ᄅᆞᆷ이 ᄆᆡᆼ쇼제 아니면 도로혀 뉘리오 져의 용모를 보면 무슴 의심이 잇ᄉᆞ리오 분명히 미목과 젼신이 모다 화상과 ᄀᆞᆺ흐니 당면ᄒᆞ여

진정 령ᄋᆡ 잇ᄂᆞᆫ지라 로션싱은 모호히 굴지 마ᄅᆞ쇼서 시강션싱아 그ᄃᆡᄂᆞᆫ 보라 졔 경히 령ᄆᆡ 아니〃잇가 이 일이 도로혀 무슴 의심이 잇ᄉᆞ리오니 당션ᄒᆞ여 져를 알은 톄 ᄒᆞ쇼셔('낙'본 제34권 중)

朝班里, 驚動風流酈保和. 姣眼回波觀女子, 香腮喜笑看姣娥. 心疑想, 意猜摩, 可怪佳人竟似吾. 啊唷, 奇絶了! 這女子可不相像眞容? 連我自家也不信自家了. 一進朝來竟是眞, 眉稍眼角像多分. 此時臨近猶同半, 莫非她, 委實云南孟麗君. 爲甚無干能合貌? 緣何陌路會同形? 眞可怪, 果堪驚, 天賜明堂作替身. 但願大家都認了, 這椿事件就完成. 少年元宰心深喜, 一回頭, 忙叫龍圖孟夫人. 啊唷, 老前輩! 大喜大喜. 這不是孟千金還是哪一個? 你看她的面貌, 難道再有什麽猜疑? 分明與畫一般容, 眉目身材件件同. 當面現存眞令愛, 老前輩, 你休錯誤與朦朧. 啊唷, 侍講先生, 你觀她可是令妹? 此情還有甚猜疑, 快快當先認了伊.('80회'본 제53회 중)

②홀연 드ᄅᆞᄆᆡ 비를 ᄌᆡ촉ᄒᆞᄂᆞᆫ 우레쇼릐 점〃긴졀ᄒᆞ거ᄂᆞᆯ 태왕비 니러나며 닐ᄋᆞᄃᆡ 내 말ᄒᆞᄃᆡ 비가 오리라 ᄒᆞ엿더니 과연 그러ᄒᆞ도다 ᄒᆡᄋᆞ아 너는 스ᄉᆞ로 보즁ᄒᆞ라('낙'본 제36권 중)

忽然間催雨的雷聲一陣緊似一陣, 太妃立起來道 : 太妃立起來道 : 我說要下雨了. 孩兒, 你可自家保重('80회'본 제56회 중)

③공쥐 닐ᄋᆞᄃᆡ 금야에 눈이 ᄊᆞ히고 바ᄅᆞᆷ이 름렬ᄒᆞ니 가장 괴로운 사ᄅᆞᆷ은 엇기에 짐을 지고 단니ᄂᆞᆫ 재로다 양쇼제 닐ᄋᆞᄃᆡ 집에 벽만 잇고 문과 담이 업ᄉᆞ며 죵일 삼시 먹을 량식이 부죡ᄒᆞ여 긔한이 교집ᄒᆞ고 헛된 경영을 ᄒᆞ여 셜즁에 한령을

무릅쓰고 단니는 재 가장 괴로오리이다 류쇼제 닐ᄋᆞ되 이런 싱리를 도모ᄒᆞᄂᆞᆫ 쟈ᄂᆞᆫ 오히려 가커니와 글을 닑ᄂᆞᆫ 한유빈싀 일호 담부지역도 홀 뜻을 너지 못ᄒᆞ고 다만 싯구를 읊으며 셔칙을 외오나 엇지 비를 치오리오('낙'본 제51권 중)

公主道, 今夜里, 六出紛紛風凜冽. 最苦的, 肩挑貿易走街坊. 素華說, 家徒四壁門墻少, 日給三餐无宿粮. 飢寒交迫難熬苦, 帶水拖泥冒冷行. 燕玉云, 經營之輩還犹可, 最堪怜, 寒儒貧士讀書郎. 肩挑步担全无會, 子曰詩云滿口腔. 出言吐語盃詩句, 者也之乎充不得腸('80회'본 제78회 중)

위에서 본 바와 같이 '낙'본과 '80회'본은 작품의 세밀한 묘사 부분까지도 서로 동일한 모습을 보이고 있다. 두 번째 예문은 그 날의 일기에 대한 묘사이며, 세 번째는 작품 속에서 장식적인 기능을 하는 부분이다. 생략해도 이야기의 진행에는 별 무리가 없는 곳임에도 불구하고 '낙'본에서 '80회'본의 내용을 그대로 옮겼음을 알 수 있다.

번역이라 함은 대개 축자역을, 번안은 작품의 내용을 수용하는 입장에 따라 배경이나 인명 등을 고쳐서 옮기는 작업을 의미한다. 낙선재본 「재생연전」은 중국본의 축자역은 아니다 그러나 우리나라는 개화기까지도 외국문학을 수용할 때 작품 내용을 그대로 우리말로 옮기는 것이 아니라 우리의 사정에 맞게 고쳐서 번안하는 경우가 많았으며, 그 변이의 폭도 컸다. 이에 비하면 '낙'본과 '80회'본 사이에서 나타나는 차이란 미미한 것이다. '낙'본과 '80회'본은 구성상 이야기의 순차적 전개, 화소, 고유명사, 날짜 세밀한 묘사 등까지도 동일한 양상을 보인다. 또 작품의 어떤 부분을 우리식의 사고나 관습에 따라서 변이시킨 흔적이 보이지 않는다. 그러므로 '낙'본은 '80회'본을 저본으로 삼았으며, 번안이 아니라 번역임을 알 수 있다.

(3) 번역의 특징

번역, 번안과정에서 나타나는 변이는 축약, 생략, 부연, 변개 등으로 나누어진다. '낙'본은 번역이므로 그 변이 양상이 심하지 않다. 부연 대신 축약이 두드러지며 변개도 거의 일어나지 않는다. 그러나 '낙'본이 '80회'본의 축자역은 아닌 까닭에 변이된 부분이 있으며 본고는 그것을 축약과 생략, 그리고 변개의 측면에서 고찰하고자 한다.

① 축약과 생략

축약된 부분은 주로 작품의 분량을 줄이는 기능을 하였다. '80회'본은 장황하고 섬세한 묘사가 많다. '낙'본에서는 이야기의 분위기나 내용을 손상시키지 않는 선에서 이런 부분들을 줄여서 번역했다. 생략도 축약과 같이 작품의 분량을 줄이는 데에 기여한다.

이외에 생략으로 인한 또 하나의 특징은 작품에서 작가나 개작자의 음성으로 보이는 서술자의 서술이 사라졌다는 점이다. '80회'본은 경우에 따라 한 회回가 시작하는 부분이나 끝 부분에서 그간의 이야기를 요약, 전달하거나 작품에 대한 서술자의 생각이 서술된다. '낙'본의 경우도 필요한 경우, 그 권 시작 부분에 앞 권卷의 내용이 약간 서술되나, 이는 앞 권과의 연결을 위한 것으로, 앞 권 마지막 부분과 겹치는 서술이 된다. 읽는 이의 이해를 돕기 위한 반복일 뿐이다. 이와는 달리 '80회'본은 서술자가 작품 전면에 나와 작품의 앞뒤 연결에 대해 설명하거나 서문이나 후기를 쓰는 것처럼 작품이 이루어진 과정에 대해 설명하기도 한다, '80회'본의 80회 마지막 부분에서 서술자는 작품 전체에 대한 서술자의 생각과 설명을 덧붙이고 있다. '낙'본에서는 이 모든 것을 생략함으로써 작품 속에서 생경하게 나타나는 서술자의 목소리가 사라지고 이야기만이 자연스럽게 진행되는 효과를 얻었다.

고전소설에도 서술자가 작품 중에 끼어드는 경우는 있다. '오호 통재라' 혹은 '이 아니 즐거운가' 등이 여기에 속하는 예들이다. 그러나 이와는 달리 중국본 「재생연」의 서술자는 서사 진행의 차원을 완전히 떠나 작품 밖에서 이야기하는 것이다. 「재생연」은 강창문학이다. 강창이란 강창자가 창과 이야기로 서사를 진행시키는 연희양식으로, 우리나라의 판소리와 비슷하다. 중국본에서 보이는 생경한 서술자의 개입은 바로 이 강창자의 흔적으로 보인다. 그러나 「재생연」의 번역자에게 있어 이러한 개입은 소설의 서술상 어색하고 불필요한 부분으로 간주된 듯하며, 서술자의 개입도 그 서사의 흐름을 방해하지 않는 정도에서만 허용한 결과, 중국본에서의 서술자의 목소리가 사라지게 되었다. 이는 곧 자연스러운 소설의 서술에 대한 번역자의 인식의 반영이기도 하다.

> 친형의게 빈례ᄒᆞ며 골육간이 간절ᄒᆞ여 오열ᄒᆞᄃᆡ 규벽이 비창히 답례ᄒᆞ며 샤례ᄒᆞ니 필경 이엇지된지 ᄎᆞ간하회 분히ᄒᆞ라(25권 마지막 부분)

> 화셜 뉴규벽이 비창이 답례ᄒᆞ며 샤례ᄒᆞ여 니ᄅᆞᄃᆡ 현ᄆᆡᄂᆞᆫ 엇지 이곳의 니ᄅᆞᄅᆞᆺᄂᆞ뇨……(26권 시작 부분)

> 엇지 감샤치 아니리잇가 여승상이 듯고 외양은 비창치 아니나 심즁의 ᄉᆞᄉᆞ로 참녈ᄒᆞ니 필경 엇지된지 ᄎᆞ청하외 분히ᄒᆞ라(27권 마지막 부분)

화셜 여승상이 듯고 외양은 비창치 아니나 심즁의 스스로 참졀ᄒᆞ여 니ᄅᆞ디 이 일을 엇지ᄒᆞ면 죠흐리오……(28권 시작 부분)

—'낙'본 중, 방점은 인용자

繡窗前, 滿照花庭月正圓, 別緖閑情聊點綴, 殘篇剩墨略留連. 要知以後如何事, 免不得, 十五完時十六談.(15권 제60회 마지막 부분)

詩曰 : 雨露恩濃賜酒觴, 便因沉醉失提防.
三年玉帶爲朝宰, 一旦香勾現女郎.
槐鼎早承高密袞, 梅花新試壽陽妝.
幾番卸卻衣冠後, 寶炬云屛入洞房.

仲春十八景初融, 海上韶光景不同. 嫩柳才添臨水碧, 寒花未發照階紅. 一聲聲, 鶯鳴曉院催殘夢, 一對對, 蝶舞閑庭趁午風.(16권 제61회 시작 부분)

今日里, 天緣偶合諸親會, 期逢百祿大開筵. 續成廿卷消長夏, 音余弦外大團圓. 再生緣, 接續前書玉釧緣. 業已詞登十七卷, 未曾了結這前緣. 旣續前緣緣未了, 空題名目再生緣. 可怪某氏賢閨秀, 筆下遺留未了緣. 後知薄命方成讖, 半路分離各一天. 天涯歸客期何晩, 落葉驚悲再世緣. 我亦緣慳甘茹苦, 悠悠卅載悟前緣. 有子承歡方事定, 心無掛礙洗塵緣. 有感再生緣者作, 半途而廢了生前. 偶然涉筆閑消遣, 巧續人間未了緣. 十九卷中業已結, 良緣不負再生緣. 從生生意生奇想, 後後前前細數緣. 至于再者無再再, 何須緣外複尋緣. 二十卷中緣分足, 緣深緣淺總團圓.(20권 제80회 마지막 부분)

—'80회'본 중

② 변개

우선 제목이 바뀌었다. '80회'본은 제목이 「재생연」이나 '낙'본은 「재생연전」으로 '전'이라는 글자를 덧붙였다. 고전소설의 제명방식은 대개 주인공의 이름 뒤에 '전'자를 부치는 것이다. '재생연'이란 제목이 주인공의 이름은 아니나, 그 뒤에 '전'을 첨가하여 우리에게 친숙한 방법으로 제목을 만든 것이다.

다음으로는 형식의 변이를 들 수 있다. '80회'본은 20권 80회의 체제로, 한 권에 네 회가 들어있으며, 매회 7언으로 된 제목이 있고 제목 밑에는 7언절구나 7언율시가 있어 그 회에서 나올 이야기를 암시한다. '낙'본은 52권 52책으로, 매 권당 고르게 50여 장 정도의 분량이며, 한문체 회장명은 사라지고, 각 권의 서두는 '화설', '차설' 등으로 시작한다. 대신 '낙'본은 앞 권과의 연결을 자연스럽게 하기 위해 매 권의 시작 부분에서 앞 권의 마지막 이야기를 다시 서술해주며, 권의 마지막 부분은 언제나 'ᄎᆞ청하회분히ᄒᆞ라'라는 상투어로 끝나고 있다. 제목이나 형식의 이러한 변이는 외국문학을 받아들이면서 우리 문학의 관습에 따라 그 외양을 바꾼 것이다.

제목이나 형식뿐만 아니라 그 문체도 바뀌었다. 중국의 「재생연」은 원래 강창문학으로 탄사소설에 속한다. 그러므로 강창체인 중국본은 경우에 따라 7.7.3.7 혹은 3.7.3.7 등으로 음영하듯 읽히고, 강창자의 감탄사 등이 나타난다. 그런데 번역되는 과정에서 탄사문학이 갖는 대사의 생동감이나 운문체의 문장이 평범한 대사와 서술의 산문체로 바뀌고 있다. 「재생연전」 번역과정에서 나타난 문체의 변이가 번역의 한계인지 혹은 낙선재본 소설의 성격에서 기인한 것인지는 다시 살펴봐야 할 문제로 남긴다. 예를 들면,

량위 신인을 교븨케 ᄒᆞ고 신인이 함믜 동방에 드러가 합환쥬를 마신 후에 태왕비를 청ᄒᆞ여 친히 보화공쥬의 면사를 벗기게 ᄒᆞ니('낙'본 제48회 중)

雙交拜禮完成, 花燭筵開奏管笙. 王爺夫婦同歡樂, 詩賦頻頻合巹尊. 伏以：三支花插滿庭芳, 燭影搖紅晝錦堂. 滴滴金杯雙勸酒, 聲聲雅唱賀新郎. 徐徐款款進宮庭, 花燭高抬左右分. 對對宮燈前面步, 徐徐傳代洞房春. 坐床撤帳皆完畢, 請太妃, 親移玉手去兜巾('80회'본 제75회 중)

위의 경우를 제외하고는 「재생연전」의 번역과정에서 번역자가 의도적으로 내용을 변개시킨 곳은 없다. 다만 한 가지 눈에 띄는 곳은 중국본에서 '朝鮮'이 원나라에 대해서 전쟁을 일으키는 대목이다.

이 부분은 작품의 앞부분에 나오는 것으로 '낙'본의 경우, 제3권에서 '고려국'의 변방 침범 사실이 처음으로 언급된다. 자신의 아들이 황보경의 아들로 인하여 맹소저와 혼인하지 못하게 됐다고 생각한 유첩은 일부러 황보경을 천거, 적지로 내보낸다. 황보경은 도술을 쓰는 '고려'의 군사 신무진인에게 패하고 '고려' 조정은 그를 예우禮遇하면서 투항할 것을 권유하나 황보경은 끝까지 거절하고 옥에 갇힌다. 유첩은 그가 '고려국'에 자진 투항한 것으로 꾸며, 그 집안을 역적으로 몬다. '낙'본 15권부터 17권에 이르는 고려와의 전쟁은, 역적으로 몰렸던 황보경과 위환의 집안이 그들의 2세이자 장수로 출전한 황보소화와 위용달(위용아)에 의해 다시 조정에서 세력을 회복하게 되는 전쟁이다.

그런데 '74회'본은 물론 '80회'본의 제80회에도 이 전쟁의 도발국은 분명히 '朝鮮'으로 되어 있다. 중국본에서의 '조선'은 발해를 끼고 있는 한반도를 가리킨다. 그런데 '낙'본에서는 이 나라 이름을 다 '고려'

로 고쳐 표기했다. 주인공의 2세의 이름까지도 정확하게 번역하는 태도에 비추어, 이는 분명 번역자의 의도적인 변개로 보인다.

번역자는 두 가지 의도에서 '조선'을 '고려'로 고쳤을 것이다. 하나는 역사적인 사실에 비추어 보면, 중국이 원나라일 때 우리나라는 고려였다. '74회'본에 보면, '조선'은 원나라의 정통성 문제를 거론하면서 중원을 차지할 뜻이 있는 나라로 나온다. '74회'본에는 취태산의 도적을 토벌하자는 원나라 조정의 논의가 두 번 나오는데, 그 때마다 그 주장은 무산된다. 왜냐하면 그렇게 할 경우, 그들이 '조선'과 연합하여 중원을 차지하게 될 것을 우려하기 때문이다. 고려는 원나라에게 결코 호락호락한 변방이 아니었다. 고려의 여러 왕들이 북방정책을 채택했고, 삼별초의 항쟁은 집권층의 항복 후에도 계속됐다. 이러한 사정이 중국본 「재생연」에 반영된 것으로 보인다. 중국본에서는 원나라 때의 일을 서술하면서 계속 '조선'이라는 용어를 썼으므로, 그 역사적인 시기를 맞추기 위해 이를 '고려'로 바로잡았으리라는 추정이 가능하다. 두 번째는 휘諱의 문제이다 번역을 한 당대가 조선시대이었는데, 작품 속에서 반역자의 입장에 섰다가 토벌당하는 나라에다가 당대의 국호를 쓰고 싶지는 않았을 것이다.

3) 번역의 요인

「재생연」은 번역되어 하나의 문학 작품으로 고전소설 독자들에게 수용되었다. 이 장에서는 중국본 「재생연」이 지니는 작품의 특성에 대해 살펴보고자 한다. 「재생연」은 장편소설로 그 안에 많은 요소들을 담고 있다. 그러나 개별 작품으로서 「재생연」이 갖는 특징인 동시에 고전소설과 관련지어 볼 수 있는 부분은, 작품의 전체적 틀을 제공하는 적강을 통한 재생 모티브와 맹여군이라는 여주인공의 형상화 부분일 것이다.

(1) 고전소설의 적강 모티브와 「재생연」의 적강 모티브의 비교

「재생연전」은 「옥천연」의 연작이라고 알려져 있다. 그 근거는 작품 내에서 발견된다. 「재생연전」 서두에서 기술한 것처럼 「옥천연」의 주인공들인 사옥후, 정여소, 진방소, 조연낭은 천상에서 정과까지 얻었으나 전세에서의 미진했던 인연에 연연하여 다시 이 세상에 태어나 「재생연」의 주인공들이 된 것이다. 동두성군이 되었던 사옥후는 황보소화로, 집불선녀가 되었던 정여소는 맹여군으로, 분향녀가 되었던 진방소는 소영설로, 생전에 투기하여 아직 선계에는 오르지 못하고 황천지하에서 봉규선녀로 있는 조연낭은 유연옥으로 다시 태어난다. 사옥후는 송나라 조정에서 모든 부귀영화를 다 누린 인물로, 천상에서 동두성군까지 되었으나 오히려 정여소와의 전생에서의 남은 정을 생각한다. 정여소는 사옥후의 부인으로 그의 자식을 낳고도 누명을 쓸 뻔하였으므로 그 원통함은 여전하나, 천궁의 집불기가 된 후에도 전생에서의 광경이 눈에 역력하다. 왕모낭낭의 천추탄일에 동두선군과 집불기가 미진했던 정을 이야기하자 옥제가 이들을 다시 태어나게 하면서 진방소, 조연낭도 동두선군과 결혼하게 하고, 옥제의 금동을 천자의 둘째 아들로, 옥녀를 황보가의 딸로 태어나게 해, 서로 혼인토록 한다. 황보경은 삼대가 충량忠良하고, 선한 일을 하였고, 맹사원은 선조가 적선한 덕분으로 이들의 부모가 된다.

주인공인 사옥후는 세간에서는 부귀인으로, 상계에서는 신선으로 지내다가 다시 황보소화로 이 세상에 나는 것이다.

「재생연전」의 이러한 설정은 고전소설 중 적강소설謫降小說의 구조를 연상케 한다. 우리의 적강소설에서의 천상은 질서의 세계, 이理가 구현되는 세계를, 지상은 도道가 실현되기 어려운 어지럽고 혼돈스러운 세계를 표상한다. 천상을 떠나 다시 지상으로 온다는 것은 소망스러운 일이 아니다. 그러므로 「백학선전」을 비롯한 고전소설에서 천상의 인물이 이 세상에 다시 태어나는 상황은 '적강'으로 설정된다. 「구운몽」의 경우, 성진과 팔선녀가 희롱하다 적강하여 세상에서 한바탕누리기도 하나, 결국 작품의 결말에서 이들은 도를 깨우치고 다시 천상에서의 삶을 긍정하고 있다. 작품의 결말을 중시한다면 「구운몽」의 적강은 낙원 추방에 해당한다. 그러나 작가가 현실에서의 부귀영화와 초월적인 세계에 대한 깨달음 이 둘 중 어느 쪽에 더 비중을 두고 있는가는 여전히 논의의 대상이 되고 있다.

적강 모티브를 가지는 고전소설 작품들의 경우도 현실에서의 삶을 적극적으로 묘사하고 있다. 그러나 그렇다고 해서 작품의 문면상 주인공들이 지상에서 살기를 소망한다든지 하는 언급은 찾아보기 어려우며, 결말부에서 그 주인공들은 신선이 되거나 하여 천상으로 회귀하는 것이 보통이다. 이는 고전소설 향유자들의 의식이 초월적인 세계, 형식으로부터 완전히 자유로울 수는 없었음을 보여준다고 하겠다. 실상은 지상에서의 삶을 긍정했다 할지라도 형식상으로나마 '적강'이란 천상의 규율을 어긴 인물이 옥황의 명에 의해 세상으로 유배를 오는 것이며, 그 인물은 다시 천상으로 회귀한다는 틀이 남아 있는 것이다.

「재생연전」의 경우도 문면상으로는 동두성군과 집불기가 사사로

이 혼인인연을 논의하여 옥제의 진노를 입고 적강하는 것으로 되어 있다. 그러나 작품에서 동두선군과 집불기는 세상에서의 미진했던 인연을 이룰 수 있는 상황, 즉 세상에서의 삶을 잊지 못하고 오히려 그리워한다. 그리고 분향녀와 봉규선녀는 죄를 짓고 유배를 당했다고 볼 수 없다. 분향녀인 진방소는 아무런 잘못 없이 '원래 원통한 사정이 있으므로 수도修道, 성선成善하였으니 오늘날 같이 내려가 전생 인연을 채우게' 하라는 옥황의 명에 의해 다시 태어나며, 조연낭의 경우도 비슷하다. 뿐만 아니라 「재생연전」은 작품의 결말 부분에서 주인공들이 다시 천상으로 되돌아가는 내용이 없고, 대신 무헌왕이 교훈을 하는 것으로 끝을 맺는다.

「재생연전」에서의 적강을 통한 재생은 오로지 지상에서의 삶을 동경한 결과이다. 즉 「재생연전」의 재생再生은 반드시 규율 위반으로 인한 '적강'으로 보기는 어려우며, 오히려 「옥천연」의 연작과 작품의 흥미를 돕기 위한 장치로서의 역할을 한다는 데에 더 의미가 있다. 천상에서 신선으로 지내는 것보다 고난이 있더라도 인간 세상에 태어나 인간의 삶의 방법으로 살기를 원하는 것이다. 비록 작품의 서두에서 적강의 형식을 취하고는 있지만 이는 철저하게 현세를 긍정하는 입장으로, 더 이상 유배라고 할 수 없다. 그러기에 다시 천상으로 회귀한다든지 하는 후일담이 없다.

바로 이 점에 고전소설의 적강을 통한 재생 모티브와 중국의 「재생연전」의 재생 모티브와의 차이가 있다. 그 결과, 「재생연전」의 적강 모티브는 고전소설 독자들에게 친숙한 이야기의 구조로, 거부감 없이 은밀하게 자유로운 분위기를 전달하게 된다. 낙선재본 소설은 주로 궁중이나 상층 사대부 집안의 부녀자들에게 읽혔다. 중세 봉건주의의 기득권자들로서 이원론적인 세계관을 간직하고 있었을 이들에게, 「재생연전」의 내용은 익숙한 이야기의 구조라는 편안함 속에서 새로운 인식의 경험을 가능하게 했을 것이다.

(2) 여성 주인공의 형상화

「재생연전」은 남주인공보다 여주인공이 훨씬 부각된 소설이다. 황보소화는 맹여군과의 혼약을 지키기 위해 삼년 동안 수절하며, 후에는 여승상이 맹여군임을 밝히기 위해 벼슬까지도 사양할 뜻으로 온갖 노력을 하나, 끝까지 여승상의 수완을 능가하지 못하고 고통만 당한다. 약혼녀를 찾아 정혼하지 못한다면 그에게는 벼슬도, 인생도 아무 의미가 없는 것처럼 보인다. 실제로 작품 후반부에서 맹여군과의 혼인이 불가능해 보이자 그는 기력을 잃고 시름시름 앓을 뿐이다. 작품 전반부에서 보여줬던 전쟁영웅으로서의 면모는 찾아볼 수 없으며 조정에서 그가 하는 일은 국사를 논하는 것이 아니라 오직 맹여군과의 혼사를 이루기 위한 상소와 주달이었다.

이에 비해 맹여군은 위화남복하고 출가한 후, 오로지 자신의 노력과 지혜로써 세 번의 과거에 모두 장원으로 합격하면서 벼슬이 승상에까지 오르는 탁월한 능력의 소유자다. 여승상(맹여군)이 병가病暇를 내자, 조정의 대신들이 쌓이는 문서를 주체하지 못할 정도로 국사를 처리하는 수완도 뛰어나다. 맹여군은 자신의 천정배필을 찾아 결혼하는 것보다도 조정에서 자신의 탁월한 능력을 발휘하면서 사회적 자아를 성취하는 일에 우선순위를 둔다. 벼슬을 놓치지 않기 위하여 자신이 맹여군이라는 사실을 부모에게도 철저하게 숨긴다. 당대를 지배했던 남존여비의 유교적 이념과 문학적 관습에 비추어 볼 때, 이 두 주인공의 인물 형상화는 마치 남녀가 전도된 듯하다.

맹여군만이 아니라 작품 속에 등장하는 다른 여성들도 그 남편이나 주위의 남성인물에 비해 탁월하게 형상화되었다. 맹사원의 경우는 모칭한 여자가 자가의 딸인가를 가리는 장면에서 천자의 뜻에 맞추기 위해 우물우물하나, 맹사원의 부인은 자신의 주견대로 주장할 뿐 아니라 그 주장을 관철시키기 위해 처자 앞에서의 항의도 불사한다. 그 결과, 맹사원은 천자로부터 '외처畏妻'한다는 소리를 듣는다. 황보소화가 맹소저를 그리워하여 병이 들자, 무헌왕은 어찌할 바를 모른다. 이와는 대조적으로 무헌왕의 부인은 황후가 되어 있는 자기의 딸과 연합하여 여승상이 여자임을 탄로시킬 계교를 낸다. 맹사원 부자와 무헌왕 부자는 걱정만 하며 몰려다니는 형상을 보인다. 꾀를 내어 일을 진행시키는 이들은 무헌왕의 부인, 맹사원의 부인, 소유모, 유연옥 등 다 여성들이다. 또 취태산 도적의 두목으로 있다가 후에 고려 정벌에 공을 세우고 자신의 아버지를 구해 내는 '위용달'도 실은 여화위남女化爲男한 '위용아'이다.

「재생연」은 맹여군을 통해 중국 부녀자들의 재능, 용기, 지략 등을 칭송하고, 봉건제도의 불합리성을 비판하며, 봉건질서와 봉건윤리 도덕에 속박된 부녀자들이 자유해방을 요구하고, 남자와 같은 평등 권리와 지위를 요구하는 강렬한 의지와 원망願望을 드러낸 작품으로 평가받는다. 진인각陣寅恪은 「재생연」이 중국문학사상 몇 안 되는 장편서사시로, 작품이 길고 문사가 아름답고, 서사가 생동감이 있으며, 묘사가 자세하여, 고대 희랍과 고대 인도의 사시史詩와 견줄 만하다고 평했다.[20]

20 호남사범학원 중문계고대문학연구실 편, 앞의 책, 369~370쪽.

작가가 맹여군이라는 뛰어난 여성인물을 형상화하여 남성 중심의 가부장적인 봉건제도의 허상을 드러냄으로써 작품이 근대적인 성격을 획득한 것이다.

고전소설에도 여성의 능력을 강조한 작품들이 있고, 특히 여장군형 소설이라고 불리는 작품에서는 실제로 남주인공을 능가하는 여성인물이 등장한다. 그런데 고전소설의 경우 전쟁 중에는 탁월한 능력을 발휘했던 여주인공도 전쟁이 끝나면 다시 부덕만을 강조하는 규방 속의 여성으로 돌아가는 것으로 설정되어 있거나 아니면 전쟁에서도 남주인공을 돕는 인물로서 등장하는 경우가 많다.[21] 이에 비해 「재생연전」의 맹여군은 작품의 끝까지 주체적이고 독립적인 하나의 인격으로 살고자 하는 의지를 지닌 인물로 형상화되었다는 점에서 특징이 있다. 또 여장군형 소설의 여주인공들은 현실에서 실현 가능성이 희박한 도술이나 무술의 습득을 통해 전쟁영웅이 되어 자신의 능력을 발휘했던 것에 비해, 맹여군은 현실 세계에서도 실현 가능해 보이는 방법을 통해 승상의 지위까지 획득한다.

「재생연전」의 맹여군은 「사씨남정기」나 「창선감의록」 혹은 기타의 여장군형 소설에서 볼 수 있는 여주인공과도 달랐다. 고전소설에서는 보기 힘든 맹여군 같은 인물과의 만남은 「재생연」이라는 외국 문학을 번역함으로써 가능했다. 당대 조선의 여성들, 특히 낙선재 소설을 읽을 수 있었던 여성들은 주로 상층 사대부 여성이었다. 허난설헌이나 김삼의당의 예를 통해서 알 수 있듯, 사대부 여성들은 한문 교양을 갖출 수 있는 능력이 있었다. 그러나 조선 사회는 여성들의

---

21 박명희, 「고소설의 여성중심적 시각 연구」, 이화여대 박사논문, 1990, 37~39쪽, 45쪽.

사회적 욕구를 성취할 수 있는 통로를 철저히 차단했다. 주로 영남지방의 양반 규중부녀자들에 의해 향유됐던 '규방가사'에는 양반 부녀자들이 자신들이 여자로 태어난 것에 대해 신세한탄을 하는 작품들이 많다. 한 예를 들어 〈태평화전가〉에는 '비록 여자이지만 문장 재주를 갖춰 굴원, 이태백, 두자미도 자신들의 문장 실력보다 낫지 않은데 여자로 태어나 공명을 이루지 못하니 자신들의 재주가 아깝고 여자몸이 헛되도다'라는 구절이 나타나기도 한다.[22] 「재생연전」의 여성 독자들에게 맹여군의 문제는 중국 작품 속의 어떤 주인공의 문제로만 국한되는 그런 문제가 아니었을 것이다. 그러므로 맹여군이라는 여주인공은 이들에게 신선한 충격을 주면서, 감히 현실에서는 시도할 수 없는 자신들의 꿈을 더욱 속시원하게 대신 이루어 준 인물이 될 수 있었다. 당시의 사대부 부녀자들에게는 「재생연」과 같은 작품이 받아들여질 수 있는 토양이 이미 마련되어 있었던 것이다.

4. 「재생연전」 번역의 의미

이규경李圭景의 「소설변증설小說辨證說」을 보면, 영조 을미년(1775)에 「홍루몽」, 「열국지」, 「봉신연의」 등의 중국소설이 이미 우리나라에 들어와 있었음을 기술한 대목이 있다.[23] 1884년을 전후하여 이종

22 권영철, 『규방가사연구』, 이우출판사, 1980, 127~128쪽.
23 이규경, 『오주연문장전산고』 상, 동국문화사, 1959, 230쪽.

태라는 사람이 번역한 중국 작품 중에 「홍루몽」이 들어 있었을 것으로 추정하기도 한다.[24] 「재생연전」의 초간은 1850년이므로 「재생연전」이 들어 왔을 무렵에는 이미 「홍루몽」이 들어와 있었을 것이다. 「홍루몽」도 작품 속에 드러난 새로운 인물의 형상화, 특히 임대옥, 왕희봉과 같은 여성 인물의 성격 창조에 성공한 소설로 알려져 있으며, 「홍루몽」의 남자 주인공 가보옥은 여성 예찬론자로 묘사되어 있다.

우리나라에 유입되었던 모든 소설이 번역되었던 것은 아닐 것이다. 그러므로 「재생연」이 번역되어 읽혔다는 것은 이미 그 작품이 인정받았다는 것을 의미하기도 한다. 그러나 「재생연」처럼 봉건제도의 모순을 드러내면서 동시에 당시의 유교적인 사고로는 긍정하기 어려운 여성인물이 주인공으로 등장하는 소설이 번역되었다는 사실은 흥미롭다. 「재생연」의 수용은 바로 「홍루몽」과 같은 작품들의 수용과 더불어 이해될 수 있다. 낙선재본 문고에 조설근曹雪芹의 「홍루몽」 외에도 그 후에 나온 「續紅樓夢」, 「後紅樓夢」, 「紅樓夢補」까지도 다 번역되어 있는 것을 보면, 「홍루몽」은 우리나라에서도 대단한 반향을 불러일으켰던 작품임을 알 수 있다. 「홍루몽」도 기본 구도는 봉건제도 하에서의 유교 사상을 바탕으로 하지만 결코 충효, 열절 등의 유교적 덕목을 강조하는 작품이 아니다. 「홍루몽」 같은 장편 거질, 또 작품의 성격상 새로운 시대를 지향하고, 교화적인 측면에서가 아니라 소설의 이야기 자체를 중시한 작품들을 이미 접한 상태에서 「재생연」과 같은 작품들도 자연스럽게 받아들여졌던 것이다.

새로운 소재, 인물 유형, 서사 기법 등을 지닌 외국 문학작품의 소

24 장효현, 「장편 가문소설의 성립과 존재 양상」, 『정신문화연구』 통권44호, 한국 정신문화연구원, 1991, 37쪽.

개는 자국의 문학을 풍부하게 한다. 그러나 새로운 문학작품이 소개, 번역되었다고 해서 곧바로 우리 문학의 흐름에 수용되는 것은 아니다. 「재생연전」은 낙선재 문고에도 있고, 구활자본으로도 출간되었으니 비교적 많이 읽혔다고 하겠다. 「재생연전」의 특징은 무엇보다도 여성 주인공의 인물 형상화에 있다. 고전소설에서도 여성을 주인공으로 한 작품은 많지만, 대개가 여장군형의 인물들이었다. 이들 여장군형 인물의 등장은 중국소설 「설정산정서」에 등장하는 '번이화'라는 인물과의 영향관계로 설명된다.[25] 「재생연전」에도 황보장화나 위용아 같은 여장군형 인물들이 등장한다. 그러나 주인공인 맹여군은 전쟁에 나가지 않고도 승상의 지위에 오르며, 주체의식이 뚜렷한 인물이다.

낙선재 문고는 1884년에 많이 번역되었으니, 「재생연전」의 번역 시기도 이에 준할 것이다. 「재생연전」, 「홍루몽」이 좀 더 이른 시기에 번역되었더라면 고전소설에도 이런 중국작품의 영향이 수용되어 새로운 고전소설이 창작되었을 수도 있다. 1910년대에 고전소설이 성황을 누리기는 했으나, 이는 근대문학 전환기로서, 새로 창작된 고전소설이 아니라 대다수가 기존 작품의 출간이었다.[26] 이화여자대학교 소장 무자기재장서목록毋自欺齋藏書目錄은 개화기에도 많은 중국소설들이 유입되었음을 보여 준다. 이런 분위기 속에서 「재생연전」도 1920년대에 구활자본으로 다시 출간되어 읽힌 것이다.

---

25 서대석, 『군담소설의 구조와 배경』, 이화여대 출판부, 1985, 306~307쪽.

26 권순긍, 「1910년대 고소설의 부흥과 그 통속적 경향」, 『한국 근대문학사의 쟁점』, 창작과비평사, 1990 참고.

5. 결론

대부분의 고전소설이 그러하듯 낙선재본 소설들도 그 배경을 중국으로 설정하고 있으며 작가와 창작연도를 밝히기 어렵다. 그러나 여타의 고전소설에서 중국을 무대로 삼은 것이 추상적이며 형식적인 반면 낙선재본 소설들은 중국의 직제, 지명, 풍습 등에 대한 묘사가 매우 자세하며 정통하여 중국 작품의 번역이나 혹은 번역물일 가능성이 있다.

고전소설은 작품의 분량 면에서 볼 때 장편보다는 단편에 속하는 작품들이 많다. 그런데 낙선재본 소설들은 우리의 소설 유산 중 드물게 보는 장편소설들이다. 흔히 장편 가문소설이라고 하는 작품들은 거의 낙선재본 소설에 속한다. 장편소설의 출현은 바로 그 문화권의 문학적 역량의 문제와도 연관된다. 낙선재에 소장된 장편소설들이 우리의 창작물이라면 이는 곧 조선 후기의 소설적 기반을 가늠할 수 있는 단서가 된다.

이런 의미에서 낙선재본 소설 연구에 있어 그 창작 여부를 밝히는 작업은 중요하다. 만약에 영향 관계로 설명되어야 할 작품이 국내 창작으로 간주되어 문학사 서술의 흐름에 끼어든다면 그 이후의 우리 소설사의 흐름은 왜곡될 것이 분명하기 때문이다. 이런 이유로 낙선재본 소설을 대상을 한 기존 논의에서도 그 서두에서 대상 작품의 창작 여부에 대한 언급을 한다. 대상 작품을 국내 창작으로 보는 경우, 그 변별 기준은 주로 작품 속에 나타난 우리나라의 풍속, 속담, 과거제도 등이다. 「재생연전」의 경우도 "암둙이 울면 지앙이 잇다 홈이

올토다"라는 속담을 국내 창작의 근거로 제시했다.[27] 그러나 이는 중국본 "牝鷄司曉有災殃"의 번역일 뿐이다. 이미 기존 논의에서, 번역자가 번역 과정에서 임의대로 우리의 속담이나 풍물들을 삽입할 수 있으므로 이러한 요소들이 바로 국내 창작의 근거가 되기는 어렵다는 견해도 제시되어 있었다.[28] 「재생연전」의 경우는 임의적인 삽입이 아니라 번역이었다. 이 예는 낙선재본의 국적 문제를 논의할 때 보다 신중해야 함을 일깨워 준다.

본고는 낙선재본 「재생연전」이 국내 창작이 아니라 중국 작품의 번역임을 밝혔다. 「재생연전」은 청대 여류작가 진단생의 탄사소설 「재생연」을 수용한 것이며, 번안이 아닌 번역이었다. 「재생연전」은 적강을 통한 재생 모티프라는 우리에게 친숙한 서사구조를 취하고 있으나 그 내용 면에서는 보다 적극적으로 현세를 긍정하고 있으며 뛰어난 여주인공 맹여군을 등장시켜, 여성 독자들에게 새로운 인식과 만족을 경험하도록 했다. 당대를 지배하던 봉건적이며 유교적인 이념에서 벗어나는 내용과, 분량상 20권 80회나 되는 장편 「재생연」의 수용은 그보다 앞서서 번역된 「홍루몽」, 「제일기언」 같은 작품의 수용에도 힘입었을 것이다. 그런데 낙선재본 소설의 하나인 「하진양문록」의 내용이 「재생연」과 유사한 부분이 있어 주목할 만하다. 「하진양문록」의 여주인공 하옥주라는 인물은 맹여군을 많이 닮았으며, 전개되는 사건 중 「재생연」의 사건을 연상시키는 사건들이 있기 때문이다. 「재생연」과 「하진양문록」의 영향 관계 여부는 앞으로 다뤄야 할 과제로 남긴다.

27 신재홍, 앞의 글, 1990, 1092쪽.

28 이혜순, 「한국 고대번역소설연구 서설」, 1981 참고. 김진세, 앞의 글, 1986, 566쪽에서 중인.

제4장 「제마무전」 연구

1. 서론

우리나라에 유입된 외국의 문학작품은 우리 문학에 영향을 끼치기도 하지만 그 작품이 번역, 번안되는 경우에는 우리 문학의 영향으로 인해 외국 작품 자체가 변모되기도 한다. 뿐만 아니라 우리 소설사의 맥락 안에서 변모된 작품은 다시 우리 문학의 원천이 되기도 한다. 그러므로 일단 우리 문학사 안으로 편입된 작품에 대한 연구는 원천의 확인이나 일방적인 영향관계에 대한 고찰이 아니라 그 수용의 원인과 의미까지 밝히려는 노력이 필요하다. 고전소설을 연구함에 있어 중국문학과의 관계를 염두에 두는 것은 우리 고전소설의 독창성을 제대로 이해하기 위한 기본적인 관심이라 할 수 있다. 그런데 기존연구 중에는 중국문학과의 관계를 밝히는 데에만 주력하여 개별 작품으로서의 그 작품의 독자성과 문학적인 의미 등은 소홀하게 다루어진 경우도 있다. 「제마무전」도 이러한 경우에 속한다.

「제마무전」(일명 「몽결초한송」)은 방각본으로 경판 2종, 안성판 1종이 출간되었고, 6개의 출판사에서 구활자본으로도 간행되어 비교적 많은 독자를 확보한 작품임을 알 수 있다. 그럼에도 불구하고 「제마무전」은 중국 작품의 번역이기에 그동안 이 작품에 대해서는 주로 중국문학에 원천을 두고 있다는 점만을 거론했을 뿐, 작품 자체의 성격이나 의미 등에 대해서는 별다른 관심을 보이지 않았다.

방각본 소설의 출판은 영리를 목적으로 한다. 그러므로 중국문학을 수용, 출판한 경우는 그 번역료와 출판비에 해당하는 자금을 충당하고도 이윤이 남을 경우에만 출판했을 것이다. 방각된 중국소설의 예로는 「삼국지」, 「서유기」 등의 사대기서나 혹은 「금향정기」같은 재자가인류 소설들이 있다. 이 소설들은 소재면에서도 흥미로울 뿐만 아니라 서사적으로도 잘 짜여 독자들의 호응을 기대할 수 있었던 작품들이다. 이에 비해 「제마무전」은 고전소설의 주된 구조인 영웅의 일대기도 아니고, 군담도 아니며, 재자가인류나 처첩갈등도 아니다. 또 다양한 사건들이 긴밀하게 구성된, 서사적으로 잘 짜여진 작품도 아니어서 이야기로서의 즐거움은 다소 약하다. 그럼에도 이 작품이 방각본과 구활자본으로 출간되었다는 사실은 주목할만 하다.

「제마무전」에 대한 기존 연구들은 이 작품이 먼저 방각본으로 출간되었다는 서지적 문제는 별로 고려하지 않고, 편의적 입장에서 작품에 관한 논의를 진행시켰다. 작품의 원천을 탐색하는 작업에서 그 예를 볼 수 있다. 기존의 논의는 모두 구활자본을 비교의 대상으로 삼았다. 그러나 「제마무전」은 구활자본 이전에 방각본으로 출판된 작품이므로 원천탐색을 위해서는 방각본을 대상으로 해야만 타당한 결론을 얻을 수 있다. 이 작품의 원천에 대해서는 서로 다른 두 가지 견해가 있다.[1]

본고는 「제마무전」의 서지적 문제에 유념하면서 작품의 원천을 확정하고, 원천의 번역과정을 추적함으로써 서사 전개가 단순한 이 작품이 방각본으로 또 구활자본으로 지속적으로 향유될 수 있었던 원인을 고찰하고자 한다. 이는 곧 「제마무전」이 수용될 수 있었던 요인을 밝히는 동시에 이 작품의 의미를 이해하는 바탕이 될 것으로 기대한다.

논의의 대상으로는 경판본 「제마무전」과 1914년 신구서림新舊書林에서 나온 『몽결초한송夢決楚漢訟』, 그리고 1922년 조선도서주식회사朝鮮圖書株式會社에서 나온 『제마무전』을 선정하였다. 논의의 편의를 위해 이 이본들은 각기 경판본, 신구서림본, 조선도서주식회사본으로 부르기로 한다. 「제마무전」은 이 이본들을 통칭하는 명칭으로 사용한다.

1 하나는 김태준, 이경선의 견해로 「제마무전」의 원천을 『전상평화삼국지』로 보는 입장이며, 다른 하나는 이명구의 견해로 그는 작품의 원천을 『유세명언』으로 본다. 김태준의 『조선소설사』, 청진서관, 1933; 이경선의 『삼국지연의의 비교문학적 연구』, 일지사, 1978; 이명구의 「몽결초한송 연구」, 『논문집』 33집, 성균관대, 1982 참조.

2. 「제마무전」 원천으로서의 『유세명언喩世明言』 제31화

1) 작품의 경개

「제마무전」은 몽유록 구조를 취하고 있다. 「제마무전」은 비판적 지식인이라 할 수 있는 제마무가 모순에 찬 현실과 이를 방치하는 하늘을 원망하는 데에서 이야기가 발단하며, '입몽入夢－몽중사夢中事－각몽覺夢'의 과정이 뚜렷하다. 그 결과, 「제마무전」은 주인공의 일생에 대한 서술이 아니라 주인공인 제마무가 꿈을 꾸게 되는 동기와 그 꿈의 내용에 대한 서술을 중심으로 작품이 이루어진다. 몽유구조를 취하고 있는 대표적인 소설인 「구운몽」에서는 입몽 전의 주인공과 꿈속에서의 인물이 다르게 설정되어 있다. 그러나 「제마무전」은 꿈속에서의 주인공도 '제마무'로서 「구운몽」의 '성진－양소유'의 관계처럼 재생이나 환생을 경험하는 것이 아니라 바로 입몽 전의 인물이 공간만 바꾸어 존재하게 되는 것이다.

「제마무전」에서 드러나는 현실 비판 의식과 입몽 전의 주인공과 몽중사의 주인공이 동질적인 인물로 설정되었다는 점은 몽유록夢遊錄의 특성과 유사하며, 몽자류소설夢字類小說을 비롯한 여타의 고전소설에서는 보기 드문 것이다. 몽유록이란 원래 한문 교양을 갖춘 사람들이 향유하던 문학 형태로, 「제마무전」은 바로 이러한 몽유록의 특성을 지닌 국문소설이라는 데에 그 특징이 있다.

본격적인 논의에 앞서 먼저 '입몽－몽중사－각몽'의 몽유 구조에 따라 작품의 경개를 소개하기로 한다. 이는 중국 이본과의 비교를 위해서도 필요한 작업이 될 것이다. 다음에 소개될 작품의 경개는 경판본을 대상으로 한 것이다.

동한 말년 초나라 사람인 제마무는 민첩영오하고 치국평천하지도를 달통한 인물이나 나이 사십이 되도록 공명을 이루지 못하다가 과거를 보려고 경사로 올라온다. 그러나 간신의 농권으로 관직을 얻기 위해서는 많은 금은이 필요하다는 말을 듣고 낙향하여 농업으로 생계를 유지한다. 때는 춘삼월, 마무가 자신의 낙척불우함을 한탄하니 부인은 공명부귀, 화복길흉은 인력으로 못할 일이라고 한다. 이에 마무는 후원에 들어가 옥황상제와 지부 십대왕을 논죄하는 글을 써서 불사르고는 잠깐 존다.

옥황상제가 상계에서 하계를 살피다가 제마무의 이런 행사를 보고 그를 잡아다가 하탕지옥에 가두라고 명한다. 제마무는 잠깐 조는 사이에 저승사자가 자신을 잡으러 오는 꿈을 꾼다. 꿈을 깬 마무는 자신이 죽을 줄 알고 부인에게 미리 알리고 사흘 동안 시체를 거두지 말라고 한다.

마무가 사자를 따라가 저승 시왕十王을 만나니 염왕은 마무의 죄를 논한다. 이에 마무는 오히려 화복길흉을 고르게 못하고 불쌍한 사람과 영걸英傑들을 무수히 잡아가 그들의 공명부귀를 끊으며 모든 정사를 다 불명하게 한 염왕의 불찰을 논한다. 대왕은 지부地府의 400년 대송大訟으로 밤낮으로 편치 못하니 너를 위해 다시 화복길흉을 의논할 수 없다 하고, 이에 마무는 자기가 해결해 보겠다고 나선다. 평등대왕이 마무의 편을 들어 옥제께 표를 올려 마무로 염왕을 봉해 송사를 해결하도록 허락을 받는다. 그 송사의 내용은 초한 시절

영웅들이 자신들의 억울함을 호소하는 것으로 되어 있다. 마무는 각자의 업에 따라 삼국시대의 인물로 다시 태어나게 하는데 구체적으로 등장하는 인물만 마흔 명이 넘는다.

한 유방은 후한 헌제로, 여후는 동귀비로 태어나 조조에게 죽임을 당하고, 공을 세우고도 애매히 죽은 한신은 조조로, 한신에게 잘못한 진평, 소하, 허부, 영포는 각기 양수, 원소, 상파, 손권으로, 팽월은 유현덕으로, 항우는 관우로, 여마동 등 육장六將은 오관의 수장守將으로, 일부러 잘못된 길을 가르쳐 주어 항우를 죽게 한 광무 순니신과 전부는 안량과 문추로, 항백은 방덕으로, 한신에게 해를 당하거나 인정받지 못한 역이기, 초부, 괴철(괴통), 용저, 종이매, 장감은 각기 주유, 제갈량, 방통, 조운, 마초, 한당으로, 번쾌는 장비로, 항우에게 해를 당하거나 인정받지 못한 인물들인 범증, 한생, 기신, 주관은 각기 육손, 여몽, 번장, 마대로, 항우를 핍박한 조참, 주발은 각기 조인, 우금으로, 주개는 주연으로, 이좌거는 환충으로, 진희는 위연으로, 은개는 능통으로, 하후영은 장완으로, 반장은 여포로, 관영은 강유로, 장량은 청송인으로, 척희는 유비의 부인인 미씨로 환생시킨다.

마무는 이외 인물들의 허다한 원굴지사寃屈之事도 다 처리하여 400년 묵은 송사 및 그동안 밀린 소지를 다 해결하여 인간의 길흉화복을 점지하고, 충직한 사람은 극락세계로, 불충불효하고 불측한 사람은 풍도지옥으로 보냈다.

이에 염라 시왕은 참괴하여 대연을 베풀고, 옥황은 마무를 세상에 다시 내어 보내어 80년을 부귀를 누리고 내세에 사마의로 환생하여 아들과 함께 통일천하하여 국호를 진晉이라 하게 한다. 마무가 천은에 감사하고 인세人世로 나아오다가 다리에서 실족하여 놀라 깨어 보니, 자신이 누워 있음을 발견한다. 이를 보고 부인이 기뻐하거늘 지부에서 있었던 일을 다 이야기하고 옥제의 칙지대로 80년을 태평히 살았다.

2) 원천의 확정과 유입 시기 검토

(1) 중국 이본의 검토

사마모司馬貌가 원사怨詞를 지어 불살라 상제께 고하여 음부陰府의 염왕이 되어 한신, 팽월 등의 소를 명쾌하게 해결했다는 이야기는 중국에서 원래 한 편의 민간 전설로 전해 오던 것이다. 이 고사는 『오대사평화五代史平話』, 『양사평화梁史平話』 등에서 처음으로 보인다. 이 고사가 발전되어 원대元代 『전상평화삼국지全相平話三國志』의 머리 부분에 윤색되어 실렸다.[2] 『전상평화삼국지』는 원元 지치至治년간(1321~1323)에 건안현建安縣의 우씨虞氏가 간행했다고 한다.[3] 그리고 명대 풍몽룡(馮夢龍 : ?~1646)이 편찬한 『삼언』 소설 중 1621년에 간행된 『유세명언喩世明言』 제31화 「뇨음사사마모단옥鬧陰司司馬貌斷獄」에도 이 고사를 바탕으로 한 이야기가 있다.

앞에서도 언급한 바와 마찬가지로 의 원천으로 김태준, 이경선은 『전상평화삼국지』를, 이명구는 『유세명언』을 들고 있다. 이경선은 「제마무전」이 『전상평화삼국지』의 번안이라고 주장하고, 이명구는 『유세명언』의 번역이라고 주장한다. 그러나 기존의 연구는 이 두 개의 중국본을 다 검토한 후에 결론에 도달한 것이 아니라 각기 하나의

2 호토형胡士瑩, 『화본소설개론』 하, 북경 : 중화서국, 1980, 548~549쪽.
3 정규복, 「고소설과 중국소설」, 『한국고소설론』, 아세아문화사, 1991, 343쪽.

이본만 보고 그 자료가 「제마무전」의 원천이라고 주장하고 있어 타당성이 의심된다. 그러므로 본고는 중국의 두 이본을 대상으로 하여 각 작품의 줄거리를 소개하고 원천을 확인하고자 한다.

① 『전상평화삼국지』, 「사마모전」

우선 『전상평화삼국지』를 보면, 한 광무제가 낙양에 도읍하고 재위 5년 되던 해 청명절에 꽃구경을 하는 장면으로 시작한다. 이 날 한 서생이 늦게 술, 거문고, 책 등을 가지고 나타났으나 늦어서 자리를 차지하지 못하고 풀 위에 앉아 술을 마시는데 이가 바로 사마모(호: 중상)이다. 그가 글을 읽다가 진나라 분서갱유 대목에 이르러서는 하늘의 눈도 못 마치는 데가 있어 시황으로 임금이 되게 했다고 하면서 자신으로 임금이 되게 하면 어찌 천하 백성으로 즐겁게 하지 않겠느냐고 한다. 이 말을 마치자마자 의관을 잘 차려 입은 자들 50여 명이 와서 옥황의 칙령을 받들었다고 하면서 그를 모셔 가는데 보니, 보원지옥報冤地獄이었다. 사마모가 영문을 알지 못하자 옆에 있던 인물이 이곳은 음간陰間이라고 하면서 하늘을 원망했으니 그대를 음사陰司의 왕으로 삼고 단옥斷獄을 잘 하면 양간의 천자를 시켜 주고, 그렇지 않으면 영영토록 사람으로 태어나지 못하리라고 한다. 사마모가 자기에게 그런 일을 감당하라 하느냐고 머뭇거리며 반문하니 주위에서 말하기를 공사를 해결하지도 못하면서 어찌 양간의 천자가 되겠느냐고 하며 빨리 성지를 받들라고 재촉한다. 이에 사마모가 한신, 팽월, 영포의 호소를 듣고, 한고조를 불러 사실을 알고자 하나, 한고조가 자기는 잘 모른다고 하며 여태후에게 미루니, 여태후가 대답하기를 한고조가 다 넌지시 지시해 놓고는 남에게 미룬다고 대답한다.

방통이 시詩의 형식으로 증언하니 사마모가 한고조는 공신을 배반했으므로 한신, 팽월, 영포 3인이 한조漢朝 천하를 나누어 갖도록 하여 한신은 조조로, 팽월은 유비로, 영포는 손권으로, 한고조는 헌제로, 여후는 복황후로, 방통은 제갈량으로 환생시키기로 소장을 써서 옥황께 아뢰고, 옥황은 그대로 시행한다. 중상은 세상에 태어나 사마중달로서 천하를 통일한다.

② 『유세명언』 제31화, 「뇨음사사마모단옥」

제31화는 사람은 천명의 뜻을 즐거워해야 한다는 내용의 사詞로 시작된다. 동한 영제 때 촉군 익주 땅에 사는 사마모(호: 중상)는 총명하여 8세에 문장을 이루었다. 군에서 그를 천거하여 서울로 보냈으나 성품이 불손하여 시관試官과 충돌하고 낙향한다. 장년이 되어 경박했던 행실을 뉘우치고 단정하고 삼가하며 몸을 닦고 문 닫고 책을 읽으며 바깥일은 묻지도 않고 지낸다. 양친이 세상을 떠나 6년 동안 시묘하니, 동네에서 그를 누차 효렴孝廉, 유도有道, 박학굉사博學宏詞에 천거했으나 모두 세력 있는 자에게 빼앗기고 오십이 되도록 초시도 못해 답답한 가운데 지낸다. 술에 취해 원사怨詞를 지어 선인과 악인이 이 세상에서 거꾸로 대접받는 이유를 따져 물으며, 하늘을 원망하고 그 시고를 태우고는 탁자에 기대어 잠이 든다. 7, 8명의 귀졸이 탁자 밑에서 나와 사마모를 꾸짖으며 검은 밧줄로 묶으려 하여 놀라 깨니, 촛불만 깜박이고 처참한 기분이 든다. 그 후 몸이 불편하다가 기절하는데 심장에 온기가 남아 땅에 묻지는 않는다.

옥제가 사마모의 글을 보고 대노하니 태백금성이 그를 옹호하며 반나절만 염왕을 시켜 그동안 방치한 옥사를 해결하면 내세에 부귀케 하고, 실패하면 풍도지옥에 보내 다시는 인간으로 태어나지 못하게 하자고 제의한다. 사마모가 염왕을 만나 염왕의 판단이 불공정함을 말하니, 염왕은 천도의 보응은 늦을 수도 있고 이를 수도 있으며 밝을 수도 있고 어두울 수도 있는 것이며, 불공정하게 보이는 이유는 사람들은 눈앞의 일만 보고 하늘은 멀리 보기 때문이라고 한다. 이에 중상은 음사의 보응이 어그러지지 않았다면 명부에 어찌 원귀冤鬼가 있겠는가라고 반문하며 옥사를 살핀다. 보니 한나라 초기의 네 가지 문서인데 350년 동안 해결하지 못하고 있었다.

그 첫째는 '충신을 죽인 일'로서 원고는 한신, 팽월, 영포이며 피고는 유방과 여씨이다. 두 번째는 '은혜를 원수로 갚은 일'로 원고는 정공, 피고는 유방이다. 세 번째는 '권력을 마음대로 휘둘러 지위를 빼앗은 일'로 원고는 척씨, 피고는 여씨이다. 마지막은 '위기를 틈타 목숨을 핍박한 일'로 항우가 육장六將을 고소한 것이다.

사마모는 이 송사들을 차례로 듣는데 처음 송사에서 원고와 피고 외에도 괴통, 허부, 소하가 등장하여 각자의 사정을 아뢰고 이 과정에서 허부의 입을 통해 한신의 목숨이 사십년이나 감해진 까닭과 여후의 음란함이 서술된다. 사마모는 한나라는 결국 원고 세 명이 이룩한 것이라고 하며 각기 나라를 하나씩 주겠다고 한다. 두 번째 송사에서 항백과 옹치가 더 등장한다. 판결을 내릴 때 팽월을 유비로 환생하게 하는데 팽월이 모사와 용장을 원하니 괴통, 허부를 각기 제갈공명, 방통으로 환생시켜 주고, 번쾌, 항우를 불러 장비, 관우로 환생시키는 등 작품 전체를 통틀어 20여 명이 등장한다. 또 그 밖에 각박하게 사람을 해친 사람, 음모를 꾸미고 악행에 가담한 자 등은 전마戰馬와 같은 축생으로 환생시킨다.

판결을 끝내니 모두 다 탄복하고 옥제께서 그를 내세에 사마의로 환생토록 하며, 조조가 비록 한신의 원수를 갚는다 하나 임금을 속이고 황후를 죽인 일 등은 교훈이 될 수 없으므로 사마의가 조조의 자손을 속여 조조가 헌제를 속인 일과 같게 함으로써 그 보응을 후대인에게 보여 선한 일을 하고 악행은 않도록 한다. 사마모가 염왕에게 자신을 따라 일생동안 고생만 한 처 왕씨汪氏와 내세에서도 부부 인연이 되게 해 달라 하니 염왕이 허락한다. 사마모가 침상에서 몸을 뒤척이다 눈을 떠 보니 부인이 곡을 하고 있었다. 사마모가 그 모든 일을 부인에게 이야기하고 죽으니, 부인이 장례를 수습하고 또한 죽었다.

(2) 작품의 원천 확인

앞의 중국 이본들의 내용과 경판본 「제마무전」을, 작품의 분량, 구조, 주인공의 성격 등의 면을 중심으로 고찰하여 작품의 원천을 확정하고자 한다.

우선 작품의 분량을 보면 『전상평화삼국지』의 「사마모전」은 대략 4장 정도의 내용으로, 소송과정에서 한신(→조조로 환생), 팽월(→유비), 영포(→손권), 유방(→헌제), 여후(→복황후), 방통(→제갈량) 등 여섯 사람만 등장한다. 경판본이 거의 20여 장에 걸쳐 41명의 인물을 등장시키는 것과는 상당한 차이가 있다. 이에 비해 『유세명언』 31화는 여덟 장에 걸쳐 24명의 송사를 처리하므로, 분량상으로는 이 이본이 경판본에 가깝다.

두 번째로 작품의 구조를 보면, 「사마모전」은 주인공이 음부에 갈 때의 입몽 과정과, 음부에 갔다가 현실계로 돌아올 때의 각몽 과정이 없어서 현실과 음부의 경계가 모호하다. 즉 「사마모전」은 몽유구조의 조건을 만족시키지 못한다. 「뇨음사사마모단옥」은 입몽—몽중사건—각몽에 해당하는 서술이 분명하여, 현실계와 음부와의 경계가 뚜렷하며 확실하게 몽유구조를 갖추고 있다. 경판본 역시 확실하게 몽유구조를 취하고 있다.

세 번째로, 주인공이 음부에 들어가게 되는 경위와 송사에 대한 태도를 중심으로 주인공의 성격을 보기로 한다. 「사마모전」의 주인공은 술을 한 잔 하고 거문고도 타고 하면서 꽃구경을 하다가 책에서 우연히 진나라의 분서갱유 사건을 읽게 된다. 이로 인해 진시황을 낸 하늘을 원망하는데, 그 말을 마치자마자 음부에 들어가게 된다. 그는 풍류를 즐기다가 옥사를 맡게 되니 송사 처리에 대해 자신 없는 모습을 보이기도 한다. 이에 비해, 「뇨음사사마모단옥」의 주인공이 하늘을 원망하게 되는 동기는 재주와 학식이 풍부한 자신이 과거제의 부패로 말미암아 나이 오십이 되도록 고향에 묻혀 지내는 것을 답답하게 여기는 데서 비롯한다. 하늘을 원망한 죄로 음부에 잡혀 갔어도 이런 문제의식을 가지고 인간의 어그러진 길흉화복을 바로잡아 보고 싶은 욕망이 있었으므로 음부에서도 당당하고 적극적으로 송사를 처리한다. 그리고 송사를 처리하는 과정도 상세하게 묘사된다. 경판본의 주인공은 '천성이 민첩영오하며 역대 춘추와 인의예지며 치국평천하지도를 달통한' 인물이지만 과거제도의 부패로 낙척불우하게 지내다가 하늘과 지부 십대왕을 책하는 글을 쓰게 된다. 이에 대한 벌로 음부에 잡혀 들어가도 전혀 두려워하는 기색이 없으며 옥사를 맡게 되자 자신 있게 빠른 속도로 해결한다. 주인공의 성격 면에서도 「뇨음사사마모단옥」이 경판본과 가까우며, 송사부분에 등장하는 인물들과 그들이 호소하는 내용, 환생하게 되는 인물의 이름까지도 경판본과 일치한다.

「사마모전」과 「뇨음사사마모단옥」은 모두 사마모가 음부에서 초한시대 영웅들의 상소를 해결하는 내용을 다루고 있다. 그러나 작품의 구조, 주인공의 성격, 송사에 얽힌 인물들, 작품의 분량 등을 세밀하게 검토한 결과, 경판본과 훨씬 근접하는 이론은 『전상평화삼국지』가 아니라 바로 『유세명언』중 제31화인 「뇨음사사마모단옥」임이 밝혀졌다. 경판본 「제마무전」의 저본은 『전상평화삼국지』가 아니라 『유세명언』이다.

(3) 유입 시기 추정

『삼언』과 『이박』에 수록된 작품을 발췌해서 엮은 『금고기관』이 우리나라에 전래된 시기는 대체로 분명한 편이다.[4] 반면에 『삼언』, 『이박』과 『전상평화삼국지』 등은 중국에서도 희서여서, 우리나라에 유입된 시기는 물론 그 유입 여부조차도 분명치 않다. 그러므로 「제마무전」의 원천으로 『금고기관』을 들 수는 있으나 『삼언』의 한 권인 『유세명언』을 생각하기는 어렵다고 보는 입장이 있다.[5] 그러나 「제마무전」의 원천으로 확인된 『유세명언』 제31화가 『금고기관』에는 실려 있지 않으므로 『금고기관』이 「제마무전」의 원천이 되었다고는 볼 수 없다. 이미 밝힌 바와 같이 「제마무전」 번역의 저본은 『전상평화삼국지』나 『금고기관』이 아니라 『유세명언』임이 분명하다. 이를 통해서 『삼언』이 조선시대에 이미 우리나라에 유입되었음을 알 수

---

4 신동일, 「한국고전소설에 미친 명대 단편소설의 영향」, 서울대 박사논문, 1985 참고

5 정규복, 앞의 글, 1991, 343~344쪽, 이 주장에 따른다면 「제마무전」의 원천은 『금고기관』이나 『전상평화삼국지』가 될 수밖에 없다.

있으며, 그것이 유입된 시기도 어느 정도 추측해 볼 수 있다. 『유세명언』은 경판본 「제마무전」의 출간 연대인 1860년[6] 이전에 이미 유입되어 있었을 것이므로 이를 그 하한선으로 잡을 수 있을 것이다.

또 여기에서 알 수 있는 사실은 1860년대에는 「삼국지연의」나 「초한전」 등의 소설이 한문을 아는 식자층뿐만 아니라 이미 평민들에게도 친숙한 이야기가 됐다는 점이다. 「삼국지연의」와 「초한전」에 나오는 중국 역사와 이에 얽힌 영웅호걸들의 이야기를 모른다면 「제마무전」은 읽어도 그 의미가 제대로 파악될 수 없는 소설이다. 이런 소설이 일반 서민층을 대상으로 하는 방각본으로 출간되었음은 그 두 역사 이야기가 우리나라에서 상당히 친숙하게 수용되었음을 확인해 준다. 1917년에는 『동아일보』에 「통일천하」라는 제목으로 「서한연의」가 번역, 연재되었는데, 이는 「초한전」과 같은 내용이다. 이로 미루어 볼 때, 1920년대, 30년대에도 「제마무전」을 비롯한 중국 역사 소재 소설이 여전히 많은 독자층을 확보했음을 알 수 있다.

6 유탁일, 「경판방각소설의 문헌학적 연구를 위한 모색」, 『도남학보』 7·8집, 1985, 56쪽.

3.「제마무전」의 특성과 수용 요인 검토

1)「뇨음사사마모단옥」과 국내 이본들과의 내용 비교

『유세명언』 제31화인 「뇨음사사마모단옥」과 경판본 「제마무전」을 비교해 보면, 생략이나 축약된 부분은 거의 없고, 오히려 부연 확장되고 있다. 중국소설이 우리말로 번역되는 과정에서 생략이나 축약은 빈번하게 나타나는 반면 부연, 확장되는 경우는 드문데, 「제마무전」이 바로 부연, 확장되는 경우에 해당한다. 「제마무전」은 작품의 분량, 주인공의 이름, 세부 묘사 등에서 『유세명언』 제31화와 차이가 나는데, 「제마무전」의 번역과정에서 보이는 대부분의 변이는 사소한 것으로써 작품의 의미에 굴절을 가져오지 않는다. 그러나 송사 부분의 부연은 그 분량이나 내용면에 있어 상당한 차이가 있으며, 이 부분이야말로 경판본 「제마무전」의 핵심이다. 그러므로 본고는 부연, 확장된 송사부분을 중심으로 국내의 세 이본을 비교하고자 한다.

제31화 鬧陰司司馬貌斷獄	경판본 제마무전	新舊 夢決楚漢訟	朝鮮圖書 제마무전
詞	\	\	序言
동한 영제	동한 말년	동한 효령황제 건・령연간	한나라 호환황제 즉위 초년
촉군 익주	초국	수춘땅	유주 우부평 태평촌
사마모	제마무	〃	〃
부패한 정치상	〃	〃	〃
가난하여 과거 못함	〃	〃	〃

제31화 鬧陰司司馬貌斷獄	경판본 제마무전	新舊 夢決楚漢訟	朝鮮圖書 제마무젼
원사 지어 불사름	〃	〃	〃
한신→조조	패공	〃	〃
한왕→헌제	여후	〃	〃
여후→헌제의 부인	한신	〃	〃
소하→양수	진평→양수	진평→양수	〃
		국모와 사통한 내용	〃
\	소하→원소	소하→원소	〃
영포→손권	〃	영포→여포	〃
팽월→유비	〃	〃	〃
괴통→제갈공명	괴철→방통	괴철→서서	〃
허부→방통	허부→상파	허부→방통	〃
		40년 목숨을 감한 까닭	〃
번쾌→장비	〃	〃	〃
항우→관우	〃	〃	〃
기신→조운	기신→번장	기신→반장	〃
척씨→감씨	척희→미씨	〃	〃
여의→유선	〃	여의→화흠	〃
정공→주유	\	정공→왕랑	〃
항백→안량	항백→방덕	항백→방덕	〃
옹치→문축	전부→문추	〃	〃
양희→변희 왕예→왕식 하광→공수 여승→항복 양무→주기 여마동→채양	여마동 등 6장 →오관의 守將	양희→한복	〃
		왕의→공수	〃
		여승→왕식	〃
		양무→진기	〃
		여마동→변희	〃
사마모→사마의	제마무→사마의	제마무→사마염	〃
부인 왕씨→사마의의 부인	\	\	\
	역이기→주유	역이기→주유	〃
	초부→제갈량	초부→제갈량	〃
	범증→육손	범증→육손	〃
	한생→여몽	한생→여몽	〃

제31화 鬧陰司司馬貌斷獄	경판본 제마무전	新舊 夢決楚漢訟	朝鮮圖書 제마무전
	주개 → 주연	주가 → 주연	〃
	조참 → 조인	조참 → 마대	〃
	주발 → 우금	주발 → 비위	〃
	용저 → 조운	용저 → 조운	〃
	종이매 → 마초	종이매 → 마초	〃
	이좌거 → 환충	이좌거 → 안량	〃
	진희 → 위연	진희 → 위연	〃
	주관 → 마대		
	은개 → 능통		
	장감 → 한당		
	하우영 → 장완	하후영 → 강유	〃
	반장 → 여포		
	관영 → 강유	관영 → 조인	〃
	장량 → 청송인	장량 → 황승언	〃
		주은 → 우금	〃
		주란 → 료화	〃
		환초 → 오반	〃
		우미인 → 보정	〃
		우자기 → 황충	〃
		우녕 → 감녕	〃
		의제 → 손권	〃
		종공 → 마충	〃
		오강 정장 → 주창	〃
		왕릉 → 장완	왕릉 → 노숙
		계포 → 왕평	〃
		진왕 자영 → 유선	〃
		전횡 → 조비	전횡 → 황개
		동공 → 사마휘	〃
			한량 → 손책
			진승 → 사마의
			오광 → 사마소
			장이 → 관홍
			진여 → 관평

제31화 鬧陰司司馬貌斷獄	경판본 제마무전	新舊 夢決楚漢訟	朝鮮圖書 제마무전
			항장→장포
			악천추→비위
			육가→동윤
			수하→제갈근
			숙손통→법정
			주창→왕윤

(\는 생략된 내용을 가리키며, 〃는 바로 왼쪽의 내용과 동일한 내용임을 표시)

2) 송사부분의 확장과 해원사상

외국작품이 번역된 경우, 그 수용요인이 무엇인가를 살피는 작업은 용이하지 않다. 독자들이 소설의 어느 요소 또는 어느 부분을 특별히 선호하면서 읽는가는 집어 말하기 어려운 문제이기 때문이다. 그런데 번역과정에서 나타난 변이, 특히 많은 분량의 부연은 그 작품의 독자(향유층)들이 그 소설을 받아들이는 태도와 무관하지 않을 것이다. 그러므로 이것을 논할 수 있다면 유입된 작품의 수용 요인에 대한 추정도 가능하리라고 본다.

(1) 경판본의 확장과 그 의미

위의 표를 보면, 송사부분의 확장은 중국본에서 경판본으로 번역할 때뿐만 아니라 경판본에서 구활자본으로 넘어갈 때도 일어나고 있다. 이 부분의 변개는 「제마무전」을 상품화한 방각업자들이 시도한 것인데, 이 시도가 고전소설 향유층의 정서에 호소력이 있었음을 알 수 있다. 왜냐하면 방각본 「제마무전」을 토대로 하여 출판한 구활자본에서도 이러한 시도가 더 부연, 강화되어 나타났기 때문이다.

중국본의 송사과정에서 등장하는 인물은 모두 24명이다. 이에 비해 경판본에 등장하는 인물들은 36명이며, 후에 '오관의 수장守將'으로 환생한 '여마동 외 육장六將'으로 처리된 것까지 합하면 모두 41명인 셈이다. 24명에서 41명으로 늘었으니 경판본은 중국본에 비해 거의 2배에 가까운 인물이 등장한다. 경판본 송사과정에서 등장한 인물들이 하는 일은 새로이 염왕이 된 제마무에게 서로 자신의 억울하고도 원통한 사정을 알리는 것이고, 제마무는 등장인물들의 억울함의 인과관계에 따라 이들을 다시 삼국시대의 인물들로 환생케 한다.

위에 제시한 도표를 참고하면, 경판본에 첨가된 인물들이 반드시 「초한전」이나 「삼국지연의」에서 큰 비중을 차지했던 인물들만으로 짜여진 것이 아님을 알 수 있다. 경판본에 와서 많은 인물이 새롭게 첨가되는 현상을 설명하게 위해서는 새로 삽입된 인물 중 '역이기, 초부, 범증'을 주목할 필요가 있다.

중국본
정 공→주 유
괵 통→제갈량

경판본
역이기→주 유
초 부→제갈량
범 증→육 손

중국본의 경우는 '정공'이 '주유'로, '괵통'이 '제갈공명'으로 환생하며 역이기나 초부, 범증, 육손은 등장하지 않는다. 중국본에서 정공이 주유로 환생하는 이유는 '정공이 항우를 끝까지 못 섬겼으므로 손권 섬기는 것도 끝을 못 보'게 하려 함이었고, 괵통이 제갈공명이 되

는 것은 '괵통이 지혜와 모사가 많아 제갈공명이 되어' 허부의 환생인 방통과 함께 팽월을 돕고자 해서였다.

이에 비해 경판본의 표현을 빌면, 역이기는 '한신의 꾀에 속아 애매히 죽었고', 초부도 '한신이 식견이 적은 고로 애매히 죽었으며', 범증은 '가장 불쌍한 자'로 묘사된다. 이들은 모두 사심 없이 충성을 다했으나 오히려 해를 당했으니 초한시대의 인물 중 억울하게 죽은 대표적인 인물들이다.

「초한전」의 초부는 한신에게 죽임을 당하여도 별 도리가 없는 초라하고도 미미한 존재이다. 대부분이 서민층인 방각본 향유층은 「초한전」의 여러 인물 중 초부와 자신들을 동일시했을 가능성이 크다. 제갈량은 「삼국지연의」를 이끌어 나가는 중요한 인물이다. 경판본에서 초부를 제갈량으로 환생시킨 것은 번역자가 방각본 향유층들의 이런 열망을 감지, 십분 받아들인 것으로 보인다. 그러므로 중국본에서는 언급도 없는 초부를 제갈량으로 다시 태어나게 하여 삼국시대 일세를 풍미하는 뛰어난 영웅으로서, 전생의 그 원통함을 한껏 풀게 한다. 역이기나 범증은 비록 초부와 같은 계층은 아니나, 역이기는 억울하게 팽형을 당하고 범증은 홧병으로 등창이 나서 죽는 인물이다. 중국본에는 등장하지 않는 이 인물들을 주유나 육손같이 비중 있는 인물로 환생시키는 의도도 역시 억울하게 죽은 이들에 대한 신원으로 이해할 수 있다. 즉 공이 있었음에도 불구하고 합당한 보상을 못 받고 죽은 인물들을 열거하면서 살아 생전에 그들이 이루었던 공을 열거하고 그 공에 걸맞는 보상을 함으로써 인물들이 '원을 풀게' 하려는 의도를 확인할 수 있다. 경판본에서의 인물들의 첨가는 이렇듯 제대로 대접받지 못하고 불쌍하고 억울하게 죽은 사람들에 대한 신원伸寃의 성격이 강하다. 초한시대의 영웅 중에서 억울하다고 여겨지는 인물들에게 관심을 갖고 열거, 환생시키다 보니 중국본의 거의 두 배에 가까운 인물들이 경판본에 등장하게 된 것이다.

『전상평화삼국지』의 「사마모전」부터 『유세명언』 31화에 이르기까지 중국본의 관심은 한신, 팽월, 영포로 하여금 각기 조조, 유비, 손권으로 환생케 하여 삼국의 정립을 이루도록 하는 것이며, 이러한 발상을 가능하게 한 것은 불교적인 세계관이다. 삶이 일회적인 것이 아니라 현세에서의 삶의 결과에 따라 후세에서 다시 태어나 그 업보대로 보응을 받는다는 윤회사상이 이야기의 기본 구조를 이루기 때문이다. 중국본의 사마모가 송사를 처리하는 원칙은 '은장은보 구장구보恩將恩報 仇將仇報', 즉 인과응보에 근거한 것으로 원고寃苦를 갚는 것은 인과응보의 과정에서 부수되는 현상이다. 경판본도 그 전체 틀에서 불교의 윤회사상을 바탕으로 하고 있는 것은 사실이나, 보다 적극적인 관심을 보이는 것은 그 과정에서 나타나는 인물 상호간의 해원解寃이다.

중국본에는 왜 팽월이 유비로, 한신은 왜 조조로, 사마모는 왜 사마의로 환생시키는지에 대한 이유가 분명히 설명되어 있으며, 이 설명은 중국본의 이야기에 짜임새를 더해 주는 부분이 된다. 그러나 경판본에는 이 모든 내용이 생략되었다. 이는 초한시대에 억울한 죽음을 당했던 인물들의 열거와 그들의 환생관계를 재정립하는 데에 열중한 나머지 다른 요소들은 생략된 것으로 볼 수 있다. 이처럼 다른 요소들을 생략시키면서까지 부연, 확장시킨 이야기가 바로 억울하게 죽은 인물들의 한을 풀어주는 것이었다. 작품이 이렇게 변개된 데에는 번역자와 향유층의 사정이 공히 작용하였을 것으로 추정된다. 자신의 삶이 불우하여, 제마무나 혹은 자신들의 능력을 제대로 평가

받지 못했던 역사 속의 인물들의 한풀이를 통해 자신의 울울함을 해소하려던 고전소설 출판자들의 의도와, 이러한 「제마무전」을 읽고 공감하는 향유층이 있었기에 「제마무전」의 수용은 더욱 한풀이에 열중하게 되는 것이다. '한풀이'는 우리나라 무속의 골자이며 우리 민족의 정서에 호소력이 있는 것이다. 송사부분의 변개는 바로 이러한 우리 내부 안에 있는 요구로 말미암은 것이며, 이 '한풀이 장(場)'의 장치야말로 「제마무전」이 고전소설 향유층에게 널리 향유될 수 있었던 주된 요인 중의 하나로 설명될 수 있을 것이다.

(2) 구활자본의 확장과 문제의식의 지속

앞에서 지적한 내용은 구활자본에서도 확인된다. 신구서림본 「몽결초한송」(1914)의 송사과정에는 모두 51명의 인물이 등장한다. 경판본에 비해 우미인, 초 의제, 진왕 자영 등의 인물이 첨가되었으며, 의제가 손권으로, 영포는 여포로, 진왕 자영은 유선으로 환생한다.

송사과정에서 초 의제를 제외한 다른 인물들은 호출에 의해 등장한다. 이에 비해 초 의제는 '문득 보하는 소리가 나더니' 초 의제가 등장해 자신의 한을 풀어 달라고 부탁하며 제마무도 이에 대해 아주 공손한 태도로 일관한다. 송사의 결과를 알리는 부분에서도 사자를 보내어 고하는 형식을 취한다. 새로 등장한 초 의제에게 상당한 비중을 두었으므로 이에 따라 삼국의 하나인 오나라 손권으로 환생시킨다. 경판본까지는 중국본에서 의도한 대로 전한시대에 유방 못지않은 공을 세운 인물인 한신, 팽월, 영포를 각기 조조, 유비, 손권으로 환생시켜 삼국정립을 이루게 하는 균형 감각이 지켜진다. 그러나 신구서림본은 이보다도 불쌍하게 죽은 이들에 대한 해원이 주된 관심사가 되었으므로 영포보다도 더 불쌍하게 죽은 초 의제를 손권으로 환생시킨 것이다. 진왕 자영이 유선으로 환생하는 것도 같은 맥락에서 이해할 수 있다.

조선도서출판주식회사본 「제마무전」(1922)의 송사부분에는 62명의 이름이 거론된다. 새로 첨가된 11명은 작품 마지막 부분에 열거되는데 이 역시 경판본이나 신구서림본의 부연 의도와 같이 문학을 통한 한풀이를 시도한 것으로 보인다. 한 가지 특이한 점이 있다면 11명 중에 진승, 오광 같은 인물이 첨가되었다는 것이다. 신구서림본까지는 한고조 유방의 등장 이후부터 비롯되는 역사 속의 인물들만 대상으로 하며, 반란을 꾀하다가 실패한 인물들은 등장하지 않는다. 그러나 조선도서주식회사본은 진승, 오광, 장이, 진여 같은 인물들도 등장시킨다.

진승, 오광은 어수선한 진나라 말기에 농민으로서 반란을 일으켜 새 세상을 기도한 인물들이다. 이들의 난은 비록 실패했지만 새로운 질서에 대한 요구가 존재함을 부각시켰다. 조선도서주식회사본인 「제마무전」은 이들의 실패를 '남의 길만 열어 주었으니 어찌 분한치' 않겠냐고 하며 이들을 사마의, 사마소로 태어나게 한다. 이들에 의해 위, 촉, 한 세 나라를 다 통합할 진나라의 기틀이 마련되니 내세에 대단한 보상을 받은 것이라 하겠다.

구활자본에 오면, 경판본부터 구활자본에 이르기까지 고전소설 「제마무전」이 향유층의 어떠한 요구로 말미암아 수용되었는가가 더욱 분명해진다. 이 작품을 이해하기 위해서는 「초한전」이나 「삼국지연의」에 대한 독서가 선행되어야 하며, 그래야만 두 작품에 등장하는 인물들을 상호 조명하는 가운데 평가해 보는 즐거움이 있다. 그러나 「제마무전」의 독서가 단지 독자들이 가지고 있었던 중국 역사에 대한 자신들의 기존의 지식을 확인하고 맞춰 보기 위한 것은 아니었을 것이다. 작품에서 진행되는 억울하게 죽은 이들에 대한 신원伸寃이야말로 「제마무전」의 주된 관심사이며, 이상에서 살펴 본 송사과정의 부연은 곧 독자의 관심을 반영한 것이기도 하다.

중국본의 경우, 네 가지 송사의 관심은 억울함의 호소와 신원 그 자체에 놓여 있는 것이 아니었다. 인물들의 환생도 억울함의 정도에 따른 것이 아니며, 초한시대의 인물과 삼국시대의 인물 중 서로 공통되는 요소가 있을 때에 비로소 그 인물로의 환생이 가능했다. 신원은 부수되는 현상인 셈이다. 그러나 이 작품이 조선에 유입되어서는 이 송사의 결과로 나타나는 한풀이에 촛점을 맞추면서 작품이 부연되어 나갔다.

해원解寃은 남의 억울한 원한을 풀어주는 종교적 행위로 우리나라의 전통적인 무속사상의 하나이며, 특히 동학혁명이 실패한 후 등장한 증산교에서는 교리의 하나로 '해원공사解寃公事'가 설정된다. 강증산은 1871년에 태어나 1909년에 죽었다. 그는 동학의 실패로 왕후장상을 바라다가 뜻을 이루지 못하고 죽은 이가 수만 명이어서 원기가 하늘에 가득하므로 이를 해원하지 않으면 안 된다고 하였다.[7] 증산사상은 원한에 촛점을 두는 재래 민간사상과 밀접한 관계를 맺고 있다.[8] 1910년대 구활자본 「제마무전」의 등장은 이러한 시대적 분위기와도 유관할 것으로 보인다. 구활자본에서는 초 의제나 우미인, 진왕자영, 그리고 진승, 오광 같은 인물들도 모두 신원의 대상으로 첨가되었다. 진승, 오광의 신원은 곧 농민이 주체를 이루었던 동학도들에 대한 신원일 수도 있다. 이렇듯 경판본에서 나타나는 해원에 대한 관

7 노길명, 「증산의 평화사상」, 『증산사상연구』 5집, 태평문화사, 1979, 82쪽.
8 변찬린, 「증산의 해원사상」, 『증산사상연구』 1집, 장문사, 1975, 78쪽.

심은 구활자본에 이르기까지 지속되며, 지속적으로 일어나는 송사 부분 확장의 요인이 되기도 한다.

중국본의 경우 초한시대의 인물을 삼국시대의 인물로 환생시키기 위해서는 불가적인 인과응보의 윤회사상이 작품의 전체적인 틀을 이루지만, 고전소설 향유층에게 수용되면서는 불가적 세계관보다는 오히려 민간신앙에 기저한 해원사상이 작품의 중요한 축이 되고 있다.

4. 「제마무전」의 소설사적 의미

「제마무전」은 『유세명언』 제31화를 번역한 고전소설이다. 번역이나 번안은 원작에 비교적 충실한 것이므로, 우리 문단에 큰 영향을 끼치지 않은 이상 이들 작품을 대상으로 자국의 소설사적인 의미를 살핀다는 것은 별 의미가 없다고 생각할 수도 있다. 그럼에도 불구하고 「제마무전」의 소설사적 의미를 짚어 보는 것은 이 작품이 가지는 중간문학적인 요소에 있다. 여기에서의 '중간문학적'이란 용어는 다름 아닌 한문학과 국문 문학의 경계 영역에 걸쳐 있는 그 어떤 것을 의미한다. 「제마무전」의 중간문학적인 요소는 이 작품이 몽유구조를 지닌 방각본 고전소설이면서 동시에 몽유록적인 성격도 공유한다는 데서 비롯된다. 몽유구조는 우리에게 친숙한 서사양식이다. 몽유구조를 취하는 작품은 크게 둘로 나뉘는데, 몽유록과 몽자류소설이 그것이다. 몽유록은 한문학 양식 중의 하나로 「남염부주지」, 「대관제몽유록」, 「강도몽유록」 등의 작품이 있으며, 몽자류소설은 고전소설의 하위분류의 하나로, 「구운몽」, 「옥루몽」, 「옥선몽」 등이 있다. 「옥루몽」은 한글과 한문 두 종류의 이본이 있고, 「옥선몽」은 한문으로 된 작품이나 작품이 보여 주는 의식은 한글소설과 궤를 같이 한다.

몽유록은 대개 한문으로 기록되었으며, 그 내용도 한문학적 소양과 역사에 대한 지식을 요구하는 것으로, 방각본소설을 향유하는 계층이 접하기 어려운 문학 장르이다. 몽유록은 현실비판적인 시각을 지닌 작가가 부정적인 현실에 대한 비판을 우회적으로 서술하는 문학양식으로, 몽유록에서의 현실세계는 각몽 후에도 여전히 중요한 비중을 차지한다. 몽유록은 대개 역사적으로 불운했던 시절에 많이 쓰여졌다. 「원생몽유록」은 세조의 왕위 찬탈기에, 「대관제몽유록」은 중종조 사화기에, 「피생명몽록」, 「달천몽유연」, 「강도몽유록」은 모두 임병 양란기에 나온 작품들이며, 「꿈하늘」, 「몽견제갈량」, 「몽배금태조」 등은 일제 침략에 대한 위기의식의 산물이었다.[9] 이는 몽유록이 역사에 대한 진지한 고민을 바탕으로 창작된다는 사실을 말해 주는 것으로, 여기에서의 몽유夢遊란 단지 어떤 한 개인의 욕망의 투사가 아니라, 당대를 살아가는 사람들이 공감하는 문제 해결을 위한 모색인 것이다. 몽유록의 주인공은 각몽 후 문제를 안고 있는 현실로 돌아오며, 영웅 일대기 고전소설이 보여주는 것 같은 행복한 결말이나 문제의 해결은 없다. 몽유록과는 달리, 경판과 완판으로 방각된 「구운몽」과 같은 몽자류소설들은 부녀자나 서민들까지도 읽을 수 있었다. 대부분의 몽자류소설들은 현실에서의 결핍을 꿈을 통해

9 서대석, 「몽유록의 장르적 성격과 문학사적 의의」, 『한국학논집』, 계명대, 1975, 158~159쪽.

충족하고, 현실 자체를 일장춘몽으로 여기면서 종교적인 초월세계를 추구한다든지 혹은 어디로 자취 없이 사라져 버린다든지 하는 결말을 맺고 있다. 몽자류소설에서의 현실, 인간 세계란 일장춘몽을 깨닫게 하는 장치로서의 역할로 등장한다.

「제마무전」은 한글로 된 방각본 고전소설임에 틀림없다. 동시에 「제마무전」은 몽유록과 같은 문제의식을 보여준다. 「제마무전」의 주인공은 영웅이 아니며, 낙척불우한 선비일 뿐이다. 현실 세계를 초월할 만한 능력을 습득하지도 않는다. 여타의 고전소설에도 주인공이 과거제도의 모순 때문에 낙방하고 좌절하며 비분강개하는 모습을 보여 주는 작품들이 있으나, 이야기가 천상세계의 도움을 얻어 원하는 것을 다 성취하도록 진행되는 과정에서 그 문제의식은 희석되고 만다. 그러나 「제마무전」의 주인공은 몽중사건을 통해서 결핍된 현실에 대한 대리만족을 얻는 것이 아니라 자신의 문제의식을 지속시키며 공정한 송사를 하기 위해 최선을 다한다. 제마무는 송사를 잘 처리한 데에 대한 대가로 옥황상제로부터 내세에서 천하를 통일하는 인물이 되리라는 약속과, 각몽 후 지속될 현세에 대한 보상을 얻는다. 이러한 결말은 일견 손쉬운 처리같이 보인다. 독자들은 정의로운 주인공이 현실에서도 결국은 잘 된다는 내용을 읽음으로써 주인공에 대한 보상을 간접적으로 경험하기를 원한다. 그러나 「제마무전」은, 송사의 과정은 장황하게 서술한 반면, 주인공의 영화는 구체적으로 서술하지 않고 단 한 줄로 처리함으로써 오히려 주인공의 낙척불우함이 강한 인상으로 남게 된다. 「제마무전」의 성급한 결말은 결국 제마무가 현실적으로는 영달할 길이 없음을 역설적으로 서술한 것일 수도 있다. 주인공이 출장입상한 후 높은 벼슬에 오르고 주인공의 가문이 벌열의 대열에 들고, 또 그 자손들이 다 부귀영화를 누리는 데까지 서술하는 작품들의 경우는 모든 문제가 작품 안에서 완전하게 매듭지어지며, 독자들도 더 이상 문제가 남아있다고 여기지 않는 것이 보통이다. 이에 비해 「제마무전」의 결구는 작품이 끝난 후에도 모순된 현실에 대한 문제의식을 지속시키도록 한다.

5. 결론

외국 문학 작품이 국내에서 번역되는 경우는 그 작품이 문학적으로 평가를 받는 경우이거나 아니면 많은 독자를 확보할 수 있다는 판단이 들었을 때 가능한 것이다. 이는 조선시대에도 마찬가지였으며, 영리를 목적으로 한 방각본 출판의 경우는 더욱 그러했을 것이다. 본고는 일견 서사적인 면에서 느슨하게 짜여진 「제마무전」이 방각되고 구활자본으로까지 출판될 정도로 오랜 동안 수용되었던 요인이 무엇일까에 대한 의문에서 비롯됐다.

수용 요인을 살피기 위해서는 「제마무전」의 중국 원천에 대한 확정이 필요하였으므로 이 작업이 선행되었다. 그동안 「제마무전」의 원천으로 논의되어 오던 『전상평화삼국지』의 「사마모전」과 「삼언」 중 『유세명언』 제31화 「뇨음사사마모단옥」을 둘 다 검토하고, 경판본 「제마무전」과 서로 대조한 결과, 「제마무전」의 저본은 『전상평화삼국지』가 아닌 『유세명언』 제31화임이 밝혀졌으며, 그 결과 적어도

1850년 이전에 이 문언소설집이 우리나라에 유입되었음을 확인하였다. 또 중국본과 국내외 이본과의 비교를 통해 「제마무전」이 국내에서 수용될 수 있었던 요인으로는 작품 중 송사부분이 갖고 있는 해원의 기능이 큰 비중을 차지하고 있음을 논의하였다.

「제마무전」의 한국적 수용 양상은 송사부분이 확장되었다는 점 이외에도 몇 가지를 더 지적할 수 있는데, 이 점은 바로 「제마무전」이 독자들에게 중국문학이 아니라 우리의 고전소설로서 수용되었음을 뜻한다. 인물에 대한 태도 변이로는, 항우와 유방에 대한 평가에서 중국본과 크게 차이를 보인다. 중국본은 항우에게 특별한 관심을 보이지 않는데 비해 구활자본은 초 의제를 죽이고 진시황의 묘를 판 항우의 잘못까지도 옹호해 줄 정도로 항우에 대한 경사를 보인다. 이는 항우의 환생인 관우에 대한 평가와도 연관이 있다. 능력은 있으나 뜻을 이루지 못하고 죽은 인물들에 대해 불쌍히 여기는 마음이 이들의 신원을 통해 나타나고 있다. 또 중국본에서는 후한後漢 헌제로 환생하는 유방보다 위나라를 세우는 조조로 환생하는 한신이 더욱 비중 있게 다루어진다. 이에 비해 「제마무전」을 비롯한 국내본에서는 모두 유방을 더 먼저 내세움으로써 한나라에 정통을 두는 역사 인식을 보여준다. 「제마무전」이 우리나라에 소개됨으로써 방각본 소설은 그 작품 세계가 더욱 풍부해졌으며, 이는 후에 고전소설 독자들이 개화기 몽유록도 친숙하게 받아들일 수 있는 계기가 되었을 것이다.

:: **참고문헌**

제1부 고전소설의 문학적 흥취

제1장 민중적 환상성의 한 유형-일사본 「전우치전」을 중심으로

김성룡, 「고전 서사문학을 중심으로 본 환상의 미학적 특성 연구」, 『국어교육』, 한국국어교육연구회, 2000.

_____, 「한국 고전소설의 환상성에 대한 연구」, 서울대 석사논문, 1985.

김일렬, 「홍길동전과 전우치전의 비교연구」, 『어문학』 30호, 한국어문학회, 1974.

박일용, 「전우치전과 전우치 설화」, 『국어국문학』 92집, 국어국문학회, 1984.

방대수, 「전우치전 이본군의 작품구조 연구」, 서울대 석사논문, 1988.

백승렬, 「전우치전 연구」, 경북대 석사논문, 1985.

변우복, 「전우치전 연구」, 한국교원대 박사논문, 1998.

송효섭, 「일사본 전운치전의 서사문법과 문학적 성격」, 『한국문학과 기호학』, 문학과비평사, 1988.

슬라보예 지젝, 김종주 역, 『환상의 돌림병』, 인간사랑, 2002.

신재홍, 『한국몽유소설연구』, 계명문화사, 1994.

엄택순, 「전우치전 연구-구조 분석을 중심으로」, 서울시립대 석사논문, 1992.

유연석, 「전우치전의 사상에 관한 연구」, 조선대 석사논문, 1983.

윤재근, 『전우치 설화와 전우치전』, 고려대 석사논문, 1982.

이격주, 「전우치전 연구」, 단국대 석사논문, 1991.

이상익, 『한중소설의 비교문학적 연구』, 삼영사, 1983.

최기숙, 『환상』, 연세대 출판부, 2003.

최삼룡, 「전우치전의 도선사상 연구」, 『한국고소설의 조명』, 한국고소설연구회, 1990.

최혜실, 「개화기 소설의 현실성 획득 과정」, 『국어국문학』 111집, 국어국문학회, 1994.

캐스린 흄, 한창엽 역, 『환상과 미메시스』, 푸른나무, 2000.

제2장 「옥루몽」의 서사미학과 그 소설사적 의의

「옥루몽」(신문관본), 육당전집편찬위원회 편, 『육당최남선전집』 14, 현암사, 1974.

구본기, 「고전소설에 나타난 선비의 진퇴의식-「옥루몽」과 「만하몽유록」을 중심으로」, 『고전문학연구』 제11집, 집문당, 1996.

구자균, 「옥루몽을 통해서 본 소설사의 문제점」, 『민족문화연구』 1호, 고려대 민족문화연구소, 1964.

김경미, 「19세기 한문소설의 새로운 모색과 그 의미」, 『한국문학연구』 창간호, 고려대 민족문화연구원 한국문학연구소, 2000.

_____, 「남홍량전 연구」, 『고소설연구』 12집, 2001.

김종철, 「「옥루몽」의 대중성과 진지성」, 『한국학보』 제61집, 일지사, 1990.

서대석, 「옥루몽의 갈등구조-상하층 관계의 소설적 표현」, 『한국학논집』 제1집, 계명대 한국학연구소, 1973.

_____, 「옥루몽의 양면성」, 『고전문학연구』 제2집, 한국고전문학연구회, 1974.

성현경, 「옥련몽 연구」, 『국문학연구』 제9집, 국문학연구회, 1968.

신재홍, 「「옥련몽」과 「옥루몽」의 비교 검토」, 『고전문학연구』 제6집, 한국고전문학연구회, 1991.

심치열, 「옥루몽 연구」, 성신여대 박사논문, 1994.

이병직, 「「옥루몽」의 대중성 연구」, 부산대 석사논문, 1995.

이승수, 「「옥루몽」 소고 I」, 『한국고전여성문학연구』 창간호, 한국고전여성문학회, 2000.

장효현, 「옥루몽의 문헌학적 연구」, 고려대 석사논문, 1981.

정규복, 「옥루몽의 작자 및 저작연대에 대하여-구성면에서 본」, 『어문학』 15, 한국어문학회, 1966.

정대진, 「옥루몽 연구」, 서울대 석사논문, 1994.

조광국, 「「옥루몽」에 나타난 왕도·패도 병용의 정치이념 구현 양상」, 『고전문학연구』 제15집, 한국고전문학회, 1999.

조혜란, 「조선 후기 소설에 나타난 유흥 서술 연구」, 『한국고전연구학회』 3집, 1997.

차용주, 「옥루몽의 작자 및 저작연대고」, 『어문논집』 제10집, 고려대 국어국문학연구회, 1967.

한길연, 「대하소설의 능동적 보조인물 연구」, 서울대 석사논문, 1997.

제3장 조선 후기 소설에 나타난 유흥 서술 연구

강한영 편, 「변강쇠가」, 『판소리여섯바탕집』, 앞선책, 1993.

김기동 외편, 「이춘풍전」, 『한국고전소설선』, 새글사, 1965.
_____ 편, 「옥선몽」, 『필사본고전소설전집』 3·6, 아세아문화사, 1980.
임명덕 편, 「옥루몽」, 『한국한문소설전집』 2, 대북 : 중국문화대 출판부, 1980.

강명관, 『조선 후기 여항문학 연구』, 창작과비평사, 1997.
권두환, 「조선 후기 가단 연구」, 서울대 박사논문, 1984.
김경미, 「조선 후기 소설론 연구」, 이화여대 박사논문, 1993.
_____, 「「옥린몽」의 주제와 의미」, 『한국고전연구』 2, 한국고전연구학회, 1996.
김종철, 「19C, 20C 초 판소리 변모양상 연구」, 서울대 박사논문, 1993.
_____, 『판소리의 정서와 미학』, 역사비평사, 1996.
김홍규, 「조선 후기와 애국계몽기의 인정물태론」, 『한국문학연구』 제13집, 동국대, 1990.
박전열, 「풍각장이의 기원과 성격」, 『한국민속학』 11권, 민속학회, 1979.
서종문, 「변강쇠가 연구」, 『판소리사설연구』, 형설출판사, 1994.
심치열, 「이춘풍전 연구」, 성신여대 석사논문, 1988.
이재선, 『한국 개화기소설연구』, 일조각, 1972.
장덕순, 「이춘풍전 연구」, 『국어국문학』 5호, 국어국문학회, 1953.
조혜란, 「소설의 유형성과 독서과정」, 『이화어문논집』 제11집, 이화여대 한국어문학연구소, 1990.
_____, 「삼한습유 연구」, 이화여대 박사논문, 1994.
황인완, 「「변강쇠가」의 줄거리 체계와 작중인물들의 성격과 작중기능」, 고려대 석사논문, 1989.

제4장 「협창기문俠娼奇聞」에 나타난 죽음의 미학

김종태 외역, 『국역 청성잡기』, 민족문화추진회, 2006.
실시학사 고전문학연구회 역, 『이옥전집』 2, 소명출판, 2001.
이신성·정명기 역, 『양은천미』, 보고사, 2000.
한국학중앙연구원 장서각 소장본, 『청성잡기』(필사본).

김경미·조혜란 역, 『19세기 서울의 사랑』, 여이연, 2003.
김영진, 「이옥 연구(1)－가계와 교유, 명·청 소품 열독을 중심으로」, 『한문교육연구』 18, 한국한문교육학회, 2002.
김영호, 『조선의 협객 백동수』, 푸른역사, 2002.

바타이유, 조한경 역, 『에로티즘』, 민음사, 2008.
박희병, 『한국고전인물전연구』, 한길사, 1992.
안대회 편, 『조선 후기 소품문의 실체』, 태학사, 2003.
_____, 「평양기생의 인생을 묘사한 소품서 녹파잡기 연구」, 『한문학보』 14집, 우리한문학회, 2006.
이종은 외, 「한국문학에 나타난 한국인의 우주관과 생사관 연구」, 『한국학논집』 30, 한양대 한국학연구소, 1997.
정병설, 『나는 기생이다』, 문학동네, 2007.
'한국고전번역원' http://www.itkc.or.kr/itkc/Index.jsp

제2부 새로운 시대, 새로운 모색

제1장 19세기 애정소설의 새로운 양상 고찰—「절화기담」과 「포의교집」을 중심으로

강명관, 『조선의 뒷골목 풍경』, 푸른역사, 2003.
권도경, 「「포의교집」의 애정갈등과 비극적 결말의 현실적 의미」, 『국어국문학』 132, 국어국문학회, 2002.
권보드래, 『연애의 시대』, 현실문화연구, 2003.
길진숙, 「상사가류 가사에 나타난 사랑의 수사」, 한국고전여성문학회 제11차 학술대회 발표요지, 2003.
김경미·조혜란 역, 『19세기 서울의 사랑』, 여이연, 2003.
김경미, 「절화기담 연구」, 『한국고전연구』 창간호, 한국고전연구학회, 1995.
김기동·이종은 편, 『고전한문소설선』, 교학연구사, 1984.
김정숙, 「「포의교집」의 소설적 특징 연구」, 『한문교육연구』 6, 한국한문교육학회, 2001.
박희병, 「전기적 인간의 미적 특질」, 『한국전기소설의 미학』, 돌베개, 1997.
_____, 「춘향전의 역사적 성격 분석」, 『전환기의 동아시아 문학』, 창작과비평사, 1985.
신상필, 「한문소설 「포의교집」 연구」, 『한문학보』 3집, 우리한문학회, 2000.
윤채근, 「「절화기담」에 나타나는 환유적 사랑」, 『한국고전연구』 8집, 한국고전연구학회, 2002.
이수진, 「「절화기담」 소고」, 『한민족어문학』 15, 한민족어문학회, 1988.
이승복, 「한문소설 「포의교집」의 인물 형상과 소설사적 의미」, 『규장각』 21, 1998.

이정원, 「「빙허자방화록」의 구조와 전기소설사적 의미」, 한국고전연구학회 제42차 학술발표회 발표요지, 2003.
정길수, 「절화기담 연구」, 서울대 석사논문, 1999.
정양완, 『일본동양문고본고전소설해제』, 국학자료원, 1994.
조혜란, 「「포의교집」 여주인공 초옥에 대한 연구」, 『한국고전여성문학회』 3집, 한국고전여성문학회, 2001.
최현정, 「「절화기담」 연구」, 연세대 석사논문, 1996.
최혜실, 『신여성들은 무엇을 꿈꾸었는가』, 생각의나무, 2000.
홍인숙, 「열녀 담론의 새로운 독해」, 『한국고전여성문학연구』 5집, 한국고전여성문학회, 2002.

제2장 『한당유사漢唐遺事』 연구

박태석, 임명덕 편, 『한국한문소설전집』 5권, 대북 : 중국문화대 출판부, 1980.
박태석, 청류강태랑 편, 「한당유사」, 경성 : 조선연구회, 1915.

김경미, 「조선 후기 소설론 연구」, 이화여대 박사논문(미간행), 1994.
김태준·박희병, 『증보조선소설사』, 한길사, 1990.
방정요, 홍상훈 역, 『중국소설비평사략』, 을유문화사, 1994.
서대석, 『군담소설의 구조와 배경』, 이화여대 출판부, 1985.
서울특별시사 편찬위원회 편, 『동명연혁고』 II, 신성인쇄사, 1992.
손진태, 『한국민족설화의 연구』, 을유문화사, 1987.
이혜순, 『수호전 연구』, 정음사, 1985.
조혜란, 「삼한습유 연구」, 이화여대 박사논문(미간행), 1994.
차용주, 『한국한문소설사』, 아세아문화사, 1989.
최운식 편, 『충청남도 민담』, 집문당, 1984.

제3장 유배서사로서의 『기우도奇遇圖』 연구

「기우도」, 하정 이강로 소장본.

김석봉, 『신소설의 대중성 연구』, 역락, 2005.
김윤식, 「'정치소설'의 결여형태로서의 신소설」, 『한국학보』 31집, 일지사, 1983.
박헌용, 「사회진보재어종교지확립」, 『대한흥학보』, 2호, 1909.4.20(국사편찬위원회, http://

nhcc.go.kr).
______, 『속수증보 강도지』. 강화 : 미상, 1932.
손순옥, 「동정 박세림의 서예술 연구」, 원광대 석사논문, 1996.
신용하, 「계명의숙 취지서·창가·경축가·창립기념가·권학가 등」, 『한국학보』, 일지사, 1977.
심경호, 「19세기 말 20세기 초 강화학파의 지적 고뇌와 문학」, 『어문논집』, 41호, 민족어문학회, 2000.
윤종영, 「문명견문기-강화학파의 발자취를 찾아서 (상)」, 『문명연지』, 5권 1호, 2004.
이빙허각, 정양완 역, 『규합총서』, 진보재, 2003.
이은숙, 『신작 구소설 연구』, 국학자료원, 2000.
임형택, 「신발굴 자료 「남당사南塘詞」에 대하여」, 『민족문학사 연구』 20, 민족문학사학회, 2002.
장효현, 「19세기 한문 장편소설의 창작 기반과 작가의식」, 『한국 고전소설사연구』, 고려대 출판부, 2002.
조동일, 『신소설의 문학사적 성격』, 한국문화연구소, 1973.
한국정신문화연구원 편, 『한국인물대사전』 2, 중앙일보사, 1999.
한국조폐공사 편, 『한국화폐전사』, 1971.
홍순만, 「조선 말기 제주도의 유배인과 형사제도」, 『제주도연구』 3집, 제주학회, 1986.

제4장 좌절과 모색의 경계—개화 지식인 의전宜田 육용정陸用鼎의 인물전 연구

육용정, 『의전선생문집』 1, 경인문화사, 1993.

김경미, 「젠더 위반에 대한 조선사회의 새로운 상상」, 『한국고전연구』 17, 한국고전연구학회, 2008.
김수연, 「열녀전의 경계와 균열」, 『한국어문학연구』 55, 동국대 한국어문학연구학회, 2010.
김주현, 「미와 미적인 것들의 차이」, 『외모 꾸미기 미학과 페미니즘』, 책세상, 2009.
백승종, 「『의전기술』을 통해서 본 육용정의 개화사상」, 『동아연구』 18, 1989.
민회수, 「1880년대 육용정의 현실인식과 동도서기론」, 『한국사론』 48, 2002.
신재홍, 「의전 육용정의 허구론」, 『한국몽유소설연구』, 계명문화사, 1994

김경미, 「허구적 형식-소설 속의 소설론」, 『소설의 매혹』, 월인, 2003.
정환국, 「송사소설의 전통과 「신단공안」」, 『한문학보』 23집, 2010.
조혜란, 「유배서사로서의 「기우도」 연구」, 『정신문화연구』 101호, 한국학중앙연구원, 2005.

_____, 「육용정의 「군인처모소사전」을 읽는 한 가지 방식」,『한국문화연구』 19, 이화여대 한국문화연구원, 2010.
하지영, 「육용정의 기몽記夢 연작 연구」, 『한국고전연구』 22집, 한국고전연구학회, 2010.
황재문, 「의전 육용정의 문학과 현실인식」, 『한문학보』 22집, 2010.

제3부 고전소설의 서사 로직과 몰입의 상관관계

제1장 소설의 유형성類型性과 독서과정讀書過程—창작군담소설을 중심으로

김기진, 「대중소설론」, 『동아일보』, 1929.4.17.
김수연, 「이야기의 구조 및 짜임새가 회상에 미치는 효과」, 고려대 석사논문, 1981.
민긍기, 「군담소설의 연구」, 연세대 석사논문 , 1980.
서대석, 『군담소설의 구조와 배경』, 이화여대 출판부, 1985.
우쾌제, 「구활자본 고소설의 출판 및 연구현황 검토」, 『고전소설 연구의 방향』, 새문사, 1985.
이미자, 「여성영웅소설의 연구」, 숙명여대 석사논문, 1988.
이상택, 『한국고전소설의 탐구』, 중앙출판, 1981.
이원주, 「고전소설 독자의 성향」, 『한국학논집』 제3집, 대구계명대 한국학연구소, 1975.
이은숙, 「활자본 신자 구소설에서의 애정소설연구」, 한국정신문화연구원 석사논문, 1986.
이정모 외, 『인지과학』, 민음사, 1989.
임치균, 「영웅소설에 대한 개념」, 『국문학연구』 제73집, 서울대 석사논문, 1985.
임형택, 「17세기 규방소설의 성립과 「창선감의록」」,『동방학지』 제57집, 연세대 국학연구원, 1988.
정주동, 『고대소설론』, 형설출판사, 1975.
조동일, 『한국소설의 이론』, 지식산업사, 1981.
조시중, 「「조웅전」의 작품구조와 그 수용적 의미」, 성균관대 석사논문, 1987.
존 R. 앤더슨, 이영애 역, 『인지심리학』, 을유문화사, 1987.

제2장 고전소설에 수용된 수수께끼

「니화뎐」, 필사본.
「뎡수경전」, 필사본.
김기동·전규태 편, 『한국고전문학 100』 제8권, 제13권, 서문당, 1984.
동국대 부설 한국문학연구소 편, 『한국문헌설화전집』 一·二·三, 민족문학사, 1981.
민족문화추진위원회 역, 『대동야승』 제2권, 민중서관, 1971.
설성경, 『춘향전』, 시인사, 1986.
이희승 편, 『국어대사전』, 민중서관.
인천대 민족문화연구소 편, 『구활자본고소설전집』 3, 은하출판사, 1983
일연, 이민수 역, 『삼국유사』, 을유문화사, 1984.
임현도·김기동 역, 『운영전 외』, 명문당, 1975.

이재선, 「수수께끼와 그 시학적 성격」, 『창작과 비평』, 창작과비평사, 1973 겨울.
______, 『우리문학은 어디에서 왔는가』, 소설문학사, 1987.
이헌홍, 「수궁가의 구조연구(1)」, 『한국문학논총』 제6집, 부산 : 한국문학회, 1981.
______, 「수궁가의 구조연구(2)」, 『국어국문학』 제20집, 부산대 국어국문학과, 1982.
______, 「조선조 송사소설연구」, 부산대 박사논문, 1987.
장덕순 외, 『구비문학개설』, 일조각, 1978.
테리·이글턴, 김명환 외역, 『문학이론입문』, 창작사, 1986.

Alan Dundes ed., *The Study of Folklore*, N.J. Englewood cliff : Prentice Hall, Ind., 1965.
Dan Ben-Amos ed., *Folklpre Genres*, University of Texas Press, 1976
James Hastings ed., *Encyclopedia of Religion & Ethics* Vol. 10, New York : T.&T. CLARK Ltd.
Robert Scholes, *Structuralism in Literature*, New Haven & London : Yale University Press, 1977.

제3장 다매체 환경 속에서의 고전소설 연구 전략

고 욱, 「〈천마의 꿈〉 제작 사례 발표」, 디지털 스토리텔링 학회 발표요지, 2003.10.
김은정·김미정, 「인터랙티브 스토리텔링을 적용한 교육용 멀티미디어 콘텐츠에 관한 연구」, 『HCI』, 2003.
김주환, 「디지털 시대의 미술」, 『월간 미술』 5월호, 중앙일보사, 2001.
김탁환, 『방각본살인사건』 1·2, 황금가지, 2003.

문현선, 「PC게임, 동아시아적 서사의 또 다른 변용」, 『영상문화』 4, 한국영상문화학회, 2001.
이인화, 「디지털 스토리텔링 창작론」, 『디지털 스토리텔링』, 황금가지, 2003.
자넷 머레이, 한용환·변지연 역, 『인터랙티브 스토리텔링』, 안그라픽스, 2001.
전경란, 「디지털 내러티브에 관한 연구—상호작용성과 서사성의 충돌과 타협」, 이화여대 박사논문, 2002.
정민 외, 『한·중 전통문화 관련 디지털 인문콘텐츠 실태비교 및 수준향상 방안 연구』, 인문사회연구회, 2002.
정진희, 「사이버 판타지, 그 현상과 심층」, 서대석 외, 『한국인의 삶과 구비문학』, 집문당, 2002.
정하영, 「고소설 연구의 의의와 방향」, 『고전문학연구』 18집, 2000.
한혜원, 「〈천마의 꿈〉」, 『디지털 스토리텔링』, 황금가지, 2003.
『비즈니스』, 2003년도 9월호, 한국경제신문.

'연오랑과 세오녀', http://yor.culturecontent.com
'조선시대 대하소설', http://story.culturecontent.com/KcrcMemberMain.jsp
'천마의 꿈', http://www.cultureexpo.or.kr
'춘향', http://www.chunhyang.or.kr
'카이스트 문화기술 학제전공', http://ct.kaist.ac.kr
'紅樓夢', http://cls.admin.yzu.edu.tw/HLM/home.htm
'dramatica', http://www.dramatica.com
'phantom of inferino', http://www.phantomgame.co.kr
* 이 사이트들은 모두 2004.4.12일 날짜로 확인한 것임.
2013년 현재 연결 가능한 사이트는 'dramatica', '천마의 꿈', '춘향' 세 사이트임.

제4장 고전소설과 문화콘텐츠

국립민속박물관, 『한국의 민속문화 캐릭터』, 2002.
권용선, 『이성은 신화다, 계몽의 변증법』, 그린비, 2003.
김수복, 『한국문학공간과 문화콘텐츠』, 청동거울, 2005.
김영순 외, 『문화콘텐츠학의 탄생』, 다홀미디어, 2005.
김용범, 「문화콘텐츠 창작소재로서 고전문학의 가치」, 『한국문학콘텐츠』, 청동거울, 2005.
김의숙 외, 『문학콘텐츠와 스토리텔링』, 역락, 2005.

노르베르트 볼츠, 윤종석 역, 『구텐베르크-은하계의 끝에서 : 새로운 커뮤니케이션 상황들』, 문학과지성사, 2004.
문화관광부 한국문화콘텐츠 진흥원, 『캐릭터산업백서 2005』, 커뮤니케이션북스, 2005.
박상천, 「Culture Technology와 문화콘텐츠」, 『한국언어문화』 22호, 2002.
송성욱, 「디지털기술과 한국고전소설 연구」, 한국중국소설학회 발표요지, 2004.9.18.
우정권, 『한국문학콘텐츠』, 청동거울, 2005.
이재원, 「디지털 미디어 시대의 아우라 경험에 관한 표현 연구」, 이화여대 석사논문, 2004.
자넷 머레이, 한용환 외역, 『인터렉티브 스토리텔링』, 안그라픽스, 2001.
장미영 외, 『문학, 디지털시대의 화려한 변신』, 글솟대, 2005.
조현설, 「고소설의 영화화 작업을 통해 본 고소설 연구의 과제」, 『고소설연구』 17집, 한국고소설학회, 2004.
조혜란, 「다매체 환경 속에서의 고소설 연구 전략」, 『고소설연구』 17집, 한국고소설학회, 2004.
하이머호르크 외, 김유동 역, 『계몽의 변증법』, 문학과지성사, 2004.

KBS2TV, '쾌걸 춘향', http://www.kbs.co.kr/drama/qgirl/index.html
'자청비 닷컴', http://www.jachungbi.com
'조선시대 대하소설', http://story.culturecontent.com/KcrcMemberMain.jsp
'한국문화콘텐츠진흥원', http://www.kocca.or.kr
* 이 사이트들은 모두 2006년까지 확인 가능하였으나 2013년 현재 연결 가능한 사이트는 '쾌걸 춘향'과 '한국문화콘텐츠진흥원' 두 사이트임.

제4부 기 타

제1장 조선조 15세기 서사문학의 구도와 특징

김시습, 「이생규장전」, 『매월당문집』 상, 계명문화사, 1987.
김안로, 「용천담적기」, 『대동야승』 III, 조선고서간행회, 1909.
김종철, 「서사문학사에서 본 초기소설의 성립 문제」, 『고소설연구논총』, 다곡이수봉선생회갑기념논총, 1988.

박희병, 『한국전기소설의 미학』, 돌베개, 1997.
소인호, 「라말 선초의 전기문학 연구」, 고려대 박사논문, 1996.
소재영, 『기재기이 연구』, 고려대 민족문화연구소, 1990.
신해진, 「전기소설 관련 논저 목록」, 『민족문화연구』 28호, 고려대 민족문화연구소, 1995.
이강옥, 「조선 초·중기 일화의 형성과 변모과정 연구」, 서울대 박사논문, 1993.
이복규, 『설공찬전』, 시인사, 1997.
임형택, 「나말여초의 전기문학」, 『한국문학사의 시각』, 창작과비평사, 1984.
장효현, 「전기소설 연구의 성과와 과제」, 『민족문화연구』 제28호, 고려대 민족문화연구소, 1995.
정길수, 「「절화기담」 연구」, 서울대 석사논문, 1999.
정대현, 『한국어와 철학적 분석』, 이화여대 출판부, 1985.
조동일, 「15세기 귀신론과 귀신 이야기의 변모」, 『문학사와 철학사의 관련 양상』, 한샘, 1992.
홍순석, 『성현문학연구』, 한국문화사, 1992.

제2장 경판 방각본 소설의 특징

권희승, 「호남 방각본에 관한 연구」, 성균관대 석사논문, 1981.
김동욱 편, 『영인 고소설 판각본 전집』 전5권, 연세대 인문과학연구소, 1973.
김동욱·황패강, 『한국고소설입문』, 개문사, 1985.
모리스·꾸랑, 정기수 역, 『조선서지학서론』, 탐구당, 1989.
설성경, 「방각소설의 본문 연구」, 『매지논총』 1집, 연세대, 1985.
송성욱, 「홍길동전 이본 신고」, 『관악어문연구』 13집, 서울대, 1988
유영대, 『심청전연구』, 문학아카데미, 1989.
유탁일, 「경판방각소설의 문헌학적 연구를 위한 모색」, 『도남학보』 7·8집, 도남학회, 1985.
_____, 『한국문헌학연구』, 아세아문화사, 1989.
이능우, 「이야기책 고대소설 판본지략」, 『논문집』 4집, 숙명여대, 1964.
이원주, 「고전소설 독자의 성향」, 『한국학논집』 3집, 계명대, 1975.
이창헌, 「경판 방각소설의 상업적 성격과 이본 출현에 대한 연구」, 『관악어문연구』 12집, 서울대, 1987.
정하영, 「방각본 소설, 임진록」, 『한국소설사』, 현대문학, 1990.
천혜봉, 『고인쇄』, 대원사, 1989.

_____, 『한국 서지학』, 민음사, 1991.
한국고전문학연구회 편, 『고전소설연구의 방향』, 새문사, 1985.

제3장 『재생연再生緣』의 번역양상 연구

「재생연」, 광문서국, 1980.
「재생연」, 중주서화사, 1982.
「재생연전」, 한국정신문화연구원 소장(마이크로 필름).
이규경, 『오주연문장전산고』 상, 동국문화사, 1959.
『회도 용봉배재생연』, 광익서국, 이화여대 소장.

권순긍, 「1910년대 고소설의 부흥과 그 통속적 경향」, 『한국 근대문학사의 쟁점』, 창작과비평사, 1990.
김기동, 『한국고전소설연구』, 집문당, 1985.
김영철, 『규방가사연구』, 이우출판사, 1980.
김진세 외, 「낙선재본 소설의 국적문제」, 『한국문학사의 쟁점』, 집문당, 1986.
김학주 외, 『중국문학사』, 동화출판공사, 1984.
담정벽, 『중국여성문학사화』, 천진 : 백화문예출판사, 1984.
박명희, 「재생연전」, 『한국고전소설작품론』, 집문당, 1990.
우쾌제, 「구활자본 고소설의 출판 및 연구 현황 검토」, 『고전소설연구의 방향』, 새문사, 1985.
유탁일, 「경판방각소설의 문헌학적 연구를 위한 모색」, 『도남학보』 7·8집, 도남학회, 1985.
장효현, 「장편 가문소설의 성립과 존재 양상」, 『정신문화연구』 통권 44호, 한국 정신문화연구원, 1991.
정규복, 「제일기언에 대하여」, 『중국학논총』 1집, 고대 중국학연구회, 1984.
정병욱, 「조선조 말기 소설의 유형적 특징」, 『한국고전의 재인식, 홍성사, 1979.
조희웅, 「인봉소 연구」, 『고전문학연구』 2집, 한국고전문학연구회, 1974.
호남사범학원 중문계고대문학연구실 편, 『중국역대작가소고』 하, 호남인민출판사, 출판연대 미상.

제4장 「제마무전」 연구

『고소설판각본전집』 제5권, 「제마무전」.

『몽결초한송』, 신구서림, 1914.
『유세명언』 제31화, 「뇨음사사마모단옥」.
『전상평화삼국지』, 「사마모전」.
『제마무전』, 조선도서주식회사, 1922.

김태준, 『조선소설사』, 청진서관, 1933.
노길명, 「증산의 평화사상」, 『증산사상연구』 제5집, 태광문화사, 1979.
변찬린, 「증산의 해원사상」, 『증산사상연구』 제1집, 장문사, 1979.
서대석, 「몽유록의 장르적 성격과 문학사적 의의」, 『한국학논집』 3집, 계명대, 1975.
신동일, 「한국고전소설에 미친 명대 단편소설의 영향」, 서울대 박사논문, 1985.
유탁일, 「경판방각소설의 문헌학적 연구를 위한 모색」, 『도남학보』 7·8집, 1985.
이경선, 『삼국지연의의 비교문학적 연구』, 일지사, 1976.
이명구, 「몽결초한송 연구」, 『논문집』 33집, 성균관대, 1982.
정규복, 「고소설과 중국소설」, 『한국고소설론』, 아세아문화사, 1991.
호사영, 『화본소설개론』 하, 북경 : 중화서국, 1980.

:: 초출일람

제1부

제1장 「민중적 환상성의 한 유형－일사본 「전우치전」을 중심으로」, 『고소설연구』 15, 한국고소설학회, 2003.

제2장 「「옥루몽」의 서사미학과 그 소설사적 의의」, 『고전문학연구』 22, 한국고전문학연구회, 2002.

제3장 「조선 후기 소설에 나타난 유흥 서술 연구」,『한국고전연구』 3, 한국고전연구학회, 1997.

제4장 「「협창기문」에 나타난 죽음의 성격」, 『한국고전연구』 20, 한국고전연구학회, 2009.

제2부

제1장 「19세기 애정소설의 새로운 양상 고찰」, 『국어국문학』 135, 국어국문학회, 2003.

제2장 「「한당유사」 연구」, 『한국고전연구』 창간호, 한국고전연구학회, 1990.

제3장 「유배서사로서의 「기우도」 연구」, 『정신문화연구』 101, 한국학중앙연구원, 2005.

제4장 「좌절과 모색의 경계, 개화 지식인 의전 육용정의 인물전 연구」, 『탈경계인문학』 4권 3호, 이화여대 인문학연구원, 2011.

제3부

제1장 「고소설의 유형과 독서 양상」, 『이화어문논집』 11, 이화어문학회, 1990.

제2장 「고소설에 수용된 수수께끼」, 『이화어문논집』 9, 이화어문학회, 1987.

제3장 「다매체 환경 속에서의 고소설 연구 전략」, 『고소설연구』 17, 한국고소설학회, 2004.

제4장 「고전소설과 문화콘텐츠」, 『어문연구』 50, 어문연구학회, 2006.

제4부

제1장 「조선조 15세기 서사문학의 구도와 특징」, 『한국고전연구』 5, 한국고전연구학회, 1999.

제2장 「경판 방각본 소설의 특성」, 『고소설의 저작과 전파』, 아세아문화사, 1994.

제3장 「「재생연」의 번역과 수용 양상 연구」, 『이화어문논집』 12, 이화어문학회, 1992.

제4장 「「제미무전」 연구」, 『고소설연구논총』, 경인문화사, 1988.